Après *L'impératrice des mensonges* (Presses de la Cité, 1993), Daniel Altieri, orientaliste et peintre, et sa femme Eleanor Cooney, peintre elle aussi, renouent avec un sujet qu'ils connaissent bien : la Chine. Ils ont publié *Shangri-La* (Presses de la Cité, 1997) et *La révolte des lettrés* (Presses de la Cité, 2000). Ils vivent aujourd'hui en Californie.

ELEANOR COONEY – DANIEL ALTIERI

LA RÉVOLTE
DES LETTRÉS

DES MÊMES AUTEURS
CHEZ POCKET

L'Impératrice des mensonges

ELEANOR COONEY
ET DANIEL ALTIERI

LA RÉVOLTE
DES LETTRÉS

*Traduit de l'américain
par Alexis Champon*

presses de la cité

Titre original :

Shore of Pearls

Le Code de la propriété intellectuelle n'autorisant, aux termes de l'article L. 122-5, 2°
et 3° a, d'une part, que les « copies ou reproductions strictement réservées à l'usage
privé du copiste et non destinées à une utilisation collective » et, d'autre part, que les
analyses et les courtes citations dans un but d'exemple ou d'illustration, « toute représentation ou reproduction intégrale ou partielle faite sans le consentement de l'auteur
ou de ses ayants droit ou ayants cause est illicite (art. L. 122-4).
Cette représentation ou reproduction, par quelque procédé que ce soit, constituerait
donc une contrefaçon sanctionnée par les articles L. 335-2 et suivants du Code de la
propriété intellectuelle.

© Eleanor Cooney et Daniel Altieri, 1999
© Presses de la Cité, 2000, pour la traduction française
ISBN : 2-266-11617-7

Prologue

— *Vous avez sans doute entendu parler de la Côte des Perles ?*
— *L'île de Hainan, répondit Niu, mal à l'aise.*
— *Douze cents milles au sud, dit Li Lin-fu, sur la mer de Chine, au large de la côte de Ling-nan. Il y fait très chaud, mon général, et la vie y est luxuriante, comme toujours sous les tropiques. On y trouve une fascinante diversité d'insectes, de serpents et de plantes dont les habitants des régions tempérées n'ont pas idée. Pensez au contraste, mon général, entre ces formes de vie et celles qui règnent dans le Nord, où la nature doit se montrer économe. Les plantes et les animaux qui se développent dans des conditions climatiques rigoureuses n'ont pas le loisir de s'amuser à des expériences frivoles. Les couleurs y sont atténuées, concrètes. Mais sous les tropiques, c'est différent. Avec l'abondance de chaleur, de lumière et d'humidité, la nature peut donner libre cours à ses aspirations. Elle dévoile son essence profonde. On prétend que les arbres ploient sous les fruits les plus délectables. Certaines variétés sont excellentes et nourrissantes, alors que d'autres... une seule bouchée et on agonise dans d'atroces souffrances. Le poison, mon général. La nature adore mettre du poison dans tout ce qui court, saute ou rampe. Elle prend un malin plaisir à*

7

l'envelopper des couleurs les plus alléchantes et à le laisser croître à profusion. Pas étonnant que l'impératrice Wu soit attirée par les tropiques. Je ne pense pas qu'elle y soit jamais allée elle-même, mais je sais que l'île de Hainan a reçu la visite de nombreux « hôtes » envoyés par ses soins. Ceux qu'elle trouvait gênants ont vite fait d'oublier les affaires de la cour pour se consacrer à leur nouvel environnement. Il y a aussi des habitants sur l'île, si on peut les appeler ainsi : une race indigène, des sauvages à peine différents des singes qui crient et jacassent dans les hautes branches...

La Cour du lion, de E. Cooney et D. Altieri

— Je vous assure que je reconnais l'odeur du sang, dit l'abbé Liao à Wu-chi. Le vent l'apporte de la ville. Vous ne sentez pas ?

Ils avaient entrepris leur habituelle promenade du soir quand l'abbé s'était arrêté et avait posé une main sur le bras de Wu-chi.

— Je ne dis pas cela au figuré, reprit l'abbé. Je peux réellement sentir cette odeur. Je la connais. Depuis mon enfance. Mon père travaillait dans un abattoir.

Il huma le vent comme le font les chiens et les chevaux : concentré, la tête renversée, les narines dilatées. Wu-chi ne supporta pas ; il détourna les yeux et regarda les collines.

— C'est une odeur fine, presque semblable à celle de la mer, mais plus salée. Métallique, âcre. Elle... On ne peut la décrire. Il faut la sentir.

Wu-chi renifla furtivement, mais il ne réussit à détecter

qu'une trace de fumée en provenance du champ voisin, un relent de bouse et d'herbe fauchée.

— Je vous avoue ne rien sentir, dit-il. Je devrais, certes, mais je ne sens rien.

Il était même surpris que le sang ne clapote pas à leurs pieds. Chaque jour apportait des nouvelles de procès tronqués, de purges, d'exécutions, de familles en route pour la jungle bouillonnante du Sud et qu'on ne reverrait jamais. Lorsqu'il pensait à l'impératrice, il voyait une sangsue ou une tique, gorgée de sang, somnolente, les yeux bridés. Quand sera-t-elle rassasiée ? se demanda-t-il.

L'Impératrice des mensonges,
de E. Cooney et D. Altieri

En 671, la seule et unique impératrice de Chine s'était emparée du pouvoir depuis près de dix ans. Même si Wu Tse-tien allait attendre encore quatre ans avant de se proclamer l'incarnation de l'Esprit Sacré de la Souveraine Divine, une déesse androgyne de la mythologie bouddhiste, et de rendre ainsi son règne officiel, l'ancienne concubine occupait déjà la plus haute position dans le pays. C'était une femme dotée d'appétits prodigieux ; elle avait pour amant un moine tibétain renégat et elle s'entourait de moines-soldats féroces et fanatiques. Elle avait établi sa propre lignée de succession, se débarrassant peu à peu des membres de la maison légitime de Li par l'exil et l'exécution. C'était une mère et une meurtrière, une meneuse d'hommes avisée et une démagogue. Le peuple l'adorait, mais pour quiconque se mettait en travers de son chemin, hauts fonctionnaires ou membres de sa propre famille, c'était une prédatrice sans scrupules et sans remords. Le milieu de son règne est resté gravé comme celui de la Terreur.

671 fut l'année de la rébellion des Lettrés, un soulèvement d'érudits qui vit le jour dans la cité de Yang-chou et dont le but était de renverser l'impératrice et de restaurer la lignée légitime. La rébellion connut un destin tragique : le châtiment de Wu fut prompt, implacable et décisif.

Le juge Ti Jen-chieh, un rationaliste adepte de Confucius dont la carrière était vouée à la poursuite inlassable des charlatans religieux qui s'attaquaient aux crédules et aux superstitieux, était un opposant convaincu au régime de l'impératrice. Il la considérait comme une meurtrière, une usurpatrice, le plus redoutable des charlatans. A l'époque de la rébellion, l'âme damnée de Wu n'était autre que le moine tibétain Hsueh Huai-i, un magicien avec qui Ti s'était autrefois allié, mais qui avait mystérieusement disparu pour reparaître — au grand désarroi du juge — en amant de l'impératrice et en dirigeant de la puissante secte élitiste qui formait son entourage.

Ti utilisait souvent des déguisements et des ruses pour démasquer les escrocs. N'ayant pas eu de correspondance avec Hsueh Huai-i depuis que le Tibétain s'était volatilisé, Ti s'imaginait parfois que le moine l'avait trahi, parfois qu'il était impliqué dans un subterfuge raffiné, échafaudé pour annihiler les délicates enquêtes qu'il menait.

Pendant des années, le juge avait caressé l'espoir de traduire l'impératrice en justice. Il attendait depuis des mois un signe de Hsueh Huai-i, et la rébellion des Lettrés fut pour lui un moment décisif.

1

671 ap. J.-C., début du printemps
Lo-yang, la capitale

Une belle journée commença après une nuit pluvieuse, mais avec l'après-midi vinrent les nuages et le froid. Seul et à pied, comme souvent depuis quelque temps, le juge Ti Jen-chieh approchait de l'enceinte du temple. Un messager lui avait apporté une lettre à son bureau une heure auparavant. La lettre disait qu'on avait fait des prisonniers au cours de la bataille finale de l'insurrection des factieux de Yang-chou, et que, en accord avec la doctrine de compassion et de miséricorde au cœur de la foi bouddhiste de l'impératrice, leur sort attendait d'être scellé. Une audience allait se tenir, à laquelle le juge était prié d'assister.

Ti n'estimait pas qu'un temple fût le lieu adéquat pour une audience, mais plus rien n'était comme il devait être. Il ne pensait pas que sa présence changerait quoi que ce fût mais, contrairement à nombre de ses collègues, il ne tournerait pas le dos aux prisonniers. Il assisterait au jugement.

Le vent fouettait les pavés et éparpillait les détritus sous ses pas; lorsqu'il arriva en vue du temple du Cheval

Blanc, des aiguilles de pluie lui piquaient le visage et transperçaient ses vêtements.

Une foule s'était rassemblée, et il comprit vite pourquoi : on avait décoré le portail comme pour une fête. Trempées, des banderoles de soie multicolores, censées claquer gaiement dans la brise, pendaient misérablement. Des guirlandes de fleurs étaient étendues entre les pointes métalliques. Comme Ti avait revêtu pour l'occasion sa robe et sa toque de magistrat, on le laissa passer. Il avait glissé dans sa manche une dague à double tranchant. Une arme aussi modeste ne lui rendrait sans doute pas grand service, mais il avait préféré ne pas venir désarmé.

Il fut soulagé de voir qu'il n'était pas le seul officiel à s'être déplacé. Au moins dix ou douze autres s'étaient regroupés, mouillés et l'air malheureux. Il les salua et se dirigea vers eux. Lorsqu'on ouvrira les grilles pour nous laisser entrer, se dit Ti, je demanderai devant tout le monde qu'on les laisse ouvertes. Je refuserai d'être enfermé.

La pluie redoublait d'intensité, des flaques se formaient sous leurs pieds. Au moment où Ti commençait à se dire qu'ils étaient victimes d'une mauvaise plaisanterie, de quelque sombre manœuvre douteuse, la porte du temple s'ouvrit et une procession de moines s'avança en psalmodiant. Derrière eux venaient les gardes impériaux. Ti en dénombra vingt-cinq. C'est seulement quand les gardes arrivèrent aux grilles que Ti s'aperçut que chacun d'eux portait un coffret.

Un moine entrouvrit le portail afin que les moines et les gardes sortent en file indienne. Psalmodiant toujours, les moines se dispersèrent de chaque côté des grilles, tandis que les gardes, impassibles, formaient une ligne de front devant le portail. La foule se recula pendant que les chants, qui se poursuivaient, semblaient drainer la pluie des nuages.

Alors, un moine donna le signal et les chants cessèrent.

— Nous sommes ici pour rendre un jugement prompt et équitable à l'encontre des prisonniers de guerre, annonça le moine. Dans son infinie bonté, l'impératrice veut qu'ils soient entendus avant qu'il soit décidé de leur sort.

Ti ne vit aucun prisonnier. Et pourquoi cette stupide cérémonie sous la pluie? Nous n'allons donc pas entrer?

Les gardes s'approchèrent du portail avec leurs coffrets.

— Le premier à être jugé, déclara le moine, sera Li Cheng-yeh, responsable de l'insurrection contre notre divine impératrice.

Ti connaissait ce nom: l'homme lui avait écrit de Yang-chou. Il l'avait rencontré des années auparavant.

Un garde sortit de la file, posa son coffret à terre, l'ouvrit et en tira un objet que, l'espace d'un instant, Ti refusa d'identifier. Mais lorsque le garde ficha la tête sur une des affreuses piques de la grille, Ti reconnut le visage grimaçant de Li Cheng-yeh.

Le moine s'adressa alors à la tête décapitée:

— Je vais lire les accusations retenues contre vous.

Lorsqu'on avait planté la première tête sur la pique, la plupart des collègues de Ti s'étaient enfuis en trébuchant. Rien ne les retenait, ni grilles ni soldats, et personne ne s'émut de leur départ; les moines et les gardes ne daignèrent même pas leur accorder un soupçon de mépris.

Le deuxième garde sortit de la file, déposa son coffret par terre et l'ouvrit.

J'aimerais m'enfuir, moi aussi, songea Ti lorsque l'homme brandit la tête par les cheveux, mais je n'en ferai rien. Je ne détournerai pas les yeux, je ne broncherai pas. Je suis venu en pensant que ces hommes avaient besoin d'un ami, d'un témoin. Or je vois que ma présence est plus que jamais nécessaire.

Ti resta jusqu'à ce que toutes les « accusations » soient lues aux vingt-cinq têtes. Les moines formèrent ensuite une procession en chantant. Les soldats se rangèrent autour des moines et la petite troupe regagna le temple après avoir refermé les grilles. Ti resta seul sous la pluie.

L'après-midi touchait à sa fin, le ciel était bas et gris, la luminosité faible. Le sang et l'eau ruisselaient sur les piques, les guirlandes de fleurs et les banderoles de soie. Ti s'approcha pour contempler les pauvres visages sans défense. Certains appartenaient à des hommes qu'il avait connus. C'étaient des humanistes pleins de dignité, des lettrés pour la plupart, qui n'étaient pas réputés pour leur courage physique, leur goût pour les querelles ni leurs penchants criminels. Ils n'avaient jamais brandi une épée, ni même élevé la voix de toute leur vie, et ne connaissaient sans doute pas la couleur de leur propre sang. Désormais, la bouche grande ouverte, le regard figé, les yeux tournés vers le ciel ou fixés sur le sol, les cheveux filandreux trempés, collés sur leur crâne, ils ressemblaient à des idiots, des ivrognes ou des fous.

La nature se moque de nous dans la mort, songea Ti. Elle s'amuse à nous donner un sens pathétique de la dignité, qu'elle nous laisse cultiver toute notre vie, et se gausse ensuite de notre pitoyable dépouille mortelle. La nature, ce redoutable carnivore, l'haleine fétide, les longs crocs jaunâtres, pose d'un geste négligent sa lourde patte sur le dos brisé de sa proie encore tremblante, et bâille paresseusement. La nature, pour qui un chant d'oiseau ou le bourdonnement des mouches qui s'agglutinent sur une carcasse sont des musiques d'égale douceur à l'oreille.

Or qui est l'impératrice, sinon une force de la nature ? Ti sentit ses jambes flageoler. Il ne les contrôlait pas plus que si elles appartenaient à un autre. Et il avait cru qu'elle ferait preuve d'un soupçon d'indulgence !

Et Hsueh Huai-i, mon vieil ami et collègue... dire que

j'avais entretenu l'espoir qu'une telle grâce pouvait être le fruit de ton influence ! Je n'attends plus de toi ni signes ni messages, car c'est là, devant mes yeux : l'impératrice et toi, vous ne faites plus qu'un, et voilà la pitié que je suis en droit d'attendre de vous. Il faut du courage pour se coucher dans le lit de l'impératrice, encore plus pour essayer d'être son maître. Tu es brave, je n'en doute pas, mais un jour tu auras peut-être besoin d'un brin de miséricorde. Je me demande si elle en montrera pour toi.

Autant attendre de la pitié d'un typhon ou d'un tigre, songea Ti, qui se recula en tremblant. Aujourd'hui, je suis l'invité d'honneur, c'est certain. C'est pour moi que l'impératrice a organisé ce spectacle.

Il y avait une pique libre au bout de la rangée de têtes : Ti n'eut aucun mal à y imaginer la sienne en train de mûrir au soleil longtemps après que la pluie aurait cessé, les traits crispés dans une caricature risible de colère ou de supplication, les mouches vertes déjà au travail, tandis que les choucas se disputeraient le privilège de lui picorer les yeux.

La chair et les os ruisselant d'une peur animale, il battit en retraite et manqua renverser une statue. Il comprit soudain : cette vision n'était pas le fruit de son imagination débridée ni une éventualité parmi d'autres. S'il ne quittait pas la ville le jour même, sa tête, presque aussi fraîche que les autres, viendrait assurément décorer la dernière pique.

2

671 ap. J.-C., fin de l'automne

— Ni puces, ni punaises, ni poux, ni rats, pas de vermine. Excellentes chambres. Ni puces, ni...

L'aubergiste chantait son invite à l'adresse des caravanes sous la fenêtre de Ti. Assis d'un air las sur le rebord du matelas défoncé, Ti attrapa une puce noire sur sa cuisse, l'écrasa entre ses doigts et la jeta d'une pichenette.

Dormir dans un tel climat n'apportait pas de repos. On se débattait toute la nuit dans une chaleur moite, on plongeait dans un demi-sommeil peuplé de rêves incohérents et on se réveillait fatigué, abruti, le corps douloureux, les nerfs à bout. Non loin se trouvaient un âne, un chien et un coq que Ti aurait aimé envoyer en exil. Les trois animaux s'étaient lancés bien avant l'aube dans un dialogue interminable : Ti somnolait depuis une ou deux heures quand le chien avait commencé à aboyer, aussitôt relayé par les deux autres, qui s'étaient mis à braire et à chanter avec ferveur. Les trois perturbateurs s'étaient ensuite calmés, et Ti avait de nouveau sombré dans le sommeil; le coq avait dû sentir l'instant où le juge de Ch'ang-an était sur le point de s'abandonner car il avait choisi ce moment précis pour se mettre à pousser son cocorico. Le chien et l'âne lui avaient répondu gaiement. Les aboiements, cocoricos et braiments s'étaient poursuivis de longues minutes avant de s'estomper dans le silence. Ti avait de nouveau somnolé. Ce fut ensuite au tour de l'âne de commencer la chorale. Et l'odeur de fumée qui avait infesté l'air une grande partie de la nuit n'avait rien arrangé.

Ti gratta ses jambes mouchetées de piqûres. Le soleil s'était à peine levé et il faisait déjà une chaleur oppressante. S'il faisait aussi chaud de si bonne heure, à peine au tiers de la route, qu'en serait-il lorsqu'il arriverait à Canton ? Sans parler de Hainan, encore plus au sud.

Souvent, ceux qui utilisaient cette route voyageaient la nuit et dormaient le jour. C'étaient justement ceux-là que l'aubergiste racolait avec ses mensonges. Ti se dit qu'il aimerait voyager la nuit — ainsi, en s'arrêtant avant l'aube, il lui suffirait de tirer les persiennes et de dormir jusqu'au soir afin d'éviter la vue de villages sordides comme celui où il se trouvait.

Bien sûr, se dit-il, je pourrais me bander les yeux et m'étendre sur le sol rugueux d'un chariot en bois qui cheminerait en bringuebalant jour et nuit, s'arrêtant juste le temps qu'on se détende les jambes et qu'on change les chevaux. Je me boucherais les oreilles avec des bouts d'étoffe, les mains et les pieds liés, la tête secouée par les cahots, les souvenirs de mon foyer oubliés, je me fierais à mon odorat pour calculer les progrès de ma descente dans les enfers de ma nouvelle vie. Les parfums familiers des zones tempérées feraient lentement place aux odeurs luxuriantes des tropiques, jusqu'au moment où je humerais les premières bouffées de la mer. Je saurais alors que ma fonction d'« ambassadeur », comme l'appellerait l'impératrice, ou mon nouveau poste d'« émissaire culturel » dans l'île de Hainan, serait sur le point de commencer.

Ti avait entendu une rumeur sur la manière dont

l'impératrice faisait transporter les gêneurs ou les indélicats sur l'île-prison, une méthode plus cruelle, si digne d'elle : des véhicules élégants, modernes, aux sièges rembourrés, tirés par des équipages de beaux chevaux caparaçonnés conduisaient les exilés jusqu'au bord de l'océan. Ti les imaginait — poètes, universitaires, princes décatis —, éblouis par la mer turquoise et par la plage de sable blanc baignée d'un soleil incandescent, tandis que le superbe carrosse repartait, et que leur escorte les attendait : un capitaine au visage buriné, un rictus féroce aux lèvres, accompagné de deux sauvages nus, le corps couvert de tatouages, armés de lances et de poignards, les pieds dans l'eau, retenant un misérable canot puant et à demi inondé.

D'autres rumeurs faisaient état de sévices et de châtiments infligés sur l'île elle-même. Des vieillards, citadins raffinés, perdus dans l'isolement, la maladie et la crasse, devenaient peu à peu fous. L'impératrice avait épargné quelques vies quand elle avait écrasé la rébellion des Lettrés. Ceux qui n'avaient pas fini au bout d'une pique du temple de Lo-yang avaient été arrêtés et envoyés à Hainan. Installé dans sa nouvelle maison de Ch'ang-an depuis six mois, accablé par les rumeurs les plus atroces, Ti avait décidé d'aller enquêter sur place. Il n'avait pas le choix. Il avait fait ce qu'il avait pu pour les morts, les survivants avaient désormais besoin de lui. Trois longues semaines d'un voyage harassant l'avaient amené dans la petite chambre suffocante d'une auberge perdue dans un horrible village. Il atteindrait Canton dans moins d'une semaine. Et de ce port méridional, il embarquerait pour Hainan.

Hainan, la Côte des Perles. Un bien joli nom, tiré tout droit d'un rêve ou d'un conte de fées. Un nom que l'impératrice appréciait sans aucun doute. Ti imaginait l'« invitation », son élégante calligraphie, son sceau impérial, dans les mains tremblantes de quelque lettré ou prince octogénaire : « Par la grâce de Sa Majesté Impériale, et en remerciement pour votre vie longue et féconde, un poste honoraire sur la Côte des Perles vous attend. Partez aujourd'hui même. Dans l'heure. »

Dans la minute, songea Ti. Avant que le pauvre diable ait terminé sa lecture, on fracasserait sa porte.

— Magie noire!

Le cri perçant d'une vieille sous sa fenêtre tira Ti de ses ruminations et de son combat contre les puces.

— Esprits malfaisants! Fantômes meurtriers!

Fantômes meurtriers? Voilà qui était intrigant. Ti se leva et alla à la fenêtre. Une vieille bique, l'aubergiste et son propre cocher le regardèrent avec tristesse.

— Toutes mes excuses, maître Ti, dit le cocher. Je ne sais que faire... je ne... trouve plus notre chariot. Ni... nos chevaux.

— Volés? interrogea Ti.

— Euh... volés, oui. Avec l'écurie et la rue. Je... c'est incompréhensible.

Sur ces mots, la vieille ratatinée hurla comme une pleureuse à un enterrement.

— Silence, femme! gronda l'aubergiste. Notre hôte n'a que faire de tes jérémiades.

— Maître Liu, dit le juge au cocher, êtes-vous allé dans une taverne hier soir?

— Maître Ti! répondit l'homme, blessé. Je n'y suis resté qu'un instant. Et je m'étais déjà occupé des chevaux. Je ne suis pas un ivrogne!

— Non, maître Liu, bien sûr.

En fait, au cours du voyage, plusieurs départs avaient été retardés le temps que le cocher récupère de ses excès de la veille.

— On sent leur souffle brûlant la nuit! couina la grand-mère. On les sent!

— Oh, la vieille ! tonna l'aubergiste en levant une main menaçante.

— Non, intervint Ti. Non, laissez-la parler. Madame, dit-il d'une voix apaisante, de quel souffle s'agit-il ? Qui sentez-vous ?

— Les fantômes. On sent leurs chairs calcinées. Leurs cheveux ! Leurs vêtements ! Il n'y aura pas de pardon !

— Je suis navré, monsieur, dit l'aubergiste. Ah, ces maudites sorcières et leurs fables stupides ! Elles n'ont rien d'autre à se mettre sous la dent.

Ti dévisagea l'homme qui, l'instant d'avant, chantait ses propres fables stupides à tue-tête.

— Vous êtes au courant de ces histoires de fantômes calcinés ? demanda-t-il à l'aubergiste.

— C'est des âneries, dit l'homme.

— Sans doute, mais j'aimerais les entendre.

L'aubergiste poussa un profond soupir.

— Il y a eu un massacre dans ce village, dit-il. Des meurtres commis par cupidité. De nobles voyageurs ont brûlé vifs pendant qu'ils se désaltéraient dans une taverne.

— Qui les a brûlés ?

— Le propriétaire de l'écurie où les nobles avaient laissé leurs chariots et leurs chevaux pour la nuit. Le mobile du forfait était le vol. Il y avait dix élégants chariots et vingt magnifiques chevaux. Dix paires assorties. Le propriétaire était ébloui, il lui fallait ces chevaux. Avec ses fils, il a passé un marché avec le tavernier ; il lui a promis une part s'il les aidait. Après avoir saoulé les nobles, ils ont cloué les portes de l'extérieur et mis le feu à la taverne. Ensuite, ils ont revendu les chevaux et les chariots à un prince de passage.

— Et c'est arrivé dans ce village ? questionna Ti en désignant la modeste rue et les affreuses bâtisses.

— Ce village n'a pas toujours été aussi pauvre, dit

l'homme en se rengorgeant. C'était autrefois une oasis sur une route marchande. Une ville riche, belle et sereine. On y venait d'un millier de kilomètres à la ronde pour profiter du bon air et la visiter.

Ti ne crut pas un instant que ce petit bourg eût été une quelconque oasis. Un village sans charme s'était tout simplement inventé un passé glorieux.

— Tiens, fit-il avec un intérêt poli, je l'ignorais. Cela remonte à quand ?

— Oh, c'était il y a très longtemps.

Forcément, songea Ti. La célébrité du bourg s'est perdue avec les années, impossible désormais de vérifier la véracité de la fable.

— J'imagine que la ville a commencé à perdre son lustre après l'incendie de l'écurie, dit-il.

— Exactement. Rien n'a plus jamais été comme avant. Les fantômes ont pris leur revanche. Tourmenté pendant des années par les hurlements des fantômes des nobles qui avaient péri dans l'incendie, le propriétaire de l'écurie est devenu fou. La jolie petite ville touristique a été maudite, hantée, malheureuse. Et elle l'est restée jusqu'à aujourd'hui.

— C'était terrible ! gémit la grand-mère. Terrible ! Ça a empesté la chair calcinée pendant cent ans !

— Les voyageurs ont cessé de s'arrêter. Le climat a changé. C'est devenu l'affreux petit village que vous voyez aujourd'hui. Et il continue de se passer... des choses... à l'époque de l'année où la taverne a brûlé. Les fantômes des nobles assassinés ne connaissent toujours pas le repos. Nous qui vivons ici, nous prions pour que nos hôtes soient épargnés.

Ti soupira. Il avait espéré partir de bonne heure. Désormais, ils auraient de la chance s'ils quittaient le village avant la nuit. Après tout, se dit Ti, tu envisageais il y a peu de voyager de nuit. Si tu ne veux pas passer un autre jour et une autre nuit sur place, tu ferais bien de te mettre au travail. Bien sûr, tu ne le feras pas que pour toi.

— Madame, dit-il à la vieille, seriez-vous assez aimable pour m'assister ? Maître Liu, je vais aussi avoir besoin de vous. Laissez-moi le temps de m'habiller. Vous me montrerez ensuite où vous êtes allé hier soir avant de vous rendre à la taverne.

— En sortant de l'auberge, à droite, murmura le cocher en se parlant à lui-même comme pour se rappeler. Au bout de cent pas, à gauche. Cinquante pas jusqu'au croisement. On passe devant l'auberge du Coq Doré et on tourne à droite. Encore dix pas. La porte de l'écurie est sur la gauche. C'est une grande porte en vieux bois.

Ti et la grand-mère suivirent le cocher. La vieille venait à contrecœur, marmonnant dans sa barbe un mélange de prières et d'imprécations. Ti lui posait de temps en temps une main réconfortante sur le bras. Ils passèrent devant un petit bâtiment et arrivèrent au tournant final. Le cocher comptait les pas.

— C'est là que j'ai tourné, dit-il. Juste après la porte du Coq Doré. J'ai continué...

Il jeta des coups d'œil autour de lui. Le chariot n'avait pas pu passer par l'étroite ruelle.

— La porte était là. J'ai tiré la cloche. Je...

Il contempla le mur de brique d'un air abasourdi, puis se retourna et leva les mains en signe d'impuissance. La ruelle s'enfonçait dans le noir en zigzaguant, traversée par des cordes à linge. Des poules picoraient çà et là.

— Je... euh, je ne comprends pas. La ruelle s'arrêtait là. C'était un cul-de-sac. Il y avait un mur.

— Un mur de brique ? demanda Ti.

— Oui, de brique.

— Etes-vous sûr ? Il faisait nuit.

— Oui, mais j'avais une lanterne. C'était plat et ça se terminait en cul-de-sac.

— L'écurie avait-elle un nom ?
— Je ne me souviens pas, dit le cocher, embarrassé.
La vieille bique intervint :
— Ils guident vos pas et ils vous forcent à oublier !
— Je me rappelle que ça donnait dans la rue des Mendiants-Joueurs, dit le cocher. C'est là que se trouvait l'auberge du Coq Doré ! Un jeune garçon a ouvert la porte et a emmené les chevaux ! Mais cette ruelle... elle n'avait pas de nom. L'enseigne a disparu. Regardez... voilà l'auberge. Fermée !
— Avez-vous vu quelqu'un d'autre à l'écurie ?
— Un homme, un vieil homme. Il y avait un garçon et un vieillard.
— Renseignons-nous, proposa Ti en retournant sur ses pas.
Il allait frapper à la porte de la taverne quand il s'aperçut qu'elle était entrouverte. Il la poussa, elle s'ouvrit, et il se trouva devant une pièce vide et un sol en terre. Il y avait des poutres calcinées et la lumière filtrait par les trous béants du toit. La pièce sentait les souris, le moisi et la décrépitude. Ti se retourna pour interroger le cocher ébahi. La vieille bique se couvrit le visage en gémissant.
— Il y avait du monde... des lumières ! Après avoir conduit les chevaux à l'écurie, je me suis arrêté ici. Il y avait des bancs dehors, je me suis assis là... Une fille m'a servi une coupe de vin !
— Une seule ?
— Oui, maître Ti, une seule, je vous le jure. Deux, tout au plus. (Le cocher avait l'air effrayé.) Ils étaient sympathiques, ils chantaient, ils m'ont offert du vin. Maître Ti, reprit-il d'une voix étouffée, vous croyez que c'étaient des... fantômes ?
Ti réfléchit.
— Nous partons, décida-t-il. Nous partons tout de suite.

Et il reprit le chemin de l'auberge au pas de course.

— Mais, maître Ti, protesta le cocher, et mon chariot ! Et mes chevaux !

— Peu importe. Je vous paierai. Il faut partir immédiatement.

La grand-mère et le cocher durent presser le pas pour suivre Ti, qui avala les quelques centaines de mètres qui le séparaient de l'auberge comme s'il était poursuivi par une troupe de fantômes. Sa hâte était contagieuse ; la vieille courait en hurlant de peur. Lorsqu'ils atteignirent l'auberge, Ti haletait, en sueur. En le voyant, l'aubergiste se leva d'un bond.

— Pouvez-vous m'obtenir un cheval et un véhicule ? demanda Ti. N'importe quoi, je m'en moque. Mais le plus vite possible.

— Mais certainement, certainement. Je vous en prie, ma femme va vous servir le thé. Je reviens tout de suite.

Ti s'assit et essaya de reprendre son souffle. Oh, se dit-il, je sais que tu feras vite. Le cocher ouvrit la bouche, mais Ti le fit taire d'un signe de tête véhément.

Une heure plus tard, ils avaient quitté le village. Ils étaient assis côte à côte sur la banquette en bois d'un chariot grinçant tiré par un vieux cheval ensellé à l'allure poussive. L'aubergiste leur avait donné le nom d'un homme du prochain village qui leur vendrait un bon cheval et un véhicule confortable à un prix d'ami. Le cocher pestait parce qu'ils arriveraient au milieu de la nuit... s'ils avaient de la chance.

Bien que navré pour le cocher, embarrassé pour un tas de raisons évidentes, Ti ne lui avoua pas que la lenteur de la haridelle convenait à ses plans. Il aurait pu soulager sa gêne en lui disant qu'il récupérerait bientôt son propre attelage, mais il préféra s'abstenir. Cela servira d'excellente leçon à cet imbécile superstitieux, se dit-il.

En outre, Ti se réjouissait. La nuit promettait d'être instructive et amusante.

— Ça vous ennuie si je dors? demanda-t-il. (Il rampa à l'arrière du chariot et s'allongea sur le plancher.) Réveillez-moi quand il fera nuit.

Il confectionna un oreiller avec son paquet de vêtements, s'étendit, ferma les yeux et se régala de la lenteur du vieux canasson. Les chevaux du cocher étaient jeunes et vigoureux, leur trot rapide avait secoué le chariot et son passager; en revanche, les roues grinçantes et la lenteur de la charrette étaient soporifiques. Ti somnola en pensant à son foyer. Il espérait qu'à son retour il ne trouverait pas des ruines calcinées, que ses épouses n'auraient pas enfermé sa mère à l'intérieur, ou l'inverse, et mis le feu à la maison.

Les choses tendaient à se détériorer en son absence. Ses épouses ne s'étaient pas écharpées trop méchamment les derniers mois et il attribuait cette paix provisoire à son déménagement de Lo-yang à Ch'ang-an, après une séparation de près de quatre ans. Il les avait en effet envoyées à Ch'ang-an alors que l'atmosphère à Lo-yang était devenue irrespirable du fait de l'ascension de l'impératrice et de son travail qui mettait sa propre famille en danger. Et tout cela pour quoi? Pour se retrouver sous la pluie à contempler une rangée de têtes décapitées.

Dire qu'il avait cru un jour pouvoir la traduire en justice pour ses crimes! Elle, mais aussi sa mère. Magie noire, en effet : certains affirmaient que l'impératrice et sa mère étaient une seule et même femme, que l'impératrice pouvait se diviser en deux à volonté. Ti s'était déjà trouvé en présence de l'impératrice et de Dame Yang. La mère avait quatorze ans de plus que la fille, mais rien ne les distinguait l'une de l'autre. Ti n'avait perçu qu'une infime différence, et il n'était pas sûr de ne pas l'avoir imaginée : les paupières de la mère tombaient davantage, elle semblait plus réservée...

Dire que son ami et collègue d'antan, le moine Hsueh Huai-i, avait partagé la couche de ces deux femmes !

Allongé dans le chariot sous le soleil tropical, Ti sentit un mince souffle de vent dresser les poils de ses bras à cette simple pensée. Il se rappela la rumeur la plus sombre qui courait sur l'impératrice et sa mère, une rumeur dont il avait souvent débattu avec Hsueh : *elle aurait étouffé sa propre fille de dix jours... avec la bénédiction de sa mère.*

Certes, Ti avait souvent pensé qu'il aurait mieux fait de noyer ses fils quand ils étaient bébés. Il était soulagé qu'ils soient loin de Ch'ang-an et de sa famille — c'étaient des adultes désormais, vingt-quatre et vingt-sept ans, des étrangers, qui effectuaient leur service militaire dans les provinces occidentales. La vie frugale et la discipline purifieraient leur nature fourbe et criminelle. C'était du moins ce qu'il espérait. Ainsi, sa pire vision prophétique ne se réaliserait peut-être pas : devoir juger ses propres fils dans un tribunal officiel.

Il se souvint du jour, neuf ans plus tôt, où il les avait convoqués dans son bureau pour leur montrer des objets chapardés. Il avait scruté leurs visages fermés et avait remarqué que leurs traits, s'ils ressemblaient à ceux des garçons qu'il avait élevés, s'étaient durcis et qu'ils appartenaient désormais à des hommes qu'il ne connaissait plus.

Une source de discorde avait disparu de son foyer quand ses fils avaient finalement été renvoyés. C'étaient les enfants de deux épouses différentes, mais ils étaient inséparables, et, tandis que leurs méfaits croissaient avec leur taille, chaque mère accusait l'autre de la mauvaise influence de son fils. Lorsque les deux garçons n'étaient pas là, les épouses avaient tendance à faire front commun contre Ti. La mère de Ti, bien qu'elle eût choisi elle-même les deux épouses, avait soutenu pendant des années qu'elle ne pouvait vivre sous le même toit. Elle habitait avec elles dorénavant. Les fils étaient partis, mais avec la mère de Ti une autre source de discorde avait germé ; or Ti éprouvait bien sûr un respect filial à son égard. Il ne pouvait envoyer sa mère faire son service militaire dans une province éloignée. Il ne pouvait pas davantage lui dire de se taire.

Ah, il y avait malgré tout une douce fleur dans le jardin : sa fille adoptive, âgée maintenant de onze ans, achetée neuf ans auparavant au cours d'une enquête secrète à un marchand d'enfants indien. Ti l'avait ramenée chez lui. Qu'aurait-il pu faire d'autre ? En grandissant, elle avait développé des talents de conciliatrice, faisant preuve de sagesse malgré son jeune âge ; elle avait trouvé sa place dans sa famille adoptive comme si le Destin lui-même avait tout organisé. Lorsque Ti avait annoncé à sa famille qu'il partait à Hainan, c'est sa fille qui lui avait assuré qu'elle s'arrangerait pour qu'il n'y eût pas de malheurs en son absence. Une tâche gigantesque pour une si petite fille ; Ti se faisait souvent du souci pour elle.

C'était sa fille adoptive qui lui manquait le plus. Ti avait l'habitude de tenir un journal : pendant son voyage, les sujets qu'il traiterait seraient aussi des lettres à sa fille, avait-il décidé, un cadeau à lui offrir lorsqu'elle serait grande. Il ne concevait pas de perdre son temps à écrire un journal pour ses fils. Ils se fichaient de savoir ce que faisait leur père ; sa fille, elle, lui posait des tas de questions sur ses activités. Ils avaient un petit secret : il lui apprenait à lire et à écrire, un grave défi aux conventions. « Surtout, que ta grand-mère ne l'apprenne pas, lui avait-il recommandé. C'est notre secret. » Etrange que cette enfant, rejeton de deux paysans anonymes qui l'avaient vendue des années auparavant, fût celle que Ti considérait comme sa véritable progéniture. Il aimait se la représenter en femme mûre, lisant et relisant les lettres que son père défunt lui avait adressées.

Oh oui, il se faisait beaucoup de souci pour elle. Mais comme il ne pouvait rien y changer pour l'instant, il retapa son oreiller de fortune et replongea dans le sommeil.

Le cocher le réveilla en lui secouant le bras. Ti se redressa. Il avait dormi très profondément. Il commençait à faire nuit. La température avait chuté et il se sentait revigoré.

Il reprit place sur la banquette.

— Arrêtez le cheval, dit-il. Lâchez les rênes.

— Mais, maître Ti, protesta le cocher, nous avons encore une longue route à faire !

— Je vous promets que vous ne le regretterez pas. Lâchez les rênes.

L'homme tira sur les rênes, la haridelle s'arrêta, et il laissa les rênes retomber sur le dos de l'animal. Le cheval attendit patiemment, puis décida de faire demi-tour. Le cocher voulut reprendre les rênes, mais Ti l'en empêcha.

— Attendez, souffla-t-il.

Le vieux cheval dirigea le chariot dans la direction qu'ils venaient de prendre et se mit en devoir de rentrer chez lui.

Ma fille adorée,
Lorsque je serai vieux et qu'on me trouvera en train d'errer dans la rue en chemise de nuit, parlant à un être mort depuis cinquante ans, j'espère qu'on me posera une main sur l'épaule, qu'on me montrera la bonne direction et qu'on me laissera rentrer tout seul. Je retrouverai mon chemin.

Hélas, les morts ne pourront jamais s'adresser à moi autrement. Ni à quiconque, d'ailleurs, sinon par des lettres comme celle-ci.

Je fis de mon mieux pour assurer à mon cocher que les morts ne parlaient pas aux vivants ; il m'écouta poliment, mais à mesure que nous approchions du village sa voix tremblait de terreur lorsqu'il parlait. « Il y a une mauvaise odeur dans l'air, me dit-il. Vous l'avez forcément remarquée. Une odeur de brûlé. Des nobles calcinés ? » Je faillis répondre que c'était exact, que les nobles avaient une odeur particulière lorsqu'ils brûlaient, très différente de celle des paysans. Mais je me ravisai.

Il était tard lorsque nous atteignîmes le village ; heureusement, comme la lune s'était couchée, il faisait noir. Le cocher n'apprécia pas que je lui ordonne de s'allonger avec moi à l'arrière de la charrette et de nous recouvrir de ma cape. Il s'exécuta mais j'entendais son cœur battre tandis que nous étions couchés comme mari et femme sur le plancher rugueux.

Rentrer chez soi, c'est un désir aussi profondément ancré chez le cheval que chez l'homme, et ce fut donc chez lui que notre canasson se dirigea. Il n'erra ni n'hésita, il négocia les rues, tourna au bon endroit, il avança de son pas lourd, flairant l'air, sans poser une seule question à ses passagers silencieux. Heureusement, car ton père se concentrait : je comptais les carrefours, notais la direction de chaque rue et dessinais une carte dans ma tête, que je comparais à celle que j'avais mémorisée lorsque nous avions quitté le village en plein jour, quelques heures plus tôt. Je tendais aussi l'oreille : avant le dernier tournant, j'entendis ce que j'avais imaginé — ce que j'avais espéré, en réalité —, des éclats de voix, des rires. Lorsque le cheval s'arrêta, ce fut d'un pas décidé.

Je suis là, sembla-t-il dire, en frappant la porte en bois de son sabot.

Dans ce bas monde, tant de choses sont exécutées par des enfants pendant que les adultes paressent à leur aise ! Après qu'une lourde porte eut glissé sur son rail, nous entendîmes le grognement irrité d'un vieil homme, sans doute réveillé d'un profond sommeil, ordonnant à celui qui avait ouvert d'apporter « la maudite lampe ». Une voix d'enfant lui répondit prestement, avec le débit précipité et le ton légèrement servile des très jeunes. Nous entendîmes le grattement d'une pierre à briquet, suivi de nouveaux jurons. « Ce cheval rentre bien vite, maugréa le vieillard. Et où est passé Chang ? Encore en train de boire. Une bonne raclée quotidienne, voilà ce qu'il mérite. Dépêche-toi, je retourne me coucher. Quel est cet amas de linge à l'arrière ? »

L'« amas de linge » s'éveilla à la vie et, tel un fantôme courroucé, agrippa le poignet de l'enfant. Le garçon émit une sorte de cri perçant qu'on réserve d'ordinaire aux visiteurs de l'au-delà. Je lâchai son poignet aussi vite que je l'avais saisi, et me redressai. Le cocher se leva aussi, presque aussi terrifié que le garçon, mais, lorsqu'il aperçut son propre véhicule, il bondit sur ses pieds et se mit à dévider un chapelet de jurons à faire rougir le propriétaire de l'écurie lui-même. Peu après, un attroupement se forma sur le seuil — composé des gens que j'avais entendus rire, les clients de l'auberge du Coq Doré. Bientôt, le cocher, son chariot et ses chevaux furent réunis, l'aubergiste et le propriétaire de l'écurie arrêtés par les autorités locales, et nous reprîmes notre route. Pas avant cependant que je demande au cocher d'inspecter avec moi l'auberge où il avait passé la nuit précédente.

Bien sûr, il y avait un autre moyen de récupérer les chevaux et l'équipage. Il aurait suffi d'attendre une ou deux semaines au village voisin, et d'annoncer notre *intention d'acheter un chariot et des chevaux. Mais ma méthode était infiniment plus satisfaisante. Le cocher se sentit stupide, mais il fut tellement heureux de récupérer ses biens qu'il me permit de bonne grâce de lui montrer comment il s'était fait duper. Par ailleurs, j'étais curieux de vérifier le bien-fondé de mes déductions.*

A l'auberge, nous inspectâmes l'aile où il avait dormi. Une échelle menait par une trappe au grenier ; au rez-de-chaussée, sur la gauche en descendant du grenier, une porte ouvrait sur la rue. Lanterne à la main, je grimpai à l'échelle et vis ce que j'avais deviné : l'échelle n'était pas fixée. Je redescendis et examinai le mur opposé à la porte ; là encore je vis ce que je m'étais attendu à trouver. Mais patience, ma fille, je brûle les étapes. Je veux que tu te réjouisses autant que je le fis.

Je dis au cocher de monter à l'échelle, de faire plusieurs tours sur lui-même et d'attendre que je l'appelle. Pendant qu'il s'exécutait, je dérangeai quelques objets, déplaçai l'échelle du rebord de la trappe et la calai sur le rebord opposé. Je dis alors au cocher de redescendre et de sortir par la porte.

Il descendit, vit la porte sur sa gauche, la prit et sortit dans la rue.

J'aurais pu lui demander de suivre la direction de l'écurie et de l'auberge du Coq doré, puis de revenir, de remonter à l'échelle, d'attendre que je déplace quelques objets, de redescendre, de sortir et de suivre la même direction que précédemment ; il n'aurait trouvé ni écurie ni auberge. Mais il était tard et, tandis que j'avais eu le loisir de me reposer, le pauvre homme était harassé. Je lui montrai donc mes découvertes, la plus importante étant qu'il y avait deux portes, l'une exactement en face de l'autre. L'une était visible, l'autre cachée derrière un store de bambou. Il n'était point difficile de désorienter un étranger, surtout s'il avait bu plus que de raison, ce qui était forcément le cas, la taverne étant si près de l'écurie; on déplaçait l'échelle, changeait quelques objets de place, relevait un store, abaissait l'autre. L'étranger descendait, voyait la porte sur sa gauche, sortait dans la rue, tournait à droite et se dirigeait dans la direction opposée à celle qu'il avait prise la veille au soir. Au lieu de tomber sur une sympathique auberge, il trouvait une affreuse maison brûlée, et un mur à la place de la porte de l'écurie. Une horrible histoire de fantômes et de vengeance venait compléter le tableau.

La vente d'un chariot et de deux bons chevaux rapporterait un joli butin à partager entre les conspirateurs : l'aubergiste, le propriétaire de l'écurie et leur complice du village voisin. Je décidai que la vieille pleureuse se contentait de jouer son propre rôle. Sa superstition était aussi précieuse que la porte de rechange de l'auberge. Une désagréable odeur de brûlé flottait effectivement dans le village, ce qui concordait avec la fable des nobles qu'on avait brûlés vifs. Je t'accorde qu'il était superflu d'avoir laissé le vieux cheval cheminer si loin sur la route. Nous aurions certes pu nous arrêter en dehors du village, attendre la tombée de la nuit et laisser la haridelle retrouver son écurie. Mais je voulais que les détrousseurs tombent la garde et se sentent complètement en sécurité. Tant mieux si quelqu'un qui voyageait dans le sens opposé nous voyait nous diriger vers le village voisin. Ce fut pour cette même raison que je regagnai l'auberge après avoir couru — afin de paraître échevelé et terrifié en arrivant. L'authenticité constitue toujours le meilleur déguisement.

Oh, je ne blâme personne d'être sensible aux ombres, aux malédictions, aux sorts, aux démons et aux fantômes courroucés. Il me semble néanmoins que le monde réel et la vie que j'y mène ici et maintenant sont suffisamment mystérieux. Je me sens déjà bien assez vulnérable sans avoir besoin d'être affaibli par les méfaits de la superstition. Les fantômes n'existent que dans notre imagination, et ils meurent avec notre mort.

Toutefois, ma chérie, je dois te l'avouer, plus je descends vers ces latitudes où grouillent d'étranges créatures, où les nuits sont peuplées de bruits ambigus, plus je suis enclin à la crédulité.

3

671 ap. J.-C., fin de l'automne
Lo-yang

Le lama Hsueh Huai-i empoigna sa robe par l'encolure et la déchira de haut en bas jusqu'à l'ourlet. D'un geste leste, il la laissa tomber et resta nu, un bandeau noir sur les yeux pour seul vêtement, son long corps délié luisant d'huile. Il y eut de petits rires nerveux, des murmures et des exclamations étouffées. Hsueh Huai-i les fit taire d'une main. Il enjamba majestueusement sa robe, les bras levés, les doigts réunis en un gracieux mudra de prière et de contemplation, huma l'air, emplit ses poumons puis siffla entre ses dents tout en effectuant une lente pirouette.

Dans la grande chambre à coucher, quarante femmes formaient un cercle autour du lama. L'impératrice les avait sélectionnées elle-même parmi sa cour et ses servantes. Elles avaient été choisies parce qu'elles lui ressemblaient vaguement : même taille, même poids, même âge. Elles ne portaient rien sur elles, sinon le parfum de l'impératrice. L'impératrice elle-même se tenait, nue, entre sa femme de chambre et une dame d'honneur.

Elle s'efforçait de contrôler sa respiration. Il connaissait chaque poil de son corps, chaque grain de beauté, il connaissait aussi le ton et le rythme de son souffle. Ses sens étaient aussi aiguisés que ceux d'un animal. Pouvait-il entendre les battements de son cœur ?

Elle échangea un sourire avec sa mère, Dame Yang, assise sur un canapé voisin, un petit fouet à la main. Dame Yang était la seule à être vêtue. Wu l'avait suppliée, mais elle avait refusé de participer au jeu. « Mère, avait dit l'impératrice, cela lui rendra les choses tellement plus difficiles ! Il te connaît aussi bien qu'il me connaît ! » Sa mère avait rétorqué qu'elle avait passé l'âge, mais qu'elle regarderait avec plaisir. Wu avait été sur le point de faire une scène, mais elle s'était retenue. Dame Yang était l'unique personne au monde devant laquelle l'impératrice s'inclinait.

Le lama Hsueh se déplaçait à l'intérieur du cercle des femmes avec les gestes langoureux du tai-chi. Il s'arrêtait de temps en temps, figé tel un chat aux aguets, puis reprenait sa danse. Il s'approcha d'une femme, à l'opposé de l'impératrice ; il promena ses mains de haut en bas, sans la toucher, s'arrêta devant sa poitrine, l'effleura presque.

La jeune femme rougit et se mordit les lèvres pour ne pas crier. Ses mamelons se raidirent de plaisir. Il y eut des gloussements, des femmes se plaquèrent une main sur la bouche, fermèrent les yeux et frémirent. Dame Yang les fit taire d'un coup de fouet sur le canapé.

Le lama Hsueh esquissa un sourire ; sous son bandeau, ses yeux observèrent son membre flasque. Il se recula et reprit sa danse langoureuse.

Il s'approchait de telle ou telle femme, faisait mine de leur glisser une main entre les jambes, effleurait un visage, un sein, une fesse, sans jamais les toucher ; ses gestes donnaient la chair de poule aux femmes et les faisaient rougir, mais lui-même restait de marbre.

Il s'arrêta devant la femme qui se tenait juste à côté de l'impératrice, leva le nez et renifla tel un animal qui flaire le vent ou une proie. Puis il inclina la tête sur le côté et tendit l'oreille. Lentement, très lentement, il se détourna de la femme et se planta devant l'impératrice. Il ne fit pas un geste. Wu ne bougea pas non plus. Elle fixa son bandeau comme si elle pouvait voir ses yeux noirs au travers. Ses dents blanches brillaient entre ses lèvres entrouvertes. Il sourit. Elle baissa les yeux.

Son membre pointa lentement en l'air, semblable à un cobra, la tête écarlate avec son œil de cyclope sorti du fourreau, et le membre atteignit sa taille glorieuse, dressé vers les cieux. Wu l'empoigna à pleine main au milieu des éclats de rire et des vivats.

— Je ne suis rien, déclara Hsueh, les yeux toujours bandés. Je ne suis que son serviteur. Il est à vous. Il se dresse en présence de la divinité comme une fleur en présence du soleil.

— Tu dis des bêtises, fit-elle, rouge de plaisir et d'omnipotence, avide d'en entendre davantage.

Sa mère se contenta de sourire.

De loin, les objets plantés sur les piques des grilles du temple du Cheval Blanc juraient avec les lignes pures et l'architecture immaculée du temple lui-même. Ils penchaient de-ci, de-là, et avaient longtemps attiré une foule de corbeaux qui croassaient et se pavanaient sans vergogne, à croire que le temple sacré leur appartenait.

Mais les corbeaux étaient presque tous partis. Il ne restait plus grand-chose pour les retenir. Quelques mois en plein air avaient suffi. Seule une poignée de vieilles femmes revenait fidèlement chaque jour. L'une d'elles ne partait jamais. Elle avait installé un petit campement à l'écart et attendait. Les gens avaient pitié d'elle et lui apportaient à manger.

Rien ne distinguait le char couvert de tous ceux qui roulaient en cette matinée ensoleillée, sinon son élégance discrète et sa richesse. Presque personne n'avait remarqué qu'il revenait souvent, toujours le matin, depuis le printemps, et passait lentement devant les grilles du temple du Cheval Blanc. Il s'arrêtait parfois un instant, et une main gantée tirait discrètement un rideau.

L'occupante du véhicule n'appartenait pas à la famille royale, et lorsqu'il quittait le palais, à l'autre bout de la ville, il n'attirait pas une foule de paysans et de roturiers accourant dans l'espoir d'entrevoir quelque prince. Rares étaient les manants qui avaient vu le visage de l'impératrice Wu Tse-tien, mais ceux-là, s'ils regardaient passer le char, auraient remarqué que celui de la femme qui tirait le rideau lui ressemblait trait pour trait.

Ils auraient peut-être observé qu'elle portait une attention particulière au crâne fiché sur la vingt-cinquième pique, tout au bout de la rangée. La tête était penchée de côté, comme pour écouter un discours ennuyeux. Un morceau de scalp planté d'une touffe de cheveux était encore accroché au crâne, dont la mâchoire inférieure pendait, prête à se détacher.

— Maître Li Cheng-yeh a l'air bien contrit, dit Dame Yang, qui prit une bouchée de pêche confite.
— Tu crois qu'il a retenu la leçon ?
— Oh, il y réfléchira à deux fois avant de trahir.

L'impératrice enfourna un généreux morceau de boulette. Les deux femmes étaient assises à table, dans la cour particulière de l'impératrice. Dans l'espoir de recevoir une bouchée, Mâchoires de Dragon et Toupie, ses deux carlins, ne quittaient pas l'impératrice des yeux.

— Et ses amis ?

— Ils sont tous fidèles au poste.

Lorsque l'impératrice avait ordonné que les têtes des traîtres fussent empalées sur les grilles du temple, elle avait ajouté : « Quiconque tentera de prendre une tête ou d'y toucher sera considéré comme un ennemi de l'Etat et aura à son tour le loisir de contempler la vue du haut d'une pique. » L'ordre s'adressait aux familles des criminels, tentées de sauver les suppliciés du déshonneur que leur valait leur exposition dégradante.

On avait maintes fois chassé la vieille mère de Li Cheng-yeh dans les jours qui avaient suivi la cérémonie. Un matin, on l'avait surprise en train d'essayer de déloger la tête boursouflée de son fils avec un long bâton. L'impératrice, qui avait pitié d'elle, avait demandé qu'on se contente de la chasser. Elle avait posté des gardes aux grilles du temple, mais même les gardes pouvaient être soudoyés, ou somnoler un instant. C'est pourquoi elle avait pris la décision d'envoyer Dame Yang s'assurer chaque semaine que personne n'avait touché aux têtes.

Et surtout qu'on ne se livre à aucune substitution. Elle se fiait à l'œil observateur de Dame Yang pour lui garantir l'authenticité des restes des lettrés qui avaient tenté de renverser son pouvoir légitime. Surtout des restes de Li Cheng-yeh, leur chef, le plus grand traître d'entre eux.

La pique inoccupée à la droite de maître Li avait fait son œuvre : l'impératrice avait appris que le juge Ti Jen-chieh avait quitté la ville sitôt la cérémonie terminée.

Elle l'avait rencontré quatre ans plus tôt, après les fameux débats Païu, lorsque son mari, Kao-tsung, bien que moribond, était encore en vie. Ti était venu dîner au palais. L'invitation provenait officiellement de l'empereur Kao-tsung, mais c'était elle qui avait insisté pour qu'il la signe. Elle avait entendu parler du juge, rendu célèbre par ses enquêtes sur les charlatans bouddhistes de Yang-chou, et comme son nom était sur toutes les lèvres, alliées ou ennemies, elle avait voulu le jauger. Il l'intriguait. Rares étaient ceux qu'elle considérait comme ses égaux, mais s'il y en avait, elle voulait les rencontrer, et peu importait de quel côté penchait leur loyauté.

Il était bien son égal ; elle s'en était tout de suite aperçue. C'était un valeureux adversaire. Son discours aux débats Païavait été brillant, même si le parti confucianiste avait perdu et que la question de savoir si les bouddhistes devaient fidélité à l'empire ou au dharma avait été tranchée. Bien que les résultats des débats n'eussent revêtu aucun caractère officiel, elle s'était vite arrangée pour qu'ils fussent suivis d'effets : elle n'avait eu aucune difficulté à contraindre l'empereur, diminué et brouillon comme il l'était, à transcrire les résultats dans la loi.

Elle savait que bien des gens seraient perplexes et déroutés en apprenant qu'elle soutenait une loi qui amoindrissait le pouvoir de son époux — et donc le sien — sur une partie aussi importante de la population. Mais son raisonnement était logique. Le parti confucianiste, qui était profondément conservateur et proclamait, inflexible, que la place d'une femme était derrière son époux, en sortait affaibli, et le parti clérical renforcé.

Et même si le bouddhisme avait des vues précises sur la place de la femme, Wu savait que la doctrine bouddhiste recelait des trésors et qu'une femme ambitieuse et déterminée pouvait en contourner les prescriptions. Or c'était avant que le ciel ne lui envoie le lama Hsueh Huai-i, qui lui avait fait comprendre qui elle était.

Oui, elle avait apprécié le juge Ti et elle avait poussé son mari à le nommer président de l'office national des Sacrifices à Lo-yang. Cela signifiait que toutes les pétitions du clergé adressées au trône passaient entre ses mains. Elle savait qu'il serait incapable de résister à une position aussi avantageuse et elle voulait vérifier si la loyauté du célèbre Ti pouvait être influencée.

Toutefois, il s'était montré ingrat. Plus qu'ingrat, il fourrait son nez partout. Il avait d'abord montré de l'ingratitude en fouinant dans ses affaires personnelles, en enquêtant sur certaines morts — celles de sa demi-sœur, de la fille de sa demi-sœur, de deux parents de la mère et de la fille ; de deux de ses fils, les princes héritiers. Comme si la manière dont elle conduisait sa vie et ce qu'elle jugeait nécessaire à l'empire le regardaient ! Que pouvait-il en savoir ? Les parents sont parfois aussi gênants que des hôtes que l'on n'a pas invités et qui entrent dans votre vie sans façon. Sa mère et elle avaient fait ce qu'elles avaient à faire, et le juge Ti avait cru pouvoir monter un dossier contre elles et les faire arrêter comme n'importe quel citoyen ordinaire.

Tel quel ! C'était déjà insultant et exaspérant, mais il avait aussi tenté de se mêler des affaires du gouvernement. Il avait eu l'audace de tenir une réunion secrète avec son mari moribond — dont l'esprit était si faible et si malade que Wu elle-même devait assister aux audiences matinales à sa place et prendre toutes sortes de décisions importantes — et il avait conspiré avec l'empereur pour restaurer certains conseils consultatifs de vieux importuns qu'elle avait poussé son époux à dissoudre depuis longtemps.

Et lorsque l'empereur était enfin mort — après de longs mois qui avaient mis la patience de Wu à rude épreuve —, elle avait pris les rênes du pouvoir avec héroïsme et s'était proclamée régente. Qui mieux qu'elle était qualifié pour le poste ? Le seul prince héritier restant, son fils de treize ans, désormais « empereur », Chuitsung ? C'était encore un enfant, à l'esprit borné qui plus était. Elle le séquestrait dans une aile abandonnée du palais... pour son propre bien. Le juge Ti n'avait aucune idée des sacrifices qu'elle avait consentis pour l'empire. Absolument aucune idée.

Et lorsque les lettrés avaient fomenté leur révolte, elle avait eu raison de croire que le juge Ti les avait aidés. Des parents ennuyeux avaient de nouveau joué un rôle dans l'affaire — c'étaient cette fois les parents de son défunt mari, les princes Li exilés, alliés avec une bande de dangereux universitaires geignards et veules, retraités du règne de la maison Li, la famille de son époux.

Veules, geignards et ingrats ! Les lettrés — de même que les vieux princes impotents — avaient été rétrogradés et exilés. Elle avait fait preuve de miséricorde. Et comment avaient-ils montré leur gratitude ? Elle se rappelait mot pour mot la proclamation insultante qu'ils avaient fait circuler.

Elle s'en récitait parfois des passages pour raviver la pureté de sa propre colère en entendant de nouveau leurs mots ignobles. Une colère qui l'avait poussée à agir :

> [...] *cette Wu, qui a usurpé le trône, est par nature dangereuse et inflexible. Son origine familiale est obscure* [...] *elle faisait partie des serviteurs les plus quelconques de T'ai-tsung, le père de Kao-tsung* [...] *son rôle consistait à l'habiller* [...] *elle devint une concubine de rang inférieur de T'ai-tsung et, alors qu'il était encore en vie, noua une liaison secrète avec le prince héritier Kao-tsung* [...] *Lorsque Kao-tsung accéda au trône, elle conspira pour obtenir l'accès aux appartements impériaux* [...] *calomnia sournoisement les autres concubines* [...] *par la flatterie, la ruse et des artifices pervers, mystifia notre empereur Kao-tsung aussi sûrement qu'elle avait trahi la mémoire de son père* [...].
>
> [...] *avec le cœur d'un serpent et la nature d'un loup, elle favorisa les vils flagorneurs, renvoya les bons et loyaux fonctionnaires* [...] *nous la soupçonnons du meurtre de plusieurs membres de sa propre famille* [...] *elle est détestée par les dieux comme par les hommes* [...].

Cette dernière phrase avait signé l'arrêt de mort des lettrés. Aidés par les princes Li, ils avaient rassemblé une pathétique armée de rebelles et de mercenaires dans la cité de Yang-chou, et comptaient marcher sur le palais de Lo-yang.

Avant d'envoyer à Yang-chou une armée de trois cent mille soldats assoiffés de sang, elle fit répandre une rumeur : en vertu de la compassion et de la miséricorde bouddhistes, il n'y aurait pas de massacre. Juste une punition et la possibilité pour les rebelles de partir et de méditer sur la bonne fortune qui les épargnait.

Cette idée eut l'effet recherché : elle jeta les rebelles dans un grand désarroi, provoqua des dissensions dans leurs rangs et les affaiblit. Non que cela changeât l'issue des combats, mais la rumeur de pardon amusait Wu.

A son commandement, son armée écrasa les rebelles, même après qu'ils eurent déposé les armes et se furent dispersés, et les poursuivit aux quatre coins de la terre. « Il y a un homme que je veux vivant, dit-elle à son général. C'est Li Cheng-yeh. Vous m'apporterez vingt-quatre autres prisonniers, peu m'importe lesquels. » Ils furent choisis dans un groupe qui avait presque échappé à la justice. Ils s'étaient enfuis jusqu'à Canton et s'apprêtaient à embarquer pour l'Inde lorsque les fidèles sujets de ce port méridional les arrêtèrent et firent savoir à Lo-yang qu'ils les détenaient prisonniers.

Le juge Ti, l'impératrice le savait, était originaire de Yang-chou et connaissait Li Cheng-yeh. Elle avait appris que, juste avant le soulèvement, Ti avait envoyé sa famille — ses épouses, sa fille et sa vieille mère — à Ch'ang-an. Cela prouvait qu'il connaissait les projets des traîtres. La pique libre, à la droite de celle où la tête de Li Cheng-yeh pourrissait sous le soleil, la pluie et le vent, était un discret mais éloquent message adressé au célèbre magistrat. Ce message disait : Vous avez abusé de ma patience, voilà ce qui vous attend.

— Est-ce que la mère de maître Li Cheng-yeh était fidèle au poste ce matin ? demanda l'impératrice, la bouche pleine.

— Ma foi, oui, répondit Dame Yang. Je ne pense pas qu'elle aura longtemps à attendre. Sa mâchoire n'est retenue que par un filet de chair. Elle va bientôt tomber.

— Qu'elle emporte la tête et qu'elle l'enterre. (Wu brandit un morceau de gâteau au-dessus des museaux des carlins qui grognèrent et grattèrent le sol avec ardeur.) Je sais faire preuve de miséricorde, ajouta-t-elle en lâchant la friandise.

Le morceau de gâteau tomba entre les deux chiens qui se ruèrent dessus.

— Le premier mot que je prononçai fut votre nom, souffla Hsueh.

Il se tenait à quatre pattes au-dessus de l'impératrice, fort excité et prêt à l'action.

— Je n'en crois rien, dit Wu, les paroles du lama la faisant trembler des pieds à la tête.

— Quand je suis né...

Il se tint au-dessus d'elle en suspens, un long moment terriblement troublant, sa peau l'effleurait à peine.

— Pour qui me prends-tu ? fit-elle en se dressant vers lui.

Il la taquina en se hissant hors de sa portée.

— Ma mère m'a dit qu'en ouvrant les yeux mes premiers mots furent : « Wu Tse-tien. »

— Tu t'imagines parler à une enfant ?

Elle empoigna son bassin à deux mains et l'attira à elle.

— J'ai ouvert les yeux, dit-il en s'enfonçant en elle

puis en se retirant aussitôt, et je me suis mis à votre recherche.

— Je te ferai décapiter pour dire des sottises pareilles.

Il s'enfonça en elle jusqu'à la garde.

A l'aube, elle essaya de le réveiller, affamée de luxure. Il ronflait bruyamment. Il claqua des lèvres, se tourna sur le dos et recommença à ronfler. Fâchée, elle rejeta les couvertures en se disant que l'air frais le réveillerait, elle s'aperçut que son membre était dur, gonflé et prêt. Elle se souvint de sa phrase : « Je ne suis rien. Je ne suis que son serviteur. »

Le membre la dévisageait de son petit œil gourmand. Il dort peut-être, semblait-il dire, mais pas moi, et il se dressait vers elle. Elle se souleva, enjamba le corps inerte, se laissa choir sur lui et sentit l'objet fouailler ses entrailles. Elle le serra et ferma les yeux avec ravissement. C'était une émotion nouvelle et enchanteresse. C'était comme si elle partageait un petit secret avec l'organe de l'homme qui gisait, endormi, sous elle.

— Mère, fit Wu en se regardant dans le miroir. Suis-je encore jeune ?

L'impératrice avait quarante-cinq ans. Sa mère, cinquante-neuf. La seule chose qui distinguait la mère de la fille était peut-être une certaine lourdeur des paupières. Dame Yang était assise à dix pas derrière sa fille.

— Tu n'as pas d'âge, assura la mère.

— C'est toi qui n'as pas d'âge. Quiconque nous verrait croirait que tu es la fille, et moi la mère. Tu m'enterreras, je le sais.

— Ne sois pas stupide, dit la mère.

Mais Wu crut déceler un manque de conviction dans ses propos.

Après leur folle nuit, le lama était parti prier et méditer. Afin de reprendre des forces, lui avait-il dit. Un homme ordinaire n'aurait pas survécu à une nuit pareille, avait-il ajouté. On lui aurait soutiré jusqu'à la dernière goutte de vie, il ne serait plus rien resté de lui qu'une enveloppe vide. « Mais moi, avait-il affirmé, je me prépare depuis de nombreuses réincarnations. »

C'était Dame Yang qui avait rencontré Hsueh Huai-i la première. Il était venu chez elle avec une carte de visite originale : un cube de verre macédonien contenant un éclat d'os blanc. La légende qu'il raconta à propos de son acquisition était presque aussi extraordinaire que le cube lui-même. Il était allé dans le nord de l'Inde, assurait-il, dans le Gandhâra, la région où les fidèles du Bouddha Gautama avaient émigré après sa mort. Ils y avaient bâti des monastères et des stupas, dont l'un renfermait le seul véritable fragment du corps du maître. Dans les siècles suivants, avait dit Hsueh à Dame Yang, les fidèles avaient perdu l'essence du message du Bouddha, noyé sous des couches de métaphores et d'idolâtrie.

Le Bouddha les avait mis en garde contre cette éventualité. La faiblesse humaine voulait que même la connaissance la plus pure, la plus juste, finisse par se diluer et se corrompre avec le temps. Selon le Bouddha, l'humanité entrerait alors dans l'ère de la Loi dégénérée. Cela signifiait qu'après un certain nombre de siècles la Loi devrait être renouvelée et purifiée. Le lama prétendait savoir cela depuis son enfance ; c'était, disait-il, le but de sa vie : être l'humble agent de ce processus, guère plus important que le cheval que chevauche un roi, une bête de somme avec une unique tâche à accomplir.

« Et à accomplir par n'importe quel moyen, avait-il ajouté. Quelles que soient les épreuves à franchir pour atteindre le stupa renfermant l'Os Véritable, vas-y, prends la relique et emporte-la. Je ne suis que son serviteur, avait-il assuré. L'enseignement du Bouddha parle du Maitreya, la réincarnation du Bouddha, qui viendra pendant l'ère de la Loi dégénérée réaffirmer la Vérité. Grâce à cette relique du corps de l'Etre Suprême, je peux trouver le Maitreya. C'est pourquoi j'ai aussi pu trouver mon chemin jusqu'à vous. Nous savons tous deux qui m'attire aussi sûrement que l'aimant attire le fer.

— Lama, avait demandé Dame Yang, lorsque vous parlez de faire ce qui était requis pour vous emparer de la relique, pensez-vous à...?

— Oui, avait-il répondu d'un air grave. Oui, c'est à cela que je pensais. Il était nécessaire d'enfreindre la première loi du Bouddha : ne jamais prendre la vie d'autrui. Je paierai peut-être mon péché de mille réincarnations, c'est un sacrifice que je subirai avec joie. »

Le lama avait alors fixé Dame Yang d'un œil pénétrant et conclu : « Certains d'entre nous sont élus. »

— Mère, dit l'impératrice, je ne veux pas mourir. Et je ne veux pas non plus que tu meures. Pas plus que lui, d'ailleurs. Il nous conserve notre jeunesse, pourquoi ne nous empêche-t-il pas de mourir ? (Elle regarda dans le miroir le visage impassible de sa mère.) Pourquoi devrions-nous mourir ? C'est injuste. La mort devrait être réservée aux manants.

— Je ne souhaite pas vivre éternellement, rétorqua Dame Yang, le regard brillant.

Rien n'était plus facile ni plus réjouissant que de répandre une rumeur. Hsueh Huai-i adorait se glisser hors du palais, revêtu d'habits ordinaires ou de la tenue d'un marchand prospère, et errer parmi le peuple. Parfois, afin de ne pas attirer l'attention sur sa haute silhouette, il marchait courbé en s'appuyant sur une canne. Mais il y avait des moyens plus élaborés de passer inaperçu. L'un de ceux qu'il préférait consistait à s'habiller de haillons et à se défigurer. Ainsi, les passants détournaient les yeux et ne le voyaient même pas. Là réside la clé : laisser les gens voir ce qu'ils veulent. Ce qu'ils ne veulent pas voir, ils ne le voient pas. Et se déplacer dans le court intervalle pendant lequel ils clignent des yeux.

Il avait même appris un ou deux tours au juge Ti pendant leur brève amitié. Maître Ti était capable de se métamorphoser afin de circuler dans des endroits auxquels un juge n'avait pas accès. Ti, Hsueh Huai-i le savait, s'était déjà rasé le crâne pour se faire passer pour un moine. Et le magistrat lui avait raconté la fois où il avait pris l'identité d'un riche marchand afin d'infiltrer une bande de trafiquants d'enfants indiens. Maître Ti était courageux. Hsueh lui reconnaissait ce mérite. Ses déguisements le mettaient parfois dans des situations où il risquait la mort s'il était découvert.

Tout cela était bel et bon, mais Hsueh avait montré à Ti le véritable art du déguisement : comment se déplacer sans être vu, et comment disparaître pendant qu'on vous observe.

Hsueh se rappela le jour, à Lo-yang, presque deux ans auparavant, où il s'était rendu invisible au nez et à la barbe de Ti.

Hsueh et Ti s'étaient rencontrés dans la ville à la suite des débats Paï. Ils avaient aussitôt sympathisé. Ils avaient échangé des propos vivants et stimulants et tenu des conversations enrichissantes. Comme la famille de Ti était à Yang-chou, le juge avait apprécié la compagnie du moine. Ils avaient formé une équipe fructueuse, bien qu'improbable : Ti le rationaliste, l'avocat du parti confucianiste, chasseur infatigable des charlatans religieux, et Hueh Huai-i, le moine tibétain, avaient appris à se connaître et avaient découvert qu'ils poursuivaient la même mission. Hsueh n'était pas moins troublé que le juge devant la prolifération des fausses doctrines, répandues par appât du gain au détriment des crédules et des imprudents.

Hsueh avait offert ses services au magistrat :

« Je peux aller dans des lieux où vous ne mettrez jamais les pieds », avait-il dit à Ti, qui en avait convenu. Hsueh se souvenait de la première affaire dans laquelle ils avaient collaboré : un faux abbé dirigeait un couvent qui était en réalité un bordel. Il avait convaincu ses jeunes recrues qu'elles se livraient à une sorte de sacrement avec ses riches clients. Et bien sûr, il se réservait tous les profits. Il dépensait le moins possible pour le gîte et le couvert de ses « nonnes ».

Leur collaboration avait porté ses fruits. Comme Hsueh se déplaçait sans difficulté dans la société des monastères et des clercs, les arrestations et les procès du juge Ti se succédèrent avec promptitude et efficacité. Ti reçut d'ailleurs des éloges de l'impératrice elle-même ; pour ses « remarquables efforts » en vue de la « purification », elle lui décernait le titre d'« ami de la véritable foi ». Ti et Hsueh avaient ri de concert devant l'ironie de la chose.

Ensuite, les affaires sur lesquelles les deux complices avaient enquêté avaient concerné des personnages de rang d'importance croissante, jusqu'au jour où il fut impossible de remonter plus haut sans pénétrer dans l'enceinte du palais lui-même. Des rumeurs filtraient depuis ses murs, rumeurs que Ti croyait fondées : l'empereur était malade, impotent, incapable de s'opposer à la volonté de son épouse. Elle avait progressivement démantelé la maison Li, la lignée de succession légitime, et avait placé ses propres parents à des postes clés du gouvernement. Et la cour était infestée, disait-on, de « saints hommes » qui veillaient aussi aux autres besoins voraces de l'impératrice. La cour — censée être un bastion de rationalité confucianiste — était devenue une pustule de corruption, d'adultère, de charlatanisme et d'hérésie.

« On commet des meurtres derrière les murs du palais, avait dit le juge Ti à Hsueh. Elle assassine sa propre famille, aussi invraisemblable que cela puisse paraître. Elle planifie ces meurtres avec sa mère. » Le dernier, le plus récent, concernait une jeune nièce, la fille d'une femme morte quelques années auparavant après avoir dîné chez Dame Yang. La femme, une demi-sœur de l'impératrice — née d'un lit précédent de son père —, qui lui ressemblait beaucoup, avait été assassinée, selon Hsueh, parce que l'empereur Kao-tsung, moribond, prenait du plaisir en sa compagnie. Lorsque la jeune et jolie fille de la défunte était apparue à la cour, l'impératrice avait jugé son existence intolérable. Elle était morte chez Dame Yang, comme sa mère, après un dîner. Hsueh avait également parlé au magistrat d'une rumeur vieille de plusieurs années : on murmurait que Wu, lorsqu'elle n'était encore qu'une concubine de l'empereur Kao-tsung, avait étouffé son propre bébé, une fille de dix jours, et fait porter le blâme à la femme qui était alors l'épouse de l'empereur. Peu de temps après, l'impératrice légitime avait été déposée.

Avec la mort de la jeune nièce, Ti et Hsueh conçurent un plan des plus audacieux. Comme Hsueh avait autrefois déclaré qu'il pouvait se déplacer parmi les riches et les puissants aussi facilement que parmi les pauvres et les pouilleux, Ti l'avait mis au défi :

« Riches jusqu'à quel point ? Puissants jusqu'à quel point ?

— Personne n'est trop riche ni trop puissant, s'était vanté Hsueh. Envoyez-moi, j'irai. »

Il avait suffi de pénétrer chez Dame Yang et de gagner sa confiance. Un cube de verre, un éclat d'os, une histoire séduisante. Sa maison, sa confiance... et son lit.

Dame Yang l'avait ensuite amené à la cour et l'avait présenté à sa fille. Hsueh avait aussitôt louché sur le saint homme qui pourvoyait aux besoins personnels de l'impératrice. Il avait décelé une certaine fragilité chez l'homme, une note aiguë dans le timbre de sa voix, comme s'il devinait qu'il avait épuisé son utilité.

Et Hsueh avait vu que l'homme n'avait pas encore compris toute l'étendue de l'œuvre qu'il s'apprêtait à accomplir. Peu après, on avait retrouvé le saint homme assassiné.

Ce fut à la même époque que Hung et Hsien, les deux princes héritiers, moururent, l'un après l'autre. L'un fut assassiné alors qu'il se rendait au palais d'été, dans la province de Ho-pei. Le second se suicida alors qu'il était en route pour l'île-prison de Hainan, où il devait passer le reste de sa vie pour avoir fomenté une révolte qui devait renverser sa mère. Le nouveau prince héritier était un enfant de treize ans, un garçon timide et simple d'esprit. Atterré, le juge Ti redoubla d'ardeur dans son opposition à l'impératrice, dans sa détermination à restaurer le corps législatif qu'elle avait dissous, au moins à trouver parmi le gouvernement quelques membres courageux désireux de prendre parti.

Hsueh se rappelait très bien l'après-midi de son rendez-vous avec le juge Ti, à leur lieu habituel, une certaine maison de thé de Lo-yang. Il avait envoyé une lettre à Ti dans laquelle il lui écrivait qu'il possédait une information vitale sur l'affreuse situation au palais : la mort des deux princes héritiers dans des circonstances mystérieuses, l'empereur moribond et la fragilité mentale de l'enfant susceptible de lui succéder. Et une impératrice en pleine santé dotée d'une volonté de tigresse qui s'autoproclamait régente.

La veille de son rendez-vous avec Ti, Hsueh avait passé la nuit à méditer jusqu'à ce que son destin lui apparaisse clairement. Le lendemain, il était allé à la maison de thé en avance sur l'heure prévue. Et il s'était rendu invisible. Il lui avait suffi de se tenir immobile au milieu des poteaux gris-brun qui formaient le mur du fond du pavillon. Ti était arrivé et ne l'avait pas vu. Il était préoccupé, son attention était dirigée vers la rue et l'endroit où Hsueh faisait d'habitude son entrée. Hsueh avait regardé Ti commander du thé. Il avait observé les moindres gestes du magistrat, qui trahissaient si bien son état d'esprit. Hsueh avait trouvé captivant de guetter quelqu'un qui le guettait, d'assister à la lente et subtile transition entre l'attente et l'impatience, entre l'impatience et l'inquiétude. Ce fut un moment clé du destin. Hsueh avait décidé que si Ti le voyait, il se montrerait au grand jour ; si Ti ne le voyait pas, ce serait un signe.

Ti ne vit pas Hsueh.

Lorsque Hsueh devina que Ti allait atteindre le moment où il comprendrait que le moine ne viendrait pas, et qu'il allait partir, Hsueh lui-même s'éclipsa et commença sa nouvelle vie. Il y avait tant à faire. Ce fut ce même après-midi qu'il alla dans le lit de l'impératrice.

Hsueh errait donc dans le marché dans un état qu'il considérait, lui, un homme aux identités infinies, comme le plus proche de son moi profond. Ce jour-là, il n'était pas le fondateur et chef de la secte du Nuage Blanc, ni l'amant de l'impératrice. Il était un simple moine en froc.

Et il se déplaçait parmi le peuple dans le but de répandre une rumeur précise : un miracle allait avoir lieu.

4

Ti n'aurait jamais cru que Canton fût aussi jolie. Il se tenait avec le charretier sur un promontoire qui dominait la ville, qu'il voyait pour la première fois. Il eut l'impression de contempler une fleur tropicale aux ramifications complexes : le paysage montagneux s'ouvrait pour dévoiler la grande étendue du fleuve des Perles et ses îles rocheuses qui s'égrenaient comme un chapelet d'opales depuis l'estuaire. De l'autre côté du fleuve, l'épine dorsale de montagnes verdoyantes serpentait à l'ouest et au nord, les crêtes passaient du bleu pâle au gris, puis devenaient aussi translucides et évanescentes qu'un croissant de lune en plein jour, avant de disparaître dans la brume.

Ti s'emplit les poumons, huma les riches senteurs de l'air marin et écouta les chants mélodieux des oiseaux. Le ciel était d'un bleu étincelant, de gros nuages, semblables à des génies, défilaient dans la lumière océanique. Pour la première fois depuis des mois, Ti ressentit une sorte de légèreté et de soulagement, presque de la joie. L'angoisse s'estompa, comme si sa présence oppressante n'était due qu'à la chaleur et à la fatigue.

Chaque ville a sa propre odeur particulière, distincte des dix mille odeurs quotidiennes qu'elle partage avec les autres. Ti était trop loin pour sentir le parfum de Canton. Il se souvint de celui des autres villes : Yang-chou, avec ses innombrables canaux entrecroisés, qui sentait les ordures, le goudron des bateaux, le vieux bois humide et la pierre. Ch'ang-an, où sa famille demeurait désormais, capitale cosmopolite sur la route de la Soie, où le vent apportait des plaines arides et des marchés des effluves d'épices, de parfums, et d'exotisme. Et Lo-yang. Difficile de se souvenir de l'odeur de Lo-yang. C'était une ville magnifique, civilisée, parsemée de parcs et de verdure, mais Ti ne se rappelait que ce que sentait sa propre peur.

Tout autour de lui, mêlés aux effluves marins, flottaient des parfums végétaux, purs, frais et doux. Il se tourna vers le sud-ouest. Une ligne imaginaire, partant du bout de son nez et longue d'environ cinq cents lis, aboutirait au rivage de Hainan. L'île était trop loin pour être visible, bien sûr, mais il n'eut aucun mal à imaginer ses basses collines verdoyantes à l'horizon, à se mettre dans la peau d'un vieil exilé ou d'un frêle lettré, le cœur en émoi. Toutefois, il ne parvint pas à imaginer son odeur. Il la connaîtrait bien assez tôt. Il plissa les yeux. L'île était là-bas au loin, où le ciel virait à l'or et au blanc lumineux au-dessus de la mer.

Que savait-on de Hainan ? Bien qu'éloignée de la côte, l'île ne pouvait laisser les habitants de Canton indifférents. Voyaient-ils les troupeaux de prisonniers qu'on menait sur les navires en partance ? Que savaient-ils des rumeurs que Ti avait entendues : les révoltes d'indigènes, les maladies, la folie, les suicides ?

Ti ne savait rien de cette partie du monde, si différente de la terre jaune familière du Nord, sinon ce qu'il en avait lu : des chroniques de gazettes et des récits de voyageurs. Ces récits, bien sûr, mêlaient vérité et fioritures. Il avait lu des rapports sur les indigènes à la peau brune qui épiaient les arrivants, tapis dans les feuillages, et s'évanouissaient tels des chats dans les jungles épaisses, les montagnes abruptes, les précipices, les grottes souterraines qui s'enfonçaient jusqu'au centre de la terre, les cascades qui semblaient tomber du ciel. Un paysage touffu où les démons et les esprits malins se déplaçaient dans l'ombre. Ces récits ne lui permettaient pas d'être informé. Il devrait tout découvrir par lui-même.

La dernière semaine du voyage, Ti s'était séparé de son cocher et avait loué, pour parcourir les cent derniers lis qui devaient le mener aux faubourgs de Canton, un char confortable tiré par des bœufs. Il s'était délesté de ses bagages, avait abandonné une malle, remplie sous l'œil attentif de sa mère. Il pourrait toujours acheter au port ce dont il avait besoin. Il voulait arriver sans fanfare, sans ostentation, avec pour seul bagage ce qu'il pouvait porter sur son dos.

En outre, voyager avec des biens précieux était une invitation pour les bandits de grand chemin. Ti s'aventurait dans un monde différent. On parlait de brigandages sanglants, de disparitions de convois entiers. On harcelait les fonctionnaires et les autorités locales pour qu'ils fassent régner l'ordre — il y avait tant de peuples à demi civilisés, tant de terres vierges, tant d'endroits où se cacher.

Et la mer grouillait de pirates, disait-on. La mère de Ti lui avait confié avant son départ qu'elle s'attendait à le voir revenir découpé en rondelles. Elle lui avait même montré un affreux petit panier où, disait-elle, elle comptait conserver les morceaux.

Le charretier loquace, un homme enjoué, lui expliqua que trois rivières confluaient à Canton pour former la grande rivière des Perles : la Ho-yuan, qui venait de l'est, la Chin, du nord, et la Yu, de l'ouest. Trois rivières, la protection des hautes montagnes voisines, un accès à la mer et un vaste estuaire qui la mettait à l'abri de ses caprices : y avait-il une ville aussi bien située ? Ti se rappela l'introduction de la monographie d'un voyageur qu'il avait lue avant de partir : « Le port de Canton est un don de la nature que l'industrie de l'homme a encore amélioré. Là, la mer infinie se plie à la volonté de l'homme et se donne librement aux galions marchands qui font le commerce avec les mondes enchantés des Indes... »

Le charretier, qui avait étalé une natte sur l'herbe, apporta un panier de victuailles. Il invita Ti à s'asseoir, déboucha une flasque et brandit une coupe de vin pour porter un toast à la bonne fortune de Ti dans la grande ville.

— Mon voyage ne se termine pas à Canton, expliqua Ti. Ma fortune, comme vous dites, réside bien au-delà. Je ne pense pas rester en ville plus d'un jour et d'une nuit. Lorsque nous arriverons, nous chercherons une auberge, mais je pense repartir dès demain. Après-demain, au plus tard.

— Ah! s'exclama joyeusement le charretier. Vous faites un pèlerinage aux tombeaux et aux temples de Kowloon! L'endroit est si serein, si ancien. On vient de l'autre bout du monde pour jouir de son calme infini. Certaines sculptures ont été pratiquées dans la pierre dans d'autres mondes. Les roches sont tombées du ciel. Je les ai vues moi-même. Elles sont sculptées de sorte que le vent, lorsqu'il souffle de l'ouest, où naquit le Bouddha, chante une longue et unique note grave. Je serais honoré d'être votre guide.

— En fait, je n'y vais pas, mais cela donne envie de visiter l'endroit. Je voyage plutôt vers le sud-ouest.

— La jungle, les sauvages... commenta le charretier, la bouche pleine. Des centaines de langues différentes. Je les parle un peu. Je sais comment dire : « Je suis un homme très important. » Il vous suffit de citer ensuite le nom d'un de leurs dieux-singes, et vous n'aurez pas d'ennuis. (Il éclata de rire, puis mordit de plus belle dans un morceau de viande.) Les sauvages vous adoreront. Vous ne trouverez pas meilleur guide.

Il raconta les légendes, décrivit le paysage, les habitants des montagnes qui s'enfonçaient au loin dans les jungles de Ling-nan, de Champâ et du Nam-Viêt. Ti en fut fort impressionné. Le bougre connaissait le pays.

— Je ne compte pas voyager sur terre, dit alors Ti. Je prends la mer... pour Hainan.

— Encore du vin, maître Ti?

— Merci. Comme je disais, je me rends à Hainan.

— Un peu de gâteau?

— Merci. Je n'y suis jamais allé, mais...

— Ensuite il faudra partir, si nous voulons prendre le bac.

Le charretier remballa les affaires en fredonnant. Ti fit une autre tentative :

— Je me demande ce que les habitants de la région connaissent de Hainan. Font-ils du commerce avec l'île, par exemple?

— Où avais-je la tête? J'avais presque oublié de partager notre repas avec nos braves amis.

Et le charretier alla donner un gâteau à chacun des bœufs, leur gratta la tête avec tendresse et leur chanta une chanson. Il continua de fredonner tout en finissant de ranger. Ti se leva. Il ne parla plus de Hainan.

Une brise tiède couchait l'herbe. Deux ombres filèrent au-dessus de Ti. Il leva la tête à temps pour apercevoir deux gros oiseaux noirs qui planaient côte à côte. Il aurait aimé les interroger. Nul doute que leur royaume, le monde qui s'étendait sous leurs ailes sur des centaines de lis, comprenait Hainan. Que savaient-ils de l'île?

Les bœufs qui allaient d'un pas lent, le sabot ferme, retenaient le char dans la descente. Le charretier marchait à côté en agitant une cravache au-dessus de leur tête et leur lançait un ordre de temps à autre. Il raconta à Ti de terrifiantes histoires de chars dévalant sans contrôle cette même route sinueuse qui serpentait en pente raide jusqu'à la ville. Il arrêta son char dans un virage en épingle à cheveux et incita Ti à jeter un coup d'œil en contrebas : on apercevait à travers les feuillages, au fond du ravin, le dessous et les roues d'un carrosse.

— C'est arrivé l'année dernière, expliqua-t-il. Les autorités l'ont laissé pour mettre en garde les voyageurs. Elles ont aussi laissé les corps, ajouta-t-il gaiement, mais ça m'étonnerait qu'il en reste grand-chose. Il y a tant de bouches à nourrir !

— Sans aucun doute, acquiesça Ti.

Ils contemplèrent un instant le spectacle. D'après le peu qu'il voyait, Ti devina qu'il s'agissait d'un élégant véhicule et non d'un simple char à bœufs. Le genre de carrosse qui transportait des femmes jeunes et riches, des filles de négociants, peut-être. On imaginait aisément le drame : un véhicule qui roule trop vite, la pente abrupte, les cris du cocher, une roue qui bascule dans le ravin, les hurlements des passagères... Le poids du véhicule entraîne les chevaux, des cahots, des rebonds, le choc, les arbres fracassés, le carrosse sens dessus dessous, les roues qui tournent dans le vide. Les chevaux se débattent, les reins et les pattes brisés, enchevêtrés, et dans le carrosse, ou projetés dans la chute, les corps désarticulés, ensanglantés... encore chauds, inertes, figés dans des positions grotesques, si vivants l'instant précédent, les yeux grands ouverts, brillants, le sang ruisselant à gros bouillons sur les belles soieries. Les oiseaux et les animaux affolés, qui fuient de tous côtés, mais se calment bien vite dès que l'écho de l'accident s'estompe. Et en quelques minutes, les fourmis et les mouches, attirées par la mort, trouvent les cadavres et se mettent à l'ouvrage...

— Maître Ti ? (Le juge sursauta. Le charretier le

regardait d'un air compatissant.) Nous partons, maître Ti ?

— Certainement, certainement, répondit le juge en descendant du char. Vous ne serez pas vexé si je marche, j'espère ?

Ti savait exactement d'où lui venait ce penchant à envisager le pire. Tu es toujours avec moi, mère, songea-t-il.

Le charretier renversa la tête en arrière et éclata de rire. Ti remarqua avec envie ses belles dents bien plantées.

— Du tout, maître Ti, du tout. La plupart des gens font comme vous.

Ils étaient à peine à un li des quais noirs de monde où un parmi des centaines de bacs couverts leur ferait franchir la rivière jusqu'à la ville proprement dite.

Le port occupait les basses terres de l'estuaire, face à Canton. De son poste élevé, Ti apercevait des rangées d'entrepôts en brique, en retrait des longues jetées sur pilotis qui s'avançaient sur l'eau, semblables à des dents noires de tailles inégales. Le vent parsemait de moutons blancs l'eau verte comme du jade. Des bateaux, des barges et des jonques dansaient sur les flots, les mâts et les voiles tanguaient. De gigantesques barrières de terre et des digues formées d'énormes rochers, qui avaient dû coûter cher en argent et en vies humaines, dessinaient la côte et s'étendaient profondément dans les parties les plus larges du fleuve. Rien de ce que Ti avait vu du Grand Canal n'était comparable à la profusion et à la complexité du grouillant commerce humain qui se déroulait sous ses yeux.

Vers le bas de la pente, la route commença à tourner sur elle-même, courant le long de la falaise, et Ti put avoir une vue claire de la ville jusqu'aux ports de l'extrême Sud-Est. Il la contemplait désormais, qui s'étendait le long de l'estuaire sur un axe de boulevards et de rues entrecroisés. En approchant de l'étrange cité, Ti éprouva une excitation délectable, entre la terreur et l'extase, semblable à ce qu'il avait ressenti à quinze ans lorsqu'il était parvenu devant la porte de la chambre où l'attendait sa première femme.

Lorsque le bac atteignit le quai après une traversée animée, au cours de laquelle le batelier avait échangé des ordres, des invectives et des insultes avec les bateliers des dix mille embarcations de toutes sortes qui naviguaient autour d'eux, et après avoir cru au moins vingt fois à l'imminence d'une collision fatale, Ti mit pied à terre et fut aussitôt entraîné dans le puissant courant de la marée humaine : chars à bœufs, voitures à cheval, voitures à âne, piétons, et une foule de curieux véhicules à deux roues, tirés par un homme et destinés au transport d'un seul privilégié à la fois.

L'humanité ! Ti n'avait jamais vu une telle diversité, pas même à Ch'ang-an, où les voyageurs de la route de la Soie convergeaient depuis des milliers de lis à la ronde. Autour de lui, des bribes de langues étranges se chevauchaient tels les chants concurrents de volées d'oiseaux. Des indigènes demi-nus aux dents peintes et aux coiffes de plumes portaient autour du cou des animaux vivants — chiens, chèvres, serpents, lézards, singes — et erraient parmi les camelots, les marchands et les fermiers, dont les cages à poules, à canards ou à porcelets se balançaient au bout de longues perches en équilibre sur leurs épaules. Des enfants portaient des sacs plus gros qu'eux, de vieilles femmes ratatinées fumaient la pipe ; des peaux pâles, noires, cuivrées, des barbes noires, des yeux ronds, des yeux normaux, des crânes rasés, des chapeaux de paille, des turbans multicolores, des robes, des corps nus. Et parmi cette multitude bigarrée, de magnifiques carrosses avançaient, majestueux comme des navires, chargés de femmes vêtues de riches soieries et de beaux messieurs dont la seule occupation consistait à se pavaner. Canton attirait la terre entière en son sein, et Ti eut l'impression que tout le monde s'était donné rendez-vous le même jour.

Et le vacarme ! Ti avait trouvé les rues et les marchés de Ch'ang-an bruyants, mais à Canton, les marchands s'apostrophaient et s'insultaient avec plus de véhémence, les animaux caquetaient et braillaient avec davantage de vigueur, la compétition était plus féroce que dans n'importe quelle ville du Nord ; les musiciens, insouciants de la présence de leurs concurrents, chantaient et dansaient, en transe, battaient le tambour, pinçaient des instruments et soufflaient dans de longues flûtes au son plaintif.

Derrière le bord de mer, une pléthore de ruelles et de rues entremêlées s'enfonçaient dans les terres, contrairement aux vastes parcs et aux larges avenues bordées d'arbres de Ch'ang-an. Ti vit une multitude de marchés couverts, de hautes pagodes et des tours immenses, des bâtiments aux nombreux étages complexes, des arches et des ponts à profusion. Ici et là, des remparts, des murailles, des tours fortifiées. Sans doute pure vanité, songea Ti. Une ville aussi loin dans le sud de l'empire ne devait jamais affronter d'attaque ennemie. D'où viendrait-elle ? De la mer ? De la jungle des montagnes du Nam-Viêt ? Peu probable.

Le long des grands boulevards, les nouvelles constructions et les échafaudages de bambou ressemblaient à de gigantesques cages à oiseaux. Ici, la ville se renouvelait constamment, en création et recréation permanentes. Ti aperçut des toits récents, des travaux en cours — arches, terrasses, ponts décoratifs — par-dessus les feuillages de jardins privatifs. Canton était à l'évidence un lieu de richesses infinies et de gloire administrative. Avec l'armement de nouveaux navires, l'importation de métaux précieux, d'huile, d'aromates, de médicaments, de verre, de tissus, d'onguents et de parfums rares, l'or et les privilèges enrichissaient la classe marchande, les pots-de-vin et l'extorsion engraissaient les comptoirs gouvernementaux. Grâce à ce commerce lucratif, de nouveaux palais surgissaient, toujours plus magnifiques, colorés, spectaculaires et démesurés. A Canton, on voyait que régnaient les marchands — loin d'être une classe de troisième ordre comme dans d'autres villes. L'argent de l'armement et du commerce créait sa propre noblesse, différente de la tyrannie des registres d'état civil du Nord.

Le lendemain matin, aux premières lueurs de l'aube, Ti se dirigerait vers le centre administratif de la ville : le ministère des Ports et de la Navigation. Outre son propre rang et sa notoriété, il pouvait utiliser une lettre d'introduction d'un haut fonctionnaire de Ch'ang-an. De plus, il était aussi bien versé qu'un autre dans l'art de lubrifier la machinerie bureaucratique avec une discrète enveloppe. Il était prêt à faire tout ce qui était nécessaire pour atteindre Hainan. Canton était une ville fascinante, mais elle attendrait.

Il respira les habituelles odeurs citadines : sueur, corps mal lavés, animaux, excréments, fumée, nourriture, que le soleil ardent rendait plus âcres et plus fortes. Mais il y avait autre chose, qu'il n'avait jamais senti auparavant : un parfum huileux, sucré, fruité, un parfum trop mûr. Pas tout à fait pourri, mais presque. Son odorat le décela parmi les relents familiers et l'identifia comme typiquement méridional, tropical et... il réfléchit et fut surpris du qualificatif qui lui vint à l'esprit : perfide.

Curieux comme l'esprit fonctionne, songea Ti.

Il se réveilla avant l'aube. Il s'aspergea le corps d'eau froide, se sécha vigoureusement et revêtit des vêtements légers. Il avait rangé ses affaires et était prêt à partir. Il vérifia : papiers, lettre d'introduction, argent, sceau de magistrat. Tout y était et à portée de main. Il jeta son balluchon sur son épaule. Quel plaisir : une seule main suffisait à porter ses biens terrestres. Les poètes et les saints ont raison, songea Ti. C'est ainsi qu'il convient de vivre.

Il descendit l'escalier de la maison endormie et sortit dans la douceur du matin. Un thé chaud et une boulette de pâte auprès d'un marchand ambulant, une brève marche revigorante, et il eut l'impression d'être un jeune homme, en route pour l'aventure.

Il anticipa sur l'avenir. Le voyage lui prendrait sans doute trois jours. En arrivant sur l'île, il devrait vite trouver un guide. Il le choisirait jeune, pas plus d'une quinzaine d'années. Agile et malléable, plus tout à fait un enfant, mais pas encore corrompu, un garçon dont il pourrait gagner la confiance et qui lui enseignerait quelques rudiments de la langue. Les gazettes ne lui avaient été d'aucune utilité en termes d'aide linguistique, mais il apprenait vite et il avait le contact facile.

Il te faudra user de toute ta diplomatie pour repérer les prisonniers, se dit-il en marchant. Ne laisse pas l'impatience prendre le dessus. Prends ton temps pour appréhender la petite hiérarchie de l'île, son humeur, ses manières. Une question bien placée par-ci, une enveloppe par-là. De la diplomatie, de l'ouverture d'esprit et une bonne connaissance du danger. Attention aux serpents. Aux serpents et aux flèches empoisonnées. Mais avant tout, de la patience.

N'oublie pas que les prisonniers, quand tu les trouveras, devront être apprivoisés. Ils ont beaucoup souffert, ils ont été trahis. Ils n'auront peut-être plus toute leur tête. Cela aussi nécessitera de la patience.

De la patience, encore de la patience, se récita-t-il tel un mantra tout en accélérant inconsciemment le pas.

Trois quarts d'heure plus tard, il se tenait devant la haute porte sculptée du ministère des Ports et de la Navigation. Il frappa de son bâton et attendit.

Il patienta de longues minutes. Rien. Il frappa de nouveau, attendit, puis colla son oreille à la porte. Il perçut des murmures à l'intérieur. Il leva son bâton pour frapper une troisième fois, prêt à se faire enfin entendre.

Un guichet s'ouvrit à hauteur d'œil avant que son bâton ne heurte la porte. Ti s'approcha de l'ouverture et sourit. Il perçut un relent de parfum.

— Bonjour ! lança-t-il avec entrain.

— Bonjour à vous, répondit-on dans un contralto maussade.

Ti sentit son cœur flancher.

Des eunuques !

L'œil exercé de Ti inventoria la pièce où il était assis, solitaire : des paravents en teck noir et en bois rares inconnus, ornés de motifs floraux et tropicaux, avec des incrustations de nacre. Des vases et des chevaux de faïence émaillée exquise, artistiquement exposés sur de délicats guéridons. Des manuscrits à la calligraphie admirable deux fois de la taille d'un homme. Des meubles laqués étincelants, des coussins de brocart. Des orchidées en pot, certaines pâles et translucides, d'autres obscènes et de couleurs vives, des configurations fantastiques, et bien d'autres plantes singulières, phalliques et écarlates. Un somptueux tapis indien multicolore sur le sol. L'élégant service à thé sur la table basse, près du siège où Ti était assis, et le thé lui-même, rare, odorant, importé, nul doute, de très, très loin.

Ti pensa à son bureau de Ch'ang-an. S'il voulait faire repeindre les murs à la chaux une fois par an, ou balayer le sol une fois par mois, il devait régler l'addition lui-même. Si un visiteur voulait du thé, Ti envoyait son assistant chercher un marchand ambulant. La corruption, comme tout ce qui pousse, prospérait dans la chaleur et l'humidité, et florissait, riche et luxuriante.

Il fixa la porte close par laquelle avait disparu l'eunuque qui l'avait introduit dans la pièce. Chaque froissement de la robe de soie du fonctionnaire, chaque minuscule bouffée d'air respirait le dédain. Il avait écouté sans réaction Ti décliner son identité et présenter sa requête, un navire et un équipage pour Hainan, et avait pris, sans un regard, la lettre cachetée du sceau de magistrat. Lorsque Ti eut fini de parler, l'eunuque s'était autorisé un silence grossier, pendant lequel il l'avait dévisagé un peu plus longtemps que ne l'exigeait la bienséance.

Ses paupières s'étaient ensuite fermées, semblables à des persiennes miniatures, et étaient restées closes plus longtemps que nécessaire pendant qu'il détournait la tête. Alors seulement, il avait daigné répondre.

« Ah, vous, les Nordistes, toujours debout à l'aube. On croirait des écureuils. Toujours pressés. »

Et il s'était évanoui par la porte, au milieu des froufrous, la lettre de Ti à la main.

Un garçon muet avait apporté du thé quelques minutes plus tard. Et Ti avait attendu.

Il attendait toujours. La chaleur avait envahi la pièce. Ti avait vu son énergie matinale s'évaporer, et la fatigue d'une mauvaise nuit avait repris le dessus. Il s'assoupit. Une grosse orchidée, de la couleur d'une peau qui n'aurait jamais vu le soleil et qui ressemblait à s'y méprendre à un scrotum muni d'une petite bouche obscène, se dressait dans un pot sur la table voisine de sorte que la fleur arrivait au niveau des yeux du juge. Quelle chose insolente ! pensa Ti. De la même veine que son maître. Et que dire de ces fleurs phalliques rouge vif ! Mes épouses ne me permettraient pas d'en apporter à la maison. Sans doute une blague d'eunuque à l'ironie amère. Que doivent-ils faire pousser dans leurs jardins privatifs ?

Ses paupières s'alourdissaient. Il n'avait pas la force de maintenir ses yeux ouverts. Il lutta un instant, mais abandonna. Son menton tomba sur sa poitrine comme un sac d'oignons et il sombra dans un lourd sommeil.

Une jungle verdoyante l'attendait, une lumière chaude filtrait par les feuilles aux nervures blanchâtres, des vrilles vertes sinueuses qui s'enroulaient et s'entremêlaient poussaient autour de lui et le retenaient prisonnier. Son propre corps grossissait à vue d'œil, des murmures et des chuchotements résonnaient derrière la végétation dense. Une voix se détacha des autres, claire et exaspérée : « Il est toujours là ? »

Ses jambes et ses bras cuisaient. Il se débattit, mais il était ligoté comme un cochon qu'on emporte au marché.

« Ce sont des pirates, vous ne le saviez pas ? » disait la même voix, sonore et distincte désormais.

Mère, songea Ti, et il se réveilla en sursaut.

Sa tête retomba. Il ignorait totalement où il se trouvait. Les rayons du soleil ricochaient sur le bois poli et le frappaient au visage. Il voyait à peine. Une silhouette se tenait au-dessus de lui. Sa mère. Non, ce n'était pas sa mère.

Un autre eunuque. Ti se souvint soudain.

Il s'assit et lissa sa robe. Il essuya un filet de salive qui avait coulé sur son menton. Ses vêtements étaient trempés de sueur. Les rayons obliques du soleil lui apprirent qu'il avait dormi longtemps. Décidément, il ne s'habituerait jamais à cet affreux climat.

— Et je ne parle pas des pirates que décrivent les poètes, mais bien de ceux qui vous arrachent le foie par simple jeu.

Si cet eunuque avait conservé ses attributs, il aurait été bel homme : grand, des traits d'aristocrate, le visage malheureusement empâté, surtout sous le menton où une poche flasque, semblable à la gorge d'un crapaud, tremblotait quand il parlait. Une robe aux riches broderies accentuait un estomac énorme. Ti était fasciné. La voix avait le même timbre que celle de sa mère. Un fort parfum floral envahissait la pièce.

— Excusez-moi, dit Ti en se levant. A qui ai-je l'honneur ?

— Peu importe, répondit l'eunuque. C'est vous l'homme important, magistrat Ti Jen-chieh de Ch'ang-an. Et qui, selon vous, sera responsable si quelque chose vous arrivait ?

— Je prends l'entière responsabilité de mes actes.

— Oh, j'en suis sûr, rétorqua l'eunuque d'un ton sec. Mais cela ne marche pas ainsi. Vous serez mort. C'est moi qui devrais fournir des explications. Je risque ma place.

— Je ne suis certainement pas le premier fonctionnaire à souhaiter aller à Hainan, remarqua Ti, qui commençait à s'énerver.

— Je n'ai rencontré personne qui souhaitait aller à Hainan. La plupart des gens font tout ce qu'ils peuvent pour ne pas y aller. Que s'y passe-t-il de si important ? Etes-vous à la recherche de faux moines bouddhistes ?

Ti s'efforça de contrôler sa respiration. Patience, s'adjura-t-il. Patience.

— Je souhaite me rendre sur l'île afin de satisfaire ma curiosité concernant le bien-être des prisonniers.

— Je ne peux pas vous y envoyer simplement parce que vous avez envie d'y aller. Quels prisonniers, d'ailleurs ? Ou, devrais-je dire, ajouta l'eunuque avec un sourire narquois, quels « émissaires culturels » ?

Ti regrettait d'avoir parlé. Il regrettait d'être venu. Il ne savait pas, et personne ne le lui avait dit, que le ministère des Ports et de la Navigation était une enclave d'eunuques. Il décida de ne plus rien dire à ce personnage grotesque. Il avait entendu des rumeurs alarmantes sur la collaboration de la bureaucratie des eunuques de Yang-chou avec les agents de l'impératrice lorsque les lettrés avaient été arrêtés pour être massacrés ou envoyés sur l'île-prison, à coup sûr par l'intermédiaire de ce ministère. Qui savait quelle sorte d'arrangement avait eu lieu entre les eunuques de Yang-chou et ce nid de vipères « dans l'intérêt » des lettrés en exil ? Les eunuques formaient une nation, Ti ne l'ignorait pas. En dire plus risquait de mettre en danger la vie des pauvres malheureux de l'île. L'eunuque que Ti avait devant lui avait déjà prouvé qu'il connaissait une partie des activités de Ti Jen-chieh : il savait peut-être aussi que Ti avait été en communication avec les lettrés de Yang-chou lorsqu'ils avaient planifié leur rébellion.

Des lettres avaient été échangées, dans le langage codé des universitaires. Les lettrés avaient demandé à Ti d'être leur représentant à Lo-yang. Les choses n'en étaient jamais arrivées là parce que l'impératrice se curait les dents avec leurs ossements avant même que la réponse de Ti — les incitant à la prudence et à la retenue — ne leur fût parvenue. Mais qui savait quel sens caché avait le nom de Ti Jen-chieh dans ce ministère ?

Et qui savait si l'omniscience de l'impératrice ne s'étendait pas jusqu'à cette enclave ? L'eunuque observa Ti d'un œil pénétrant qui contrastait avec son ton désinvolte. Il avait parlé d'« émissaires culturels » à propos des exilés. Tout le monde savait que l'impératrice était l'auteur de ce mot d'esprit.

— En tant que magistrat de l'empire, dit Ti sans hausser le ton, le bien-être de tout prisonnier m'intéresse directement. J'ai en outre le droit de voyager, à mon gré, n'importe où dans l'empire.

— Mais très certainement, dit l'eunuque en se détournant, comme s'il s'était efforcé de plaisanter et que Ti gâchait tout en prenant les choses trop à cœur.

Il ouvrit la porte par laquelle son collègue avait disparu et se tourna vers Ti.

— Vous venez ? s'impatienta-t-il. Ou vous comptez rester dans le vestibule toute la journée ?

Le vestibule ? Il n'était pas venu à l'esprit de Ti qu'il se trouvait ailleurs que dans la salle de réception principale. Il suivit l'eunuque, qui se déplaçait avec grâce et célérité pour quelqu'un d'aussi gras et parlait à Ti sans se retourner.

— Nous ne sommes pas dans le Nord, vous savez. On n'obtient pas ce qu'on veut dès qu'on franchit la porte. Nous avons un rythme de vie plus civilisé par ici. Remarquez, je me doute que vous ne pouvez faire autrement. D'où vous venez, je suis sûr que vous devez vous agiter toute la journée juste pour avoir chaud.

Ils traversèrent un long couloir percé de jolies fenêtres aux persiennes ouvertes qui donnaient sur un jardin à l'agencement soigné. Ti aperçut des bassins, des ponts de méditation, des rocailles élégamment taillées et une végétation tropicale luxuriante. Ils parvinrent devant une autre porte. L'eunuque s'arrêta et se retourna.

— Permis, licences et tarifs, énonça-t-il en comptant à voix basse sur ses doigts roses tel un conspirateur. (De petits tremblements agitèrent ses bajoues lorsqu'il branla la tête et confia, pour prouver sa sincérité :) Les choses vont mal depuis quelque temps. Des contrats de transport qui ne correspondent pas à la cargaison, par exemple. Je sais que je peux vous faire confiance, ajouta-t-il en posant une main sur le bras de Ti.

— Absolument, assura Ti d'un air grave.

L'eunuque se pencha et fixa Ti de ses yeux inquiets et larmoyants.

— Rien de tout cela ne dépend de moi, vous savez,

murmura-t-il, comme s'il y avait de l'autre côté de la porte quelqu'un qui ne devait pas entendre.

Il était si près que Ti fut enveloppé d'un parfum sucré et reçut son haleine aillée en pleine figure. Il y avait aussi un relent... zoologique. Ti sentit ses propres glandes salivaires le picoter et son estomac se soulever, mais il resta de marbre.

— J'en suis persuadé, répondit-il.

L'eunuque ouvrit enfin la porte. Ils pénétrèrent dans une antichambre circulaire, avec des cloisons sculptées et un sol de marbre incrusté de ravissants coquillages qui formaient des motifs géométriques sophistiqués. En face se trouvait une autre porte. L'odeur musquée était un peu plus prégnante que dans le vestibule. Ti crut entendre un cri strident. L'eunuque traversa la pièce et ouvrit la porte.

L'odeur fouetta Ti en plein visage. Devant lui se trouvait un grand hall aux magnifiques colonnades, éclairé par des lucarnes à claire-voie. C'était en réalité un jardin clos, un arboretum, agrémenté en son centre d'un bassin alimenté par une cascade miniature et flanqué de lotus et d'orchidées. Des nénuphars flottaient. Ti vit des bancs en bois dans de minuscules clairières. Les plantes et les roches étaient disposées avec art afin que le visiteur ait l'impression de se trouver dans une forêt de rêve, sortie tout droit d'une chanson ou d'un poème. Une bananeraie entourait le bassin, ses grosses fleurs blanches, dont le centre était planté d'un phallus démoniaque et luisant, s'entremêlaient aux feuillages de jasmin des Indes. Drapés de vieux philodendrons majestueux, de hauts arbres vigoureux jaillissaient de la bananeraie et effleuraient presque le plafond. Des arbres fruitiers en fleurs dispensaient leur ombre aux tables installées çà et là près du bassin et garnies de plats de victuailles à la composition artistique.

Dans les branches, retenus prisonniers par des filets qui

habillaient les lucarnes, une centaine d'oiseaux bariolés voletaient, emplissant l'air de leur chant. Et partout, dans les arbres, sur les tables, des singes criaillaient, sautaient se pourchassaient, dansaient et bondissaient.

Des singes! Quarante? Cinquante? Ti ne parvenait pas à les dénombrer. Des singes ordinaires, des singes à la crinière épaisse, des singes à la face aussi menaçante que les masques des sauvages. La queue dressée, les babines retroussées sur des crocs aiguisés, ils se chamaillaient pour une bouchée, la dévoraient à même la table et filaient se réfugier dans les arbres.

Ti n'aimait pas les singes. Ils ressemblaient à d'horribles êtres humains affligés des pires défauts. Petits sauvages grossiers, cupides, querelleurs, bavards et prétentieux. Le sol était jonché d'ordures, coquilles, pelures de fruits, morceaux à moitié mâchés et recrachés, tas d'excréments. Le gros eunuque releva coquettement sa robe et s'élança d'un pas aérien, comme s'il devait traverser un jardin de rocailles sur la pointe des pieds. L'air dense et humide qui empestait le fauve et l'urine souleva le cœur de Ti.

Les singes étaient-ils des animaux de compagnie captifs ou connaissaient-ils une entrée secrète qu'ils empruntaient chaque jour, tels des invités clandestins à une noce? Les horribles bestioles se conduisaient comme si l'endroit leur appartenait. Ti s'aperçut qu'il était loin de chez lui : ce chaos atavique malodorant était normal et bienvenu dans le Sud, où il était même entretenu.

— Je ne peux pas vous laisser entrer, dit l'eunuque de sa voix de conspirateur. Ça ne vous ennuie pas, j'espère? (Sa voix mourut dans un murmure tandis qu'il pointait son menton vers la porte close à l'autre bout du pavillon.) Il se croit tellement important.

— Qui se croit important? demanda Ti d'une voix normale.

— Chut ! reprocha l'eunuque, blessé. Je vous en prie, maître Ti ! J'essaie de vous rendre service ! Vous voulez tout gâcher ? Asseyez-vous, s'il vous plaît, ordonna-t-il, je reviens.

Il s'éloigna, disparut derrière la porte, qu'il claqua presque, se retenant à temps d'être insolent.

Ti entendit le bruit d'un verrou. Il avait le sentiment que l'attente serait longue. Il trouva près du bassin un banc dépourvu de déchets, s'y assit et défit ses sandales. S'il pouvait juste se tremper les pieds dans l'eau froide...

— Un rafraîchissement, magistrat ?

Ti sursauta. Un serviteur portant un plateau de nourriture s'était matérialisé à côté de lui pendant qu'il se penchait pour ôter ses chaussures. Ti avait faim, mais il n'était pas sûr d'avoir envie de manger. Son estomac protestait. L'odeur était moins envahissante maintenant qu'il s'était habitué.

— Laissez cela ici, dit-il en désignant le banc.

Il perçut un gloussement aigu de petite fille de l'autre côté de la porte. Le domestique ne réagit pas ; Ti non plus.

— Vous voulez peut-être autre chose ? proposa le domestique. Des noix confites ? Du vin ? Un alcool ?

Ti remarqua que le regard du garçon s'attardait sur sa manche. Il s'examina, ne vit rien, puis tira sur le tissu. Un ruban de soie rouge, plus étroit que l'ongle de son auriculaire et long de trois centimètres, était accroché sur le haut de son bras. Il voulut l'ôter, mais le ruban était cousu par un simple point. On avait peint avec un fin pinceau un bambou miniature et ses feuilles, et on avait cousu le ruban pendant son sommeil. Pourquoi ?

Lorsque Ti leva les yeux, le domestique avait disparu.

Il reporta son attention sur la nourriture. Il n'était peut-être pas sage d'y toucher. Mieux vaut tester son innocuité, se dit-il sournoisement.

Intéressé par le plateau de nourriture mais sur ses gardes, un grand singe mâle s'assit sur la table voisine. Ti prit quelques morceaux et les jeta vers le singe.

Ses congénères accoururent, mais le gros mâle, le roi, le patriarche, les fit décamper d'un simple regard. Ils piaillèrent, se pavanèrent et grimacèrent mais ne franchirent pas la ligne invisible qui les séparait du festin. Le chef mangea tout en se grattant de temps en temps les organes génitaux. Ti n'avait plus faim. Il empoigna le plateau et le posa sur la table proche du singe.

— Tiens, régale-toi, dit-il entre ses dents.

Une femelle de la même espèce, aussi massive que le mâle, s'approcha de lui. Il l'ignora lorsqu'elle tendit une main prudente. Elle s'enhardit, vint s'accroupir sur la table, en face de lui, et se servit sans le quitter des yeux. Son arrière-train était enflé, rosâtre et protubérant. Ti eut l'impression d'avoir l'appétit coupé à tout jamais.

Mâchant toujours et sans changer d'attitude, le mâle saisit la femelle et l'attira à lui par-dessus le plateau de victuailles. Elle hurla et retroussa les babines; il sauta sur la table, l'empoigna par la peau et la traîna vers une autre table, éparpillant un plateau de fruits, découpés en tranches et disposés avec art afin de ressembler à des fleurs sur une colline. La femelle s'accrocha au rebord de la table et rua, mais il la força à lâcher prise et, la tenant fermement par le bassin, l'empala sur son membre et se mit à s'activer en elle. Ti n'en supporta pas davantage.

Il se leva, arracha la branche d'un arbre fruitier, la brandit et l'abattit sur les épaules du mâle. Les plats, la nourriture et les singes tressautèrent. La femelle s'enfuit en couinant vers l'arbre le plus proche. Le mâle laissa échapper un hurlement de surprise et de douleur, et s'affala sur le dos au milieu des débris d'assiettes et de nourriture, le membre toujours dressé et luisant.

Il s'enfuit à son tour en grognant, furieux, et sauta de

branche en branche au milieu d'un grand vacarme ; bientôt, les plus hautes branches furent agitées de cris, de piaillements et de singes en folie. Le gros mâle prit position au-dessus de la tête de Ti et l'invectiva comme le charlatan d'abbé que le juge avait autrefois condamné aux travaux forcés.

Ti était euphorique. Un tyran venait d'être châtié, sa fierté blessée, sa suprématie contestée.

Quelle joie ! Quel soulagement ! Ti ressentait le même plaisir que lors des trop rares occasions où il avait puni ses fils. Il se sentait ragaillardi, sa journée était sauvée. Il creusa sa paume, la plongea dans le bassin et aspergea d'eau le gros mâle, qui détala, hors de portée de l'insolent. Ti agita sa branche dans un geste triomphal.

— Tiens, qui avons-nous là ? Ma parole, mais c'est Ti Jen-chieh, le roi des singes.

Surpris, Ti se retourna. Les mains sur les hanches, le gros eunuque contemplait le désastre.

— Et maintenant ? demanda-t-il. Vous comptez vous accoupler avec elle ? Et dire que les gens du Nord nous traitent de sauvages !

Dans un froissement de soieries, il alla sous la branche où était assis le mâle enragé et lui parla d'un ton apaisant.

— Il t'a fait mal ? Viens voir papa. Viens, chouchi. Chouchi.

Il claqua la langue et leva les bras vers le singe, qui lui lança une poignée de crottes. L'eunuque baissa prestement la tête pour éviter les excréments, qui atterrirent sur la pierre qu'il venait juste de quitter. Ti faillit éclater de rire.

— Je suis ravi de voir que ça vous amuse, maître Ti, maugréa l'eunuque. Parce qu'il va mettre du temps à me pardonner. Mais, bien sûr, ce n'est pas de votre faute. Au moins, nous ne mangeons pas nos animaux de compagnie, comme vous autres du Nord.

Abasourdi, Ti allait protester, mais l'eunuque le devança.

— Il n'y aura pas de jonque pour Hainan. Pas pour l'instant. Vous arrivez au mauvais moment, vous devrez attendre. Désolé.

Il resta les bras croisés, signifiant que la discussion était close et que Ti serait bien avisé de partir sans tarder.

Nous y voilà, songea Ti, et il porta la main à sa ceinture. Devinant son geste, l'eunuque roula les yeux de pur dédain.

— Oh, je vous en prie, fit-il, comme si la grossièreté de Ti l'effarait.

— Puis-je au moins savoir pourquoi ma requête est refusée? demanda Ti d'une voix égale.

— Oh, vous pouvez toujours demander, fit l'eunuque, qui afficha une lassitude ennuyée.

— Eh bien, pourquoi?

— Parce que mon supérieur l'a décidé.

— Pourquoi l'a-t-il décidé?

L'eunuque laissa échapper un soupir exaspéré.

— Je ne vois pas en quoi cela vous regarde. Nous avons du travail, j'imagine que cela ne vous est pas venu à l'esprit.

— Il ne m'était pas venu à l'esprit que vous chercheriez à entraver le cours de la justice.

— Vous appelez cela entraver. Nous disons que nous prenons nos responsabilités.

— Je vous en prie, développez.

— Vous croyez que la mer n'est qu'un vaste bassin, commença l'eunuque en haussant le ton. Vous ne savez rien. C'est nous qui sommes responsables de chaque navire qui entre ou sort de ce port. Et nous en sommes responsables entre le port et l'île. Nous avons des comptes à rendre si un bateau est pris dans un tourbillon et entraîné dans les Neuf Gouffres. S'il est pris dans la barre au confluent des Trois Courants. Il faut un minutage précis, maître Ti. Rigoureux. En outre, il faut considérer le bien-être des prisonniers. Nous devons avoir des précisions sur le but de votre voyage. Et des renseignements complémentaires sur vous-même. Vous êtes peut-être célèbre dans le Nord, mais nous vous connaissons à peine. Il vous faudra apprendre à patienter, maître Ti.

— J'ai déjà beaucoup appris ce matin, riposta Ti. Sur la patience, et aussi sur les mauvaises manières. Qu'est-ce que ceci, d'ailleurs ? demanda-t-il en tirant sur le ruban de soie qui ornait sa manche.

L'eunuque y jeta un coup d'œil distrait.

— Votre idée de la mode, j'imagine, siffla-t-il.

— Très bien, fit Ti qui s'apprêta à partir. Je vous remercie de votre aide. Je m'arrangerai tout seul pour aller sur l'île.

— A votre place, je ne m'y risquerais pas, maître Ti. Nous l'apprendrions vite, vous savez. Comme je vous l'ai dit, il y a le bien-être des prisonniers à considérer, conclut l'eunuque avec un rictus victorieux.

Ti le dévisagea, incrédule. Avait-il bien compris ? Il bouillait de rage, ses genoux en tremblaient. Contrôle-toi, s'adjura-t-il. Il est dangereux d'afficher sa colère.

Cependant, il s'imaginait en train de serrer le cou grassouillet de l'eunuque, de lui maintenir la tête sous l'eau du bassin, de contempler le visage bouffi pendant que des bulles s'échapperaient de la bouche et du nez. Il en frémissait d'envie, ses mains le démangeaient.

« Lorsque le tumulte menace de t'engloutir, trouve le calme en toi-même », lui avait souvent conseillé Hsueh Huai-i. Ti avait entendu le moine énoncer un tas de propos aussi ésotériques qu'évasifs et, après réflexion, en avait rejeté la plupart. Mais ce conseil lui servit. Il le força à maîtriser sa colère.

L'eunuque cherche précisément à se faire agresser,

songea Ti, afin de me jeter hors de la ville. Pour l'instant, il a déjà réussi à me forcer à rester à Canton.

— Je vous remercie, dit-il en s'inclinant. Cette journée a été fort instructive. Vous avez ma lettre. Je vous recontacterai.

— Je n'en doute pas, répondit l'eunuque avec condescendance. (Il tourna le dos à Ti et se dirigea vers la porte d'un pas majestueux.) Le domestique va vous reconduire.

5

Les dessins que forment les nuages, un peu à la manière des feuilles de thé dans une tasse. Les motifs que les derniers grains de riz laissent dans le bol. Partout, on parlait des signes. Dans les parcs aux alentours de Loyang les oiseaux ne pépiaient plus, ils parlaient — pour qui savait écouter. Même chose pour les criquets dans les bois, les grenouilles dans les étangs. La proclamation de l'approche de la semaine des miracles avait changé chacun en prophète.

Au marché, les scribes impériaux qui avaient dressé leur table, pinceaux et encre prêts, incitaient les passants à témoigner : « Rien n'est insignifiant. Elle veut entendre chaque voix. »

Un commerçant, un enfant, un fermier, un vagabond — n'importe qui — avaient la possibilité de faire enregistrer ce qu'ils avaient « vu », avec l'assurance que l'impératrice elle-même entendrait leur message.

Un scribe, sa petite table installée à un endroit stratégique, à l'intersection de deux avenues marchandes, venait juste de noter le récit d'un vieillard édenté dont les paroles étaient presque inintelligibles, mais qui avait beaucoup à raconter sur la miraculeuse mutation de ses propres excroissances corporelles en bijoux et en parfum.

Après que le scribe eut entendu assez de détails,

l'homme ayant parlé pendant près d'une heure particulièrement de ses fonctions intimes, il lui dit poliment de s'en aller car d'autres témoins attendaient leur tour. Il le remercia en lui promettant que l'impératrice serait tenue au courant. Le vieillard avait à peine le dos tourné que le scribe froissait le parchemin et le jetait avec une grimace de dégoût.

Vint ensuite une vieille femme, encore plus âgée que le témoin dont le scribe venait de se débarrasser, qui s'assit et commença son histoire.

— C'est un véritable signe, assura-t-elle. Regardez-moi. Quel âge me donnez-vous ? Eh bien, je viens d'enfanter ce matin même.

Et elle portait en effet, empaquetée dans un foulard noué autour de son ventre, une chose qui se tortillait et émettait de petits grognements.

Le scribe regarda le paquet, puis la femme, dont le large sourire dévoilait une unique canine qui branlait lorsqu'elle parlait.

Elle se pencha vers le scribe.

— C'est sorti de mon ventre. Je savions même pas que j'étais grosse.

Le scribe se recula, saisi par une étrange odeur. Cela ne sentait pas réellement mauvais, c'était plutôt une odeur... fauve, animale. Il se recula, elle se pencha davantage. Le paquet remua.

— Vous voulez voir ?

Avant qu'il puisse répondre, elle avait soulevé le tissu. Il vit une tête rose. Non, deux têtes roses. Avec des groins et des poils. Des porcelets ! Le scribe se détendit. Quelle vieille folle. Dire qu'elle me montre ses « bébés » !

— Ils sont très beaux, dit-il. (Il prit son pinceau d'un air sérieux et commença à écrire.) Vous dites que vous les avez mis au monde ce matin ?

— Attendez, dit la vieille. C'est seulement une partie du miracle.

Elle déballa le paquet entièrement. Ce que vit le scribe le poussa à se lever d'un bond, renversant l'encrier dans la boue.

Les deux porcelets n'étaient qu'un amas de chairs jointes, avec quatre pattes de devant et deux de derrière, et une seule petite queue en tire-bouchon. Deux gueules affamées remuaient avec vigueur.

— Une bouche pour chaque nichon flétri, déclara joyeusement la vieille.

— Madame, bafouilla le scribe, je vous en prie, ôtez cette... abomination de ma vue !

Une foule s'était attroupée au milieu des rires et des hoquets d'effroi. La vieille était pliée en deux de rire. Elle enveloppa de nouveau ses deux « bébés » et les berça, la bouche grande ouverte dans un sourire radieux, ponctué par son unique dent du bas.

— Chère madame la couturière, dit l'étranger avec grâce en soulevant le rideau de l'échoppe de tissus. (Il était grand, le visage taillé à coups de serpe.) Je suis navré de vous déranger, mais je fais des achats pour une dame de la plus haute importance.

L'homme s'était acquis un entourage. Plus d'une centaine de personnes le suivaient, se poussant et jouant des coudes pour voir ce qui allait se passer dans l'échoppe. La journée avait connu une abondante moisson de rumeurs et de bizarreries, et on disait que le grand étranger y était mêlé.

La petite couturière leva sur lui un regard inquiet. Le visiteur n'était pas vêtu d'habits particulièrement somptueux, mais il donnait l'impression d'être en relation avec les classes supérieures. Peut-être un régisseur. C'était de loin l'homme le plus grand qu'elle ait vu, si grand qu'il avait dû se courber pour entrer dans l'échoppe. Il était imposant, certes, mais son visage était doux et avenant. Elle vit la foule derrière lui. Sa petite échoppe n'avait jamais attiré autant d'attention et la couturière ne savait qu'en penser.

— J'ai vu toutes les brodeuses de la ville, dit l'homme en examinant un tissu.

Il avait les gestes sensuels et exercés d'un connaisseur. La couturière se détendit.

— Votre ouvrage est d'une qualité qui le rend digne de la dame que je représente.

— Quelle est donc cette dame ? s'enquit la couturière.

— Elle est... très délicate. Et le prix n'est pas un problème. Il lui faudra une bonne quantité d'étoffe.

Le mari et le fils, qui écoutaient derrière le rideau, s'avancèrent en entendant ces mots. Ils se tinrent à une distance respectueuse du visiteur. Etaient-ils sur le point de recevoir la plus forte commission de leur vie ? A la porte, la foule se figea dans un silence attentif. Chacun voulait savoir ce que disait l'homme.

— Voilà une pièce magnifique, dit l'étranger en remarquant un ouvrage en cours sur la table.

— C'est la commande d'une noble dame, dit la femme avec fierté. (Le grand étranger avait le don de la mettre à l'aise.) J'ai choisi ses fleurs et ses oiseaux préférés, ici, vous voyez, et les autres animaux qui vivent dans son jardin. Elle m'a dit ce qu'elle aimait, et j'ai conçu un motif répétitif... ce sont les détails qu'elle aime. Vous voyez que j'ai même mis des veines sur les pétales des fleurs...

Elle s'arrêta, craignant d'avoir été trop orgueilleuse.

— Ma chère madame, honnêtement, je n'ai jamais vu de détails aussi superbes. Je n'ai jamais rencontré d'œil aussi parfait. On a l'impression que ce petit criquet va sauter hors du tissu et voler dans la pièce en bourdonnant.

Il se pencha pour examiner le tissu de plus près.

— J'ai mis plus d'un an pour terminer les deux mètres que vous avez devant vous, mon bon monsieur. Et je recevrai une belle somme lorsque l'ouvrage sera achevé, même si la noble dame m'a déjà consenti une avance...

— Ma femme est la meilleure brodeuse de la ville... de l'empire, se rengorgea l'époux, enhardi par les compliments du visiteur. Mon aîné, ici présent, montre déjà les qualités d'un grand artiste, lui aussi.

— Vous pouvez être fier, déclara l'étranger. Puis-je me permettre... de l'examiner à la lumière ?

— Je vous en prie, s'empressa le mari.

Le visiteur prit le coupon de tissu qui était presque aussi grand que lui. Il le tint devant lui et le tourna afin que la lumière l'éclaire.

— D'une grande beauté, souffla-t-il.

Le mari et la femme sourirent de contentement.

L'étranger inclina la tête de côté pour mieux voir et, dans un bruit aussi épouvantable qu'un hurlement, déchira le tissu sur la moitié de sa longueur. Sur les franges des deux morceaux de tissu, des fils bleus, dorés, argentés et verts flottaient librement.

Un seul cri d'effroi jaillit de la foule. La couturière s'étrangla, incapable de produire un son. Elle porta les mains à sa gorge. Son mari empoigna sur la table de travail une paire de grands ciseaux, repoussa son fils et marcha sur l'étranger, la main tremblante.

L'homme ne bougea pas ; il tenait les deux morceaux de tissu, les sourcils froncés.

— Oh, fit-il, je suis sincèrement navré. Quelle maladresse !

Empourpré, le mari approcha les ciseaux du cou de l'étranger.

— Restez où vous êtes ! ordonna-t-il. Qu'on aille chercher les gardes ! lança-t-il à la foule qui semblait préférer se repaître du spectacle plutôt que d'aider le couple.

Qu'on ne le laisse pas s'échapper ! (Son épouse se couvrit le visage de ses mains.) Donnez-moi ce tissu ! exigea le mari. Donnez-le-moi tout de suite !

L'étranger parut réfléchir, il sembla sur le point de s'exécuter, mais, au lieu de rendre les deux morceaux déchirés, il les roula en boule comme de vulgaires torchons.

La couturière gémit. Son mari appuya les ciseaux sur le cou de l'étranger. Ce dernier étendit les bras et déroula le tissu, qui reprit alors son apparence première, scintillant, les oiseaux, les fleurs, les pétales intacts.

Le tissu était même devenu trois fois plus grand, il balaya le sol comme la traîne d'une robe de mariée.

La réaction de la couturière et de son mari fut noyée sous les cris et les hoquets de surprise de la foule. La couturière ôta les mains de son visage baigné de larmes, ses lèvres frémissaient. Son mari abaissa lentement ses ciseaux, incrédule, comme s'il avait oublié ce qu'il allait faire. Caché derrière les jambes de son père, le fils contemplait la scène d'un air béat.

— J'aimerais emporter cette étoffe pour la dame qui m'emploie, dit l'étranger. Comme elle était destinée à une autre cliente, je vous dédommagerai largement. (Il fit apparaître un sac qu'il remit entre les mains tremblantes du mari.) J'espère que cela suffira, dit-il en roulant le coupon.

Le mari ouvrit le sac : de l'argent et des bijoux ; il n'en avait jamais vu une telle quantité, il y en avait assez pour vivre le restant de leurs jours. Le mari et la femme se reculèrent en s'inclinant, et finirent par se cogner dans le mur.

L'étranger se dirigea vers la porte, le rouleau de tissu brodé sous le bras. Avant de baisser la tête pour franchir le seuil, il se retourna et déclara :

— Notre divine souveraine, l'impératrice Wu Tse-tien, vous remercie infiniment.

Les trois jeunes voyous avaient repéré depuis longtemps le grand étranger, bien avant de le voir pratiquer ses tours de magie. Il eût été difficile de ne pas le remarquer. Il était grand et maigre, il dépassait tout le monde d'une tête. Son manège les avait attirés : il marchait avec une suffisance et une arrogance qui semblaient les défier personnellement. Après tout, c'était leur territoire, et il se comportait comme s'il était chez lui.

Son apparence avait de quoi les déconcerter. Ils n'arrivaient pas à le situer. Ce n'était pas un Indien ; mais pas non plus un de ces Arabes ni de ces Juifs, avec leur barbe noire et leur nez crochu de faucon, ces hommes qui croyaient en un Dieu unique qui avait défait et massacré tous les dieux et les démons des ténèbres avec son épée de lumière. Ce n'était pas non plus un des nestoriens, ces hommes aux cheveux de feu et à la peau laiteuse qui croyaient avec ferveur que le Dieu unique avait laissé torturer et crucifier son fils afin qu'il revienne d'entre les morts et tue tous ceux qui avaient comploté contre lui. Non, il ne ressemblait pas à ces êtres étranges de pays lointains. Mais il n'était pas non plus des leurs.

Il était facile à filer, même après qu'il se fut glissé hors de la foule éberluée qui le suivait. Ils le virent passer derrière le rideau d'un étal désert, retourner sa veste et coiffer un bonnet sans même s'arrêter. Il changea ensuite de pas, d'allure et d'expression, de sorte qu'en sortant de derrière le rideau c'était un autre homme que personne ne reconnut. Sauf eux.

Les trois jeunes gaillards ne le lâchèrent pas, ils le suivirent en se cachant dans les échoppes de la rue des Ebénistes ou à l'ombre des auvents scintillants, en contournant les barriques, les caisses et les planches de teck, de palissandre et d'acajou. Ils ne le perdirent pas de vue quand il s'engagea dans une avenue plus large, même si elle grouillait de commerçants, de badauds et de marchands ambulants, leurs charrettes encombrées de bois de charpente et d'outils rutilants. Et pourtant l'étranger marchait désormais courbé en deux pour dissimuler sa haute taille; grâce à son bonnet voyant, ils pouvaient le suivre de loin.

Les trois jeunes gens ne le suivaient pas seulement à cause de son origine ni de son identité mystérieuses. Ils étaient attirés par son audace et par ce qu'ils le soupçonnaient de posséder. Finalement, c'était surtout l'appât du gain qui justifiait leur filature. C'était un étranger, sans doute en provenance de la route de la Soie. Il ne pouvait connaître la ville aussi bien qu'eux. Le marché s'étalait dans un labyrinthe de rues, de ruelles, de culs-de-sac où même les habitants du cru se perdaient.

Ils étaient trois et ils étaient vifs. Ils sévissaient dans le quartier depuis leur tendre enfance. Ils avaient le chic pour éviter les gardes. Ils passaient leur vie à cela. Aucun n'était capable de les attraper, pas même les gardes à cheval ni les forces spéciales engagées dans les périodes troubles de désobéissance civile. Ils avaient le don de repérer dans la foule quiconque avait une bourse bien remplie. C'était écrit sur leur visage, et c'était écrit sur le visage de l'étrange géant, bien qu'en des termes différents.

Les trois voyous repéraient des visages dans la foule de Lo-yang depuis longtemps. C'était instinctif. Ils étaient sûrs que l'étranger valait la peine de se donner du mal. Les gens lui jetaient des pièces depuis le matin — des tas et des tas de pièces. En argent, en or, en cuivre, en bronze. Il faisait certes des tours merveilleux, mais ce n'étaient que des tours. Des centaines de magiciens qu'ils avaient vus, il était de loin le meilleur. Mais c'était un homme comme les autres. De cela, ils étaient sûrs.

Ils le suivaient depuis le matin. Ils l'avaient vu changer une cuve d'eau stagnante en alcool de riz. Ils l'avaient vu sortir un serpent vivant d'un coupon de soie, et un ravissant bouquet de fleurs d'un bol de soupe.

Ils l'avaient vu exécuter son tour de magie avec l'étoffe de la couturière. Même s'ils s'étaient dit que c'était un simple tour de passe-passe, ils l'avaient vu de leurs propres yeux et n'avaient trouvé aucune explication. Cela les avait fait enrager, et c'était ce qui les avait décidés à agir. Ils s'étaient sentis personnellement en cause. L'homme s'était moqué d'eux, c'était presque comme s'il les avait insultés. Il était devenu un envahisseur, un étranger qui exploite effrontément le monde. Ils l'avaient vu faire mine de rendre les pièces aux badauds, mais ils étaient persuadés que les pièces avaient fini dans la bourse cachée sous sa robe.

Il marchait vite, plus vite que tous ceux qu'ils avaient filés avant lui. Il avait un pas bondissant et couvrait une distance deux fois plus grande que les gens qui l'entouraient. Il marchait sans regarder à droite ni à gauche. Les trois voyous le filaient à distance, plus vite que ne l'exigeait la prudence, empruntaient les allées parallèles, se faufilaient sous les balcons, derrière les rideaux des échoppes et des étals.

Tôt ou tard, ils le piégeraient. Il se retrouverait dans une impasse, collé contre un mur. Toutes les rues convergeaient et aboutissaient aux hauts remparts du domaine privé de l'impératrice, les jardins de la Transformation Céleste, comme on appelait le nouveau territoire qui avait usurpé une grande partie de la vieille ville.

Il n'aurait nulle part où aller. Alors, ils agiraient. Ils reprendraient ce qui leur appartenait de droit. Et ils lui donneraient une leçon.

Le lendemain matin, un garde à cheval du marché

oriental chevauchait en observant les nuages, à la recherche de quelque présage à signaler, lorsque son regard fut attiré par trois intrus qu'il aurait aisément ratés n'importe quel autre jour. Ils étaient assis sur la muraille qui entourait les jardins de Sa Majesté, au bout de la rue des Ebénistes ; ils donnaient l'impression d'être chez eux et de pique-niquer.

Ils souriaient, fiers d'avoir escaladé le mur haut de six mètres, tranquillement assis, les jambes pendantes, comme des pêcheurs sur une berge. Leur posture et leur expression évoquaient une sorte de méditation, leurs regards semblaient rivés sur le soleil qui se levait au-dessus des toits des baraques sordides du marché oriental.

— Messieurs ! cria le garde. Descendez immédiatement du mur de Sa Majesté !

Ils l'ignorèrent et continuèrent de contempler l'horizon. Le garde brandit sa longue lance.

— C'est interdit ! Descendez tout de suite !

Ils ne lui répondaient toujours pas. Du bout de sa lance, il frappa le mur sous leurs pieds ; le mortier s'effrita et des éclats de brique ricochèrent au sol. Les trois hommes restèrent cois.

Le garde leur lança un ultime avertissement :

— Si vous ne descendez pas de vous-mêmes, je serai obligé d'utiliser la force. Descendez du côté du marché. Si vous êtes des hommes de religion, comme notre Divine Impératrice et la secte du Nuage Blanc ont ordonné une semaine de dévotions et de miracles, vous ne recevrez qu'une réprimande mineure.

Le garde perdait patience. Il se dressa sur ses étriers et pointa sa lance du plus haut qu'il put. Il atteignit l'homme de gauche à la poitrine, prêt à lui lancer un dernier avertissement, lorsqu'il le vit vaciller, basculer en arrière les quatre fers en l'air, et retomber avec un bruit sourd dans les jardins de la Transformation Céleste.

Qu'est-ce que cela signifiait? Il se passait des choses bizarres en ville, mais celle-ci était bien la plus étrange qu'il eût vue. La gorge serrée, le garde se dressa de nouveau sur ses étriers et pointa sa lance, accrochant cette fois l'habit d'un des intrus. Il tira.

Le corps tomba sur les pavés. Le cheval se cabra et broncha. Sur le mur, le troisième homme contemplait toujours le soleil en souriant. Le garde poussa un cri de surprise.

Le corps rigide qui gisait par terre, sur le flanc, avait conservé sa posture assise et son sourire. Si c'était un meurtre, le mobile n'était certainement pas le vol : des centaines de pièces d'or, d'argent, de cuivre et de bronze qui s'étaient échappées de la bourse attachée à la ceinture du cadavre s'étaient répandues sur le pavé.

6

— J'ai vu l'homme-loup de la forêt, dans les îles au sud du Nam-Viêt. Il n'est pas différent de vous et de moi, sauf qu'il a de longs cheveux cuivrés. Il n'a pas besoin de vêtements. Il parle sa propre langue, mais il comprend toutes celles que parlent les humains sans les avoir jamais étudiées. Un homme éduqué est pareil à un enfant à côté de lui.

» Sur une des îles, il y a de petits dragons, deux fois plus grands qu'un homme, mais plus rapides et dotés d'un appétit pour la chair humaine. Si vous grimpez dans un arbre, et si le dragon qui vous poursuit est jeune, il vous suivra jusqu'aux plus hautes branches. Vous ne pourrez lui échapper. Et peu lui importe que vous soyez mort ou vif, il vous mangera. Si un de ces dragons vous mange, une partie de votre âme restera emprisonnée dans son corps. Vous verrez par ses yeux, vous irez où il ira, sans pouvoir exercer votre volonté, obligé d'assister, impuissant, à tous ses faits et gestes, y compris à ses horribles chasses et à ses festins de chair fraîche. Vous ne pourrez vous évader avant très longtemps car les dragons vivent un millier d'années. On prétend que certains humains, mourant de maladie ou de vieillesse, si avides de vivre davantage, s'offrent volontairement aux dragons, même si cela implique qu'ils seront forcés d'habiter dans le corps de ces brutes et d'entendre pendant des siècles broyer les os des victimes, les hurlements d'agonie, de supporter les affreux rituels d'accouplement, et de dormir dans la boue au milieu des mouches et des charognards.

— Eh bien, constata Ti, cela en dit long sur la puissance du désir de vivre, vous ne croyez pas ?

Celui qui racontait ces légendes de pays lointains donnait l'impression d'avoir été la proie de plusieurs bêtes féroces. Il avait presque autant de moignons que de doigts, une jambe qui s'arrêtait au genou, remplacée par une réplique en bois ingénieusement sculptée, avec un pied et une cheville articulés, un œil d'un blanc laiteux qui fixait distraitement l'horizon pendant que l'autre, d'un noir luisant, observait Ti ; une longue canine jaunâtre, des brûlures, des cicatrices, le cuir grêlé de petite vérole ; sur sa tempe, un morceau de cuir chevelu manquait.

— Oh, pour ça oui. Pour ça oui. Vous parlez d'or, maître Ti. Moi, je préférerais être bel et bien mort. Sur la même île, on trouve une gigantesque fleur, aussi large que la baignoire d'une dame, qui empeste comme une tombe ouverte, et, si vous marchez dessus, votre pied restera collé par une glu infâme, les pétales se refermeront et vous serez fichu.

— C'est comme ça que... ? demanda Ti en montrant la jambe de bois.

— Non, mais ça aurait pu. Fichtre, oui, ça aurait pu. Non, vous voyez ça ?

Il se pencha pour que Ti inspecte son scalp. La tache de peau violacée, aussi grande que la paume d'une main, était raide, luisante et imberbe.

— Si vous naviguez entre les îles dont je vous ai parlé et que vous vous dirigez vers le soleil levant, vous trouverez un endroit où les hommes sont d'un noir plus profond que le ciel nocturne. Ils vous accueillent comme si vous étiez leur ami le plus cher, vous invitent à dîner et quand, rassasié, vous êtes sur le point de vous endormir, ils vous tranchent la tête, vous arrachent la cervelle et la mangent comme une friandise, puis ils font bouillir votre crâne, afin de le réduire à la taille d'une tête de chat, et l'exposent dans leur hutte, sur une étagère, à côté de tous les autres. Ils font ça pour s'approprier votre pouvoir. Alors, naturellement, ils ont voulu ma tête.

— Naturellement, acquiesça Ti.

— Me croyant endormi, mon hôte, qui venait juste de m'offrir un ragoût de chien et de singe, tenta de me couper la tête avec sa hache en pierre. Heureusement, je ne dormais pas. J'ai retenu une chose de mes voyages : ne jamais s'endormir dans la hutte d'un étranger qui vous a accueilli en ami. Surtout s'il vous a offert un délicieux repas. J'étais donc prêt. J'étais étendu, les yeux fermés, lorsque j'ai entendu sa hache siffler dans l'air. J'ai roulé sur moi-même ; la hache a raté mon cou, mais a découpé une tranche de cuir chevelu et un morceau de crâne. J'ai bondi sur mes pieds. Je dis bien : sur mes pieds. Je les avais tous les deux, à l'époque. Vous voyez ça ?

Il tira un long poignard de sa ceinture, son œil valide fixé sur Ti, et l'exhiba. Le manche et la lame étaient taillés dans un os jaunâtre.

— Il n'y a pas un homme sur un million qui possède un couteau pareil, déclara le marin. Tenez.

Il remit le poignard à Ti, qui le prit et l'examina. C'était un poignard brut, sans ornement ni sculpture. Ti attendit, certain qu'une explication abominable allait suivre. Le marin s'approcha pour lui murmurer à l'oreille :

— Il n'y a pas un homme sur un million qui possède un couteau taillé dans son propre tibia.

Ti regarda tour à tour le poignard et l'œil noir du marin.

— C'est comme ça que j'ai acheté ma vie. J'ai fait une offre à mon hôte. Le sang ruisselait à gros bouillons de ma blessure, je voyais à peine. Mais j'ai gardé mon sang-froid. Il fallait à tout prix que je lui fasse peur. J'ai éclaté de rire. J'ai fait semblant d'ignorer la douleur. J'ai passé un marché. Je lui ai dit de prendre ma jambe en échange de ma vie, je lui ai assuré que ça me ferait plaisir. Si jamais je grognais ou grimaçais, il pourrait me tuer. Sinon, il devrait me laisser la vie sauve.

» Le marché lui a plu. Sourire aux lèvres, je lui ai tenu ma jambe pendant qu'il la tranchait d'un coup de hache. Il a cautérisé le moignon, fait griller la jambe sur le feu et l'a mangée. J'en ai mangé moi-même un morceau. Un morceau de ma propre jambe. Avec l'os, il m'a taillé un poignard et m'a libéré. Je garde toujours le poignard sur moi, partout où je vais. Et je jure, maître Ti, que mon histoire est authentique.

— Je n'en doute pas un instant, assura Ti.

Et il était sincère. Il s'assit sur un billot de bois, sur le pont. Le bateau tangua doucement sur les vagues, qu'un incessant trafic soulevait sur le fleuve qui menait de Canton à la mer. Une brise soutenue soufflait et la houle faisait danser le reflet scintillant de l'ardent soleil. Le fleuve sale et puant ressemblait à une tôle ondulée en argent. Aveuglé, Ti plissa les yeux et se dit qu'un homme aurait pu marcher sur cette eau opaque : traverser la mer de Chine, et aller vers l'ouest jusqu'à la Malaisie et l'Inde. Et au-delà de l'Inde : la Perse, l'Arabie et l'Afrique. Il lui suffisait de prononcer ces noms magiques pour sentir le vent chaud et parfumé des lointains rivages.

Le bois jouait dans les solives, les cordages gémissaient avec le roulis et le soleil brûlait le dos de Ti. Il ferma les yeux et imagina qu'ils étaient en pleine mer, en route pour Ceylan ou Madras.

Il avait toujours rêvé de l'Inde. Sa première femme

avait été une Indienne, une courtisane qu'un cousin plus âgé lui avait offerte pour son anniversaire. Il se souvenait encore de chaque détail de la longue nuit fiévreuse, trente-cinq ans plus tôt. Longtemps il avait cru que ses épouses étaient capables de lire dans ses pensées lorsqu'il se rappelait la façon dont la femme avait écarté les jambes ou posé une main experte sur quelque partie intime de son anatomie. Les souvenirs brûlants avaient encore le pouvoir de l'assaillir en plein jour et de le laisser perdu dans ses pensées. Il avait quinze ans, il s'était épanché à six reprises, et il se rappelait chaque détail avec une clarté limpide. Un relent de patchouli suffisait à raviver les souvenirs secrets. Un jour que Ti jugeait l'affaire d'un négociant indien dont le corps et les vêtements embaumaient le patchouli, son assistant avait été forcé de lui tapoter l'épaule pour le ramener à la réalité.

Une autre fois, la collection de statuettes érotiques indiennes d'un homme assassiné l'avait distrait au point qu'il avait failli être la victime du meurtrier, qui l'avait attaqué par-derrière. Il fixait, en transe, une apsara sculptée dans le bois, une courtisane divine dans la mythologie hindoue, une de ces femmes d'une beauté surnaturelle qui récompensent au paradis les morts vertueux. Son imagination avait aisément transformé le vieux bois lisse en peau brune parfumée ; un bout de papier était alors tombé de la statuette. L'effet des mots inscrits sur le bout de papier avait tellement frappé Ti qu'il s'en souvenait encore : *Ses cuisses sont un autel sacrificiel ; sa toison, l'herbe sacrificielle où l'homme s'agenouille ; sa peau est la liqueur sacrée qui intoxique ; les deux lèvres entre les cuisses, l'endroit où le bâton entre et s'enflamme...*

— La vérité vraie, insista la voix.

Ti cilla. La divine apsara, ses cheveux noirs, ses yeux et les pierres précieuses se métamorphosèrent en un marin unijambiste au cuir tanné, grêlé de petite vérole.

— Oh, je vous crois, assura Ti. Je vous crois. Et l'Afrique ?

— Là-bas, certains hommes sont noirs et deux fois plus grands que la taille normale, mais doux et paisibles comme des fillettes. D'autres sont deux fois plus petits que vous et moi, mais aussi dangereux que des vipères. Il y a des chevaux à rayures, des antilopes grandes comme des arbres avec des taches et des yeux humains larmoyants.

— Et au-delà de l'Afrique ? demanda Ti, rêveur.

— C'est ce que j'aimerais découvrir. D'aucuns prétendent que si on navigue assez longtemps, on arrive au bout de la terre, qui se termine par une gigantesque cascade. Mais mon père a connu un homme qui est parti à l'est et a disparu. Tout le monde l'a cru mort. Cinq ans plus tard, il a reparu en revenant de l'ouest. Mon plan est d'aller vers l'ouest le plus loin possible. Si je dois tomber dans la cascade, qu'il en soit ainsi. Mais il faut que je sache. Il faut que je voie de mes propres yeux.

— J'ai besoin d'aller à Hainan, dit alors Ti. (Si quelqu'un pouvait tromper la vigilance des eunuques, c'était bien ce marin.) Je vous paierai largement.

— Hainan ? Non, merci. Vous n'avez pas assez d'argent pour me tenter. Vous savez ce qu'on dit ?

— Non. Qu'est-ce qu'on dit ?

— Que l'île est la source de toute la pestilence du monde. La terre y vomit la maladie, pure et concentrée, qui se divise ensuite en milliers de maux différents pour aller affliger l'humanité aux quatre coins du monde. Non, maître Ti, je n'irai pas là-bas. Je préfère naviguer jusqu'au bout du monde et basculer dans la cascade.

Au bord de l'eau, debout sur une longue planche, Ti regardait le lointain, une main en visière. Une jonque aux voiles gigantesques qui venait de l'océan remontait le fleuve. Soudain, un petit bateau, mû par une foule de rameurs, avec à son bord des eunuques en robes bigarrées, fonça vers la jonque avec une détermination qui rappela à Ti celle du gros eunuque traversant l'arboretum pour lui apprendre la mauvaise nouvelle.

Il observa la scène. Le petit bateau accosta l'énorme jonque. Il y eut des cris et des signaux. Ti ne comprit pas les mots, mais il était évident que les eunuques n'avaient pas pour but de souhaiter la bienvenue aux hommes de la jonque. L'un d'eux, sans doute le capitaine, arpentait le pont d'un pas rageur; il roula un objet lourd sur le pont, puis le bascula par-dessus bord; il tomba au milieu d'une formidable gerbe d'eau qui agita le petit bateau et trempa les eunuques. Les cris et l'agitation redoublèrent. Ti vit alors la jonque jeter l'ancre. On fit descendre une échelle de corde, et huit hommes, un lourd bâton à la main et un sac sur le dos, montèrent à bord de la jonque. Les eunuques restèrent dans leur embarcation. Ti regarda longtemps le petit bateau danser à côté du gros. Au bout d'une heure, lassé, il alla demander à son ami l'unijambiste ce que signifiait ce remue-ménage.

— Des rats, dit le marin. Les vieilles tantes n'aiment pas les rats. Elles ont peur qu'ils ne grimpent le long de leurs jambes.

Il ponctua son explication d'un clin d'œil salace. Ti imagina un rat remonter la jambe d'un eunuque : cheville, mollet, genou, cuisse... après, son imagination vacilla. Le sombre recoin sous la robe d'un eunuque était autant *terra incognita* que les mystérieux abîmes au-delà de l'Afrique. Ti avait, comme tout le monde, entendu les détails de l'opération chirurgicale qui ne laissait aux eunuques qu'un petit uretère par lequel uriner, un canal encore moins développé que celui d'une femme. Mais connaître les détails ne suffisait pas à imaginer le résultat. On disait que les eunuques eux-mêmes ne regardaient jamais leur propre corps, perpétuellement caché sous une robe. Ti avait aussi entendu dire que certains eunuques avaient des rapports sexuels de toutes sortes. Certains avaient même des épouses. Mais là encore, l'imagination de Ti lui fit défaut.

Il considéra son nouvel ami. Certainement aucun eunuque n'avait envie qu'un rat grimpe le long de sa jambe, mais Ti doutait que cela expliquât ce qui se passait entre le bateau et la jonque.

— Que font-ils des rats ? demanda-t-il.

— Ils les tuent. Ils tuent tous les rats qu'ils trouvent sur les bateaux. Personne n'aborde le rivage au retour d'un port étranger avant de s'être soumis à l'extermination des rats. Ça prend parfois des jours entiers. Les capitaines détestent ça. Délais, détériorations, chapardages. Mais ils sont obligés d'obéir parce que les eunuques contrôlent tout le commerce de la ville.

— Pourquoi tuent-ils les rats ?

— Il y a une maladie dans la ville. Et tout le monde a sa petite théorie. Les rats, les chats, les chiens, les singes, les vapeurs, les étrangers.

— N'y a-t-il pas toujours eu des maladies ?

— Certes. Et la mort est notre compagne. Mais cette maladie-là les hante. La mort est la mort, mais ils croient qu'ils seront plus morts que morts si celle-là les touche. Pas seulement morts, deux fois morts. (De son œil valide, le marin guetta la réaction de Ti.) Deux ou trois fois morts. D'abord la fièvre, ensuite on devient noir et on enfle, puis on éclate. Et, bien sûr, on meurt. On meurt et on n'en finit pas de mourir.

Ti dévisagea le marin. L'œil noir de l'homme était fixe et brillant. L'autre, le laiteux, contemplait avec tendresse quelque autre monde. Les deux yeux disparates donnaient au marin des expressions contraires. C'était comme si les mots qui sortaient de sa bouche étaient un mélange de ce que voyaient ses yeux en observant deux mondes opposés. C'était le noir dont il fallait se méfier, se dit Ti, mais lequel des deux avait vu la maladie ?

— Pour les eunuques, je suis un hors-la-loi, déclara le marin, qui plongea une main dans les plis de son pantalon en lambeaux.

Il en sortit un rat blanc et gris avec une longue queue noire, l'approcha de sa bouche, l'enfourna presque en entier, le caressa, puis le laissa redescendre le long de son bras, dans son dos et dans son pantalon.

— C'est pas les étrangers qui sont responsables de la maladie, dit-il. Tous les hommes sont semblables. C'est pas non plus les rats.

— Non ?

— C'est cette maudite île où vous voulez aller, maître Ti. La source de la pestilence, c'est Hainan.

— J'ai vaincu la maladie, déclara la vieille femme en ouvrant le devant de sa robe.

Ti s'était arrêté devant son étal, dans le marché en plein air. Des gens s'étaient attroupés autour d'eux.

— Ce n'est pas nécessaire, madame... commença Ti.
— Regardez.

D'un geste, elle laissa glisser la robe de son épaule, dévoilant un sein flétri, puis sortit un bras de la manche et montra une cicatrice boursouflée sous son aisselle.

— Et là aussi, fit-elle en montrant l'autre aisselle, ce qui exposa le deuxième sein. Et là.

Elle écarta ses guenilles. La peau de son ventre pendait tellement qu'elle dut soulever un pli pour montrer son aine. Ti s'agenouilla pour l'examiner. Une même petite cicatrice boursouflée était nettement visible.

Il en oublia sa gêne. Il avait vu les mêmes cicatrices chez un jeune homme, le matin, plus nettes parce que sa peau était plus foncée que celle de la vieille, et Ti s'en était fait une idée assez précise. Il s'approcha davantage, la main à deux doigts du corps de la vieille.

— Touchez-la, l'incita la vieille.

Il leva les yeux sur elle. Elle lui souriait d'un air engageant. Il ne lui restait plus une seule dent.

— Merci, cela ne sera pas nécessaire.

Il se redressa en rougissant. Les gens l'observaient, hilares.

— Ah, lança un vieil homme depuis l'étal voisin, c'est dur de résister, mais ne la laissez pas faire. Elle vous mangera tout cru ! Regardez ce qu'elle m'a fait !

Il exhiba un bras qui se terminait par un moignon. La foule s'esclaffa bruyamment. La femme agita sa langue pour aguicher Ti.

— Combien de temps avez-vous été malade ? demanda-t-il.

— Dix jours. Un jour en pleine santé, le lendemain aux portes de la mort, et dix jours après c'était fini.

— Elle est folle, dit un homme dans la foule. C'est elle qui a engendré sa propre maladie, si maladie il y a eu. Elle raconte n'importe quoi, magistrat. Elle n'a jamais été malade, sauf dans sa tête.

— Tais-toi ou je te crache dessus ! menaça la vieille qui rajusta sa robe.

Elle marcha sur le perturbateur qui recula vivement, apeuré.

— De quoi as-tu peur ? persifla-t-elle. Si je raconte n'importe quoi, de quoi as-tu peur ?

Elle avança d'un pas et l'homme trébucha en voulant reculer. La foule recula elle aussi.

— Qui c'est qu'a peur ? fanfaronna l'homme sans conviction. T'es vieille et laide, c'est tout.

La femme cracha. La foule se sépara et l'homme baissa la tête, comme sous la menace d'un cobra. Le crachat atterrit à ses pieds. L'homme s'enfuit en injuriant la vieille. Elle rit à en avoir les larmes aux yeux. Elle prit ses seins à deux mains et les secoua, puis arrangea sa robe et retourna à son étal de légumes, s'assit et continua de rire à gorge déployée.

— Vous voyez bien qu'elle est folle, dit une femme plus jeune. Vous ne pouvez pas croire un mot de ce qu'elle raconte.

L'entendant, la vieille s'arrêta brusquement de rire et dévisagea Ti avec la gravité d'un fonctionnaire de la cour.

— Je suis folle quand je veux, déclara-t-elle. Mais vous feriez bien de me croire. La maladie rôde dans cette ville. Il y a eu beaucoup, beaucoup de morts. Et il y en aura d'autres. Je suis encore en vie parce que je sais comment vaincre la maladie. J'ai survécu et j'en suis encore plus solide. Désormais, je peux aller parmi les malades et les mourants sans craindre la maladie.

— Comment l'avez-vous attrapée ? demanda Ti.
— J'ai vendu des légumes à un étranger.
— Un étranger ?
— Un Perse. Une saloperie de Perse. C'est de ma faute. J'ai été trop gentille, je l'ai laissé me toucher la main. Le soir même, j'étais malade.
— Comment avez-vous guéri ?
— En buvant ma propre urine.

— Ils s'infligent leurs cicatrices eux-mêmes, magistrat, assura l'élégante dame en lui servant une autre tasse de thé.

— Pourquoi ? s'étonna Ti.

Il contemplait la ville depuis la véranda. La femme était la riche veuve d'un magistrat local. Curieux de connaître le point de vue de la classe supérieure, Ti s'était arrangé pour se faire inviter à prendre le thé.

— Ça leur donne un sentiment d'importance,

expliqua-t-elle avec patience, reposant son bol délicat dans un froissement de soie. Leur vie n'a pas de sens, pas de signification. Cette... maladie, ajouta-t-elle avec un geste dédaigneux, leur donne l'impression qu'ils participent à la marche du monde, que, d'une certaine manière perverse, leur existence a quelque influence. Ça leur donne quelque chose à faire, maître Ti.

Il ne le dit pas, mais il se demanda pourquoi ceux qui trimaient dur du matin au soir avaient besoin de se trouver quelque chose à faire.

— Ah... et ils conspirent ?

— Oh, non, non. La conspiration implique une collaboration consciente. Non, cela ne se passe pas ainsi. C'est une épidémie, mais elle touche plutôt l'âme que le corps. Je ne doute pas un instant de sa réalité. Elle est même tellement réelle qu'ils sont capables de mourir de cette prétendue maladie. Elle se répand exactement comme une vraie maladie.

— Sauf qu'elle n'a pas de réalité.

— Tout juste. Elle n'a pas de réalité.

— Cependant, ils meurent.

— A ce qu'on dit. (Elle frappa dans ses mains et son régisseur se matérialisa soudain, tel un fantôme.) J'ai le don peu commun de comprendre les classes laborieuses. Ces gens ont certains besoins. Montrez au magistrat, ordonna-t-elle au régisseur.

Les yeux respectueusement baissés, l'homme sortit une cordelette qu'il portait autour du cou et exhiba un petit objet luisant.

— Montrez-lui, insista la femme.

Le régisseur se pencha afin que Ti voie l'objet de près. C'était une minuscule cage dorée, façonnée avec art, dans laquelle vivait une grenouille vert vif aux yeux rouges.

— Expliquez-lui pourquoi vous portez la grenouille à votre cou.

— Pour me protéger de la maladie, déclara le régisseur.

— Dites-lui où vous vous l'êtes procurée.

— Un saint homme vient les vendre dans cette maison.

— Et que vous a-t-il dit ? demanda la femme.

— Il m'a dit que la maladie était le fruit de la colère collective des animaux qui se vengent ainsi des mauvais traitements des humains. Il m'a dit que je devais conserver la grenouille près de mon cœur.

— Bien sûr, intervint la femme, la grenouille meurt au bout de quelques jours et doit être remplacée. Il est inutile de discuter. Il pense que cela agit et c'est ce qui compte. Je cède parce que je veux que l'harmonie règne dans ma maison. Que peut-on faire ? Mes gens ont leurs propres besoins, et je les respecte.

En partant, Ti fit discrètement le tour de la maison pour sortir par la porte de service ; il tomba sur une domestique qui sursauta comme une biche effrayée à la vue d'un gentilhomme de haut rang se frayant un chemin parmi les tas de détritus de la cuisine.

— Bonjour, lança Ti avec un sourire.

La jeune fille resta paralysée, un bol de soupe à la main, les yeux baissés.

— Une belle journée, n'est-ce pas, dit gaiement Ti. J'aime les pays où il pleut la nuit et où le soleil brille dans la journée. C'est un arrangement idéal. La nature est bien bonne, vous ne croyez pas ? Ah, poursuivit-il en s'approchant suffisamment pour voir les pelures violettes dans le bol, de la soupe d'aubergine pour votre maîtresse. Pour ma part, j'ajoute toujours un peu d'épice dans mes aubergines. Une pincée de poivre, peut-être. Vous devriez en parler à la cuisinière. Certes, le poivre peut donner des indigestions et votre maîtresse a des goûts particuliers.

Mais elle est très bonne, je peux vous le dire, même si je viens à peine de faire sa connaissance.

Ti, qui s'était encore rapproché de la jeune fille figée dans l'expectative, vit la cordelette autour de son cou, de la même couleur et de la même texture que celle du régisseur.

— Vous habitez chez votre maîtresse ou en ville? demanda-t-il avec douceur.

— J'habite chez ma maîtresse, dit la jeune fille d'une toute petite voix.

— Ah! Comme vous avez de la chance! Un bon lit, une nourriture saine et une maîtresse attentive. J'aurais aimé avoir cette chance si les circonstances avaient été différentes. La vie peut être pire, n'est-ce pas? Le travail est pénible?

— C'est vrai, acquiesça la domestique, j'ai de la chance. Le travail n'est pas difficile et ma maîtresse est bonne.

— En outre, en habitant ici, vous êtes protégée de la maladie de la ville.

— Oui, j'ai bien de la chance, répéta la jeune fille, dont la timidité et la réserve cérémonieuse ne permettaient pas à Ti de juger de sa sincérité.

— Moi, hélas, soupira-t-il, je dois passer une grande partie de mon temps en ville. La maladie m'inquiète. Ah, si je trouvais un moyen de me protéger! Je suis prêt à dépenser une forte somme.

— J'en connais qui accepteraient volontiers votre argent, dit la fille.

Ti avait-il perçu une note de mauvaise humeur dans sa voix? Il n'en était pas sûr.

— Ah, parfait! Mais comment les rencontrer?

— Il vous suffit d'être présent devant cette porte tous les quatre jours. Un saint homme vous vendra une grenouille.

103

— Une grenouille ? s'étonna faussement Ti. Je devrai la manger ?

— Oh, non, Madame ne le permet pas. Nous ne mangeons pas de viande dans cette maison. Madame affirme que c'est comme ça qu'on attrape la maladie. Pas à cause de la viande, mais de la cruauté.

— C'est Madame qui dit ça ?

— Oui. Elle est très stricte là-dessus. Nous ne mangeons même pas de poisson. Et nous n'avons pas le droit de tuer d'insectes.

— Vous êtes d'accord avec cette politique ?

— J'obéis.

— Cependant, c'est Madame qui l'exige.

— Elle nous fait acheter les grenouilles.

— Et qu'en faites-vous ?

La fille tira la cordelette et dévoila une petite cage dorée qui emprisonnait une minuscule grenouille verte aux yeux rouges.

— Elle insiste pour que nous portions ça. Elle ne veut pas que nous la nourrissions ; dès qu'elle est morte, nous devons en acheter une autre au saint homme qui passe tous les quatre matins.

— Mais n'est-ce pas cruel ? s'étonna Ti.

— Madame dit que le saint homme lui a laissé des explications détaillées. On ne discute pas avec Madame.

Ti aperçut le régisseur, qui entra et resta à l'écart.

— Vous croyez que vous êtes protégée ? demanda Ti.

— Oh, pas par ça, mais je suis quand même protégée.

— Point n'est besoin de l'être, coupa le régisseur. Nous obéissons à Madame parce qu'elle est notre maîtresse et que le devoir l'exige. Mais il n'y a pas plus de maladie qu'avant dans cette ville infâme.

— Je connais des gens qui en sont morts, contesta la jeune fille. Ils sont devenus tout noirs. Ils ont éclaté.

— Sottises ! clama le régisseur. Cesse de dire des bêtises au juge et retourne à ton travail !

La fille rangea la petite cage sous ses vêtements et croisa le regard de Ti pour la première fois.

— C'est pas des bêtises, c'est la vérité. Je l'ai vu de mes propres yeux. Mais c'est pas ça qui me protège, ajouta-t-elle en désignant la cordelette.

— Puis-je savoir ce qui vous protège ?

— Je connais les mots magiques. C'est une prière. Mais il ne suffit pas de la réciter. Il faut se tenir au-dessus des latrines et respirer profondément leur parfum quand on la récite.

— Ce ne sont pas des façons de parler devant un magistrat ! l'admonesta le régisseur.

— Non, je vous en prie, assura Ti. J'aimerais entendre la suite. Quelle est cette prière ?

— Pardonnez-moi, maître, mais je ne peux la réciter. Elle n'est efficace que si on la garde secrète.

— Tiens ! D'après qui ?

— Le médecin qui me l'a vendue.

— Un médecin ?

— Elle a été efficace jusqu'à maintenant, dit la fille. Je la récite avant d'aller au marché.

— Bien sûr qu'elle est efficace, persifla le régisseur. Vu que, pour commencer, il n'y a pas de maladie.

— Je l'ai vue, insista la fille avec une assurance tranquille.

— Il n'y a peut-être pas de maladie, intervint Ti, mais vous portez néanmoins la grenouille.

— Madame l'exige, dit le régisseur en haussant les épaules.

— Je vois, fit Ti. Décrivez-moi ce que vous avez vu, demanda-t-il à la domestique.

Le régisseur prit un air exaspéré, mais écouta attentivement la jeune fille sans l'interrompre.

— C'était une famille entière. La mère, le père, les grands-parents, les enfants. Les plus vieux ont été atteints les premiers. Ils se plaignaient de maux de tête, ils frissonnaient comme des oiseaux et ils étaient brûlants au toucher. Ils gémissaient et râlaient. Ensuite, des pierres sont apparues sous leur peau... ici, dit-elle en montrant son bas-ventre, et ici poursuivit-elle en indiquant ses aisselles. Les pierres les brûlaient et les élançaient. Les vieux en pleuraient de douleur. La famille a pris soin d'eux jour et nuit. Ensuite, ça a touché les enfants. Ils sont tombés malades comme leurs grands-parents. Quand les jeunes ont commencé à avoir mal à la tête, à avoir la fièvre et à trembler, les vieux étaient déjà recouverts de taches noires et le sang coulait de leur bouche. Les pierres sous la peau ont éclaté comme des fruits trop mûrs, des humeurs noires ont suinté, et ils sont morts.

Pendant le récit de la domestique, le régisseur resta impassible, les lèvres pincées dans une moue de reproche.

— La maladie a suivi la même voie chez les enfants, mais avec une rapidité fatale. Ils sont morts deux fois plus vite que leurs grands-parents. Et ça a été au tour des parents. Pendant que les enfants devenaient noirs et boursouflés, les parents ont été victimes de maux de tête, de fièvre et de tremblements. Il n'y avait plus personne pour les soigner. Au début, des voisins les aidaient, et avaient débarrassé les corps des grands-parents, mais quand ils ont vu que la maladie se propageait au reste de la famille, ils les ont abandonnés. Personne ne voulait entrer dans la maison enlever les cadavres. Ils ont brûlé la maison et les corps avec.

— Vous avez vu tout ça ? Comment ?

— La mère était ma sœur. Je n'ai pas voulu abandonner la famille, mais mon propre père m'y a obligée.

— Et vous n'avez pas attrapé la maladie...

— Non. Comme je voulais aider ma sœur, j'ai cherché un remède pour me protéger. J'ai trouvé un médecin qui affirmait connaître le moyen de prévenir la maladie.

— En échange d'honoraires.
— Oui, mais ce n'était pas excessif. Et c'était efficace. Ça l'est toujours.
— C'est arrivé il y a longtemps?
— Il y a moins d'un an. Juste avant que je vienne travailler ici.
— Et la maladie sévit toujours?
— Oh oui!
— Pardonnez-moi, magistrat, coupa le régisseur. C'est de l'hystérie. Cette ignorante est bien trop jeune pour se souvenir. Mais je vis ici depuis des années et j'ai vu ces prétendues maladies aller et venir. C'est une des singularités de cette ville. De même que Ch'ang-an est célèbre pour ses porcelaines et Lo-yang pour son architecture, Canton l'est pour ses maladies. Je me rappelle que la « fièvre visionnaire » a frappé il y a vingt ans. Les gens se levaient la nuit et commettaient des crimes atroces pendant leur sommeil. Des meurtres, des incendies, des viols. De gentilles grand-mères assommaient leurs vieux maris, des mères noyaient leurs bébés, des pères brûlaient leur propre maison ou agressaient leurs voisins. Ils se réveillaient de leur transe sans comprendre ce qu'ils avaient fait. Avant, il y avait eu la « mort pétrifiée ». La fièvre arrivait et avec elle le délire, puis les malades devenaient rigides comme des pierres et ils mouraient. Ils ne pouvaient pas parler, ils ne pouvaient pas bouger, sinon rouler des yeux en agonisant. Mais en pure perte. Cette maladie vient simplement s'ajouter à la longue succession de maladies imaginaires.
— Mais vous dites que les gens meurent. Leur mort est-elle imaginaire?
— Non, admit le régisseur. La crédulité est puissante. Mais aucune de ces maladies n'a touché quelqu'un qui ne croyait pas en être un jour atteint. Cette fois, c'est la même chose. La croyance préexiste. C'est elle qui

s'étend, non la maladie, conclut-il avec un sourire satisfait.

— Je vois. Ainsi, votre protection contre le fléau n'est donc pas la grenouille dans sa cage, ni la prière récitée sur des latrines, mais l'incrédulité. Si vous achetez une prière ou une grenouille, vous prouvez par là même que vous croyez et vous devenez vulnérable.

— C'est cela même, maître Ti.

— Il me semble voir une certaine différence, cependant, entre les maladies que vous avez décrites et celle-ci. On conçoit que les gens puissent imaginer se changer en statue, ou être la proie de transes et manifester ces symptômes particuliers. Mais comment se font-ils... éclater, ainsi que la jeune femme le prétend ?

— Facile à expliquer. Ils se brûlent eux-mêmes, magistrat. Lorsque leur famille ne regarde pas. Ils prennent des charbons ardents dans le feu. Les plaies noircies suintent, comme toutes les plaies.

— C'est faux, magistrat, protesta la jeune fille d'un ton ferme. Je l'ai vu, pas lui.

— Vous ne l'avez pas vu, rétorqua le régisseur. Personne n'a rien vu. Vous croyez l'avoir vu. Ça fait partie de la malédiction qui accable cette misérable ville.

— Vous dites que la maladie frappe toujours, dit le juge à la jeune fille. Pouvez-vous me montrer ?

— Je peux vous indiquer la partie de la ville où vous avez le plus de chances de la voir, mais je refuse d'y aller moi-même.

— Même avec votre prière ?

— J'ai besoin de la renouveler. Celle que j'ai n'est efficace que pendant un certain temps.

— Ah. Et vous devez l'acheter à votre médecin.

— Vous voyez ? fit le régisseur. C'est la Faculté et le clergé qui encouragent la croyance. Ce sont des balivernes superstitieuses et criminelles.

— Vous avez parlé d'une malédiction, remarqua Ti.

— Bien sûr. Tout le monde sait que la ville est maudite. C'est les eunuques. La malédiction, c'est eux. C'est à cause d'eux si les faux médecins et les faux saints s'attaquent aux pauvres idiots de cette ville. Les eunuques s'amusent en inventant une maladie. Ensuite, ils envoient les charlatans dans la ville avec un « remède miracle ». Quand ils entendent parler d'un remède, les gens se mettent à croire à la maladie et commencent à en mourir. Certes, il y a de rares « guérisons » miraculeuses, et certains ne tombent jamais malades, de sorte que les gens continuent de remettre leur sort entre les mains des médecins et des saints, qui font un joli profit. Les eunuques prennent leur part en sanctionnant leurs activités illégales. Mais les charlatans feraient bien de se méfier. On ne s'acoquine pas avec un eunuque sans en payer le prix. L'amitié d'un eunuque conduit inévitablement à la trahison. C'est le but des eunuques dans la vie. C'est pour ça qu'ils ont été créés.

— Oh? fit Ti d'un ton encourageant.

— Les premiers eunuques sont l'œuvre d'une sorcière. Une immortelle qui cherchait à se venger d'un empereur qui l'avait bannie du continent. Elle attirait de jeunes garçons dans l'île où elle était forcée de résider. Elle les castrait et créait ainsi une race d'êtres dotés de l'énergie et de la puissance des hommes, mais aussi des pires qualités des femmes — vanité, jalousie, vice, propension à l'intrigue. Elle en a envoyé toute une armée sur le continent. Ils ont atterri ici, à Canton. Cette ville est la première de l'empire à avoir été infestée d'eunuques. Depuis, Canton est affligée de malaise, de suspicion et de maladies. Et bien sûr, on comprend pourquoi rien de bon ne peut résulter d'une alliance ou d'une amitié avec un eunuque.

— Ainsi, résuma Ti, pensif, ce sont les eunuques qui sont responsables.

— C'est leur vengeance, dit le régisseur. Ils sont amers, naturellement.

— C'est pas les eunuques, protesta la jeune fille.

— C'est une ignorante, siffla le régisseur.

— Puis-je vous demander le nom de l'île où la sorcière a créé les eunuques ?

— Hainan, répondit le régisseur.

A la nuit tombante, Ti, après avoir traversé la ville, arriva dans le quartier pauvre qui bordait la rivière, où avait vécu la famille défunte de la domestique. Il portait une longue cape unie qui cachait sa robe de magistrat et avait dissimulé sa toque dans sa manche. La cape était réversible, étoffe rugueuse brunâtre d'un côté, soie brodée aux éclatantes couleurs officielles de l'autre. Il pouvait ainsi passer en quelques secondes du citoyen ordinaire au juge et vice versa, selon les exigences de la situation — ou s'il désirait simplement disparaître.

C'était un tour de sorcellerie qu'il avait appris du magicien Hsueh Huai-i au cours de leur brève amitié. « La sorcellerie, lui avait dit le grand Tibétain, est une affaire de minutage et de manipulation. Changez de place le temps d'un clignement d'œil, découvrez ce que les gens s'attendent à voir, et, muni de ce savoir, donnez-leur ce qu'ils ont imaginé. » Bien que Hsueh fût plus grand que la moyenne, il pouvait disparaître dans la foule simplement en retournant sa veste, en modifiant sa démarche et son expression.

Ah, Hsueh, songea Ti en quittant la large avenue pour s'engager dans une rue étroite et malodorante, tu m'as montré les principes de la sorcellerie en passant d'une vie à une autre, en retournant ta veste, pour ainsi dire. Combien de fois ai-je tremblé de peur en t'imaginant dans le lit de l'impératrice. Si, avant de te volatiliser, tu m'avais laissé le temps de te donner un conseil, je t'aurais dit ceci : « Prends garde de ne jamais la lasser, même le temps d'un battement de cœur. »

Ti s'était mis à marcher en boitant et s'était composé le visage grimaçant d'un homme que la vie a rendu amer, la tête pas tout à fait sur les épaules, le genre d'homme sur lequel le regard des passants glisse comme s'il n'existait pas. Il respira le parfum familier de la pauvreté mêlé aux relents de la rivière : urine, ordures, fumée de cuisson. Son estomac protestait ; le délicat gâteau et le thé que lui avait servis la riche veuve remontaient désagréablement dans sa gorge. Il ne sentait pas seulement la fumée des cuisines, il y avait aussi une odeur âcre, et, à mesure qu'il s'enfonçait dans le quartier pauvre, il s'aperçut que ses yeux le piquaient et que d'infimes particules semblables à des flocons de neige noirs se déposaient sur ses mains et ses vêtements.

Personne ne le remarquait, hormis les mendiants. Un homme assis contre un mur leva un moignon implorant quand Ti passa à côté de lui. L'homme était non seulement manchot, mais il lui manquait aussi les deux jambes, coupées à hauteur des genoux, et il avait retroussé son pantalon afin d'exhiber les cicatrices boursouflées de ses moignons.

Ti n'avait jamais vu autant d'invalides. C'était presque une mode à Canton. Des hommes sans bras, sans jambes, sans nez aussi, remarqua Ti en voyant un homme à la face de carlin qui poussait un lourd chariot, indifférent à la fumée âcre. Certainement, un grand feu brûlait dans les environs, mais ni les mendiants, ni les marchands ambulants, ni les gosses des rues, ni les grand-mères, ni même les animaux ne semblaient y prêter attention. Ti s'arrêta et donna quelques pièces au cul-de-jatte manchot.

— On devrait alerter les autorités, dit-il. Le quartier tout entier risque de brûler.

— Grand bien lui fasse, répondit le mendiant. Mais ça m'étonnerait qu'on ait cette chance.

— Le feu avance vite. Vous pouvez être piégé et brûler vif.

— Grand bien me fasse. Mais je doute que la chance me sourie. Je resterai cloué ici encore bien des années. Et le feu continuera de brûler longtemps après ma mort. Il brûle déjà depuis un an.

— Un an! Ça fait beaucoup pour un feu.

— Rien n'égale l'obstination des vieilles biques.

— Ah, oui, fit Ti, comme s'il savait de quoi parlait le mendiant, les vieilles biques.

— Les vautours et les vieilles biques.

— C'est ma foi vrai.

C'était une similarité que Ti avait lui-même remarquée plus d'une fois.

— Toujours en noir, édentées, ridées, elles sévissent et caquettent. Elles ne ratent jamais les funérailles.

Le mendiant partit d'un éclat de rire qui se changea aussitôt en quinte de toux. Son visage s'empourpra, les veines de ses tempes gonflèrent tandis qu'il toussait, hoquetait, s'étouffait, de grosses larmes ruisselant sur ses joues. La quinte de toux cessa enfin, et le mendiant s'adossa contre le mur, épuisé.

— Cette fumée ne vous convient pas, observa Ti. Vous devriez vous installer plus loin.

Le mendiant dévisagea Ti comme s'il avait affaire à un fou ou à un demeuré.

— C'est pour la fumée que je suis là, souffla-t-il. C'est elle qui me maintient en vie.

— Je ne comprends pas.

L'homme allait répondre quand un nouveau spasme l'en empêcha. Il se pencha en s'appuyant sur son bras valide et émit des bruits semblables à ceux d'un âne qui brait. De son moignon, il fit signe à Ti de décamper. Le juge jeta encore quelques pièces dans sa sébile et s'éloigna, des picotements dans la gorge.

Il se dirigea dans la direction du feu vivifiant. Bientôt une brume jaunâtre l'enveloppa et les particules noires devinrent aussi grosses que les feuilles mortes en automne. Autour de Ti, les gens continuaient à vaquer à leurs occupations, les yeux, le nez et la bouche protégés par des chiffons. Ti sortit son mouchoir en soie et le pressa contre son visage.

Quelques heures plus tard, dans son appartement de l'auberge, Ti enleva ses vêtements souillés et aspergea d'eau ses cheveux, son visage et son corps. Ses yeux piquaient et sa gorge était en feu. D'un coup de pied, il envoya sa pile de vêtements à l'écart, se sécha, puis, toujours nu, alla s'asseoir au petit bureau et prépara son pinceau et son encre. Il négligeait son journal depuis quelque temps ; sans doute la chaleur et la lassitude. Toutefois, il était si impatient de le reprendre qu'il en oublia de boire son thé et de manger. Comme toujours lorsque les mots, après une si longue attente, se bousculaient dans sa tête, son pinceau courut sur la page.

Ma fille adorée,
Ton père est un homme qui marche à reculons. Je parle peut-être aussi à reculons, de même que tous ceux que je rencontre et avec qui je m'entretiens. Sinon, comment arriverais-je au bout d'une journée si longue et si étrange, comment verrais-je autant de choses, parlerais-je à tant de gens et me retrouverais-je aussi ignorant au coucher qu'au lever ?

Je commencerai donc par la fin. La dernière chose que je fis aujourd'hui fut d'enquêter sur le feu-qui-brûle-depuis-un-an. Mon ami le mendiant comparait les vieilles aux vautours, mais évoquer leur ressemblance avec les fourmis eût été plus juste. Au centre du quartier pauvre que je visitai aujourd'hui, des vieilles femmes ratatinées, toutes de noir vêtues, faisaient la queue, les bras chargés de tout ce qui peut brûler — meubles, os, foin, torchons —, et entretenaient un feu à la forme vaguement circulaire qui entourait un pâté de maisons. Telles des fourmis, les vieilles biques travaillaient jour et nuit et n'attendaient rien en retour. Leur besogne était vouée entièrement au bien-être de la communauté. Elles faisaient vivre le feu même sous la pluie, en l'alimentant constamment. Il arrive que le feu ne soit qu'un amas de braises sifflantes et fumantes, mais il brûle toujours et il dispense toujours une fumée âcre et malodorante.

A l'intérieur du cercle des flammes se trouvent des habitations — occupées, me dirent les vieilles, par les cadavres des pauvres hères qui ont succombé à la maladie, restés à l'endroit même où ils sont morts parce que personne n'ose les toucher.

« Pourquoi, ai-je demandé, ne pas simplement brûler les maisons avec les corps ?

— Nous l'avons fait, me répondit-on, et cela a apporté une affreuse malédiction. Voyez-vous, il ne s'agit pas d'une maladie ordinaire, et la façon dont les morts sont traités détermine le sort des vivants. Tant que les morts restent à l'intérieur du feu, la fumée protège les vivants.

— D'où vient cette maladie ? m'enquis-je.

— Tout le monde connaît la réponse, me certifièrent les vieilles. Des Persans.

— Comment se fait-il que tout le monde connaisse la réponse ?

— Parce que, me souffla une vieille harpie à l'oreille, ils ne sont jamais victimes de la maladie.

— Ah, fis-je, c'est donc ça ?

— Mais oui, bien sûr. Tout le monde le sait. »

Les Persans. C'était la seconde fois de la journée que

les Persans étaient impliqués dans l'origine du mal. Et dans les deux cas, l'accusation était formulée par une femme.

Ti se dit que sa propre mère se sentirait chez elle à Canton — elle avait souvent accusé les Persans d'être la cause du mauvais temps. Il était sur le point de dresser la liste des divers groupes d'individus que les Cantonais accusaient d'être responsables du mal, ainsi que la liste des différents avis sur la nature de la maladie, y compris l'avis de ceux qui prétendaient que la maladie n'existait pas, lorsqu'on frappa à la porte.

— Entrez ! lança-t-il.

La patronne de l'auberge ouvrit la porte et fixa Ti un long moment avant de détourner les yeux. Lorsqu'elle ouvrit la bouche, elle parut s'adresser à la commode qui occupait un coin de la chambre.

— On réclame votre présence, annonça-t-elle. Il y a des gardes en bas. Ils aimeraient que vous les accompagniez.

— Vous ont-ils dit ce qu'ils me voulaient ?

— Il y a eu un meurtre, déclara l'aubergiste, qui parlait toujours à la commode.

— Je vous remercie.

Ti posa son pinceau et se leva. La femme se couvrit le visage à deux mains et sortit à reculons.

Ti se souvint alors qu'il était nu.

L'obèse dont les genoux cognaient ceux de Ti dans l'étroite cabine du petit véhicule empestait la fumée, la même fumée malodorante que Ti avait respirée un peu plus tôt. Cela ne venait pas de ses propres vêtements, car il s'était changé. Un regard par la fenêtre du véhicule lui confirma qu'ils se dirigeaient vers le quartier où le feu brûlait.

— Encore toutes mes excuses, maître Ti, mais comme nous avons l'honneur d'avoir le vénérable magistrat de Lo-yang parmi nous, et vu la nature de ce crime singulier...

— Ch'ang-an, rectifia Ti. Comment m'avez-vous trouvé ? J'avais essayé de faire en sorte que ma visite reste discrète.

— Oh, vous savez, les eunuques nous ont informés de votre présence et de vos allées et venues. Ils s'inquiètent pour votre sécurité.

— Je suis très touché, dit Ti.

Le véhicule s'arrêta en cahotant.

Ti leva et abaissa lentement la lanterne qui éclaira la tête aux chairs flasques. Soigné et bien nourri, nota-t-il, et pas plus de trente-cinq ans.

Les gardes contenaient la foule pendant que le magistrat examinait la tête, l'obèse à ses côtés encore haletant d'avoir marché.

Soigné et bien nourri, et sans doute un eunuque, même si Ti n'avait aucun moyen de confirmer ses soupçons car il n'y avait pas de corps pour aller avec la tête. Celle-ci était empalée sur un pieu qui avait la taille d'un homme, de sorte que les yeux du cadavre contemplaient le monde de leur hauteur habituelle. Les cheveux avaient été soigneusement coiffés et noués, sans doute par l'assassin.

L'estomac de Ti, qui avait passé la journée à protester, se souleva et se contracta. Non que le juge n'ait jamais vu de cadavres de toutes conditions, mais la dernière fois qu'il s'était trouvé devant une tête empalée, il avait été forcé de s'enfuir de la ville où il avait vécu pendant des années. Il se rappela la pique vacante au bout des grilles du temple de Lo-yang. Pris de sueurs nauséeuses, il ferma les yeux et vacilla. Lorsqu'il les rouvrit, il crut distinguer, l'espace d'un battement de cœur, l'impératrice au premier rang des spectateurs, un linge noir sur la tête, les yeux rivés sur les siens.

La vision ne dura pas. Bien sûr, ce n'était pas l'impératrice. C'était une femme, une simple femme. Une illusion de l'esprit, un tour comme Hsueh Huai-i aimait en concocter.

Ti se tourna vers l'officier obèse.

— Vous permettez que je me charge de l'enquête? demanda-t-il.

Le sourire pathétique plein de gratitude de l'obèse lui fit clairement comprendre que la question était superflue.

7

Lorsque Ti souleva le lourd couvercle en faïence de l'énorme jarre qu'il avait posée sur une table de son appartement, de vieux souvenirs l'assaillirent. Il se rappela un de ces contes terrifiants, mais merveilleux, qui s'adressent directement aux peurs imaginaires des enfants. Le conte s'était insinué dans ses rêves lorsqu'il avait huit ans et l'avait hanté de longues années, accompagné d'insomnies, jusqu'à ce que la puberté et ses distractions le chassent. C'était l'histoire d'une jeune fille que son mari, presque un vieillard, avait jetée dans un puits, lestée de pierres. Son fantôme éploré était revenu hanter le mari qui, lorsqu'il regardait l'eau d'un bol, d'une rivière ou même d'une timbale, voyait son visage l'observer, ses lèvres remuer sans qu'un mot en sorte ou le supplier de lui dire pourquoi il l'avait assassinée. Le mari avait fini par mourir de soif.

Ti posa le couvercle sur la table et contempla la tête submergée. Son expression s'était adoucie depuis la veille, lorsque la lanterne de Ti avait éclairé un visage grimaçant de bienséance offensée. Il semblait désormais simplement préoccupé, comme si son propriétaire souffrait de brûlures d'estomac.

L'aubergiste n'avait pas été contente lorsque Ti lui avait demandé vers minuit une quantité inhabituelle de vin et une grande jarre en faïence munie d'un couvercle. « Grande comment ? » avait-elle demandé d'un air désapprobateur. Ti s'était retenu à temps de lui montrer le paquet soigneusement enveloppé qu'il portait sous son bras. « Assez grande pour un gros chou », avait-il répondu.

Et le matin, il lui avait dit de ne pas se formaliser si elle voyait du monde défiler, car il attendait un certain nombre de visiteurs. « Des eunuques, avait-il ajouté, je... mène une enquête. » Cela avait suffisamment impressionné la femme pour qu'elle en oublie sa réticence, du moins provisoirement. « Et qu'on ne me dérange pas, avait-il exigé, que personne n'entre dans mes appartements, qu'on ne touche à rien. »

Il examina la tête qui marinait dans le vin. « Désolé, mon vieux, murmura-t-il, c'est un affreux manque de dignité, certes, mais pas plus que pour les lettrés de Loyang, dont les têtes, pour ce que j'en sais, décorent encore les grilles du temple. Et avec ce climat, il n'y avait pas de temps à perdre. Je suis sûr que tu comprends. Tu as plutôt bonne mine pour quelqu'un dans ta situation. »

Dépêchons et qu'on en finisse, semblait dire la tête.

Lorsque Ti souleva le couvercle, le jeune eunuque poussa un cri de femme éplorée. Il se couvrit les yeux à deux mains et continua de crier. Ti recouvrit la jarre et attendit. La poitrine de l'eunuque se souleva, les cris se changèrent en gémissements, les gémissements en longs sanglots.

— Vous le connaissez ? demanda Ti d'une voix douce.

L'eunuque ôta ses mains de son visage, mais garda les yeux fermés. Il hocha la tête tandis que de grosses larmes ruisselaient sur ses joues.

— J'ai remis le couvercle, le rassura Ti.

L'eunuque ouvrit les yeux avec prudence et prit une profonde inspiration.

— C'est affreux, fit-il, affreux, affreux. Oui, je le connais. C'était...

Son visage poupin se plissa, sa voix s'étrangla... Ti patienta.

L'eunuque finit par se reprendre.

— Etes-vous marié, maître Ti ?
— Moi ? Euh, oui, j'ai même deux épouses. Je...
— Vous êtes-vous jamais demandé ce que nous ressentions ?
— Euh, il est difficile de ne pas s'interroger...
— Difficile, c'est bien le mot. Vous croyez que parce qu'on nous a enlevé un morceau de chair, nous n'éprouvons rien. Les émotions trouvent leur chemin, je peux vous le dire. Je n'ai pas choisi d'être ce que je suis. Je suis un « pur de naissance ». Eh bien, soit.

Ti se félicita secrètement de sa propre acuité. Il avait remarqué certains détails dans le visage du mort, quelque chose d'indéfinissable — la texture de la peau, la façon dont les traits s'étaient formés — qui l'avait incité à penser qu'il s'agissait d'un eunuque. On appelait « pur de naissance », Ti le savait, un jeune garçon castré avant la puberté, un enfant dépourvu de volonté, fruit du désir des parents d'acheter une position ou parfois de rembourser une dette.

Se basant sur sa théorie, Ti avait fait savoir aux eunuques que leur aide était requise pour identifier la victime d'un meurtre. Ils avaient été nombreux à frapper à sa porte et à contempler la jarre en faïence sans reconnaître son occupant. Il y avait eu toute une palette de réactions, de l'horreur à l'indifférence. Un vieil eunuque avait même pouffé. Et, vers la fin de l'après-midi, le jeune eunuque était arrivé.

— Je vais vous poser la question rituelle : qui avait des raisons de faire ça ?

— Je ne sais pas, déclara le jeune eunuque à regret. Comme moi, il n'était rien. Un simple employé. Il n'avait aucun pouvoir. Il n'avait jamais eu à prendre de décisions importantes. Pas comme ces vieilles tantes que je pourrais nommer, qui mériteraient mille fois qu'on leur coupe la tête. Puis-je? demanda-t-il en montrant la jarre.

Ti souleva le couvercle. Cette fois, le jeune eunuque ne cria ni ne sanglota; il plongea une main dans le vin et caressa le visage.

— Je suis désolé, sincèrement désolé, souffla-t-il, de nouveau en larmes. J'aurais dû te prévenir.

Le prévenir? s'étonna Ti. L'eunuque posa sur Ti un œil rougi et gonflé.

— J'aurais dû le prévenir que la méchanceté et la jalousie faisaient partie de l'univers des eunuques. Il était beau, il était bon. A votre place, maître Ti, j'enquêterais du côté de certains de mes supérieurs. Les plus âgés. Les tantes.

Tout en parlant, il continuait de caresser la tête de son ami. Malgré lui, Ti fut ému.

— Donnez-moi des noms, dit-il. Cela restera entre nous.

— Non, je ne peux pas. Je ne suis rien, je vous l'ai déjà dit. Et je n'ai aucun courage. J'ai peur. (Il retira sa main de la jarre et l'essuya sur sa robe.) Désolé, maître Ti, je ne peux même pas vous faire confiance. Je sais que rien ne vous arrêtera dans votre enquête, je vous crois même capable de m'offrir en sacrifice.

— La maladie qui s'abat sur cette ville... commença Ti.

Le jeune eunuque l'interrompit.

— C'est pour ça que vous m'avez fait venir?

Terrorisé, il recula jusqu'à la porte.

— Attendez! implora Ti. (Le jeune eunuque était déjà sur le palier. Ti le suivit en levant les bras dans un geste apaisant.) Je veux juste savoir si la maladie est bien réelle. J'ai entendu tellement de versions...

— Plus un mot. Plus un mot.

Le jeune eunuque dévala l'escalier.

— Dites-moi au moins son nom ! lança Ti depuis le palier. Que je puisse le rendre à sa famille !

Mais le jeune eunuque était déjà loin. Ti soupira. Il était inutile de lui courir après. Cela ne ferait qu'accentuer sa peur et sa méfiance. Il resta bêtement planté sur le palier, le couvercle en faïence à la main. Il s'aperçut avec regret qu'il ne connaissait pas plus le nom de la victime que celui de son ami dont les pas terrifiés résonnaient encore dans la cage d'escalier.

Quatre jours plus tard, Ti bâillait et frissonnait dans la lueur grisâtre de l'aube. Il essayait de penser à une victime qu'il aurait vue par un beau ciel bleu et un soleil éclatant, mais n'y parvenait pas. En revanche, combien de fois l'avait-on tiré du lit ou de ses pensées nocturnes ?

Devant lui, l'une des têtes arborait une grimace d'excuse. L'autre avait une expression difficile à lire car il fallait s'agenouiller pour la discerner dans la faible lumière. Les deux têtes n'étaient espacées que de quelques mètres, toutes deux empalées, encore dans un quartier pauvre près de la rivière, un endroit où les victimes, pas plus que celle de la jarre, n'auraient mis les pieds de leur vivant. Comme la première, celles-ci étaient bien nourries, jeunes, mais un peu moins, les cheveux soigneusement peignés, et toutes deux, Ti était prêt à le parier, appartenaient à des eunuques. Une tête était empalée sur un long pieu, l'autre sur un pieu plus court.

Ti s'agenouilla. Son examen de la tête de la jarre lui avait appris qu'elle avait été sciée, sans doute avec un instrument émoussé, plutôt que tranchée d'un seul coup par une arme aiguisée. Ti en avait conclu que la victime était morte avant sa décapitation. Un rapide coup d'œil au cou déchiqueté l'incita à la même conclusion. Il devrait toutefois examiner plus attentivement les têtes en plein jour, lorsqu'il serait seul.

Il se redressa. Il préférait ne pas demander de vin et deux autres grandes jarres à son aubergiste.

— Je vais avoir besoin de votre aide, dit-il à l'officier obèse.

Une heure plus tard, ils arrivaient à l'auberge, portant chacun avec soin une jarre en faïence. Un assistant les suivait en poussant une brouette chargée d'un récipient qui débordait de vin. L'aubergiste et deux servantes, dont l'une avait des yeux ronds d'Indienne mais la peau claire, les regardèrent monter l'escalier. Après le départ de l'obèse et de son assistant, Ti redescendit et remit un mois de loyer d'avance à l'aubergiste avant qu'elle ait eu le temps de dire un mot.

— Je regrette les désagréments que je peux vous causer, commença-t-il. J'ai besoin de grandes quantités de vin, continua-t-il en baissant la voix, parce que je souffre d'un problème cutané que seules des applications généreuses réussissent à calmer. J'espère que vous comprenez. C'est aussi la raison pour laquelle je réclame une stricte intimité.

L'aubergiste regarda tour à tour l'argent et le juge. Les soupçons et la réprobation se volatilisèrent, remplacés par la compassion et la complicité.

— Mais je vous en prie, maître Ti, je comprends très bien. Si vous avez besoin de mon aide, n'hésitez pas. Je serai ravie de vous apporter du vin. Il me suffit d'envoyer une servante au marché. Je suis à votre entière disposition à n'importe quelle heure du jour ou de la nuit.

— Je vous remercie, c'est trop aimable.

Avant de remonter dans ses appartements, pour tirer le meilleur parti de sa munificence il scella leur pacte avec une mimique calculée, expression d'un homme qui a besoin de compréhension et qui fait appel à la perspicacité d'une femme, à sa discrétion et à sa générosité.

Ce soir-là, avant de se coucher, il s'assit à son bureau et relut ses notes. Il y avait peu de doute que les deux dernières têtes n'eussent été sciées avec l'instrument utilisé pour la première. Un objet émoussé aux dents irrégulières, et probablement manié par une seule et même personne. La technique semblait identique : l'entaille commençait entre les deux mêmes vertèbres cervicales. On avait aussi empalé les têtes sur des pieux en bois identiques, avec beaucoup de soin ; les têtes avaient préalablement été vidées de leur sang, et les cheveux soigneusement coiffés. La seule différence résidait dans la taille des pieux. Ti ajouta un détail à ses notes : de même longueur, les pieux qui soutenaient la tête numéro un et la tête numéro deux les mettaient à hauteur d'homme ; celui qui soutenait la tête numéro trois était plus court, de sorte que la tête se situait au niveau du ventre d'un homme. La taille des pieux indiquait-elle une sorte de rang ? Pas nécessairement un rang officiel, puisque le jeune eunuque qui avait connu la première victime avait déclaré que son ami, comme lui-même, n'était « rien ». Peut-être un rang dans une autre hiérarchie — que les victimes ignoraient sans doute elles-mêmes.

Les trois couvercles étaient posés sur la table. Ti se leva et alla regarder dans les jarres. Les trois visages semblaient l'observer, comme celui de la jeune femme dans le puits. Il médita sur l'ignominie de la décapitation. Toute l'ironie était là. Notre tête, notre appendice le plus précieux et le plus digne, lieu de notre visage et de notre âme, la partie de notre corps qui nous définit le mieux, coupée du reste afin de n'être plus qu'une chose pitoyable et impuissante. L'insulte ultime. Non, pas tout à fait ultime. La décapitation porte en elle un message précis — mais empaler la tête et l'exhiber augmente d'un cran l'horreur du message.

Ti se rappela ce qu'il avait ressenti devant le temple de Lo-yang. Il n'avait pas eu l'ombre d'un doute : il s'agissait d'un avertissement, dans le langage universel du châtiment. C'était ce même langage qui était utilisé ici.

Mais à qui s'adressait l'avertissement et pourquoi ? Il referma les jarres, recouvrit les visages. A Lo-yang, le message provenait de l'impératrice et de Hsueh Huai-i, et lui était en grande partie destiné. Il disait : « Quitte la ville aujourd'hui même. Ne te retourne pas. »

Ti se rassit. Cet autre avertissement lui était-il également destiné ? Sa présence à Canton n'était un secret pour personne, même s'il s'était efforcé de rester le plus discret possible. Il n'avait pas caché son identité lorsqu'il avait expliqué aux eunuques qu'il comptait se rendre à Hainan. Sans doute avait-il commis une erreur. Mais il n'avait pas prévu qu'ils entraveraient ses projets avec tant de rage, ce qu'ils n'auraient sans doute pas fait s'il avait été moins célèbre ; défier un personnage aussi connu leur donnait le sentiment de leur propre importance. Néanmoins les eunuques savaient qui il était et c'étaient eux qui avaient permis aux agents de le retrouver. Les eunuques « s'inquiétaient » pour sa sécurité.

Etait-ce donc un avertissement des eunuques ? Le jeune être terrorisé lui avait dit d'enquêter du côté des plus âgés, des « tantes ». Les trois têtes avaient toutes appartenu à de jeunes eunuques. Pourquoi se tuer entre eux ? Que des vieux tuent des plus jeunes faisait-il partie d'un quelconque rituel sacrificiel ? Comme lorsque des mâles dominants tuent leurs jeunes rivaux afin de maintenir leur suprématie sur le troupeau ? Qui d'autre avait appris par les eunuques sa présence dans la ville ?

Il y avait bien sûr une autre possibilité, à côté de

laquelle la conspiration meurtrière des eunuques eût été une hypothèse désirable. Une possibilité plus effrayante, qu'il s'était efforcé d'éluder, mais qui avait continué de le hanter et qui revenait en force au point qu'il fut obligé d'en tenir compte.

Le jour où il était resté sous la pluie à regarder le sang ruisseler sur les piques, il avait compris que l'impératrice et Hsueh Huai-i s'adressaient à lui.

Etaient-ils en train de lui délivrer un autre message ?

Il était excité, ce qui le surprit car il n'avait plus de corps. Des mutilés lui avaient dit que leur membre perdu, qui un bras, qui une jambe, continuait de les faire souffrir. Ainsi, bien que son corps, du cou à la pointe des pieds, ne fût plus qu'un fantôme, une turgescence fourmillait sous lui, à l'endroit où avait autrefois été son bassin.

Au-dessus de lui, un rai de lumière filtrait par le couvercle mal fermé. Assourdis, des rires lascifs lui parvenaient du lit. Il fut étonné d'entendre aussi bien alors que ses oreilles étaient immergées. Il se sentait rusé et sournois. Hsueh Huai-i et l'impératrice ignoraient qu'il les entendait faire l'amour. C'était à la fois palpitant et dangereux, comme s'il se trouvait dans la tanière de deux bêtes carnivores, à leur insu, tandis qu'elles vaquaient à leurs occupations secrètes de fauves. Il entendait des choses qu'aucun humain ne devait entendre : des grognements, des respirations bruyantes, des obscénités, des rires.

« Je peux satisfaire n'importe quelle femme, vous y compris, disait Hsueh.

— Seul mon corps est féminin », répondait l'impératrice. Ti perçut le bruit sourd d'un cartilage que l'on

broie, et il devina que l'impératrice mordait l'oreille du moine. Suivirent le cri étouffé d'un animal, entre la douleur et l'extase, des halètements plus rapides et plus violents, et des chocs répétés, coups de tête de l'impératrice contre le montant du lit. Ti sentit son corps fantôme parvenir à l'orgasme en même temps que Hsueh Huai-i. Il était sur le point de jouir lorsqu'il entendit le couvercle se soulever et vit la lumière inonder la jarre. Le visage ricanant de Hsueh apparut au-dessus de lui, déformé par le liquide. Ti ressentit une bouffée de honte car il était trop tard pour arrêter l'orgasme explosif, et il savait que Hsueh le savait. Le moine éclata d'un rire moqueur et cruel, puis fit signe à l'impératrice de venir. La honte de Ti atteignit un paroxysme aussi violent que celui de son orgasme lorsque Hsueh referma le couvercle d'un geste désinvolte, comme si la chose qui flottait dans le liquide ne méritait même pas son mépris.

Une honte pure et brûlante le réveilla. Il gisait dans le noir, haletant et rougissant, encore excité, le front trempé de sueur, l'esprit luttant pour effacer les restes de son rêve. Il s'assit et écouta : il entendit dans la pièce adjacente un léger grattement, semblable à celui d'un lourd couvercle en faïence que l'on déplace.

Il roula hors du lit et traversa la chambre sur la pointe des pieds. Un fin rai lumineux filtrait sous la porte de sa chambre à coucher. Il s'arrêta et colla son oreille à la porte : quelqu'un récitait à mi-voix des mots inintelligibles et répétitifs, sans doute une prière ou une incantation. Ti empoigna le loquet. C'était une voix de femme. Il tendit l'oreille. Oui, c'était bien une voix de femme, ou celle d'un enfant. Ti ouvrit la porte.

Lorsque le soldat de Lo-yang avait tiré la première tête du coffret et l'avait brandie par les cheveux, Ti avait d'abord refusé de l'identifier. Un bref instant, il avait eu la vision vertigineuse et absurde d'une plante, un énorme navet violacé peut-être, suspendu par un enchevêtrement de racines, d'herbe et de terre.

Ce n'était pas une hallucination qu'il avait devant lui. A la lueur d'une bougie, debout près de son bureau, une femme tenait une tête par les cheveux. Elle récitait toujours sa prière lorsqu'elle se retourna soudain et vit Ti qui la regardait, bouche bée, depuis le seuil.

Elle sursauta et lâcha la tête, qui heurta le coin de la table et tomba par terre. Avant que la tête n'atteigne le sol, Ti et la femme eurent le même réflexe ; ils plongèrent de concert. Au moment où il se précipitait, Ti comprit que sa tentative était vaine, il comprit aussi le but de leur manœuvre commune : empêcher le bruit qu'allait faire la tête en touchant le sol. Bien que n'ayant jamais entendu un bruit semblable, Ti sut instinctivement que c'était ce bruit précis qu'il avait toute sa vie redouté d'entendre.

A l'étage au-dessous, l'aubergiste se réveilla en sursaut d'un profond sommeil. Elle ressentit une sorte de frisson semblable à celui qu'elle aurait eu si elle avait marché par mégarde sur la queue du chat dont le miaulement aigu l'aurait fait tressaillir ; cependant, elle ne se souvenait pas d'avoir entendu un cri. Elle resta allongée sans bouger et prêta l'oreille au silence qui enveloppait la maison.

Une douce brise jouait un air délicat sur son carillon éolien et le plancher craqua doucement au premier étage, dans les appartements du magistrat. Il y eut un autre craquement, qui seul troubla le silence de la maison. Elle écouta encore quelques instants et se serait rendormie si un souvenir n'était venu l'en empêcher : enfant, elle s'était enfoncé une écharde sous l'ongle d'un orteil, si profondément qu'il s'était retourné et était tombé. Chaque fois qu'elle était sur le point de sombrer dans le sommeil, l'image de l'ongle retourné la réveillait.

Le crâne de Ti heurta avec violence celui de la jeune

femme. Au même moment, la tête toucha le sol. La femme se redressa en se tenant la tête et hoqueta à la vue de l'objet qui roulait à leurs pieds. Ti se frictionna le crâne, pendant que la jeune femme le regardait sans un mot, prête à s'enfuir, ses grands yeux noirs écarquillés. Ti se redressa à son tour et la reconnut : c'était l'une des servantes de l'auberge, celle qui ressemblait à une Indienne. Il posa un doigt sur ses lèvres, puis se baissa avec précaution pour ramasser la tête, qu'il alla remettre dans sa jarre. Elle le regarda faire sans bouger.

Il referma le couvercle d'un geste appliqué mais résolu, se sécha les mains sur sa chemise de nuit et se retourna vers la femme avec une lenteur calculée afin de lui faire comprendre qu'il ne lui voulait aucun mal. Il s'assit à la table et poussa un profond soupir.

— En quelle langue parliez-vous ? lui demanda-t-il à voix basse.

— En persan, répondit-elle après une courte hésitation.

Le lendemain soir, assis à son bureau, une coupe de vin à portée de main, Ti se préparait à écrire. Trois volumineux paquets soigneusement enveloppés dans des étoffes de soie brodée étaient alignés sur la table. L'aubergiste lui avait dit avec un air de reproche qu'un jeune Persan les avait livrés une heure avant son retour. Après une journée à interroger en vain les eunuques, Ti était rentré épuisé.

Ti n'en voulait pas à l'aubergiste ; les trois paquets le mettaient lui-même mal à l'aise. Ce n'était pas tant leur forme ni leur taille, mais leur poids qui l'avait troublé lorsqu'il les avait emportés dans sa chambre. Et aussi le fait qu'on les lui avait livrés.

Il vida la coupe de vin et s'en versa généreusement une deuxième. Tout doux, mon bonhomme, s'admonesta-t-il, tu auras sans doute bientôt besoin de tout le vin disponible. Il prit son pinceau et écrivit :

Ma fille adorée,

J'ai beaucoup appris de la jeune servante ce matin. En même temps, je n'ai pas appris grand-chose.

On accuse les eunuques des meurtres ; on les accuse de la pestilence. On accuse aussi les Persans. Des eunuques accusent d'autres eunuques, et certains eunuques accusent les Persans. Aujourd'hui, j'ai entendu une Persane accuser les Persans ET les eunuques.

Cette nuit, peu avant l'aube, lorsque je l'ai surprise dans mon appartement, la jeune servante m'a expliqué qu'elle essayait de neutraliser une malédiction. Elle m'a même supplié de la laisser terminer sa prière.

Je fus fâché d'apprendre que, en plus des malheurs bien trop réels de ce monde, nous devions en outre combattre des oiseaux carnivores démoniaques. Et en particulier les el-ah-ray-rah, une race de charognards surnaturels, pourvus d'ailes et de plumes, de griffes et d'un bec acérés, qui viennent la nuit picorer la chair du visage de nos ennemis. Bien sûr, rares sont ceux qui peuvent employer des vengeurs aussi puissants. À moins d'être extrêmement doué, il y a un lourd tribut à payer.

La fille m'avoua qu'elle avait soupçonné les el-ah-ray-rah dès qu'elle avait appris la présence d'une tête sur un pieu. Les têtes décapitées ont, semble-t-il, causé un grand émoi dans la communauté persane. Certes, tout le monde est au courant en ville, mais la réaction des Persans est singulière. La nouvelle a rapidement circulé parmi eux qu'un magistrat de Ch'ang-an était chargé de l'enquête.

« Vous n'êtes pas un inconnu dans le quartier persan, me dit la servante, énigmatique.

— *Qu'est-ce qui vous a fait penser que j'avais apporté les têtes chez moi ? lui demandai-je.*

— *J'ai senti leur présence, répondit-elle. Elles m'ont parlé. En plus, c'est moi que la patronne a envoyée chercher une grande quantité de vin. J'ai compris. »*

C'était quand elle m'avait supplié de la laisser terminer ses incantations.

« Vous et moi, l'auberge, la ville et tous ses habitants sont en grave danger si vous ne me laissez pas finir, avait-elle juré.

— *Je vous laisserai terminer, mais auparavant je veux que vous me parliez de la malédiction.*

— *Les el-ah-ray-rah viennent si on sait les invoquer, dit-elle. Il suffit d'une série d'incantations ésotériques... et d'un appât.*

— *Un appât ?*

— *Oui, un appât qui éveille leur appétit et les guide. Les textes sont précis : une tête décapitée empalée sur un pieu les attire comme les fleurs odorantes attirent les abeilles. Plus la tête ressemble à celle de votre ennemi, mieux c'est. Il semble néanmoins y avoir un problème : lorsque les el-ah-ray-rah ont été invoqués, comme tout invité qui s'enracine, on a du mal à se débarrasser d'eux. Et, comme pour ces invités, il faut beaucoup d'adresse et de tact pour éviter de les offenser. Il faut absolument éviter d'offenser les el-ah-ray-rah, m'assura la servante. Ils n'aiment pas qu'on les invoque pour des futilités. Et s'ils sont invoqués, ils n'exigent pas moins qu'un festin. Ils restent jusqu'à ce qu'ils soient rassasiés, pour ainsi dire. Lorsque vous avez découvert les têtes et que vous les avez rapportées chez vous, elles étaient intactes — ce qui prouve que les el-ah-ray-rah ne les ont pas encore trouvées. Mais ils finiront par y arriver, assura la servante. Et, si vous ne me laissez pas terminer mes prières, ils vous trouveront vous aussi, maître Ti. Ils croiront que c'est vous qui les avez invoqués. Et, si vous n'avez rien d'autre à leur offrir pour satisfaire leur appétit, à moins que vous ne connaissiez les mots appropriés, ils ne se contenteront pas de vous avoir trouvé. Ils s'en prendront ensuite à moi, à la patronne, et à toute la ville. »*

Ce qui m'intéressa le plus fut ce qui avait trait aux appâts : plus la tête ressemble à celle de votre ennemi, mieux c'est. Pour autant que nous le sachions, les victimes sont toutes des eunuques. Ai-je enfin un indice pour me guider ?

Tout le monde semble avoir des raisons de se plaindre des eunuques, moi compris.

« Que reprochent exactement les Persans aux eunuques ? demandai-je à la servante.

— Tout le monde le sait, répondit-elle. Les eunuques n'ont que ce qu'ils méritent. Ils achètent et vendent des esclaves. Des esclaves persans. »

Parce que c'était inoffensif, parce que je voulais gagner sa confiance, parce que je souhaitais ardemment qu'elle ne révèle pas la vérité à l'aubergiste et parce que c'était une occasion d'apprendre quelque chose, je la laissai terminer ses prières.

Je l'assistai même dans son œuvre. La tête que je brandis pendant qu'elle récitait ses incantations était celle du jeune eunuque, celle sur laquelle son ami avait versé des larmes. Ton père espère qu'il sera plus gai dans sa prochaine lettre, mais il en doute...

Ti reposa son pinceau après l'avoir essuyé. Il contempla un instant les trois paquets, se leva, but une autre coupe de vin et s'approcha d'un air décidé. Il était prêt à tout. Peut-être s'attendait-il à découvrir la tête tranchée de sa propre mère.

La soie était d'excellente qualité, glissante, scintillante. Semblable à celle des robes de l'impératrice. Ti la renifla ; un léger parfum lui chatouilla les narines et une image surprenante lui vint à l'esprit : les dents de l'impératrice. Des dents remarquables, qui ont le don de vous distraire lorsque vous vous adressez à elle. Des dents blanches, robustes, des dents de prédatrice. Les el-ah-ray-rah s'enfuiraient la queue entre les pattes en entr'apercevant les dents de l'impératrice.

Aucun doute. C'était bien son parfum. Ti eut l'impression qu'elle se tenait derrière son dos. Il dénoua la cordelette de soie du paquet le plus proche d'un geste étonnamment assuré étant donné que son cœur battait à tout rompre, prêt à exploser. La soie glissa sur la table, révélant une haute jarre cylindrique en verre.

Et, dans la jarre, il y avait un gros chou.

8

Hsueh Huai-i contemplait la scène avec un dédain amusé : Shu Ching-tsung, le petit historien de la cour, traversait d'un pas vif le parc privé de l'impératrice, le front baigné de sueur, ses courtes jambes pédalant pour devancer un entourage de scribes qui s'efforçaient avec célérité de le suivre afin d'entendre ce qu'il disait. Shu ressemblait à un des carlins de l'impératrice menant une horde de grands chiens de chasse.

La horde s'arrêtait devant chaque pavillon et, trempant leurs pinceaux, les scribes envoyaient valser l'encre, s'éclaboussaient mutuellement, les pinceaux couraient sur les pages tandis qu'ils notaient les détails des divers charmes, talismans et potions, et qu'ils capturaient chaque syllabe émise par les candidats pleins d'espoir qui n'avaient que quelques minutes chacun pour prouver que leur remède était celui qui apporterait à l'impératrice ce qu'elle désirait.

Alors, au signal de Shu, la horde se remettait en route. Pendant que les scribes couraient, Shu se lançait dans une évaluation uniforme, agrémentée de divers commentaires, sur ce qu'il venait de voir. Un scribe particulier avait le devoir de se souvenir des mots de l'historien et de les coucher par écrit dès qu'il s'arrêtait, mais le bonhomme avait trouvé une astuce pour écrire tout en trottant à côté de Shu.

L'inventaire était d'importance : des roches du centre de la terre ; une tranche de vésicule biliaire prélevée sur un dragon, réduite en poudre, à ingérer pendant la pleine lune ; des bains dans du mercure liquide ; des tasses disposées le long des sentiers sinueux du Diagramme du Changement ; des liquides malodorants à boire dans des coupes en or massif ; des vases translucides en ambre et en jade percés de trous afin d'épouser les motifs des constellations, etc. Hsueh avait du mal à garder son sérieux.

On avait même réservé un hectare de prairie pour y creuser un étang. Un prêtre particulièrement énergique avait convaincu la cour que seule la terre elle-même avait le pouvoir de répondre aux questions. Directement et sans intervention. Avec la permission de l'impératrice, il avait commencé à travailler sur un projet qui rivalisait avec celui de Wu.

Les rives de l'étang, disait-il, coïncideraient avec le trajet naturel des lignes de force du dragon. Grâce à une centaine de pelleteuses et à un arsenal compliqué d'attirails de toutes sortes qui avait beaucoup impressionné l'impératrice, il s'était mis à l'ouvrage : des cartes des canons taoïstes, des baguettes utilisées en géomancie, des compas magnétiques en mercure, de grands gnomons afin de suivre la traversée de l'ombre solaire, et des cylindres optiques pour observer la position des étoiles.

Au centre de l'étang et le long des rives, se trouvaient de hauts roseaux qu'on avait transplantés, nourris et repiqués dans un ordre naturel, afin qu'ils changent constamment, se courbent, meurent, soient brisés par les vents et repoussent ensuite. L'eau stagnante de l'étang devait refléter les motifs mobiles des roseaux et ainsi, visible aux seuls yeux des initiés, se dessinerait une calligraphie sacrée, l'écriture de la terre elle-même. Le créateur de l'étang, affirma l'ardent prêtre à l'impératrice, faisait partie de la poignée d'hommes initiés aux canons les plus obscurs, aux langues archaïques de Chou, et donc capables de lire et d'interpréter les signes cunéiformes de cette sagesse ineffable.

L'homme avait de l'audace, Hsueh dut en convenir. Et une vision. La présentation de son œuvre était claire et bien pensée. Il était en outre bel homme, robuste et bien bâti, ce qui n'avait certainement pas échappé à l'œil exercé de l'impératrice.

Hsueh soupira. Bien sûr, il ne laisserait pas les choses aller trop loin.

Le parc privé de l'impératrice et les vastes pâturages impériaux — désormais connus comme les jardins de la Transformation Céleste — avaient en effet subi une transformation. Des pavillons et des tentes parsemaient les prés et les boqueteaux, entouraient les étangs et s'accrochaient aux collines ondoyantes. Avec les dix mille lanternes qui éclairaient les lieux afin que la nuit n'interrompe pas le travail, le parc impérial ressemblait à un gigantesque campement ennemi. Et aux yeux du lama Hsueh, c'était exactement ce qu'il était. Même si Hsueh était lui-même à l'origine du projet. Tout cela pour satisfaire à l'humeur changeante de sa reine. Sa requête était simple : trouver un moyen de vaincre la mort. « Je veux connaître la vie éternelle. »

Ils étaient dans son lit, nus, trempés de sueur après l'amour, lorsqu'elle lui avait dit ce qu'elle désirait. « Nous vivons déjà éternellement, avait-il répondu. Nos corps sont comme la peau des serpents. Nous en changeons et nous poursuivons notre route. A travers l'éternité. Et si nous sommes des bodhisattvas, nous renaissons parce que nous l'avons décidé. Comme vous. Comme moi. »

Plaquant ses mains contre ses seins nus, elle avait rétorqué que c'était *ce* corps qu'elle voulait, et que *ce* corps ne devrait jamais mourir. Etait-ce si difficile ? Etait-il incapable de répondre à cette simple requête ? « Et ce corps-là non plus, avait-elle ajouté en refermant la main sur son vit. Ce corps-là non plus. »

Elle avait laissé reposer le sujet une quinzaine de jours. Hsueh n'en avait plus reparlé, elle non plus.

Et puis un après-midi, en présence de Dame Yang, de l'historien Shu et de Hsueh lui-même, après un excellent repas, l'impératrice s'était murée dans le silence. Ils discutaient des divers moyens de surmonter un petit obstacle qui se dressait sur la voie de sa domination absolue : sa féminité.

Or Wu, qui dévorait d'habitude avec l'appétit d'une paysanne, avait à peine touché aux plats et quasiment pas prononcé un mot pendant que les autres continuaient leur conversation.

Shu était devenu fébrile, comme chaque fois qu'il sentait un orage couver et craignait de se trouver sur son passage. Dame Yang avait fait comme si de rien n'était, Hsueh avait redoublé de vigilance.

Shu regarda Dame Yang en levant les yeux au plafond, quêtant silencieusement son aide. Il évita le regard de Hsueh ; les deux hommes s'accommodaient de leur antipathie mutuelle en s'évertuant à ne jamais s'adresser la parole directement, sauf cas de force majeure.

— Ma fille n'est pas dans son assiette, déclara Dame Yang à haute voix. Elle est contrariée, ça se voit.

— Contrariée, oui, bien sûr, renchérit Shu de son ton le plus obséquieux. Cependant, il faut qu'elle nous dise la source de sa contrariété afin que nous trouvions un remède.

Hsueh sourit et mit une main devant sa bouche. Un petit bruit semblable au roucoulement d'une colombe parut provenir d'un coffre ornemental, derrière la chaise de l'impératrice. Puis le chant d'un criquet parvint de la lampe qui pendait au-dessus de la table. Ces tours d'illusionniste, qui ne manquaient jamais de faire rire l'impératrice, ne réussirent pas à lui arracher un sourire.

Ce ne fut que lorsque Dame Yang se leva en déclarant qu'elle avait sommeil et qu'elle allait faire la sieste que l'impératrice brisa le silence. Elle sortit un livre de sa manche, l'étala sur la table afin que tous puissent le voir, et appuya un doigt sur la page à s'en blanchir l'ongle. Dame Yang se rassit.

— Voilà ce qui me consume, dit l'impératrice.

Et elle envoya le livre glisser jusqu'à l'historien Shu, qui l'attrapa, le retourna vers lui, s'éclaircit la gorge, jeta un regard inquiet vers l'impératrice et commença à lire attentivement le texte.

— A haute voix, monsieur l'historien, ordonna l'impératrice, si ça ne vous ennuie pas.

Rassemblant son courage, car il avait payé cher pour savoir que lire à haute voix quelque chose qui fâchait l'impératrice, qu'il en fût ou non l'auteur, risquait de lui valoir des ennuis, l'historien se mit à lire de sa voix aiguë :

— « Pour contempler la nature de l'infini, les nombres comme les objets semblables à des grains de sable ou à des gouttes d'eau dans l'immensité de l'océan, on doit considérer la nature incompréhensible de l'incalculable. Je vais illustrer la logique inexorable de l'infini. Si un nombre infini de singes, dressés à tenir un pinceau, à le tremper dans l'encre et à prendre à l'infini des notes sur d'innombrables rouleaux de papier, s'exécutent pendant un laps de temps infini, l'un d'eux finira par reproduire avec deux erreurs un poème en prose du maître, un autre avec une seule erreur, un troisième sans erreur, et un quatrième le même poème, mais dont les caractères auront changé de telle sorte qu'il acquière un double sens... infini. Avec des possibilités infinies... »

Shu leva les yeux. Il ne comprenait absolument pas ce qu'il venait de lire. Il regarda l'impératrice, quêtant un signe.

Heureusement, elle fixait son attention sur le lama. Soulagé qu'on l'ignore, Shu se tut et attendit.

— C'est cela que je veux, dit enfin l'impératrice.
— Oui? fit Dame Yang. Tu m'empêches de dormir.
— Mère, je vous empêcherai tous de dormir. Je vous empêcherai de plonger dans le sommeil éternel de la mort! Tu ne comprends donc pas?
— J'attends, répondit Dame Yang.
— L'infini, dit l'impératrice. C'est l'infini que je veux.
— Des singes infiniment puants? interrogea Dame Yang.
— Dans un sens, oui.

Le lama Hsueh éclata de rire, comme s'il savait exactement de quoi parlait l'impératrice. Shu émit un petit rire bref pour faire croire qu'il suivait lui aussi, alors qu'il nageait en plein brouillard et craignait que la référence aux singes infiniment puants n'eût un rapport avec sa propre personne.

Le lama parut s'adoucir, il devint pensif, l'œil brillant. L'impératrice s'adoucit elle aussi et croisa le regard de Hsueh.

— J'ai l'impression que nous brûlons, dit le lama.
— Toi seul me comprends, dit Wu. Personne d'autre.

Hsueh sourit. « Espèce de lèche-cul, flagorneur véreux, j'étais à la cour bien avant toi », voulut riposter Shu, mais il se retint.

— Madame, commença Shu, rassemblant les lambeaux de sa dignité, je suis peut-être un imbécile, mais je n'arrive pas à saisir. Le lama Hsueh aurait-il l'amabilité de m'éclairer?

— Je serai ravi d'expliquer cela à monsieur l'historien, dit Hsueh en s'adressant à l'impératrice. Dix mille fois dix mille singes. Dix mille fois dix mille ans. L'un d'eux finira par produire un poème en prose génial. Ou un texte sacré. N'importe quoi qui a déjà été écrit.

— Je sais, claqua Shu, qui se surprit à parler directement au moine. C'est ce que dit le livre.

Hsueh l'ignora.

— La réponse était sous notre nez. Notre géniale impératrice l'a vue la première. A supposer qu'il y ait un nombre suffisant de singes, un nombre infini, et un laps de temps infini, il est alors possible d'en déduire que l'un d'eux finira par produire ce que nous recherchons.

— Je n'aime pas les singes, risqua Shu.

— Mon cher ami l'honorable historien ne saisit pas la métaphore de notre impératrice, dit Hsueh presque avec douceur. Nous ne parlons pas de singes. Nous parlons d'un nombre infini de chercheurs d'immortalité. Si nous en trouvons un nombre suffisant et que nous leur donnons une motivation suffisante, l'un d'eux nous fournira un jour la clé de l'immortalité.

L'historien Shu promena son regard autour de la table. Grandement soulagé, il soupira d'aise. C'était en effet un projet grandiose, qui requerrait ses services et lui attirerait des faveurs. L'idée lui plut aussitôt.

Des plans élaborés seraient nécessaires. Il faudrait que l'empire tout entier se consacre à la tâche et donne le meilleur de lui-même. Ah, il allait y avoir du travail, et lui, Shu, serait sans doute le plus surchargé de tous. Mais c'était la qualité principale de l'historien. Là résidait son génie. La littérature et l'organisation, c'étaient ses deux spécialités. Il devrait en outre engager une centaine de scribes supplémentaires et concevoir un nouvel examen pour les recruter. En plus des examens Ming Ching et Chin Shih, il y aurait désormais l'examen de l'historien de la cour — conçu pour tester les connaissances des candidats en taoïsme ésotérique ou en calligraphie *bon*, l'ancienne religion tibétaine, ou hindoue. Même si Shu lui-même ignorait tout de ces matières. Ah, certes, il allait être surchargé de travail.

Et rien au monde ne le satisfaisait davantage.

Ainsi l'historien Shu se retrouva à faire la chronique de l'inénarrable. Et peu importait le nombre de rouleaux de parchemin nécessaires, la quantité de buvards, la quantité de cargaison d'encre à moudre, le nombre de secrétaires auprès de l'historien de la cour qui devraient souffrir de la crampe de l'écrivain, ni la quantité d'étagères dans les bibliothèques impériales surchargées des rapports de ces extraordinaires expériences.

Et le soir, lorsque Shu avait quelques heures devant lui, il notait soigneusement comment lui, Shu Ching-tsung, grand historien de l'impératrice Wu Tse-tien, avait gagné sa gratitude éternelle en attirant son attention sur la parabole des singes et lui avait ainsi dévoilé — ah, quel cadeau princier ! — la façon de mener à bien les recherches.

Mais, de temps en temps, haletant, le cœur battant, les jambes brûlantes de fatigue, l'historien Shu, après avoir escaladé quelque colline au pas de course, se demandait si le jeu en valait réellement la chandelle.

Il advint donc que le parc impérial se métamorphosa en campement. Un décret avait fait le tour de l'empire à la vitesse de l'esprit : l'impératrice recherchait l'élixir de l'immortalité. Hsueh avait ses raisons de laisser le parc impérial grouiller de chamans, de sorciers, de charlatans et de saints des quatre coins du royaume. En tant que chef du Nuage Blanc, il se devait de connaître tous les faits de nature religieuse ou magique qui survenaient dans l'empire et n'étaient pas directement sous son contrôle.

Quel moyen plus efficace y avait-il de retourner chaque pierre afin de voir ce qui frétillait à la lumière ?

Hsueh observait la horde de scribes qui talonnait Shu, à l'assaut d'une petite colline. Et bien sûr, avec une infinité virtuelle de singes puants, pour ainsi dire, qui savait quelle information utile allait se révéler, quelle découverte ésotérique il pourrait ainsi faire sienne ?

Réveillé avant l'aube, Hsueh Huai-i parcourait le parc impérial, l'œil perçant et l'oreille aux aguets. Pas question qu'il se fie uniquement aux rapports de l'historien Shu pour apprendre ce qui se passait et où en étaient les recherches. En outre, il était mû par des raisons personnelles.

Le campement lui rappela l'époque de son pèlerinage dans l'Extrême-Occident, lorsqu'il avait découvert la route de la Soie, la grande route commerciale qui s'étendait depuis l'Arabie jusqu'à la Chine et à Ch'ang-an. C'était une époque bénie, bien que pénible et dangereuse. La nuit, les feux de camp propulsaient des cendres ardentes jusqu'aux cieux ; Hsueh Huai-i était dans la force de l'âge et il avait rencontré toutes les sortes d'hommes, de femmes, de magiciens, de voleurs, de sages et d'assassins ayant jamais existé.

Parti de son Tibet natal, il avait d'abord sillonné l'Inde pendant près de quatre ans. Il s'était ensuite enfoncé dans l'ouest, puis vers le nord, à travers le Cachemire et les hautes montagnes de l'Hindû-Kûsh, avec pour tout bagage son bol de mendiant, son énergie et sa ruse ; il dormait n'importe où, sur le sol dur des monastères, dans les draps de soie de belles dames, ou dans le creux d'un rocher battu par les vents.

Il se rappela le jour où il avait aperçu pour la première

fois la route de la Soie : il avait vu dans le lointain un nuage s'élever au-dessus d'un paysage aride et rocailleux. Il avait marché pendant des jours vers le nuage, et était parvenu au sommet d'une colline d'où il avait contemplé un serpent de mille couleurs qui zigzaguait d'ouest en est à perte de vue. Le serpent était vivant, composé d'êtres humains et d'animaux qui se croisaient telles des fourmis. De sa position élevée, Hsueh percevait les abois des chiens, le son des tambours et des flûtes, le braiment des chameaux, et les cris de milliers de voix humaines, leurs chants, leurs injures, leurs prières. Il s'était approché jusqu'à sentir l'odeur âcre des chameaux, celle du cuir non tanné, de la graisse, du beurre rance, de l'encens et des excréments.

Il avait passé plus d'un an sur la route de la Soie. Il y avait davantage appris qu'au cours de ses voyages en Inde et au Tibet.

Et ces mêmes odeurs, ces mêmes bruits, qui lui parvenaient maintenant du campement, à travers les terres cultivées du palais, l'attiraient irrésistiblement.

Il longea les arbres qui bordaient le parc. Il passa devant des bûchers réduits en cendres, d'autres qui brûlaient tels des feux de joie. Il passa devant un vieux prêtre qui tournait autour de son feu à reculons tout en récitant à l'envers une prière dans une langue que Hsueh n'avait pas entendue depuis longtemps : du tibétain. Ah, se dit-il, un adepte du *bon,* une des propres disciplines de Hsueh. Ses adeptes mettaient un point d'honneur à tout faire à l'envers, parler, marcher ou penser.

Hsueh reprit son chemin d'un pas aérien, aussi léger qu'une ombre. Ah, de quoi tester son adresse. Un énorme chien attaché à un pieu gardait une tente près d'un feu mourant. A l'époque où il arpentait la route de la Soie, Hsueh s'était entraîné à marcher sans bruit au point d'enjamber un chien sans que ce dernier l'entende ni le voie.

Il n'était qu'à vingt pas du chien. Il attendit d'avoir saisi le rythme de la respiration de l'animal. Au moment d'expirer, n'importe qui, homme ou bête, est légèrement moins apte à entendre les autres bruits. Hsueh calcula ; il avançait lorsque le chien expirait, et s'arrêtait lorsqu'il inspirait. Tout en épousant lui-même le rythme respiratoire de l'animal, bien sûr. C'était comme une transe, une méditation, un mouvement idéal du plus petit incrément. Il parvint à quinze pas du chien. Il crut voir bouger les oreilles de l'animal. Il fallait aussi faire taire les battements de son propre cœur. Le chien se détendit et reprit son souffle. Parfait. Hsueh en profita pour gagner quelques pas.

Lorsqu'une chose, un gros singe peut-être, lui sauta sur le dos et planta ses griffes dans ses épaules, Hsueh laissa échapper un hoquet de surprise et avança de quelques pas vacillants. Le chien tourna la tête, mais n'aboya pas. D'un geste vif, Hsueh agrippa la bestiole qui lui avait sauté dessus : il sentit un petit corps osseux... et humain. Il lui maintint fermement les deux bras pour se protéger d'une arme éventuelle.

Il entendit un rire rauque. Le chien bondit, arrêté par sa corde juste sous le nez de Hsueh, assez près pour l'attaquer, fixa de ses yeux rageurs l'être qui était sur le dos du lama, et attendit son ordre.

Une voix de femme, grave et mélodieuse, lui parla dans un charabia incompréhensif et le chien s'assit. Hsueh était tellement abasourdi qu'il lâcha prise. L'inconnue glissa de son dos. Hsueh se retourna.

Qui qu'elle fût, sa tête arrivait à peine au sternum du lama. Il ne faisait pas encore assez jour pour qu'il la distingue avec netteté. Elle rit à gorge déployée en se frappant sur les cuisses. Elle dégageait une odeur qui lui rappela celle de la mousse et du bois pourri ; à croire qu'elle avait dormi dans une tanière, sous une souche.

Hsueh se redressa et reprit sa taille normale.

— Madame, dit-il, vous avez de la chance que je ne vous aie pas brisé le cou.

— Pourquoi ne pas l'avoir fait ? demanda-t-elle, moqueuse.

Eh oui, pourquoi ? Il s'était retenu au dernier moment sans s'en rendre compte. Avec la rapidité d'un cobra, il avait autrefois tué des imprudents qui lui avaient à peine effleuré le bras.

— Je vais te le dire, fit-elle. C'est parce que tu as une faiblesse. Tu t'interdis de meurtrir la chair féminine. Ta chair masculine vit sa propre vie. Tu crois que la chair obéit à l'esprit. Ha ! C'est là que tu te goures. C'est tout le contraire ! Ta chair mène ton esprit à sa guise ! Ta chair mâle a senti la chair femelle avant même que je te touche ! Ha ! C'est toi qui as de la chance ! J'aurais pu te trancher la gorge !

— Oh, ça m'étonnerait fort, madame, rétorqua Hsueh, qui soupçonnait néanmoins qu'elle avait raison.

Elle s'approcha à portée de main.

— Tu empestes son odeur, dit-elle. J'en suis affreusement jalouse.

— Je vous demande pardon ?

— Et celle de l'autre aussi. Tu empestes leurs odeurs. Je devrais aller leur briser la nuque ; comme ça, tu m'appartiendrais. Ha !

— Je n'en crois rien.

Elle s'approcha encore. Elle le touchait presque : relents de fumée, de feuilles pourries, de terreau. C'était grotesque ; il sentit l'excitation gagner son bas-ventre. Il songea à la plaquer au sol et à la prendre. Une étreinte si rapide qu'elle ne comprendrait pas ce qui lui arrivait. Lui trancher la gorge, tu parles ! Le chien laissa échapper un gémissement inquiet.

— Oui, fit-elle, la chair de femme. C'est l'essence du problème. Pour elle comme pour toi.

Hsueh attendit. La chair de femme était un sujet qui revenait souvent dans les conversations du palais. La chair féminine de l'impératrice, pour être précis, le seul obstacle à son pouvoir absolu.

— La chair femelle est aussi la réponse, dit-elle en saisissant son membre d'un geste impudent qui le fit sursauter. Ha! Ton serpent réagit! Ha! Qu'est-ce que je te disais!

Il lui attrapa le poignet. Il sentit ses os, aussi frêles que ceux d'un oiseau. Il aurait pu les briser d'une seule main. Elle éclata de rire.

— Dix mille fois dix mille charlatans, aussi puants que des singes, ne lui apporteront pas de réponse. Moi, je peux. C'est pas donné à tout le monde d'avoir le courage de faire ce qu'il faut faire. Elle, elle osera. Sa mère aussi... Je lui ai déjà fourni la réponse, reprit-elle après une pause. Elle sait, désormais... Toi aussi, tu sais. Tu sais parfaitement de quoi je parle. Mais je ne suis pas sûre que tu aies le courage!

— Tu ne sais même pas, toi-même, de quoi tu parles. Tu divagues.

— La chair femelle, souffla-t-elle. Un mouton à deux pattes. Ton impératrice sait déjà qu'une fillette de plus ou de moins ne changera pas la face du monde!

Hsueh lâcha le poignet de la femme et recula en la repoussant. Oui, il connaissait ce remède rarissime dont on ne parlait qu'à mi-voix... le remède contre la mort. Il avait entendu murmurer que de riches vieillards payaient des sommes colossales pour qu'on leur prépare ce mets délicat. Il pensa aux dents blanches de l'impératrice. Combien de fois l'avait-il vue déchiqueter un oiseau avec ses dents de fauve?

— Comment cela, tu lui as fourni la réponse?

— Je lui ai rendu une petite visite. Après ton départ, la nuit dernière.

— Tu es aussi folle qu'impudente. Je te ferai jeter hors du parc. Tu n'es ici que parce que je le veux bien.

— Tu ferais mieux d'aller voir.

Sur ces mots, elle jeta quelques broussailles dans son feu. Les flammes jaillirent et il vit son visage. Une vieille harpie, la peau aussi ridée que le lit d'une rivière, édentée, la bouche tordue par le rire. Il resta pantois. Elle avait une voix de jeune fille. La voix d'une jeune et jolie fille.

Elle lui sourit. Dans sa bouche, son unique dent, éclairée par le feu, semblait lui faire un clin d'œil.

— Va lui dire que ton serpent s'est durci pour une vieille peau ! Tu verras comme ça va lui plaire !

Elle éclata de rire en se tapant sur les cuisses.

L'aube grise se profilait à l'horizon lorsque Hsueh se hissa en haut du mur d'enceinte du palais de l'impératrice. Le jardin intérieur qui jouxtait ses quartiers formait un labyrinthe. Hsueh y trouvait son chemin sans mal car il l'avait dessiné lui-même : c'était un mandala qui représentait Jampudvipa, le royaume bouddhiste mythique du centre de l'univers. Le symbolisme avait flatté l'impératrice, et ses innombrables culs-de-sac forçaient les intrus à tourner en rond jusqu'à épuisement. Il y avait même des trappes bien placées dans lesquelles les visiteurs importuns tombaient et se plantaient sur des pieux pointus. Primitif, certes, mais efficace. L'impératrice en était enchantée.

Le jour pointait. Hsueh voyait bien, à présent. Il renifla l'air. Il crut déceler... des fumées de cuisson. Il avança en comptant ses pas, visualisa le labyrinthe qu'il avait conçu et que des jardiniers et maçons impériaux avaient créé en une nuit pendant que l'impératrice s'était absentée le temps d'une visite à sa mère.

Après vingt pas, il posa le pied par terre, mais quelque chose l'empêcha d'y appuyer tout son poids. Il se recula, se pencha et balaya de sa main l'endroit où le pied s'était posé. Sa main ne rencontra que le vide.

Il inspira profondément et ferma les yeux. Il n'avait pas toute sa concentration. Ou bien elle avait changé la disposition du jardin.

L'odeur de cuisson devint plus prégnante. Redoublant d'attention, il se fraya un chemin dans le labyrinthe.

Il entendait désormais leurs voix. L'impératrice et sa mère bavardaient en riant. Elles se croyaient seules. Hsueh se hissa en haut du dernier mur et tendit l'oreille.

— ... quel imbécile. Il te vénère. Je t'imagine parfois en train de lancer un bâton qu'il va chercher en courant, ses robes flottant au vent.

C'était la voix de l'impératrice. Hsueh était l'un des rares à faire la différence. Elle parlait de Shu, sans aucun doute.

— C'est mon petit toutou. Il s'assiérait sur mes genoux et me laisserait lui gratter le menton si je le lui demandais.

— Et ça le ferait bander comme un cochon.
— Je t'en prie. Tu blesses ma sensibilité.
Elles s'esclaffèrent.

— Ils se détestent. (Encore la voix de l'impératrice.) On devrait peut-être les empêcher de se voir.

— Non, c'est amusant d'observer leurs querelles.

Il y eut un court silence pendant lequel Hsueh entendit une chaise racler le dallage. Les deux femmes changeaient de place. Elles entretenaient un feu et faisaient cuire quelque mets. Hsueh vit la fumée et entendit des grésillements.

— Aucun homme n'égale le lama Hsueh, déclara l'impératrice. Nous ne devrions pas rire à ses dépens.

Ah, voilà qui est mieux, songea le lama. Je devrais peut-être les écouter plus souvent.

— Il m'a presque brisée en deux la nuit dernière,

reprit l'impératrice, la bouche pleine. J'en ai encore mal partout.

Les deux femmes éclatèrent de rire.

Hsueh sauta du mur et atterrit sur le dallage.

Les deux femmes le regardèrent, à peine surprises. L'impératrice était vêtue de sa robe de chambre, sans maquillage, ses longs cheveux noirs tirés dans une tresse lâche. Comme toujours, Dame Yang était habillée et coiffée avec soin. L'impératrice était accroupie au-dessus d'un feu creusé dans la terre. Elle tenait à la main une assiette dans laquelle Hsueh distingua de petits morceaux de viande. D'autres morceaux grillaient sur des brochettes de saule.

— Tiens, lama Hsueh. Nous parlions justement de vous.

Il s'approcha sans un mot, lui prit l'assiette des mains et choisit un morceau de viande. La chair était désossée. Il renifla, examina la viande, puis dévisagea l'impératrice.

— Qu'est-ce que c'est? demanda-t-il.
— Serais-tu devenu fou? se fâcha l'impératrice.
— Je vous en prie, dites-moi ce que c'est.
— Mon fils apprend à tirer à l'arc, si tu veux savoir. Il a tué un cochon sauvage et me l'a apporté en cadeau.
— Pourquoi le cuire ici? Et comme ça?

L'impératrice prit un morceau de viande entre ses doigts et l'enfourna.

— Pourquoi pas? Il y a des feux à travers tout le parc impérial. Ça m'a inspirée. C'est agréable de faire les choses soi-même, sans l'aide de personne.

Hsueh la regarda mastiquer et avaler la viande. Dame Yang souriait.

— Où sont les os? demanda Hsueh.
— Je l'ignore, répondit Wu avec impatience. Demande à mon fils.

— Lequel ?

Trois de ses fils étaient encore en vie, tous très jeunes, y compris le petit « empereur » Chui-tsung, qui vivait séquestré.

— Je ne vois pas pourquoi je répondrais à tes questions. C'est un cadeau. Qu'as-tu besoin de savoir de plus ?

Hsueh rassembla toute sa patience.

— Mon impératrice, c'est évident... on pourrait vous... faire du mal.

L'impératrice renversa la tête en arrière et rit.

— Du mal ? A moi ? Je croyais que j'étais un être divin.

— Les êtres divins dans leur enveloppe terrestre sont soumis aux lois de la chair, mon impératrice. Vous devez le savoir. C'est la raison pour laquelle nous avons fait venir des quatre coins de l'empire des magiciens, des sorciers et des devins. Dix mille fois dix mille singes, vous vous rappelez ?

— Oh, lama, soupira-t-elle en plongeant ses yeux dans ceux de Hsueh, tu as escaladé un mur pour me rejoindre. (Elle lui prit la main, se la plaqua sur la poitrine et la promena sur son corps.) La viande sauvage grillée en plein air me donne... de l'appétit.

Il examina la viande sur l'assiette de l'impératrice. Il lui suffisait de la goûter et il saurait. Il connaissait parfaitement le goût de la chair humaine car il en avait mangé lui-même longtemps auparavant, au cours d'un voyage, pendant une cérémonie initiatique secrète. Quiconque mangeait de la chair humaine devenait membre d'une confrérie secrète, qu'il le sache ou pas. Or Hsueh désirait savoir si l'impératrice et sa mère avaient rejoint cette confrérie. Ou si une vieille folle s'était moquée de lui. Une vieille folle dotée de pouvoirs qui rivalisaient avec les siens, songea Hsueh en se rappelant comment elle l'avait pris par surprise.

L'impératrice lui offrit sa bouche. Il pensa aux petits morceaux de chair qui étaient sans doute restés coincés entre ses dents et s'aperçut que cela ne changeait rien à sa puissante et subite excitation. Il se rendit compte que Dame Yang s'éloignait en silence afin de les laisser seuls.

Il posa l'assiette. La question n'exigeait pas de réponse immédiate.

9

Magistrat Ti Jen-chieh, nous avons des obligations envers les morts. Qui sont-ils, après tout, sinon d'autres nous-mêmes ? Nous ignorons s'ils voient, s'ils ressentent des émotions, mais nous devons les traiter comme si c'était le cas. Ils seront plus heureux s'ils ne sont pas confinés dans le noir.

Votre amie,
Dame Djamal

Ti était arrivé à un carrefour. Il retourna la lettre et examina le plan, tracé à l'encre rouge foncé. Du papier émanait le même parfum que de la soie qui enveloppait les jarres. Ti leva les yeux et regarda devant lui : un bâtiment de quatre étages, avec un toit jaune incurvé à un coin, une boutique ornée d'un auvent rouge à l'autre, exactement comme l'indiquait la carte. Au bout de la rue, un marché noir de monde. Parfait.

Il s'engouffra dans la rue commerçante. C'était comme s'il venait de franchir une frontière et qu'il se retrouvait dans un autre pays : les gens qu'il croisait avaient les grands yeux ronds et noirs des Indiens. Des yeux persans, comme ceux de la servante. Certains avaient d'étonnants yeux gris ou verts. Les yeux l'observaient, parfois avec un intérêt non déguisé, parfois furtivement.

Il passa devant un étal où un homme vendait de la verrerie persane ; il vit des répliques miniatures des jarres qu'on lui avait envoyées. Elles étaient d'un magnifique vert foncé qui miroitait au soleil.

Avec l'aide de la servante, Ti avait transféré les têtes dans les jarres en verre. Il l'avait fait pour la même raison qu'il lui avait permis de terminer ses incantations : gagner sa confiance et s'attacher sa complicité, et non parce qu'il croyait que les morts en seraient plus heureux. Il aurait préféré que les têtes restent dans les jarres opaques, les couvercles soigneusement fermés.

L'exercice avait été particulièrement désagréable ; il avait nécessité une bonne dose d'organisation et, afin de maintenir un certain décorum, Ti n'avait pu éviter de manipuler les têtes. Une fois celles-ci transférées, le résultat ne l'avait pas réjoui. Puisque les têtes devaient voir le dehors, il s'ensuivait que Ti voyait le dedans. Il avait vivement recouvert les jarres de la soie brodée. Il préférait ne pas penser à la réaction de l'aubergiste si elle venait fureter dans ses appartements, mais il avait désormais l'appui de la jeune Persane. Elle lui avait promis de veiller à ce que personne n'entre chez lui.

« Vous connaissez, j'en suis sûr, la personne qui m'a envoyé les jarres, avait dit Ti.

— En effet, avait répondu la servante.

— C'est donc par vous que cette personne a appris que j'étais en possession des têtes.

— Je le lui ai dit, c'est vrai, mais elle le savait déjà.

— Vraiment ?

— Enfin, elle ne savait pas qu'elles étaient dans vos appartements, elle savait juste que vous les aviez. Elle a su que vous étiez à Canton dès votre arrivée ici.

— Vous lui avez dit ?

— En fait, c'est elle qui m'a appris qui vous étiez.

— Je ne suis pas sûr de comprendre.

— Elle vous expliquera elle-même. Les jarres sont un peu comme son invitation. Elle serait ravie de vous rencontrer. Retournez la lettre. »

Bien sûr, il avait déjà vu le plan. Après sa conversation avec la servante, il avait compris qu'il s'agissait d'une invitation... envoyée par « une femme » qui le connaissait et... plus important, qui risquait d'avoir des informations sur les meurtres.

Un peu plus bas, l'éclat de l'or accrocha son œil. Un homme enturbanné aux dents d'un blanc éclatant campait derrière un étal de bijoux. Il était souriant et débonnaire, mais un long poignard incurvé pendait à sa taille et Ti se dit qu'il valait mieux éviter de mettre sa dextérité à l'épreuve. L'inspiration lui vint : un bijou pour sa fille. Il avait suffisamment d'argent sur lui — pour un objet modeste, en tout cas —, bien caché dans son vêtement légèrement élimé. L'eunuque avait refusé de se laisser soudoyer, mais cela ne signifiait pas que tous les habitants de cette ville auraient les mêmes scrupules.

Ti examina l'étalage. Que choisir ? Un bijou que sa fille chérirait, enfant, et porterait plus tard, lorsqu'elle serait grande. Une broche, peut-être. Oui, quelque chose de petit. Il vit des fleurs, des serpents, des feuilles et des insectes en or. Une minuscule libellule avec des ailes en or martelé. L'homme l'observait.

— C'est pour une dame ? s'enquit-il avec un accent mélodieux.

— Oui, acquiesça Ti, pour une dame.

— Celui-ci, dit le marchand d'un ton irrévocable en lui tendant la libellule.

— Oui, celui-ci, approuva Ti. J'espère avoir assez d'argent.

Mais l'homme enveloppait déjà la libellule dans un morceau de soie.

— Vous avez assez, assura-t-il.

Ti sortit son argent ; l'homme préleva dans sa main une somme ridicule et lui remit le paquet. Ti ouvrit la bouche, croyant à une erreur, due au fait que le marchand avait mal estimé la valeur des pièces, mais le Persan se pencha à son oreille. Il sentait l'huile parfumée, ses lèvres étaient d'un rouge qui respirait la santé, et les poils de sa barbe noirs et bouclés.

— Pour votre dame, murmura-t-il. La libellule vole pendant la saison des amours et rejoint son compagnon pour l'accouplement.

— Oui, fit Ti. Oui, bien sûr.

Il se recula d'un pas, rougissant, et rangea la libellule dans sa manche.

Sa fille lui avait souvent dit qu'elle n'avait pas l'intention de se marier. « Je resterai avec vous, père, lui avait-elle assuré lorsqu'elle n'avait pas plus de cinq ans. Vous serez mon époux. » Ti avait souri avec indulgence. « Tu changeras d'avis », lui avait-il répondu. Mais il avait imaginé en secret une image plus agréable : il se voyait en vieillard vivre paisiblement avec sa fille devenue grande, et ses vieux jours s'écoulaient dans l'harmonie et la tranquillité. Un fantasme égoïste et irréaliste, mais combien agréable ! Il y repensa en glissant la libellule dans sa manche, et son cadeau prit une connotation singulière. Il s'interrogea : sa fille avait-elle déjà vu des libellules s'accoupler ? Enfant, Ti avait regardé avec beaucoup d'intérêt des animaux copuler. Des chats, des chiens, un taureau et une vache. Les petites filles s'intéressaient-elles à ces choses ? Ti l'ignorait.

Les étalages de fruits étaient luxuriants. Ti parvint devant une pyramide de pêches mûres sur un stand gardé par une femme. Lorsqu'elle vit Ti, elle lui en tendit une en souriant. Il regarda tour à tour la pêche et la femme. Elle avait de grands yeux ronds et noirs aux lourdes paupières. Elle présentait la pêche dans sa paume, de sorte que la surface lisse et convexe était visible, la peau dorée et légèrement duveteuse, les deux rondeurs jumelles, fendues d'une profonde fissure, brillaient d'un rose délicat. Ti s'empourpra de nouveau. Il rendit son sourire à la marchande et, incapable de résister bien qu'il n'eût pas faim, il prit la pêche. Lorsqu'il voulut payer, la femme refusa sa pièce. Elle se contenta de lui sourire en lui faisant signe de poursuivre sa route.

Ah, ces yeux ! Ils lui faisaient irrémédiablement penser à des yeux de courtisanes. Des regards languides, pleins de savoir tacite et de suggestions, qui l'évaluaient et en savaient davantage sur lui que lui-même.

Il rangea la pêche dans sa manche avec la libellule, sous le regard de deux jeunes femmes et d'une vieille de l'étal voisin qui semblaient lire dans ses pensées. Avec force sourires et gloussements, elles lui présentèrent des melons, des bananes et de longues aubergines. Il passa devant l'étal sans s'arrêter et poursuivit sa route dans la rue commerçante bruyante et pleine de monde, flottant sur un petit nuage de plaisir et de gêne. Il sentait à ses côtés l'ombre désapprobatrice de sa mère chercher à l'éloigner de ces femmes. Des Persanes, qui plus était.

Ne vous inquiétez pas, mère, c'est uniquement pour mon enquête.

Il sortit le plan. Tout droit et au bout de la rue, une pagode. Parfait, il était dans la bonne direction. En approchant, il entendit des bruits de basse-cour. Un enclos entourait la pagode et un obèse était confortablement assis sur une pile de tapis, son énorme ventre pendant sur ses genoux tel un tablier. Il berçait dans ses bras un grand coq aux couleurs éclatantes. Il sourit à Ti et lui fit signe d'approcher. Ti crut un instant que l'obèse le prenait pour un autre, mais l'homme insista, comme s'il le connaissait depuis toujours.

— Venez voir mon petit chéri, dit l'obèse.

La pagode avait perdu son usage originel et abritait désormais une basse-cour : il y avait des ânes, un grand cheval, des poules et des paons. Ti sourit poliment à l'homme et s'approcha. Le coq, qui gisait sur le dos dans ses bras, les pattes jaunes en l'air, le cou tendu, pointait sa tête à droite et à gauche et observait les alentours de ses yeux étincelants.

Ti dut admettre que c'était un beau spécimen. Ses plumes étaient magnifiques, sa crête et ses caroncules, d'un rouge vif, étaient charnues et plus longues et plus compliquées que celles de tous les coqs qu'il avait vus.

— Tchic, tchic, tchic, fit l'obèse en chatouillant la crête du coq. Tchic, tchic, tchic.

Il caressa les longues caroncules de la volaille, les roula avec amour entre ses doigts tout en flattant les plumes. Le coq se calma et, les pattes en l'air, parut regarder au loin, comme perdu dans ses pensées.

— Tchic, tchic, fredonna l'homme.

Le coq dressa soudain le cou et poussa un cocorico assourdissant qui fit sursauter Ti et arracha à l'obèse un rire ravi. Les gros doigts boudinés cherchèrent de nouveau les caroncules, et Ti détourna les yeux, gêné.

— C'est mon gros chéri, dit l'obèse en hochant la tête d'un air incrédule. Avez-vous jamais vu un chéri pareil ? Tchic, tchic, tchic.

— Il est magnifique, admit Ti.

— Tous mes chéris sont magnifiques.

Les ânes, qui avaient passé leur museau au-dessus de la rambarde, observaient Ti, les oreilles pointées. Ti s'avança vers eux en souriant. Les ânes émirent des soupirs et des grognements, dans l'espoir évident qu'il leur apportait une gâterie. Alerté par le remue-ménage, le cheval s'approcha et, après avoir exercé son autorité en menaçant les ânes de ses dents jaunes, les chassa de la rambarde.

Ti sortit la pêche de sa manche et la présenta sur sa paume. Le cheval saisit le fruit avec une telle précision que Ti ne sentit que la caresse de ses douces lèvres veloutées. Un souvenir surgit à son insu : le moment où, pendant la nuit qu'il avait passée avec la courtisane lorsqu'il avait quinze ans, elle lui avait guidé la main vers une partie de son anatomie qu'il n'avait jamais explorée chez aucune femme.

La caresse érotique des lèvres du cheval incita Ti à retirer sa main. Il recula et, au moment de partir, s'aperçut que le cheval était en rut ; son organe violacé pendait presque jusqu'au sol.

Comment avait-elle eu le parfum de l'impératrice ? se demanda Ti en reniflant ses mains. Le jour filtrait par les stores épais. Il avait mal à la tête et sa gorge était desséchée. Son corps moite collait aux draps de soie ; il changea de position avec précaution et osa couler un œil de l'autre côté du gigantesque lit.

Elle n'était plus là.

Mais à peine avait-il froissé les draps qu'un serviteur se matérialisa à côté du lit, un plateau à la main. C'était un Persan imberbe et enturbanné. Ti se demanda si le jeune homme n'était pas déjà dans la pièce avant son réveil. Peut-être même était-il resté dans l'ombre toute la nuit.

Les gravures qu'elle lui avait montrées, les miniatures aux couleurs éclatantes d'hommes et de femmes se prélassant dans l'herbe de jardins idylliques, sous un ciel bleu, comprenaient parfois un domestique qui servait des mets délicats ou, dans une gravure particulière, guidait l'organe de l'homme, comme Ti avait vu faire certains éleveurs lorsque l'étalon manquait d'expérience. Oh, personne ne les avait assistés la nuit précédente, mais Ti avait la nette impression que le jeune Persan avait été présent, dans l'ombre, dressé depuis sa naissance à ne pas avoir de désirs propres, à n'exister que s'il y était invité.

Ti s'assit sur le lit. Il n'osa pas essayer de parler avant d'avoir bu une gorgée de thé chaud.

— Bonjour, dit-il ensuite.

Le jeune homme ne répondit pas, mais, terrifié qu'on lui adresse la parole, battit en retraite dans l'ombre. Quel imbécile je fais ! se dit Ti. J'enfreins le protocole. D'ailleurs, il ne parle sans doute pas chinois. Ti poussa un soupir et s'allongea, la tête calée sur les oreillers. La nuit avait été longue, c'était une de ces nuits qui changent à jamais le cours des choses. Il médita sur la facilité avec laquelle on pouvait passer d'une vie à une autre, presque accidentellement, et il pensa à Hsueh Huai-i. Combien de fois avait-il imaginé le lama couché dans des draps de soie, des relents du parfum de l'impératrice se dégageant de sa peau nue comme autant de péchés ? Ti contempla son propre corps, nu sous la couverture, et se dit qu'il serait dorénavant capable de comprendre ce qui était arrivé à Hsueh.

Après que Ti eut quitté la rue commerçante, le plan lui avait précisé de compter ses pas et de chercher la « source de toute vie ». Ensuite, le plan restait muet. Ti avait compté et s'était retrouvé dans un petit parc, sous un vieil arbre énorme dont les branches descendaient jusqu'au sol et remontaient, semblables à des défenses d'éléphant. A des défenses d'éléphant ou... l'angle de la courbe avait fortement suggéré autre chose à l'esprit émoustillé de Ti. Il n'avait pu s'empêcher de rire. C'était une chasse réellement intrigante. Il avait alors aperçu le ruban de soie jaune sur une brindille du vieil arbre.

Il avait réfléchi. Devait-il attendre quelqu'un ? Non,

sans doute pas. Il avait la nette impression d'être mis au défi par une logique féminine. Il ne devait pas chercher d'indices concrets susceptibles de le mener à l'indice suivant ; il devait se mettre dans un état d'esprit réceptif et se laisser guider par son instinct. Il s'était donc détendu et avait attendu l'inspiration.

Le parc était dessiné avec un goût exquis, une Perse miniature, certainement. Des parfums sucrés s'élevaient des plantes. Des odeurs d'épices étrangères. Les plantes provenaient sans doute de pays lointains. Ti ferma les yeux et respira les parfums. Cela éveilla en lui un souvenir qui ne réussit pas à parvenir jusqu'à sa conscience. Mais il se sentait comme un jeune animal en rut. Il ouvrit les yeux. A sa droite, un sentier coupait à travers un épais bosquet triangulaire. Cela semblait trop facile. Il l'emprunta.

Le sentier fit place à une allée de pavés bleus. Ti s'aperçut qu'il n'avait pas croisé âme qui vive, persane ou chinoise, depuis qu'il avait quitté la rue commerçante. Le parc était désert et serein, comme le jardin privé d'une dame. Ti eut alors la certitude d'être épié. Il avait entendu parler des femmes des pays musulmans, voilées et séquestrées derrière des paravents aux sculptures délicates. Il devinait leurs visages mouchetés d'ombres, leurs yeux scrutant le monde depuis leurs prisons dorées.

Il ne s'était pas trompé. C'était bien le jardin d'une dame, même si ce n'était pas tout à fait son jardin privé. Celui-là, il devait le voir plus tard. L'allée pavée de bleu l'avait mené à un haut portail ouvragé sur les grilles duquel était attaché un ruban jaune. Le portail n'était pas fermé. Il avait suffi que Ti le pousse pour qu'il s'ouvre en grand.

Allongé dans le lit gigantesque, son mal de tête atténué par le thé chaud, Ti se demanda si c'était encore le matin ou s'il avait dormi jusqu'à l'après-midi. Mécontent d'avoir laissé les têtes seules à l'auberge, il s'assit et rejeta les couvertures. Avant que ses pieds ne touchent le sol, il fut surpris de voir reparaître le domestique avec un bol d'eau chaude, un linge pour se laver, un autre pour se sécher, et un choix de vêtements. Sa robe élimée, qu'il avait choisie exprès pour son manque de grandeur, était désormais repassée et pliée comme si elle appartenait à un empereur. Il y avait aussi une autre robe : une soie bleu paon scintillante et brodée d'or. Exactement comme celle que sa mère avait choisie pour lui et qu'il avait jugée trop ostentatoire. Certainement trop arrogante pour porter ce matin, se dit-il, en reprenant son vieil habit qu'il avait abandonné en tas, sur le tapis, la veille au soir. Il s'imagina avouant à sa mère qu'elle avait le même goût que la Persane.

Il trempa le linge dans l'eau chaude, tourna le dos au domestique pour faire vivement ses ablutions, lava le parfum de la Persane pendant que des images de ses épouses et de sa mère lui traversaient l'esprit. Il avait de plus en plus de mal à se souvenir du visage de ses épouses. Cependant, celui de sa mère était, si possible, plus présent que jamais. Laver et sécher son corps encore endolori menaça de l'embarrasser. Il se hâta d'enfiler sa robe avant de se retourner vers le domestique.

Le jeune homme lui fit traverser des pièces désertes et le conduisit à la porte d'entrée. Ti se demanda si c'était un eunuque. Oui, certainement, même s'il était moins compétent pour en juger car le domestique n'était pas chinois. Elle lui avait dit la veille que la Perse avait eu des eunuques longtemps avant la Chine. Ti essaya d'imaginer un eunuque regardant un couple faire l'amour. Il se dit alors que c'était une scène qui s'était répétée des milliers de fois depuis des siècles. Certains y assistent parce que, comme ce jeune homme, ce sont des domestiques et qu'ils n'ont pas le choix. D'autres, comme son gros ami du ministère des Ports et de la Navigation, renversent les rôles : les maîtres se délectent sans doute pendant que de jeunes serviteurs restés intacts se livrent aux ébats amoureux sous leurs yeux gourmands. Les eunuques sont sans doute parmi les êtres les plus grivois. Des souvenirs inopinés de la nuit provoquèrent des frissons dans le bas-ventre du juge. Avec la femme, ils avaient sans doute étendu les connaissances du jeune serviteur, qui lui tendait sa toque en s'inclinant avec respect.

Lorsque Ti mit sa toque, une note en tomba. Il sourit. L'une des histoires qu'il avait racontées à la Persane pendant la nuit concernait un morceau de papier qui était tombé d'une sculpture érotique indienne et sur lequel était écrit un poème sur les apsaras, qui l'avait encore plus excité, avait-il confié, que les scènes gravées sur l'objet.

Il sortit. Il n'était pas aussi tard qu'il l'avait craint ; à la position du soleil, il estima qu'il n'était pas tout à fait midi. Il déplia le papier. C'était la même encre rougeâtre que sur le plan qui l'avait amené chez la Persane, le même parfum, qui lui causa aussitôt un grand émoi. Les émotions liées à ce parfum s'étaient singulièrement compliquées au cours de la nuit : jusqu'à la veille, le parfum n'évoquait que l'impératrice et provoquait en lui des crampes d'estomac et des fourmillements dans les doigts.

Le parfum évoquait toujours l'impératrice, mais également une autre femme, et son trouble en devenait moins viscéral. La volupté et la crainte se mêlaient désormais, chacune décuplant l'intensité de l'autre, de sorte qu'il vacilla un instant et ferma les yeux. Il lut alors la lettre :

Magistrat Ti Jen-chieh,
quoi que nous fassions, nous ne le faisons pas unique-

ment pour nous, mais aussi pour les morts qui contemplent le monde d'un œil affamé, envieux du moindre geste. Si, lorsque nous chassons une mouche, nous baissons pour chausser un soulier, ou soufflons sur une tasse de thé, nous attisons chez les morts une profonde mélancolie, que doivent-ils ressentir lorsque nous faisons l'amour? C'est pourquoi nous devons toujours laisser dans notre esprit une petite fenêtre pour les morts.

Ti ressentait, croyait-il, la même chose que ses fils lorsqu'ils rentraient à la maison après plusieurs jours d'absence inexpliquée. L'auberge était déserte et silencieuse; Ti avait l'impression que la propriétaire, au lit dans sa chambre, écoutait le plancher craquer et les pas furtifs dans l'escalier. Exactement comme lui, autrefois. Ah, combien de fois s'était-il figé, immobile et discret, lorsque ses fils rentraient, priant pour qu'*ils* ne *l*'entendent pas!

C'était absurde, bien sûr. Ses enquêtes le retenaient souvent dehors toute la nuit, et la façon dont il passait le temps ne regardait pas l'aubergiste. Ses épouses et sa mère étaient loin, très loin. Cependant, il n'avait envie de voir personne. Et il était sûr que les stigmates de la nuit se voyaient sur son visage comme le nez au milieu de la figure.

Lorsqu'il parvint en haut des marches, il s'aperçut à quel point il était fatigué. Il allait profiter du calme de la maison. Il verrouillerait sa porte, fermerait les stores, se boucherait les oreilles avec des morceaux d'étoffe et s'abandonnerait au sommeil dans le grand lit confortable.

Il ouvrit la porte. L'appartement était propre et en ordre. On avait balayé par terre, ses papiers et ses vêtements étaient toujours à l'endroit où il les avait laissés. Le soleil entrait par la fenêtre et inondait la pièce.

Et les jarres, ces fenêtres pour les morts, qu'il avait alignées sur sa table de travail, avaient disparu.

Entrouvrant sa porte juste assez pour qu'il voie son visage, l'aubergiste le considérait d'un air impassible.

— La jeune Persane a été renvoyée, annonça-t-elle.
— Puis-je savoir pourquoi ?
— Elle n'était pas propre.
— Je ne comprends pas.
— Elle sentait mauvais.

Ti, qui devait encore se laver et se changer, recula d'un pas.

— Je n'avais pas remarqué d'odeur particulière, dit-il.
— Vous n'êtes pas une femme.

Ti plaqua ses bras le long de son corps, espérant minimiser les effluves corporels émanant de sa personne.

— Sentait-elle mauvais lorsque vous l'avez engagée ?
— Pas autant que les derniers temps.
— Ainsi, elle ne reviendra plus ?
— Je n'engagerai plus jamais de Persanes.
— Ah, je vois.

La porte s'était légèrement refermée, de sorte que Ti ne voyait plus que la moitié du visage de l'aubergiste.

— Je ne peux me permettre, maître Ti. Je suis tolérante, mais il y a dans cette ville des choses... malsaines.
— Ah.

Ti ne distinguait plus qu'un œil et un bout de nez.

— Désolé de vous importuner. Quand a-t-elle quitté cette auberge ?
— Vous devriez le savoir, monsieur le juge, répondit la femme, et elle referma sa porte.

Quel imbécile je fais! se dit Ti en traversant le marché persan d'un pas rapide. C'est ce qu'ils doivent penser, eux aussi.

Il se sentait observé, par ceux-là mêmes qui l'avaient surveillé la veille et encore ce matin, il y avait une heure à peine. Mais là où il avait perçu une amitié tacite et une camaraderie bienveillante, il ne remarquait que des regards en coin lourds de sous-entendus et des ricanements amusés. Reprends-toi, se chapitra-t-il. Elle a certes de l'influence, mais pas à ce point. De grands yeux ronds le dévisageaient. Il percevait des conversations à voix basse, murmurées avec l'accent mélodieux d'une langue étrangère. Le marché n'avait pas la même odeur qu'un marché chinois. Ti eut l'impression que sa mère et son aubergiste, perchées chacune sur une de ses épaules, lui soufflaient des reproches à l'oreille.

En sueur après sa marche rapide, encore vêtu de ses habits de la veille, il arriva au portail. Il était fermé et le ruban jaune avait disparu. Il empoigna les grilles à deux mains. Il comptait attendre, attirer peut-être l'attention d'un jardinier. Il avait envie de faire un esclandre, de se faire connaître. Il contempla à travers les grilles le jardin désert, où des colibris zébraient l'air tels des bijoux volants, et se dit que l'attente allait être longue. Tu es vraiment un imbécile, se dit-il, et il secoua les grilles.

A sa grande surprise, le portail tourna en silence sur ses gonds huilés.

La porte de la maison s'ouvrit de même à la première poussée. Aucun serviteur ne vint l'accueillir; le vestibule, avec son sol en marbre et ses plantes en pot, était désert et sombre. Il tendit l'oreille, n'entendit que les battements de son cœur et s'étonna que l'atmosphère de cette maison étrangère lui rappelle l'impression qu'il avait lorsqu'il rentrait chez lui.

Il perçut d'abord un bruissement de soie, une fraction de seconde avant sa voix et son parfum.

— Elles sont là, dit la voix.

— Et les el-ah-ray-rah ? demanda-t-il.

Il prit un gâteau délicat sur le plateau de la table en marbre, à côté de la petite fontaine du jardin clos. Il avait une faim de chien errant.

— Je ne m'en préoccupe pas.

Ils étaient assis face à face sur des coussins surélevés, guindés comme des dignitaires, séparés par la table en marbre.

— Votre nièce les craint. Je l'ai surprise un soir dans ma chambre.

— Je sais. Je l'avais incitée à pratiquer la cérémonie.

— Pourquoi ?

— Avant tout parce que je voulais avoir confirmation que vous gardiez les têtes dans vos appartements. Ensuite, pour étayer sa croyance et renforcer son sens du devoir afin qu'elle m'apporte les têtes. Et, bien sûr, pour découvrir quelle sorte d'homme vous étiez.

— Vous en aviez déjà un aperçu, apparemment. Votre nièce m'a certifié que vous étiez au courant de ma venue à Canton.

— Je l'étais bien avant votre arrivée. Vous n'avez pas choisi par hasard l'auberge où ma nièce travaillait.

Ti essaya de se remémorer les événements qui l'avaient conduit à choisir l'auberge. Il avait quitté le joyeux conducteur de char à bœufs avant de prendre le bac pour traverser le fleuve. Le bac était bondé. Le capitaine avait vertement réprimandé des garçons qui jouaient à faire tanguer le bac. Ti avait malencontreusement bousculé une vieille femme et s'en était excusé. Ayant remarqué son accent du Nord, elle lui avait demandé s'il était en voyage et s'il savait où se loger en ville. Comme il avait avoué ne rien connaître de Canton, elle lui avait dit qu'une parente à elle tenait une respectable auberge dans un charmant quartier bien desservi ; aimerait-il qu'elle lui indique le chemin ? Ti avait accepté avec joie et s'était rendu directement à l'auberge sitôt que le bac avait accosté sur l'autre rive.

— J'ignore, madame, je l'avoue, comment vous avez appris mon arrivée à Canton, sans parler du jour et de la manière.

Elle sourit.

— Réfléchissez mieux. Pensez à Ch'ang-an.

Ti leva les yeux de sa tasse de thé où les minuscules feuilles avaient accaparé son attention. Il vit un sourire qui ressemblait à celui de l'apsara sculptée dans le bois qu'il avait tenue dans sa main lors d'une enquête criminelle, et dont l'examen troublant avait failli lui coûter la vie. Il avait juré alors de ne plus jamais se laisser distraire. A l'époque, il n'avait fait qu'examiner une statuette en bois. Il avait fait bien pire depuis. La femme qui était en face de lui était faite de chair et d'os, il ne pouvait l'ignorer. L'empêchait-elle d'entendre, pour ainsi dire, le craquement du plancher derrière lui ?

— Lorsque vous avez quitté Ch'ang-an, à qui avez-vous parlé de votre voyage, votre famille mise à part ?

Ti réfléchit. Etait-ce possible ? L'adjoint de son assistant, un scribe, un jeune homme tranquille et instruit que ses services amenaient parfois dans le bureau de Ti et, en une occasion particulière, par un soir pluvieux, dans sa propre maison, porteur de papiers officiels, ce scribe était un Persan. Ah, Ti se rappelait enfin que sa mère avait dévisagé le jeune homme, un garçon charmant et inoffensif, lorsqu'elle lui avait ouvert la porte, comme si une hyène à l'haleine fétide cherchait à s'introduire chez elle. Ti s'était interposé avant qu'elle ne formule sa pensée, ce qu'elle faisait toujours de manière succincte.

— Est-ce que tous les Persans de l'empire de Chine vous rapportent ce qu'ils entendent et voient ? interrogea Ti.

La femme émit un rire délicieux.

— Pas exactement. Dans ce cas, je portais un intérêt particulier à l'affaire. Voyez-vous, monsieur le juge, je suis votre carrière depuis plusieurs années. Depuis votre glorieuse apparition aux débats Paï il y a cinq ans.

Les débats Paï ! Cette femme était extraordinaire !

— Vous m'excuserez, madame, mais en quoi une réunion de fonctionnaires confucianistes et de clercs bouddhistes pouvait-elle vous intéresser ?

Le sujet avait revêtu pour lui et pour chaque confucianiste de l'empire une importance capitale : est-ce que la communauté bouddhiste — qui semblait pour Ti, et pour tout confucianiste, croître aussi vite que les champignons à la saison des pluies — devait allégeance et loyauté au dharma ou à l'Etat, à la famille et à l'empire ? Comme la plupart des participants, Ti se préparait pour les débats depuis des années ; il vivait alors à Yang-chou, sur le Grand Canal, où il avait traîné certains célèbres abbés devant la justice pour leurs manœuvres frauduleuses. Au dernier moment, dans un parc de Lo-yang, il avait déchiré son exposé, résultat d'années de travail, et en avait dispersé les morceaux au fil de l'eau. Lorsque son tour était arrivé de parler devant un millier de bouddhistes et de confucianistes, il avait improvisé, plutôt bien avait-il jugé, en déclarant que s'il y avait d'authentiques pratiquants de la pure foi bouddhiste, c'était cependant un système de pensée étranger, venu d'un autre monde, et qui, transplanté en terre chinoise, risquait de donner d'étranges fruits hybrides. Les Chinois en tant que peuple avaient leurs propres faiblesses, avait-il souligné, et trop de criminels ou de mécréants cherchaient refuge dans les monastères, parmi les robes noires, sachant qu'ils y seraient en sécurité. La religion est bâtie sur la superstition, avait-il conclu, tandis que le gouvernement, malgré ses imperfections, s'appuie sur la raison et sur la loi.

Oui, Ti avait estimé que son discours était assez bon. Les confucianistes l'avaient vigoureusement applaudi. Le magistrat de Yang-chou avait parlé.

Toutefois, il n'avait pas été en mesure de rivaliser avec l'orateur suivant, qui devait conclure les débats. Hsüan Tsang, le moine lettré péripatéticien qui avait fait plusieurs voyages en Inde et en avait rapporté ses traductions des écrits bouddhistes, un personnage presque mythique, rendu translucide par l'âge mais doté d'une voix de stentor, qui semblait tirer son pouvoir des cieux eux-mêmes, avait presque soulevé le toit du grand hall avec ses exhortations aux fidèles. Ti se souvenait encore de l'impression d'horreur et de dégoût qu'il avait ressentie en quittant furtivement les lieux.

— Comment ne m'aurait-elle pas intéressée ? Je viens d'un monde où la religion oblige les femmes à se couvrir le visage aussi bien que le corps. Ici, dans mon pays adoptif, une femme est assise sur le trône. Vous comprendrez que je veuille m'assurer que tout le monde se montre loyal envers Wu Tse-tien.

Ti s'était promis de ne pas mentionner l'impératrice le premier. Après tout, c'était peut-être pure coïncidence si la jolie Persane portait le parfum de Wu. Mais le nom de l'impératrice, formulé par les lèvres délicates de la femme, provoqua un haut-le-cœur chez Ti. Il avala sa bouchée avec difficulté et attendit la suite.

— Moi aussi, reprit-elle, j'ai attendu les débats pendant des années. Je n'ai pas fait le voyage à Lo-yang, je n'en avais pas besoin. Je doute que vous ayez remarqué un visage persan parmi la foule qui vous écoutait. Mon cousin, un jeune homme très intelligent, m'a transcrit pratiquement chaque mot de chaque discours prononcé pendant les débats. Il m'envoyait son travail tous les jours par une poste privée. Chaque discours, le vôtre compris. (Elle fit une pause avant de réciter :) « Peu à peu, chaque âme, chaque esprit rationnel sera séduit. Séduit ! »

Ti dévisagea la femme, abasourdi d'entendre citer ses propres paroles, mot pour mot. Mais elle n'avait pas terminé. Elle le fixa d'un œil pénétrant et déclara, d'une voix aussi douce que celle avec laquelle il avait prononcé son discours dans le grand hall des débats Paï :

— « La superstition et la raison ne peuvent donc coucher dans le même lit. »

— Madame, dit-il, en baissant les yeux, incapable de soutenir son regard plus longtemps, je suis très flatté que mon discours ait laissé une telle impression sur vous. Mais il souffrait à l'évidence d'une déficience sérieuse. Vous connaissez, je n'en doute pas, l'issue des débats.

— Oh oui. Le clergé a gagné. Un vote qui devait être purement symbolique a été adressé au trône. Et le pauvre empereur Kao-tsung, miné par des années de maladie, l'a transformé en loi.

Miné par des années de maladie, en effet, songea Ti, et à peine deux ans avant sa mort, survenue à l'âge de quarante-huit ans, un impotent qui n'avait plus une goutte de vie dans les veines. Mené au tombeau par sa femme aimante, aussi sûrement que si elle avait glissé sa main sous ses côtes afin d'arrêter son cœur.

— Remercions le Ciel pour la prévoyance de l'impératrice, déclara la femme. (Ti jugea préférable de se taire et d'écouter avec attention.) Je me souviens que d'aucuns hochèrent la tête, incrédules, en disant que l'empereur Kao-tsung était fou. Pourquoi signer une telle loi, qui affaiblissait le gouvernement ? Sans l'impératrice, c'eût été un désastre. Elle voyait la lente propagation du bouddhisme, elle connaissait la faiblesse de son époux, son incapacité à affronter le danger. Elle savait qu'un jour elle devrait pallier ses défaillances. C'est pour cela qu'elle s'est convertie au bouddhisme, souffla la femme comme si elle confiait un secret. Elle savait que son mari allait bientôt mourir. Elle fit en sorte qu'il la nomme régente car le seul prétendant au trône était encore un enfant. Tous ses autres fils avaient connu une fin tragique, vous savez.

Ti resta sans voix. C'était proprement fascinant. Cette biographie idéalisée de l'impératrice ressemblait à un conte de fées.

— Comme, selon la législation, les bouddhistes ne devaient plus allégeance qu'au dharma, elle résolut le problème en incarnant la plus haute autorité bouddhiste du pays — elle est désormais à la fois le dharma *et* le gouvernement. Ainsi, tout le monde lui doit obéissance, même les bouddhistes. (Elle hocha la tête, admirative.) Que deviendrions-nous sans elle ?

Ti avait très envie de diriger la conversation vers une autre direction. Il connaissait la vérité. Pour ce qu'il en savait, la femme qu'il avait devant lui la connaissait aussi. Avec l'inspiration et l'aide du moine Hsueh Huai-i, Wu s'était intronisée dans une position si élevée qu'aucune autorité terrestre ne pouvait l'atteindre. Et, certes, les fils de Wu avaient connu une fin tragique. Qu'y avait-il de plus tragique en ce bas monde que d'être assassiné par sa propre mère ? Que Ti ait réussi à quitter Lo-yang vivant, la tête encore sur les épaules, tenait du miracle. Etre entraîné dans une conversation sur l'impératrice par une femme qui portait le parfum de Wu ne l'enchantait guère.

Et elle n'est pas la seule à porter le parfum de l'impératrice, susurrait une petite voix dans la tête de Ti. Il changea de position, mal à l'aise, et perçut une bouffée de parfum éventé, mêlé à sa propre sueur.

— Vous l'avez rencontrée, n'est-ce pas ? demanda fiévreusement la femme.

— En effet, répondit Ti avec prudence.

— On dit qu'aucun homme ne peut lui résister. On dit qu'elle rajeunit de jour en jour.

— Elle possède une... vitalité hors du commun.

Ti se rappela ce que lui avait dit un vieux ministre qui fuyait les purges de l'impératrice. Cet homme qui se cachait désormais dans un monastère encore pur, à la sortie de Lo-yang, se souvenait du temps où Wu n'était qu'une concubine favorite. Ils s'interrogeaient tous deux sur les raisons énigmatiques qui avaient poussé l'impératrice à épargner le magistrat Ti Jen-chieh. Pourquoi avoir montré tant d'hospitalité ? Pourquoi l'avoir convoqué au palais après les débats Païs ? « Qui sait, avait dit le vieil homme, sa victoire la rend peut-être magnanime. Elle vous considère peut-être comme un adversaire valeureux. A moins, avait-il ajouté en haussant les épaules et en fixant Ti de ses yeux fatigués, à moins qu'elle n'ait le béguin pour vous, tout simplement. »

Ti avait hoqueté. Elle avait eu le béguin pour Kao-tsung, faible empereur susceptible, incapable de lui résister. Elle devait connaître des artifices érotiques : elle l'avait poussé à répudier l'impératrice légitime, ce qui ne s'était jamais produit dans l'histoire de l'empire.

— Ce que j'aimerais savoir, dit Ti pour changer de sujet, c'est comment vous avez appris mon arrivée à Canton.

— Ah. L'année dernière, vous avez quitté Lo-yang pour vous installer à Ch'ang-an. Votre famille vous y avait précédé. Vous avez entrepris votre voyage vers le Sud il y a quelques semaines. Je l'ai su, parce que vous m'intéressiez et que je m'attachais à suivre votre carrière. Le jeune scribe persan qui travaillait dans vos bureaux et qui avait noté chaque discours des débats Païs est mon cousin. Je me suis assurée qu'il aille à Ch'ang-an et qu'il sollicite un emploi auprès de vous. Dans une position subalterne, bien sûr, afin que vous ne le remarquiez pas. Lorsque vous avez entrepris votre voyage, je l'ai appris aussitôt.

— Ne me dites pas qu'il m'a suivi jusqu'ici !

— Oh non ! s'esclaffa-t-elle. Je pensais bien que je sentirais votre présence dès votre arrivée. Je connaissais le but de votre voyage. Je connais aussi les eunuques de Canton, je me doutais qu'ils ne se montreraient pas accommodants. Cette ville est pourrie par le crime, dit-elle gaiement. C'est une véritable pustule de corruption et de criminalité. Je savais que le grand Ti Jen-chieh passerait quelque temps à Canton et qu'il ne tarderait pas à arriver. Je n'aurais jamais rêvé avoir la chance de quasiment vous escorter dans la ville.

Ti réfléchit.

— Le conducteur de char à bœufs ? interrogea-t-il. (Elle l'encouragea d'un sourire.) Attendez, accordez-moi un instant. (Il réfléchit, sentant les yeux de la femme sur lui.) Je ne l'ai pas engagé avant la dernière étape du voyage. J'ai congédié l'homme qui m'avait conduit depuis Ch'ang-an. Le conducteur de char à bœufs... laissez-moi me souvenir... m'a été présenté par le marchand de la petite bourgade à qui j'avais laissé mon excédent de bagage. C'était un Persan. Certains objets que je lui ai remis portaient mon sceau officiel. Ou mon nom.

Le sourire de la femme s'élargit.

Ti se souvint alors de la robe de soie bleue que lui avait présentée le matin le domestique. Pas étonnant qu'il lui ait trouvé un aspect familier.

— Ma malle, qui contenait des vêtements que ma mère voulait absolument que j'emporte. (La femme semblait positivement réjouie.) Ne me dites pas que le marchand était un neveu ou un cousin à vous. Non, impossible, il était plus vieux que moi.

— C'était mon oncle. Il a reconnu votre sceau. Il m'a

dépêché un messager pour me prévenir que vous n'étiez qu'à quelques jours de Canton. Je n'eus aucun mal à organiser la suite. Vous avez peut-être remarqué que les bœufs étaient revêtus de leurs plus beaux atours.

Ti se souvint que les bœufs étaient particulièrement pimpants et que le charretier semblait les aimer comme ses propres enfants. Il leur massait chaque soir les épaules et les jarrets et déposait même un baiser sur leur museau. Ils avaient une robe singulière : claire, mouchetée de brun sur le dos et les flancs. Il se souvint d'avoir pensé que leur robe lui rappelait le lustre d'une délicate céramique. Les bœufs étaient superbes, des rubans ornaient leurs cornes. Il se concentra. Des rubans jaunes.

— La vieille femme du bac, dit-il, elle n'était pas persane, elle.

— Je n'ai pas que des amis persans, dit la femme avec coquetterie.

— Euh, certes, fit Ti, gêné. Je suis mal placé pour le nier.

— Une fois que vous aviez loué le char à bœufs, il n'était pas difficile de calculer le nombre approximatif de jours qu'il vous faudrait pour gagner Canton. La vieille femme me livre des fruits et des légumes frais. Elle a accepté avec joie un petit travail de quelques jours, elle m'a servi de sentinelle au départ des bacs.

— Et me voilà.

Ti avait souvent filé des criminels et des meurtriers. Lorsqu'il ne s'était pas montré aussi astucieux qu'il le croyait, le moment où la proie s'apercevait qu'elle était suivie l'amusait. Que les rôles soient inversés lui laissait une impression bizarre. Il n'avait pas été précisément filé, plutôt appâté... en un mot, il lui avait plu.

— Ce n'est pas tout à fait cela. Au début je ne cherchais qu'à vous rencontrer et à discuter de politique, de droit, ce genre de choses.

— Je vois. La politique et le droit. Puis-je savoir quand vous avez décidé d'ajouter d'autres sujets à nos discussions ?

— C'est à cause de ma nièce, bien sûr. Elle vous a décrit. Elle m'a dit que vous n'étiez ni bossu ni marqué par la vérole, que vous n'aviez pas l'haleine fétide, pas de longues dents jaunes, et que vous ne louchiez pas. (Elle regarda les mains de Ti, dont l'une tenait la tasse de thé, et l'autre un gâteau.) J'ai été ravie de l'apprendre. Elle m'a dit aussi que vos mains étaient bien formées et viriles. J'ai exigé des détails. Elle m'a décrit vos ongles, le dessin des veines, la longueur et l'épaisseur de vos doigts. C'est là que j'ai su. Ne restait qu'à choisir le moment et la méthode. (Elle but une gorgée de thé.) Et à m'assurer que vous reviendriez. (Elle posa sa tasse.) Donnez-moi votre main.

Elle déplaça sa chaise afin de s'approcher. Il reposa vivement sa tasse et son gâteau, et lui présenta sa main droite.

Elle prit les deux mains, les posa à plat, les paumes tournées vers elle, et les examina comme si elle lisait deux pages d'écriture.

— Deux fils, dit-elle. Une fille. Vos fils sont pour vous une source de... regrets. Les fils devraient être la force d'un homme, sa richesse, ses remparts contre la mort. On dirait que les vôtres sont parfois... des étrangers pour vous.

Elle leva les yeux pour mesurer l'effet de ses paroles.

— Depuis leur plus tendre enfance, confirma Ti. C'est comme s'ils étaient la progéniture d'un autre.

— Et cependant ils sont bien à vous. Au cas où vous auriez imaginé... (elle s'arrêta, tourna sa main droite afin que la lumière l'éclaire, lissa la peau et l'examina attentivement)... que vos épouses aient pu commettre des imprudences.

— Oh, non, je n'ai jamais cru cela. (Il ne l'avait jamais cru, mais en vérité il l'avait souvent imaginé, le souhaitant et le refusant tout à la fois.) Je ne sais pas si ce que vous me dites m'apporte ou non un réconfort.

— D'autres difficultés vous attendent avec vos fils, dit-elle d'un ton grave. Mais le temps viendra où ils seront vos amis les plus proches. (Elle examina sa main gauche.) A part votre fille, bien sûr.

— Dites-moi, fit-il, songeur, amusé par cette diversion, même s'il ne croyait pas qu'elle tirait son savoir de ses lignes de la main, découvrirai-je l'homme qui assassine les eunuques et leur tranche la tête ?

— L'homme ? s'esclaffa-t-elle. Pas de conclusions hâtives.

— Vous avez raison.

Il était bien placé pour savoir qu'il y avait au moins une femme dans l'empire capable de trancher des têtes. Il se demanda si la Persane connaissait les circonstances qui avaient entouré son brusque départ de Lo-yang, mais décida que le moment était mal choisi pour lui poser la question.

— En effet, il se peut que l'assassin ne soit pas un homme. Mais, d'après mon expérience, il est rare qu'une femme ait la force et la taille pour...

— On a déjà vu des eunuques tuer d'autres eunuques, coupa-t-elle d'une voix douce.

— Ah, oui, bien sûr. Des eunuques. Un homme qui n'en est pas tout à fait un.

Encore une fois, elle le prenait à contre-pied.

— C'est déjà arrivé dans cette ville.

— Oh, dans toutes les villes, j'imagine.

— Certes, mais Canton jouit d'une distinction unique. Ici, les eunuques sont majoritaires au pouvoir, Canton est gouvernée par les eunuques.

Ti médita sur ce qu'elle venait de dire.

— On pourrait penser qu'une plus grande fraternité y règne.

— Sans doute, mais lorsqu'on sait qu'ils n'ont pas la même influence dans le reste de l'empire, on s'aperçoit qu'à Canton, où un eunuque dispose d'un plus grand pouvoir, la rivalité est plus vive. Il y a des factions, des coteries, des trahisons... des meurtres.

Ti se rappela ce qu'avait dit le jeune eunuque en larmes avant de s'enfuir, apeuré : « Enquêtez du côté des plus âgés. Les tantes. » Il pensa aussi à l'observation qu'avait faite le régisseur de la riche veuve.

— J'ai parlé l'autre jour à un homme qui a exprimé la même chose de manière plus succincte, dit-il. Il disait que les eunuques avaient l'énergie et la puissance d'un homme et toutes les... comment dire ?... les qualités indésirables des femmes...

— La jalousie, le caractère vindicatif, la sournoiserie. Un mélange mortel. Personne n'est mieux placé que moi pour connaître le mauvais côté de la féminité.

Des enfantillages, en comparaison de ce que je sais, songea Ti.

— Votre nièce m'a fourni des informations décisives, dit-il. Bien sûr, elle avait tendance à croire que la sorcellerie persane était responsable des têtes empalées. Des appâts pour des oiseaux démoniaques, disait-elle. Lorsque je lui ai demandé ce que les Persans reprochaient aux eunuques, elle m'a dit que les eunuques étaient mêlés au trafic d'esclaves persans.

Tout en parlant, Ti observait attentivement les réactions de la femme.

— C'est exact, convint-elle, des flammes dans les yeux. Certains riches eunuques exigent d'être servis uniquement par de jeunes Persans. Ils les capturent dès l'enfance et s'assurent qu'ils n'apprennent jamais à lire ni à écrire. Ils sont élevés dans la jungle, dans des colonies.

Ils sont ensuite vendus sur le continent et vont grossir la domesticité de riches maisons à travers l'empire.

— Des colonies? s'étonna Ti. Où? Et comment capturent-ils ces enfants?

— Cela ne serait pas possible sans la complicité de certains Persans de ma terre natale dénués de scrupules. Ils enlèvent les enfants dans les familles pauvres, les embarquent sur des navires et les transportent ici. J'ai entendu dire que les colonies sont implantées sur une île, à plusieurs jours de bateau de Canton.

— Vous ne voulez pas parler de Hainan, par hasard?
— Si, précisément.
— Vous savez, bien sûr, que Hainan est aussi une... prison?

— Je sais que notre impératrice, dans sa grande miséricorde, y envoie certains condamnés afin qu'ils échappent à la mort.

C'était exact. Ti faillit contester la justesse du terme « miséricorde », mais s'en abstint. Au lieu d'être étranglés ou décapités en public, les lettrés, les vieux princes et les autres étaient expédiés à Hainan, où ils finissaient leurs jours dans le délire et l'isolement.

— J'ai appris que les eunuques contrôlaient l'accès à l'île, déclara Ti.

— Eh bien, vous savez désormais pourquoi.

Ti ne jugea pas sage de parler des rumeurs qu'il avait lui-même entendues sur la collaboration des eunuques avec les forces de l'impératrice dans la cruelle répression de la rébellion des Lettrés. Des colonies d'esclaves persans, administrées par des eunuques, c'était certainement une notion étonnante, mais c'était aussi un renseignement qu'il voulait vérifier de visu.

— J'ai entendu d'autres rumeurs fascinantes sur cette île, avança-t-il avec prudence. Ce serait, entre autres, la source de toute pestilence, y compris celle qui sévit dans la ville.

— Vous avez sans doute aussi entendu dire que nous autres Persans étions la source de cette pestilence. J'espère que vous ne l'avez pas cru, dit-elle d'un ton brusque.

— Serais-je ici si je l'avais cru ?

— Non, bien sûr.

— Ainsi, la pestilence est réelle. Un homme m'a affirmé qu'il s'agissait d'une illusion.

— Croyez-le, à vos risques et périls.

— Que devrais-je croire ?

— Vous devriez prendre un bain et un peu de repos, dit-elle en se levant. Ensuite, je vous présenterai quelqu'un.

Ti se leva à son tour. Il n'avait pas très envie de traverser la ville pour regagner son auberge, mais il était extrêmement fatigué, la femme avait raison, et il avait l'impression qu'on souhaitait son départ.

— Nos trois... amis, dit-il en désignant la chambre où les cylindres de verre étaient rangés. (Un peu plus tôt, il avait jeté un coup d'œil furtif sous la soie pour s'assurer qu'on ne les avait pas remplacés... disons, par des choux.) Je vais en emporter un avec moi. Je reviendrai plus tard avec mon assistant...

— Nos trois amis sont ici chez eux. Et vous n'avez pas besoin de rentrer à votre auberge. D'ailleurs, dit-elle en s'approchant, c'est impossible.

— Impossible ?

Ti ne bougea pas. La femme le touchait presque. Bien qu'il ne soit pas à proprement parler grand, il la dépassait d'une tête. Il remarqua le fin duvet qui ornait sa lèvre supérieure, la blancheur de son crâne à l'endroit où ses cheveux noirs étaient séparés par une raie. Elle plongea ses yeux dans les siens, comme pour retenir son attention, comme si elle voulait l'empêcher de se retourner. Il imagina un homme, avec la taille et l'aspect du marchand de bijoux, qui lui barrait l'accès à la porte, armé de son poignard incurvé. Il tourna lentement la tête afin de ne pas provoquer de réaction brutale.

Il n'y avait personne.

— C'est impossible, et en aucun cas nécessaire. Vos vêtements et vos affaires sont ici.

— Vraiment ?

— Oui. Je les ai fait chercher pendant que nous discutions.

— Tiens. Voilà pourquoi ce n'est pas nécessaire. Dites-moi maintenant pourquoi je ne peux pas retourner là-bas.

— Parce que votre aubergiste croit que vous avez frayé avec une Persane. Elle ne veut plus de vous sous son toit.

— Ne me dites pas qu'elle m'a suivi jusqu'ici.

— Oh non. Elle croit que ça s'est passé chez elle.

Ti réfléchit quelques secondes.

— Ah, votre nièce. Elle croit que j'ai...

— Qu'elle est entrée chez vous et qu'elle vous a séduit.

— J'espère que cette impression ne lui a pas été donnée volontairement.

— Pas du tout. Ma nièce est entrée chez vous la nuit, en votre absence. Elle venait chercher nos trois infortunés amis. Il se trouve que l'aubergiste était réveillée et qu'elle l'a vue. Elle s'est forgé sa propre opinion.

— Au moins, elle croit que j'ai été séduit et non l'inverse.

— Ah, vous connaissez les Persanes !

— Certes elles ne semblent pas excessivement farouches. Dites-moi, je vous prie, pourquoi je devrais accepter de laisser nos trois amis sous votre toit. Ce n'est certainement pas seulement pour que leurs âmes ne connaissent pas de privations.

La femme émit un rire gracieux.

— Non. Pas seulement pour ça. Vous menez une enquête difficile. Vous n'avez pas besoin, en plus, de craindre que votre aubergiste ne découvre ce que vous faites. Inutile de vous dire de quoi une femme ignorante et hystérique est capable. Il vous faut un endroit où vous pourrez travailler en paix. Un endroit où vous serez sûr que personne ne touchera aux têtes.

— C'est-à-dire dans votre chambre à coucher ? Vous êtes décidément une femme peu ordinaire.

— Je vous remercie. En fait, j'avais un autre endroit à l'esprit. Je pense aussi à votre sécurité.

— Ma sécurité ? Qui la menace, exactement ?

— La pestilence est réelle. Et elle ne provient pas de Hainan.

— Vous pensez que j'en serai protégé, ici ?

— Nous avons parlé des eunuques, de la maladie, des meurtres et de l'île. Prenez donc un bon bain et allez dormir. Après, je vous présenterai un excellent ami à moi.

— Pourquoi ?

— Vous avez... beaucoup de centres d'intérêt en commun.

Elle lui prit la main et il la suivit, docile comme un cheval de trait.

10

Une plume blanche tombait en virevoltant dans le grand hall silencieux. Les doigts étaient suspendus au-dessus des cordes d'une centaine de luths et de lyres. La tension se révéla trop forte pour un des musiciens assis en demi-cercle ; il pinça une corde avant que la plume touche le sol. Aussitôt, quatre-vingt-dix-neuf autres musiciens se précipitèrent pour le suivre.

Hsueh Huai-i eut l'impression qu'on venait de jeter dans l'escalier une centaine d'instruments à vent, ou que des guerriers lourdement bottés s'amusaient à les piétiner.

Le lama agita les bras pour faire cesser le vacarme, et cent musiciens du Kuchâ crurent à un signal pour accélérer le tempo et élever le volume. La musique partit dans cent directions différentes. Hsueh se boucha les oreilles en grimaçant. Alors seulement, les musiciens cessèrent de jouer.

Hsueh parla sans se retourner.

— Non, non et non ! Dites-leur, glissa-t-il à l'historien Shu sans s'adresser directement à lui, que ce n'était ni merveilleux ni céleste. Ce n'est pas ainsi que des musiciens célestes doivent jouer.

Shu, qui notait la musique et servait de traducteur, se leva et s'adressa à l'orchestre.

— Non, non et non ! répéta-t-il dans la langue de

Kuchâ, s'efforçant de paraître aussi courroucé et véhément que Hsueh.

— Expliquez-leur que tout, je dis bien tout, est dans la synchronisation. Je n'exige rien de moins qu'une synchronisation parfaite.

Foudroyant toujours les musiciens du regard, Shu chercha dans son vocabulaire kuchan limité la manière de dire que tout était dans la synchronisation, mais il ne connaissait pas les mots kuchan ni sogdian pour qualifier un tel concept. Il finit par dire que tout était dans « l'instant de la naissance d'un poulain ».

Les dernières notes discordantes furent noyées sous les murmures et les éclats de rire des musiciens. Cent Kuchans déconcertés, originaires des provinces septentrionales, un monde de steppes battues par les vents, de tentes de fourrure et de rudes poneys, reposèrent sur leurs genoux leurs instruments aux incrustations bariolées. Certains fouillèrent le grand hall des yeux, au cas où des juments auraient effectivement mis bas.

Shu n'était pas sûr de ce qu'il avait dit, mais il fit comme s'il l'avait fait exprès et remplaça sa grimace excédée par un sourire. S'il y avait une chose qu'il détestait, c'était de passer pour un imbécile. Surtout en présence de Hsueh Huai-i.

— Que leur avez-vous dit, monsieur l'historien? demanda Hsueh sans regarder Shu.

Shu parcourut l'océan des visages amusés qui l'observaient, prêts à éclater de rire à sa prochaine gaffe linguistique.

— Je leur ai dit de commencer à jouer au bon moment, dit-il avec prudence. Comme vous l'avez indiqué.

— Vraiment? Qu'attendent-ils, alors? Des ordres venus des cieux?

— Oui, dit Shu, énervé et inquiet. En un sens, oui,

c'est ce qu'ils attendent. (Il faillit taper du pied, mais se retint.) Ce n'est pas facile, vous savez, de traiter avec ces... ces étrangers.

Hsueh ne dit rien. Il attendit. Shu ferma les yeux et se ressaisit avant de reprendre :

— Je n'ai pas très bien compris à quel moment précis de la chute de la plume les musiciens doivent commencer à jouer. Est-ce lorsqu'elle touche le sol, ou lorsqu'elle cesse de bouger complètement ?

Les musiciens, qui ne comprenaient pas un traître mot de l'échange, observaient les deux hommes d'un air réjoui, persuadés que Hsueh jouait à son tour avec eux.

— A quel moment, à votre avis, monsieur l'historien ? demanda le lama en souriant aux musiciens, qui riaient et se donnaient des coups de coude comme s'ils assistaient à un spectacle de marionnettes. Hein, à quel moment ?

— J'imagine qu'ils doivent commencer à jouer lorsque la plume touche le sol, dit Shu, drapé dans sa dignité.

Il affronta de nouveau les musiciens et rassembla ses pauvres connaissances de la langue de Kuchâ. Il leur dit d'accorder leurs instruments et... « d'attendre le moment où la plume atteint l'endroit où le monde commence »...

Hsueh prit la plume et gravit de nouveau l'échelle.

Le poids de la divinité lui pesait. La préparation d'un miracle était un exercice éprouvant. Il leva le bras. Les musiciens l'observaient, leurs instruments prêts. Il lâcha la plume. Le chemin était long jusqu'au sol. Elle tomba doucement en tournoyant, portée par des courants invisibles, flottant de-ci de-là, ballottée comme une yole dans un tourbillon, et effleura enfin le sol.

Les luths et les lyres s'ébranlèrent en chœur. Cette fois, ce fut beaucoup mieux. Les musiciens avaient presque commencé en même temps. Ce n'était pas encore la musique céleste des anges bouddhistes — les apsaras —

proclamant la divinité de l'impératrice Wu et la nouvelle ère des miracles, mais c'était déjà mieux. Le jour du miracle approchait. Les musiciens avaient encore beaucoup de travail.

Shu, quant à lui, s'était vu dans l'obligation d'offrir ses services et s'était vanté d'être capable de choses impossibles à réaliser.

— C'est magnifique, n'est-ce pas, mère ?
— Magnifique, certes. Mais ça n'ira pas. Ça n'évoque pas le vol des anges.
— Que sais-tu exactement du vol des anges ?
— Je sais ce que ton père m'en a dit.
— Père est mort.
— Ça ne l'empêche pas de me parler. Il habite le royaume de la lumière.
— Il ne me parle pas, à moi.
— Peut-être ne sais-tu pas écouter. Cette cape est bigrement trop lourde. On dirait un sac de pierres. Regarde ça.

Les couturières se reculèrent en s'inclinant ; les fils de soie au bout de leurs aiguilles flottaient devant elles. Dame Yang alla à l'extrémité de la longue table, souleva un coin de l'étoffe scintillante et le laissa retomber. Il y eut un cliquetis de perles et de pierres précieuses. Elle secoua le tissu afin que le coin pende par-dessus la table. Entraîné par son propre poids, le tissu glissa jusqu'au sol.

— Même le lama Hsueh ne pourra voler avec ces ailes.
— Mais, mère, il faut qu'elles éblouissent, qu'elles accrochent la lumière.
— Dans ce cas, il faudra coudre un million d'ailes de papillon sur la soie.

Elle se tourna vers l'historien Shu, qui attendait dans son dos, une écritoire portable suspendue sur son ventre par des bretelles, le pinceau en l'air, les doigts de la main droite noirs d'encre, sa fine barbe et son visage également maculés d'encre.

— Envoyez cent coureurs au marché étranger. Que tous les marchands qui possèdent des ailes de papillon les remettent au trône. Aujourd'hui même. Ils seront grassement payés. Quiconque refuse de remettre ses ailes de papillon sera considéré comme un ennemi de l'Etat.

— Mais, ma Dame...

Dame Yang porta la main à son front, signe que sa patience était à bout.

— Monsieur l'historien, dit-elle d'une voix calme, vous voulez me donner une crise d'apoplexie ? Vous voulez que je m'évanouisse devant vous ?

— Oh, non, ma Dame. C'est juste que...

— Dans ce cas, monsieur l'historien, faites ce qu'on vous demande. Sinon, si cela vous est impossible, ou si vous refusez, dites-le tout de suite, je ferai appel à quelqu'un de plus capable.

— Je suis tout à fait capable, ma Dame, je ne souhaite rien d'autre qu'accomplir vos désirs.

Il s'inclina, ce qui l'obligea à agripper son écritoire pour empêcher le papier et l'encrier de tomber. Puis il gribouilla quelques notes, se tourna vers les trois scribes qui le suivaient et leur lança des ordres. Le petit groupe s'éloigna en trottinant. Dame Yang laissa Shu faire une dizaine de pas et le rappela.

— Monsieur l'historien ! (Il s'arrêta, comme retenu par une longe invisible.) N'oubliez pas les oiseaux. Il en faut au moins mille.

— Deux mille, intervint l'impératrice.

— Trois mille, dit Dame Yang après réflexion.

— Quatre mille, renchérit l'impératrice.

Shu parut un instant décontenancé, puis il s'inclina de nouveau et se hâta de rejoindre ses scribes.

L'impératrice et sa mère se regardèrent, rejetèrent la tête en arrière et éclatèrent de rire.

Sur un geste de Dame Yang, les couturières se remirent à l'ouvrage, taillant à coups de ciseaux les fils qui retenaient les pierres précieuses sur l'étoffe. Elles devaient tout recommencer. Elles seraient prêtes le lendemain matin lorsque le lama viendrait en personne inspecter leur travail.

Les essais s'étaient bien passés. Ils n'avaient coûté que deux vies humaines, mais il s'agissait de prisonniers. Des volontaires, pour être précis. Hsueh avait fait une offre ; les condamnés qui désiraient obtenir le pardon devaient participer aux essais d'une nouvelle et merveilleuse invention. Des centaines de prisonniers avaient voulu saisir leur chance. Hsueh s'était rendu à la prison afin d'en choisir lui-même dix dont le poids et les proportions s'accordaient aux siens.

Les essais avaient eu lieu dans une partie reculée des terres du palais où aucun témoin ne viendrait contrarier les plans de Hsueh. Les deux prisonniers décédés avaient été les premiers à tenter l'expérience. Hsueh, les artisans et les ingénieurs avaient examiné les restes de l'équipement, repéré les défauts qui avaient provoqué l'accident, et les avaient corrigés. C'était une entreprise excitante. Les trois cobayes suivants n'avaient souffert que de jambes cassées ; deux autres avaient eu diverses foulures et des côtes brisées ; les trois derniers étaient indemnes.

Bien sûr, Hsueh ne pouvait permettre aux huit survivants de retourner à la vie civile et de raconter ce qu'ils avaient fait et vu. A contrecœur, mais conscient de la nécessité, il leur avait donné une mort rapide et indolore.

Toutefois, avant de les mettre à mort, il leur avait expliqué qu'ils avaient gagné la gratitude éternelle de l'impératrice, qu'ils ne mourraient pas comme des prisonniers et que, en tant que soldats martyrs bodhisattvas, ils seraient désormais libérés du cycle infernal des renaissances, de la souffrance et de la mort.

Les grands jardins publics de Lo-yang s'étaient changés en villages. On accourait de centaines de lis à la ronde. On construisait des abris de fortune, on dressait des tentes. La fumée des feux de bois envahissait la ville. Les enfants jouaient, les bébés pleuraient, les chiens aboyaient. On avait creusé des latrines au fond des jardins. Il régnait une atmosphère fiévreuse et festive.

Les moines de la secte du Nuage Blanc, commandés par les plus grands et les plus implacables, parcouraient la foule, chantaient des prières et distribuaient de la nourriture, des fagots, des vêtements et des couvertures. L'hiver n'était pas encore arrivé, mais le fond de l'air était frais.

Le peuple avait répondu à l'invitation de l'impératrice Wu. Toutes les familles avec des enfants, disait le décret, avec des grands-pères ou des grand-mères, qui feraient le déplacement recevraient assez de nourriture et d'argent pour une année entière.

Des rumeurs circulaient. L'une disait que la divine impératrice choisirait parmi les milliers de visiteurs une enfant qu'elle adopterait, emmènerait au palais et aimerait comme sa propre fille. L'impératrice avait perdu son premier-né, une fille, lorsque le bébé n'avait que dix jours. Bien qu'ayant surmonté son chagrin, elle avait besoin de l'aide et du dévouement de ses sujets pour cicatriser sa blessure. Et bien sûr, tout le monde dans l'empire connaissait les autres pertes tragiques qu'elle avait subies : son époux, ses fils, ses neveux. Combien d'épreuves une femme pouvait-elle endurer ? Il lui reste au moins sa mère adorée, disait-on.

Elle avait besoin de leur aide et ils étaient venus.

Les pauvres avaient décrassé leurs filles, les avaient revêtues de leur plus belle robe. Poupées de porcelaine juchées sur les épaules de leur père ou de leur frère aîné, les yeux maquillés, du rouge aux lèvres et aux joues, dix mille fillettes pointaient au-dessus de la foule grisâtre tels des boutons de rose. Certains parents avaient payé un écrivain public afin qu'il note, sur des pancartes que les fillettes portaient autour du cou, « Emmenez-moi. Je viens d'une noble lignée disparue depuis les Trois Royaumes, longtemps avant le grand T'ang » ou « Je suis digne de la Maison impériale » ou « Je suis une cousine éloignée de la maison de Chou ».

D'autres rumeurs annonçaient le départ de l'impératrice pour une dimension où elle ne connaîtrait plus de souffrances, pas plus que son peuple resté dans ce bas monde. C'étaient ces rumeurs qui avaient attiré la foule — et les dons de nourriture et d'argent avaient levé les dernières réticences.

Le décret précisait comment l'impératrice, à présent au faîte de l'immortalité et de la divinité absolue, et dont l'amour des parents, des enfants, des vieillards surtout, était bien connu, voulait étendre ses bienfaits sur tout l'empire ; elle voulait soulager les souffrances de tous les êtres qu'elle pouvait atteindre.

Sitôt le décret promulgué, une autre rumeur avait couru : l'impératrice elle-même se promènerait parmi son peuple, vêtue comme un sujet ordinaire, ou peut-être en nonne — ou même en homme, car elle possédait l'essence de la divinité mâle et femelle, à la fois déesse miséricordieuse et souverain des cieux et de la terre —, et toucherait la main de ceux dans les yeux desquels elle verrait une certaine... lumière. Et ils ne sauraient qu'elle les avait touchés que lorsqu'une chaude lueur les envelopperait et que les bénédictions commenceraient à pleuvoir sur tout ce qu'ils entreprendraient. Et ces bénédictions s'étendraient ensuite à ceux qu'ils toucheraient.

Un puissant signe annoncerait ces événements : un miracle. Tout le monde dans la ville se perdait en conjectures sur la nature du miracle.

Des moines ordinaires, au physique banal et à l'allure modeste, allaient sous le commandement des moines-soldats géants. C'étaient, bien sûr, les frères des autres sectes bouddhistes qui s'étaient convertis et étaient devenus membres du Nuage Blanc. On leur avait recommandé de ne pas parler directement au peuple lorsqu'ils distribuaient la nourriture, mais de prononcer des extraits précis de certains soutras. Les grands moines-soldats les surveillaient, à l'affût de la moindre infraction aux directives.

Ainsi, la foule envahissait la ville, se bousculait dans les parcs et sur les pentes vertes qui bordaient les canaux. Déjà, certains prétendaient avoir aperçu l'impératrice. « Quand vous la verrez, vous saurez. C'est la plus belle femme que la terre ait portée. Elle a la lueur de compassion et de miséricorde du bodhisattva dans les yeux. Elle connaît nos souffrances ; en vous effleurant la main, elle chassera vos peines. Dans mille ans, les chroniqueurs raconteront que c'était un jour à faire se pâmer d'émerveillement le cœur et l'esprit des gens du commun. » L'air lui-même vibrait de magie.

Dès les premiers roulements de tambour du couvre-feu

matinal en haut des tours de guet de Lo-yang, il fut clair que ce serait une journée parfaite. L'aube rosâtre s'estompait pour laisser la place à un ciel bleu profond. Un bleu qu'on ne voyait pas d'habitude à travers le brouillard des fumées de la ville. Une légère brise avait nettoyé le ciel et d'épais moutons blancs flottaient dans les cieux tels des navires blindés.

Cela commença avec une ombre et le battement de milliers d'ailes. Les têtes se levèrent vers le ciel : des colombes, des milliers de colombes d'un blanc immaculé. « Les nuages ! cria une voix. Les nuages se changent en colombes ! » Le cri se répandit jusqu'à ce que toutes les têtes se soient levées. Il y avait tellement de colombes qu'elles cachèrent un instant le soleil.

Les grands moines du Nuage Blanc allaient en répétant : « Les nuages se changent en colombes ! Les nuages se changent en colombes ! » Tout le monde sauf les aveugles devrait en témoigner. Or les aveugles avaient besoin de l'entendre.

Lorsque les nuages de colombes se dispersèrent, un autre cri de surprise s'éleva de la foule : un homme ailé se découpait sur le ciel bleu, il fonça comme un faucon vers les tours de guet et les toits du parlement, vola autour des tuiles bleues de la pagode du Cygne Bleu. Il vola si près qu'il frôla les ornements sacrés du toit et que les gens purent voir son visage ardent et irréel. Il plana, les ailes scintillantes, chevauchant les courants invisibles tel un grand oiseau de proie.

Au-dessus de lui volaient deux spectres sans ailes dont les robes blanche et jaune éclatantes se ferlaient telles des bannières. « Les apsaras ! les anges du Bouddha ! » crièrent avec conviction les grands moines, équitablement dispersés dans la marée humaine, et la nouvelle se répandit encore plus vite que la première.

L'homme volant et son escorte céleste plongèrent sous

l'horizon, derrière la pagode du Cygne Bleu. L'homme s'éleva de nouveau et atterrit sur le toit, devant la foule ébahie. A l'instant où ses pieds touchèrent les tuiles, une musique céleste, des centaines d'instruments à cordes, retentit. L'homme déploya majestueusement ses ailes. Leurs nuances nacrées de vert, de bleu, de noir et de gris miroitèrent un instant. Puis l'homme replia ses ailes, dévoilant les deux splendides apsaras qui se tenaient à ses côtés et dont les robes célestes flottaient au vent.

L'homme parla, d'une étonnante voix de stentor que la foule rassemblée près de la pagode put entendre, mais dont elle ne comprit pas les paroles parce qu'elles étaient prononcées dans une langue mystérieuse.

« La langue des dieux », entonnèrent les moines géants qui allaient parmi la foule, dépassant tout le monde d'une tête, afin qu'on les entende distinctement. Et, lorsque l'homme prit la parole, les moines traduisirent d'une voix chantante et péremptoire, comme s'ils récitaient un ultimatum : « Nous sommes venus au nom du Bodhisattva, notre glorieuse impératrice lumineuse Wu Tse-tien. Nous sommes venus au nom du Bodhisattva... »

Il y eut un nouveau nuage de colombes qui s'éleva, dans un millier de battement d'ailes, devant l'homme mystérieux et les apsaras. Lorsque le nuage se dissipa, les visiteurs célestes avaient disparu en laissant derrière eux un miroitement scintillant.

Seulement vêtue d'un foulard de soie noué autour de la taille, l'impératrice était paresseusement allongée sur ses ailes, la peau marbrée de poussière nacrée de papillon.

— Tu étais magnifique aujourd'hui, dit-elle au lama. Tu as ravi mon cœur, il dansait de joie.

— Qu'attend exactement le peuple des dieux ?

demanda le lama Hsueh, qui portait encore sa robe argentée.

— Je sais ce que j'attends de toi.

— Je vais vous le dire. De tous les miracles, le peuple attend surtout le miracle du vol. Le vol des oiseaux. Le vol des anges. Le vol des dieux.

Il dénoua le foulard de soie et, le tenant par les deux bouts, hissa l'impératrice sur ses pieds, la berçant doucement d'avant en arrière.

— La foule est aussi naïve et malléable qu'un bébé. Le peuple voit ce qu'on lui demande de voir. Un homme seul garde l'esprit critique, il observe et ne retient que ce qui l'arrange. La foule, c'est différent.

Hsueh tendit le foulard de sorte que l'impératrice dut se tenir sur la pointe des pieds. Elle l'enlaça et défit les nœuds de la robe argentée du lama, qui glissa le long de son corps. Il transféra les deux bouts du foulard d'une main dans l'autre afin de retirer d'un geste leste les bras de ses manches tout en maintenant le foulard constamment tendu. La robe argentée s'arrêta à mi-chemin, retenue un instant par son membre érigé qui formait une sorte de crochet. L'impératrice, qui avait suivi des yeux le glissement de la robe, éclata de rire. Un anneau en argent brillait à la base de l'organe du lama.

— Les créatures célestes portent donc un anneau? s'amusa Wu.

Les deux mains sur l'épaule du lama, elle se tint en équilibre sur un pied tandis que l'autre décrochait la robe de l'obstacle. Ils étaient désormais nus l'un et l'autre.

L'érection du lama s'accrut, la bague en argent comprima la base de l'organe et en fit saillir les veines violacées.

— Un cadeau pour ma reine, dit-il en l'allongeant par terre.

Des particules d'ailes de papillon et de la poussière

multicolore restèrent collées à la peau de l'impératrice lorsqu'elle roula au sol.

Il se coucha sur elle, lui écarta les jambes d'un genou et frotta le bout de son membre entre ses cuisses, lui arrachant un frisson et soulevant un nuage de poussière nacrée. Il lui déposa une pilule d'opium dans la bouche et en avala une lui-même.

— Et bien sûr, mes fidèles moines étaient là pour leur expliquer ce qu'ils voyaient.

Il la pénétra lentement et continua de frotter son membre entre ses lèvres. Puis il s'enfonça plus avant, accéléra le rythme et se mit à la titiller par de petits mouvements brusques. Elle gémit de plaisir et lui empoigna les cheveux à deux mains.

— Mon « vol céleste » n'a duré qu'un court instant, mais le peuple haletant m'a vu voler de longues minutes interminables. C'est gravé dans les esprits pour toujours. On en parlera pendant des années, on dira que j'ai volé pendant des heures entières, des jours même. (Il gloussa.) L'illusion était d'une simplicité élémentaire. C'est la parfaite illustration de mon art. Ce que la foule a vu s'élever et piquer dans les airs n'était qu'un cerf-volant. Un cerf-volant ailé sur lequel était collé un homme en papier. Mes jolies compagnes, les apsaras, étaient éthérées comme il se doit : ce n'étaient que des traînées de soie accrochées à de petits cerfs-volants. Moins il y a de détails, plus l'imagination exubérante en fabrique.

Il s'esclaffa, savourant son triomphe. L'impératrice frémit, se cambra, le souffle court, et telle une lutteuse, lui enlaça la taille de ses jambes.

— Tous jureront qu'ils n'ont pas quitté des yeux le visiteur ailé depuis son apparition jusqu'au moment où il a atterri sur le toit d'où il a prononcé un décret céleste. Ils auront oublié le moment où il a piqué hors de leur vue derrière la pagode. J'ai certes volé, ma douce, mais seulement un instant des plus brefs. Je me suis élevé du toit de la pagode, comme si j'étais moi-même le visiteur céleste qui reparaissait. Je me suis envolé dans le cerf-volant humain et je me suis aussitôt posé avec la grâce et la légèreté d'un fantôme. Ensuite, j'ai déployé mes ailes. Le peuple... nos loyaux sujets... comment auraient-ils cru que celui qu'ils avaient vu voler dans le ciel n'était pas le même que celui qu'ils voyaient debout sur le toit ? En outre, mes ailes déployées ont permis à mes deux anges ravissants, mes apsaras, de se matérialiser à mes côtés. Je dois avouer, ma douce, qu'à ce moment-là elles étaient réelles pour moi aussi... (Et il s'enfonça en elle à fond.) Une brise bienvenue... grogna-t-il, nous a grandement aidés. Elle me dit... que ce n'était pas seulement de la chance... (Il aspira goulument une bouffée d'air et poursuivit entre ses dents serrées, chaque phrase rythmant ses coups de boutoir :) C'était plus que de la chance... c'était plus qu'une illusion et un tour de prestidigitation... nous avons transcendé... ce sont les dieux qui agissent à travers nous. C'est... c'est ainsi que nous effectuons l'œuvre des dieux... C'est... (L'impératrice était si bien accrochée à lui qu'il la souleva en la dépouillant de ses ailes.) C'est pour de vrai... Parce que nous en avons décidé ainsi. Parce que nous l'avons voulu.

Sur ces mots, il la reposa sur les ailes tordues, broyées, déchirées, qu'une centaine de couturières avaient cousues et pour lesquelles des milliers de papillons avaient donné leurs minuscules vies, et il l'amena à son premier orgasme.

Il fit une pause afin de rassembler ses forces.

— Bizarrement, la partie la plus difficile, c'était la coordination des musiciens avec l'atterrissage céleste... (Il se retira ; l'impératrice poussa un gémissement frustré.) C'est surtout une question... (il s'enfonça de nouveau en elle avec une lenteur calculée)... de parfaite synchronisation.

11

Sous deux énormes yeux à facettes, un appareil buccal articulé luisant comme de la laque s'activait, semblable aux parties mécaniques d'une horloge à eau, et dévorait la tête d'un scarabée que les longs bras de la mante maintenaient dans une étreinte d'apparence amoureuse.

Ti leva son œil de l'instrument d'optique.

— Extraordinaire, s'extasia-t-il. Et réellement grotesque, docteur. Je vous assure... un cauchemar de la nature.

— Ah, point besoin de lentilles pour voir où résident les cauchemars les plus affreux dont la nature est capable! déclara Abou Zeed en se tapotant le crâne.

Dame Djamal avait dit qu'il ressemblait à un petit oiseau impétueux, et elle avait raison. Ses gestes étaient vifs et résolus, et les muscles de son cou se crispaient lorsqu'il examinait une question, si mineure fût-elle.

— Eh bien, docteur, je ferai ce soir des cauchemars horribles, c'est sûr. Ce soir, ce sera le crâne de Ti Jenchieh qu'on croquera à petits coups délicats. Ah, ces horribles yeux! ajouta-t-il avec un frisson de révulsion fascinée.

— Ils ne voient pas le monde comme vous et moi. Mais ce n'est pas leur but. Ils n'existent que pour le travail. Ils vivent pour que nous puissions vivre à notre tour.

Ti colla de nouveau son œil sur le cylindre optique pendant que le savant parlait.

— Ils sont partout. Leur petite existence n'obéit à aucune volonté délibérée, leur destin est réglé d'avance. Ils parcourent la terre, mangent, rejettent leurs excréments, pondent, et travaillent, travaillent, travaillent sans relâche. Je crois réellement que notre destin dépend d'eux, que les moissons soient abondantes ou que la famine règne. Ils maintiennent l'ordre ; ce n'est pas toujours un ordre qui nous convient, mais c'est un ordre néanmoins. La vie civilisée des hommes n'existerait pas sans le travail incessant des insectes ! Et la plupart des hommes traversent la vie sans les remarquer. Sans les insectes, monsieur le juge, il n'y aurait pas de merveilleuse poésie !

— Je vous demande pardon ?

Ti redressa la tête et regarda le savant en cillant, tel un hibou aveuglé par le soleil. Il était en train d'observer le combat désespéré, l'agonie du scarabée.

— Je vous prie de m'excuser, docteur, je regardais...

— Peu importe, monsieur le juge. Dame Djamal me reproche mes discours interminables sur les insectes. Sans doute. Sans doute. Mais si vous saviez ce que je sais sur eux et sur la maladie qui sévit à Canton...

Occupé à fouiller dans ses classeurs et ses tiroirs, obnubilé par une chasse démentielle, déplaçant des paquets, soulevant des papiers, il ne termina pas sa phrase.

— Pourquoi les choses ne sont-elles jamais à l'endroit où je les range ?

— J'aimerais beaucoup entendre ce que vous savez, assura Ti. Ces lentilles sont réellement miraculeuses. (Le cylindre au métal poli était muni de fentes par lesquelles on pouvait ajouter ou retrancher des lentilles afin d'ajuster le grossissement.) J'ai failli dire « magiques ». J'ai eu mon content de superstition ces derniers temps. Le commun des mortels évoque trop facilement la magie dès qu'il est confronté à quelque chose qu'il ne comprend pas. Dame Djamal m'a parlé de votre esprit rationnel, bien sûr.

Abou Zeed émit un bref rire heurté.

— Ha! Et elle ne tarit pas d'éloges sur votre compte.

— Immérités, je m'empresse de le dire, coupa Ti qui s'empourpra, se demandant ce que Zeed savait réellement de lui.

— Peut-être! Elle me flatte aussi! Je suis sûr qu'aucun de nous ne mérite ses éloges. Ah... je crois avoir trouvé ce que je cherchais. D'une certaine manière, c'est de la magie. (Il exhiba une pochette en feutre qu'il posa sur la table.) La seule véritable magie qu'il y a là-dedans, dit-il, c'est la puissance du soleil et la lumière qu'il reflète sur chaque chose. On peut l'exploiter dans des lentilles de plus en plus petites.

— Et la nuit, lorsque la lumière du soleil est absente, vous utilisez celle des bougies et des lampes à huile? demanda Ti, pas mécontent de changer de sujet.

— Aahh, rien n'a changé, conseiller. Rien n'a changé. (Le Persan dénoua les lacets de la pochette et coula un œil à l'intérieur.) Aahh ah! La flamme est le feu du soleil sur Terre. (Il sortit de petites bourses de la pochette et les aligna par taille décroissante.) Toute flamme, toute lumière — qu'elle provienne des transformations alchimiques de l'huile, de la cire ou du charbon —, toute puissance nous vient finalement du soleil.

— Oui, c'est fascinant, admit Ti, qui se dit que le médecin avait peut-être raison.

Une amitié se nouait entre les deux hommes, ainsi que Dame Djamal l'avait deviné. Elle était dotée d'un instinct... troublant.

— Pensez-vous que nous pourrions ajuster votre merveilleux instrument afin de voir dans les cœurs et dans les âmes ?

— Oh, l'obscurité y est trop impénétrable, monsieur le juge, marmonna Abou Zeed dont les mains s'activaient sur les lentilles. Néanmoins, nous ferons de notre mieux. Nous ferons de notre mieux. Mais... aaahhh... oui... nous y voilà... nous sommes presque prêts...

Il sortit des petites bourses des lentilles grosses comme des pierres précieuses et les glissa dans les fentes d'un autre cylindre optique. Il nommait chaque lentille à mesure qu'il l'insérait : l'Orbe d'or, le Petit Bois solaire, la Perle solaire...

Ti cherchait à quelle sorte d'oiseau ressemblait le savant Abou Zeed. Certainement pas à un hibou ni à un faucon. Pas à un prédateur aussi noble. Pas non plus à un moineau, ni à un roitelet, ni à un de ces innocents colibris. Il avait des traits prononcés : d'étranges yeux bleus ronds, des cheveux noirs, un nez semblable à un bec. Bien sûr ! Cela sautait aux yeux ! C'était un geai ! Agile, impertinent, tapageur. Ti observa le petit homme qui s'affairait avec impatience, passant d'un objet à un autre, ses délicates mains de femme avaient les gestes assurés et énergiques d'un homme, ses doigts maniaient avec précision le verre poli et les instruments compliqués.

Ti s'examina les mains. En comparaison, elles semblaient faites pour la charrue. Mais... *elle* les avait aimées. Il se souvint de sa caresse lorsqu'elle lui avait lu les lignes de la main.

— La source ostensible de la lumière importe peu... dit Abou Zeed, qui ajustait son instrument. Mais attendez... Ha... oui, voilà. Nous y sommes. Cela devrait vous intéresser, conseiller ! Voici le véritable dessein de la nature ! Vous ne penserez plus jamais à... certains moments intimes de la même manière, je n'ai pas peur de le dire !

Il invita Ti à regarder.

Ti se pencha sur le petit cylindre et y colla un œil, fermant l'autre.

Dans le cercle étroit, deux insectes étaient réunis par un tube luisant. La membrane translucide ondulait. On aurait dit de la bouillie traversant un manche de soie humide. Ti se recula. Le savant gloussa de plaisir.

— L'essence de la vie, conseiller ! L'amour !

Ti rougit fortement. Ainsi, Abou Zeed savait. Ou Ti en portait-il encore les stigmates sur son visage, permettant ainsi à tout le monde de deviner ?

— C'est ce qui nous mène tous ! La giclée universelle ! La clé de toute chose ! De toute chose !

Et il fit des sauts de cabri, réjoui de la déconfiture de Ti.

Ti ne put s'empêcher de rire à son tour. Le médecin était un sacré fripon. La délicate interaction du yin et du yang, les principes universels mâle et femelle, l'équilibre cosmique éternel, l'étreinte de deux jeunes amants, ou les allégories littéraires sur la vigne et la lune... toutes ces métaphores élevées aux prétentions poétiques venaient d'être dégonflées, enfoncées, battues. La giclée universelle, quelle trouvaille !

Une image traversa l'esprit de Ti, à son grand dam. Dame Djamal et ce nabot avaient-ils... ? Il rejeta l'idée. L'homme était... trop petit. Elle était trop... féminine, trop voluptueuse. Chaque partie de son corps était proportionnellement minuscule, forcément. Toutefois, des rumeurs circulaient sur les hommes petits. Les nains, par exemple, c'était notoire...

Le médecin lui souriait comme s'il savait exactement à quoi il pensait, et Ti eut la vision nette des mains minuscules d'Abou Zeed sur la poitrine opulente de Dame Djamal, tandis que lui-même, le grand juge Ti, assistait au spectacle comme un valet de chambre eunuque.

Sur la rivière, le port était encombré de bateaux et de barges qui naviguaient à la rame ou à la perche tandis que d'autres déployaient leurs voiles dans un enchevêtrement de haubans et de mâts. On déchargeait les cargaisons des gros navires à l'aide de filets et on les transférait sur des barges en contrebas. Ti avait l'impression qu'il aurait pu rejoindre le dhaw[1] suspect en passant d'embarcation en embarcation sans jamais toucher l'eau.

L'adroit rameur effectua une approche circulaire, zigzaguant entre les bateaux tout en maintenant le cap afin que Ti et le médecin interceptent la barge officielle aux couleurs éclatantes. En amont de la barge, le dhaw hauturier tanguait doucement sur son ancre. L'énorme voile triangulaire lofait dans la brise tandis que l'équipage manœuvrait pour l'amener.

Ils approchaient de la barge. Ti observa le médecin, qui lui avait promis du spectacle et dont l'excitation grandissait. Il vit bientôt les occupants de la barge officielle : des eunuques.

— Ha! cria Abou Zeed. Je les sens déjà! Et ils me reniflent aussi! Me voilà, mes chéries!

Le rameur plongea une dernière fois ses avirons dans l'eau. L'embarcation aborda en glissant et racla la coque de la barge. La nausée de Ti ne se calma pas avec l'arrêt du bateau.

— Conseiller, dit Abou Zeed à tue-tête, je m'excuse par avance de ce désagrément! (Ti s'agrippa au plat-bord lorsque des vagues secouèrent l'embarcation.) Je n'avais pas l'intention de vous embarquer dans mes combats personnels, mais... (Zeed éleva la voix à l'intention des eunuques réfugiés dans la petite cabine de la barge.) Je ne peux pas laisser ces tantes qui empestent l'urine faire en

---

1. Bateau arabe qui possède un seul mât, une voile latine, une proue effilée et un pont surélevé à la poupe. *(N.d.T.)*

sorte que ce dhaw accoste. Nous devons d'abord le désinfecter. (Il mit ses mains en porte-voix.) Il faut que je le leur rappelle, on dirait. C'est leur ville. Leur port. Mais, comme vous pouvez l'imaginer, conseiller, l'arbitraire règne lorsque le respect de la loi entre en conflit avec leurs intérêts !

Quatre eunuques surgirent de la cabine dans un bruissement de riches soieries. Le vent apporta une bouffée de parfum, mêlée à l'odeur de poisson. Ti eut de nouveau un haut-le-cœur. Les eunuques s'alignèrent à un coin du bastingage. Ti vit leurs doigts boudinés agripper le bois bariolé.

Un eunuque d'un certain âge et trois jeunes initiés les fixaient d'un œil mauvais. Le plus âgé se maîtrisait, ne montrant qu'un mépris hautain. Le médecin représentait sans doute pour lui une épine permanente dans le pied, songea Ti.

— Tiens, remarqua l'eunuque âgé, mais il en fait, du bruit, pour un Persan. Attention, ajouta-t-il à l'adresse de ses jeunes confrères, il paraît que les puces sautent facilement d'un bateau à l'autre.

Le médecin sourit. Ti se recula. Certes, le spectacle promettait d'être divertissant.

— Ah, fit Abou Zeed, je vois que vous êtes également incontinents moralement. Combien de rats qui vont infester nos côtes comptez-vous laisser échapper de ce bateau ? Lequel d'entre vous, dans ce malheureux sérail, s'est laissé soudoyer avec des cosmétiques ? Vous ? demanda-t-il en pointant un doigt vengeur sur un jeune eunuque. Non. Vous ? Non. Je parie un testicule que c'était la vieille tante ridée. (Il s'esclaffa.) Si je perds, il m'en restera toujours un de plus que vous !

— Attention de ne pas faire chavirer ton bateau, Persan, riposta le vieil eunuque. Pense à ton passager. Oh, certes, tu n'as pas peur de te noyer. Nous savons tous que la merde flotte.

Les jeunes eunuques gloussèrent de plaisir et le plus âgé parut content de lui. Le médecin inclina la tête de côté, un rictus machiavélique au coin des lèvres.

— Oh, pour le savoir, vous le savez, dit-il. On vous a laissé un trou intact, n'est-ce pas, eunuque Chiung?

— Allons, allons, maître Abou Zeed. Pensez à la sensibilité de votre passager.

— Pensez à votre ville, maître Chiung. Vous croyiez vraiment vous en tirer sans que je m'en aperçoive? Retournez-vous, mesdames, et regardez. Pendant que nous causions, mes petits guerriers ont abordé le dhaw.

Les eunuques se retournèrent à temps pour voir une armée de petits corps noirs grimper sur le pont du bateau arabe. Même s'ils étaient de dos, on devinait leur indignation.

— Comme je savais que vous ne mettriez jamais notre ville en danger, maître Chiung, j'ai pris la liberté d'agir.

Le vieil eunuque perdit contenance.

— Sois maudit, Abou Zeed! La cargaison est fichue! Elle n'aura plus aucune valeur!

— La loi est la loi, maître Chiung. Qu'y pouvons-nous?

Les Pygmées étaient vêtus de simples pagnes. Ils hissèrent un sac sur le pont du dhaw et escaladèrent le bastingage et les gréements tels des acrobates. Puis ils se mirent au travail, sortirent des faisceaux d'herbe du sac, s'éparpillèrent et disparurent dans la cale.

— Ça va devenir intéressant, déclara Abou Zeed. Avez-vous déjà vu des eunuques s'agiter avec une telle fébrilité? C'est que leurs intérêts sont en jeu. C'est fascinant.

Un des Pygmées monta sur le pont et leva un bras, sans doute un signal destiné au médecin, qui leva le bras à son tour, le visage fendu d'un large sourire. Les eunuques discutaient entre eux à voix basse.

— Les petits bonshommes adorent ça, conseiller. Ça les réjouit de participer à un tour de magie sur lequel ils possèdent un certain contrôle.

Le médecin leva la tête vers le ciel bleu et désigna du doigt le soleil de feu. Le Pygmée acquiesça. Un morceau de verre brilla dans sa main. Il le présenta au-dessus d'un fagot de brindilles et d'herbes séchées. Au bout de quelques secondes, une fumée s'éleva du fagot. Le médecin éclata de rire, les eunuques sifflèrent entre leurs dents, et les petits hommes du dhaw se mirent à danser de joie. L'équipage du bateau arabe errait sur le pont. Apparemment, les marins ne semblaient pas affectés outre mesure par la tournure des choses. Le sort de la cargaison les laissait indifférents.

— Les petits bonshommes adorent ça, conseiller, répéta le médecin. Des perles de feu. Des globes de feu. Ils adorent la sonorité de ces noms. C'est tellement plus poétique et plus efficace que de frotter des baguettes l'une contre l'autre.

Bientôt, d'épais nuages de fumée âcre s'élevèrent de la cale du dhaw et rampèrent par les écoutilles.

— Les rats vont bientôt s'enfuir et il n'y a qu'une seule issue. Le moment venu, vous verrez avec quelle indiscutable diligence mes petits hommes jouent leur rôle. Lorsqu'ils frappent, c'est à la vitesse de l'éclair et avec une précision mortelle. Pas un rat n'atteindra le rivage, je vous l'assure.

» Ils sont pacifiques, ils partagent gaiement le fruit de leur chasse avec leurs voisins. De nature fidèle et joyeuse, ils ne sont pas portés sur la rêverie, la tristesse ou la cupidité comme leurs cousins "civilisés". Mais je vous mets en garde, mieux vaut ne pas être leur ennemi.

Les eunuques se mirent en branle, exactement comme Abou Zeed l'avait prédit. Après des coups d'aviron vigoureux, la barge accosta le dhaw et, sur l'ordre de leur aîné, les jeunes eunuques escaladèrent les échelles de corde par lesquelles les Pygmées avaient envahi le navire arabe, foncèrent vers la cale et disparurent dans la fumée.

Ils émergèrent peu après, toussant et crachant, chargés de lourds fardeaux. Après avoir repris haleine, le bras plaqué sur le nez et la bouche, ils plongèrent de nouveau dans la fumée.

Abou Zeed riait à gorge déployée.

— Vermine! hurla-t-il. Regardez-les courir, conseiller! Vous voyez ces paquets qu'ils sortent de la cale? De la soie précieuse. Lorsqu'elle aura absorbé l'odeur de la fumée, elle sera gâchée. Les eunuques le savent, c'est pour cela qu'ils espéraient décharger cette riche cargaison en évitant les contrôles légaux. Des centaines, peut-être des milliers de rats auraient débarqué avec la marchandise.

Ti se rappela ce que lui avait dit le marin unijambiste : les eunuques, qui détestaient les rats, se chargeaient de faire respecter la loi.

— Mais, docteur, dit-il, j'ai vu de mes propres yeux des eunuques empêcher un navire d'aborder avant que les rats aient tous été massacrés. Je ne comprends pas.

— C'est pourtant évident! C'est la loi, en grande partie grâce à moi. Les eunuques doivent la faire appliquer, et la plupart du temps ils s'acquittent fort bien de cette tâche. C'est un devoir qui sied parfaitement à leur nature laborieuse et zélée. Ils adorent exercer leur pouvoir et fourrer leur nez partout. En outre, cela les autorise à aborder n'importe quel bateau et à confisquer ce qui leur plaît. Ce que vous voyez, c'est une manière purement sélective de faire respecter la loi. Comme la fumée les aurait empêchés de tirer profit de cette cargaison, ils étaient bien décidés à laisser accoster le dhaw, avec ou sans les rats. Ou, devrais-je dire, les rats, les puces et le reste.

Sur le pont du dhaw, les Pygmées, armés de bâtons et

de sarbacanes, couraient de tous côtés et abattaient les rats à mesure qu'ils sortaient de la cale. Les eunuques ne s'activaient pas moins, ils hissaient les paquets hors de la cale, les traînaient à travers le pont et les larguaient par-dessus bord sur la barge que le vieil eunuque arpentait en jurant. Parfois, un paquet manquait son but et tombait à l'eau, au grand dam du vieil eunuque. Accoudés au bastingage, les marins arabes paraissaient se réjouir du spectacle.

Le médecin persan soupira.

— Ça fait des mois que je harcèle ce troupeau d'eunuques, dit-il. Je les prends souvent la main dans le sac, mais la punition ne va pas plus loin. Je n'ai aucun moyen de les poursuivre. Imaginez un Persan mouchardant des eunuques à d'autres eunuques. Le commissaire des Galions est lui-même un eunuque, comme vous le savez sans doute. Je ne peux les attaquer en justice, mais je peux leur rendre la vie infernale. Les eunuques, déclara-t-il avec mépris, ont été conçus pour diriger le sérail royal. Pour veiller sur les femmes comme les bergers sur les moutons. C'est là qu'ils ont appris à exercer leur pouvoir, comment voulez-vous qu'ils ne soient pas corrompus ? Alors, comment avez-vous trouvé notre brave commissaire des Galions ?

— Je n'ai pas réussi à le voir. Je n'ai vu qu'un jardin pour singes et un fonctionnaire adipeux dont j'ignore le nom.

— Ha ! Je sais qui c'est ! Un menton de crapaud ? Il a des yeux humides et s'apitoie perpétuellement sur son sort ?

— Celui-là même.

— Il m'arrive de faire un rêve, conseiller. Permettez-moi : imaginez une horde de barbares des steppes — ceux qui vous donnent tant de fil à retordre, à vous autres gens du Nord —, vêtus de leurs fourrures graisseuses malodorantes, qui chevauchent leurs poneys laineux en vociférant, enfoncent le portail du ministère des Ports et de la Navigation, chargent les eunuques et les embrochent comme de vulgaires cochons.

La scène imaginaire réjouit Ti; il fut tiré de sa rêverie par un sifflet qui retentit sur le pont du dhaw. Le chef des Pygmées brandissait un sac agité de tremblements. Abou Zeed sourit et acquiesça d'un signe de tête.

— Des spécimens vivants, conseiller, expliqua-t-il.

— Des spécimens?

— Des rats. Avec les puces qu'ils transportent. En fait, je regrette de devoir tuer les rats, maître Ti, car je les admire. Ils sont féroces, astucieux, intelligents, pleins de ressources. Un rat se battra jusqu'au bout pour défendre sa peau. C'est leur incroyable faculté d'adaptation qui fait d'eux le véhicule idéal pour la propagation des maladies. J'ai besoin de capturer des rats vivants afin d'observer leurs puces. Saviez-vous que lorsqu'un rat est en train de mourir ses puces l'abandonnent?

— Non, je l'ignorais, avoua Ti, admiratif.

— De même que les rats abandonnent un navire qui coule, conclut Abou Zeed.

Ti était assis avec le médecin dans une maison de thé, à la frontière du ghetto persan.

— La maladie m'attire, dit Abou Zeed, c'est elle qui m'a amené ici. Ça peut paraître morbide, mais à chacun son obsession. Vous avez vos têtes, magistrat, j'ai mes rats et mes parasites. La plupart des gens auraient préféré fuir cette maladie, mais l'histoire de la peste épouse celle de l'homme. C'est évident, tout est là. Et c'est pourquoi j'y suis aussi. Mon étude de l'histoire et des annales m'a conduit à faire des observations étonnantes et quelques conclusions solides. Tout d'abord, j'ai certaines théories pour éviter l'infection. Et, jusqu'à présent, elles se sont révélées exactes.

Le médecin porta le bol de bouillon fumant à sa bouche. Ti était impressionné qu'on puisse boire un liquide aussi chaud sans se brûler.

— Certes, Canton n'a pas connu une extension de la maladie aussi importante que certains pays. Depuis que je suis ici, nous avons eu la chance de contenir l'épidémie. Et j'ai demandé à un homme de lettres de consigner mes découvertes par écrit.

— Vous parlez pourtant un excellent chinois, docteur.

— J'ai l'oreille pour les langues étrangères, mais mon esprit vacille devant le léviathan de l'écrit. J'ai passé pas mal de temps à recueillir des contes et des légendes auprès des marchands et des explorateurs chinois des ports de mon pays natal. C'est comme cela que j'ai appris la langue, ainsi que des histoires et des témoignages apocryphes sur Hainan. J'ai demandé à un lettré d'envoyer une lettre au maître des Jardins médicinaux et au commandeur du ministère du Grand Thérapeute, dans laquelle j'expliquais mes recherches et mes références dans le domaine des herbes médicinales. Vous comprenez, je ne voulais pas attirer l'attention sur mes hérésies.

» Et voilà qu'après quelques mois je reçus une missive m'invitant à venir étudier la maladie à Canton. Si étrange que cela puisse paraître, on accepta même de m'accorder un petit traitement. En dépit de l'omnipotence de nos eunuques, il semblait que la superstition avait épargné le ministère du Grand Thérapeute et qu'on n'accusait pas tous les Persans de la propagation du mal.

— Canton n'a pas le monopole de la xénophobie, déclara Ti. Ch'ang-an en souffre aussi. Vous feriez bien d'éviter ma chère mère.

— Ha! J'aimerais la rencontrer face à face. Elle tomberait amoureuse de moi, je vous l'assure. Mais, vous avez raison, le sectarisme est la maladie la plus difficile à éradiquer. La peste est un jeu d'enfants à côté. Il y a aussi Hainan : on n'y envoie pas seulement les prisonniers politiques. Pour les gens simples — mais aussi pour les autres, hélas — c'est la source de toute la pestilence qui sévit à Canton. Il souffle de l'île un vent marin qui charrie le pollen de plantes étranges et mortelles, les vapeurs des jungles tropicales, les maladies contagieuses de ses indigènes. Un arc-en-ciel malfaisant embrase son sol fertile. Les Cantonais en sont persuadés et ils ne veulent rien savoir d'autre.

— J'ai entendu les rumeurs les plus folles sur la source de la maladie. On parle notamment des eunuques ou des Persans. Et de l'île du diable aussi, évidemment.

— Les gens préfèrent forcer la nature et l'univers à se conformer à leur vision étroite et biaisée plutôt que de regarder avec objectivité les causes de la maladie.

— Vous voulez parler des rats ?

— Les rats ne sont qu'un des facteurs. J'ai d'abord découvert que l'épidémie croît rapidement avec l'importation des rats. Ils transportent ce que tous les animaux à poils transportent.

— Les puces ?

— Les puces, bien sûr. Mais pas plus que les chats et les chiens. Toutefois, c'est la seconde partie de ma découverte. Laissez-moi revenir un peu en arrière. J'ai fouillé dans les annales du siècle écoulé, celles de la grande peste de Constantinople. Après cette effroyable catastrophe, mille fossoyeurs ne suffirent pas à enterrer tous les corps.

» Incapables d'enrayer l'épidémie, les hommes cherchèrent des coupables. Les vapeurs, les esprits démoniaques, la configuration défavorable des étoiles, les étrangers, les animaux. Dans certaines régions, on crut que les chats et les chiens étaient responsables de la propagation de la maladie et leur population fut décimée. Je fis alors une observation intéressante; partout où les chats et les chiens étaient massacrés en grand nombre, les rats, forcément, prospéraient. Et partout où les rats prospéraient, la peste gagnait.

» En revanche, là où on gardait les chats et les chiens, pour la compagnie ou pour la chasse, la population des rats diminuait et l'épidémie stagnait. Dans ces derniers endroits, l'impact de la peste faiblissait et disparaissait peu à peu. On aurait pu en conclure que les rats eux-mêmes transmettaient la maladie. Je l'ai cru aussi, jusqu'au jour où j'ai découvert avec étonnement que les rats étaient également atteints par la maladie. Elle les décime aussi bien que les humains. Le fait qu'ils se reproduisent avec une extrême rapidité a empêché le monde — à part moi, bien sûr — de remarquer qu'ils mouraient en grand nombre en même temps que les humains. En arrivant à Canton, où je savais que la peste sévissait, j'ai enfin eu la chance que j'attendais : j'ai obtenu un sac de rats malades et moribonds. Je les ai ramassés moi-même dans les ruelles, sous les quais, ce genre d'endroits. Je me suis habillé de sorte que ma peau soit entièrement protégée. J'ai emporté les rats dans mon laboratoire, j'ai construit des coffres en verre de Perse, munis de couvercles à charnières, afin de les observer. Devinez ce que j'ai découvert.

— Les puces abandonnaient les rats, dit Ti, qui se souvenait de ce que le médecin avait dit lorsqu'ils observaient les Pygmées.

— Exactement, maître Ti. Elles s'enfuyaient même avant la mort des rats. A mesure que la maladie progressait, la température du corps des rats s'élevait et chassait les puces de leur habitat. Et elles devaient vite trouver un nouvel hôte. En prenant un luxe de précautions, j'ai capturé les puces, je les ai transférées sur un rat en bonne santé, et j'ai attendu. Quelles conclusions en tirerait un homme à l'esprit aussi rationnel et méticuleux que le vôtre ?

Ti considéra le petit homme avec effroi. Il avait lui-même passé sa vie à lutter contre la superstition et l'illogisme. Or il avait devant lui un homme dont la dévotion passionnée à la raison le conduisait vers des terrains obscurs et dangereux qu'il n'osait aborder. Dire que cet être étrange avait été jusqu'à risquer de contracter la maladie afin d'en tirer des renseignements utiles !

Le médecin se pencha d'un air comploteur.

— L'étape suivante, si je trouvais un moyen, serait de prendre les puces chez un rat moribond et de les transférer sur un être humain. Mon seul obstacle est de trouver un sujet adéquat. Nous pourrions peut-être capturer un eunuque, qu'en dites-vous ?

Le Persan éclata de rire, mais Ti n'était pas certain qu'il plaisantait.

Il se faisait tard. Le propriétaire de la maison de thé commençait à abaisser la moustiquaire autour du pavillon, tandis que son fils allumait les lampes à huile suspendues au-dessus des tables.

— Il est certes gratifiant de savoir comment la maladie se transmet, mais cette découverte entraîne, bien sûr, mille et une questions. Et mille et une théories. Comment exactement les puces elles-mêmes transmettent-elles la maladie ? Voilà ce que je pressens : c'est un monde de divisions où chaque chose a son reflet en plus petit. La colline est le reflet de la montagne. Le ruisseau, celui de la rivière. Ce sont tous de parfaits miroirs de choses plus grandes. J'en conclus donc que les puces ont des parasites plus petits qui ne sont capables de vivre que sur elles, et que ces parasites hébergent à leur tour des parasites plus petits, et ainsi de suite... jusqu'à l'infini. C'est sans fin, fatalement. De même que nous pouvons voyager de plus en plus loin dans la voûte céleste, nous pouvons descendre de plus en plus loin dans l'infiniment petit.

— Un concept génial, docteur, je l'admets. Avez-vous vu ces choses grâce à vos cristaux et à vos cylindres optiques ?

— Non, je crains que cela ne soit impossible, hélas. Ces créatures que je devine vivent dans un monde sans lumière. Elles sont si minuscules qu'elles sont obligées de vivre dans l'obscurité permanente. Imaginez, magistrat, elles sont même trop petites pour recevoir le feu universel du soleil !

Des heures plus tard, Ti et Abou Zeed marchaient dans les rues noires de monde du quartier le plus défavorisé de Canton. Ti s'étonna que les pauvres citadins puissent passer toute leur vie sans connaître un seul moment de tranquillité et de paix. Pas même un seul moment d'intimité. Il comprit pourquoi, vivant les uns sur les autres, ils étaient aussi vulnérables devant la maladie, surtout celle qui ravageait Canton : les puces avaient ainsi une distance plus courte à franchir pour changer d'habitat.

C'était un véritable test pour la foi de Ti en son nouvel ami. Ce quartier de la ville était proche de l'endroit où Abou Zeed avait recueilli ses rats. Avant de partir en expédition, le médecin et Ti s'étaient enduit chaque centimètre carré de peau d'un onguent camphré. « Les puces détestent cette odeur, avait assuré le médecin. Je prends toujours cette précaution. Si vous ne laissez pas les puces vous piquer, vous n'attraperez jamais la maladie. »

La maladie. C'était le mot préféré d'Abou Zeed.

— Je me plonge dans l'étude des maladies comme d'autres dans celle des orchidées. C'est ma passion. Moi aussi, je cherche à aller à Hainan depuis mon arrivée à Canton. Mais ils ne veulent pas que je m'y rende. Ils dressent des obstacles sur ma route. Comme sur la vôtre.

— Pourquoi vous en empêchent-ils ?

— Parce qu'ils craignent que mon véritable but soit de voir de mes propres yeux les colonies d'esclaves persans ; ils ont peur que je fasse un rapport à mes compatriotes sur les colonies et sur les pirates qui y ont conduit les esclaves ; ils craignent les représailles, ils ont peur que des armées viennent raser Canton. Certes, c'est possible, mais en réalité je suis déjà au courant pour les colonies. Ce ne sont pas elles qui m'attirent sur l'île.

— Ce sont les multiples maladies.

— Exactement. Il y en a à profusion. Elles s'y développent et prospèrent. Une jungle, pensez ! Oh, des jungles, j'en ai connu, magistrat. Si denses et si vertes qu'on peut se tailler un chemin à coups de serpe et n'avancer que de vingt pas par jour. Et le lendemain, quand on se réveille, épuisé, les muscles endoloris, il n'y a plus aucune trace du chemin. La jungle a repoussé dans la nuit. Ah, la nuit ! Une voûte spectrale d'arbres immenses qui se dressent telles les ombrelles des dieux ! Leurs hautes silhouettes noires cachent les étoiles. La nuit, les lampes attirent des essaims d'insectes, papillons, scarabées, punaises, de mille couleurs différentes, des monstres à piquants et à cornes ou de petits bijoux délicats. Des chauves-souris aussi grosses que des corbeaux. Et les rivières ! Elles paraissent agréables, on a envie de s'y baigner, mais ne vous y risquez pas ! Or, Hainan est ce genre de jungle, conclut Abou Zeed, le regard brûlant. C'est aussi une île, coupée du reste du monde. Maintenant, vous comprenez pourquoi je tiens absolument à y aller ?

— Ne pouvez-vous obtenir l'autorisation du Grand Thérapeute ?

— Hélas, son pouvoir est limité. Le véritable pouvoir est aux mains de nos amis émasculés. Voilà pourquoi nous nous détestons. Vous voulez aller à Hainan, maître Ti, moi aussi. Ensemble, nous trouverons bien un moyen.

— Oh, je n'imagine pas y aller sans vous, docteur. Mais il nous faut un navire. On dit qu'il est dangereux de se rendre sur la péninsule par la terre.

— Oui, il y a des problèmes dans le Sud.

— La mer est donc notre seul moyen, malgré la menace des pirates. Et, en attendant, fit Ti, pensif, j'ai trois têtes d'eunuques qui me regardent à travers un cristal de Perse et qui m'implorent de les venger. Si vous me passez l'expression, je suis plongé jusqu'au cou dans les heures les plus sombres de la ville.

— Ah, oui, votre merveilleuse collection de têtes. Vous parlez de nouveau ma langue, maître Ti ! Je trouve vos têtes presque aussi attrayantes que l'île et ses maladies ! Deux esprits curieux valent mieux qu'un. Si nous leur rendions une petite visite ?

Ti songea que son ami était décidément un sacré fripon. Il savait où les têtes étaient entreposées. Il savait où tous les deux devaient aller pour leur « rendre visite ».

Ti était allongé sur le ventre, les yeux fermés, l'âme vagabonde, tandis que les petites mains fraîches de Dame Djamal lui enduisaient le cou et les avant-bras d'onguent. Sa peau était en feu, brûlée par le soleil tropical après une trop longue exposition sur l'eau.

Le bocal d'onguent reposait sur la table de nuit. Encore un remède du médecin persan. L'onguent empestait les légumes pourris, ou pire. Mais Ti s'en moquait. Quand bien même il aurait senti la charogne, les jolies mains de Dame Djamal lui auraient fait tout oublier.

Quelle nuit et quelle journée ! Il était retourné chez Dame Djamal avec le médecin, et ils avaient mangé, bu du vin, bavardé et ri jusqu'à une heure avancée de la nuit.

Cela faisait bien trop longtemps que Ti n'avait pas

ouvert son journal. Il l'avait évité parce qu'il ne savait pas comment écrire ce qui lui était arrivé sans mentionner la Persane. Il s'était cependant souvenu que le journal était uniquement destiné à sa fille et qu'elle serait adulte lorsqu'elle le lirait. Un lien singulier unissait Ti à sa fille adoptive. Pourquoi ne pas lui laisser un témoignage sincère, dépourvu de censure ? Le danger était partout. Il se pouvait qu'il ne survive pas à son voyage. Pourquoi ne saurait-elle pas ce qui lui était arrivé ?

Ainsi, pendant que Dame Djamal caressait sa peau endolorie, l'esprit encore embrumé par le vin, Ti réfléchissait à la façon de tourner les phrases qu'il écrirait plus tard.

Ma fille adorée, ma fille adorée.
Tu aimerais mon nouvel ami le médecin. En sa compagnie, j'ai l'impression d'être avec une force de la nature. Rien ne peut nous arriver. Son esprit lumineux éclaire le moindre recoin obscur. L'illogisme et la superstition se terrent à son approche, de même que les crapules, les hypocrites et la vermine de toute sorte. Je crois qu'il a même un soupçon de pitié pour les infortunées têtes de ma collection croissante. Nous avons passé une bonne partie de la soirée à les examiner. Comme j'étais heureux que son œil exercé corrobore mes hypothèses ! Et lorsque je lui ai parlé du jeune eunuque en larmes qui avait identifié son ami parmi les morts, il a abandonné un instant ses mots d'esprit cyniques pour m'écouter. Il a d'ailleurs admis qu'il se pouvait que les eunuques ne soient pas tous infiniment méprisables.

Et que dire de Dame Djamal ! Il n'y a pas deux femmes comme elle dans le monde. Elle ne hurla pas, ne se couvrit pas les yeux, ne blêmit pas davantage lorsque nous manipulâmes les têtes. Au contraire, elle s'assit près des jarres et écouta attentivement, proposant des théories et ajoutant des commentaires de son cru. Ma fille, je dois te l'avouer : lorsque je prétends qu'il n'y a pas deux femmes comme elle, je ne suis pas entièrement sincère. Je crois connaître une autre femme qui ne blêmirait pas à la vue des têtes décapitées. Une femme qui écouterait et parlerait comme un homme. Une femme qui pourrait assister à ce spectacle sans perdre une once de sa féminité, qui pourrait, d'une seule caresse, réduire un homme à l'impuissance. Ah, cette femme et son parfum ! Ton père a des pensées troublantes, ma fille ; des pensées qu'il ne s'est pas encore formulées à lui-même...

Mais je digresse. Ce soir, avec le médecin, cette femme passait parfois au persan lorsqu'elle ne trouvait pas les mots chinois. Ils se mettaient alors à bavarder tous les deux avant de se souvenir de leur invité et de reprendre la conversation en chinois. Dans ces moments-là, je les observais et je contemplais les petites mains du médecin, son corps maigre et nerveux, je respirais le parfum de Dame Djamal et je m'interrogeais...

Ils s'étaient rencontrés, m'avaient-ils dit, lorsqu'on l'avait appelé pour la soigner. Elle souffrait d'un mal bénin. Je n'ai pas demandé la nature de ce mal. J'attendrai qu'elle me le dise. J'attendrai de même qu'elle réponde à mon autre question. Pour l'instant, je préfère rester dans l'ignorance. Pour l'instant... pour l'instant...

Son esprit dériva. Il vit le visage de sa fille, mais elle avait cessé d'être une enfant, et elle s'éloignait de lui. Il vit alors des feux. « Des feux d'os », avait dit quelqu'un. Et il sut, même de loin, que c'étaient des os qui brûlaient.

Il y eut un grondement, et il sut, sans le voir, que c'étaient les immenses roues en bois des charrettes d'os.

— Réveillez-vous, souffla-t-elle à l'oreille de Ti.

Il faisait encore sombre. Combien de temps avait-il somnolé ? Il l'ignorait, mais comme il était doux d'être tiré d'un mauvais rêve par sa caresse. Il sentit son membre durcir, prêt pour l'amour. Il grogna et tendit les bras vers elle.

— Quelle est cette affreuse odeur ? dit une voix d'homme.

Ti s'assit, complètement réveillé, et empoigna une courtepointe pour couvrir sa nudité.

Dame Djamal était avec le gros officier de police. Ti sentit son désir s'évanouir aussi vite qu'il avait surgi.

— On vous réclame, dit simplement Dame Djamal.

— Mille pardons, monsieur le magistrat, dit l'officier. La patronne de votre... ancienne résidence m'a dit où vous trouver.

Le petit homme était à la fois excité et embarrassé.

Ti soupira. Il ne pouvait y avoir qu'une explication à sa visite. Une seule. Il bâilla. Il avait la peau tendue et brûlante, et les mâchoires douloureuses. Il avait encore grincé des dents pendant son sommeil. Pas étonnant, avec les rêves qu'il faisait. Si cela continuait, ses dents finiraient en poudre. Il en serait réduit à manger de la bouillie, comme sa vieille tante.

Il rejeta la courtepointe et balança ses jambes hors du lit.

Le lieu du crime était une véritable pétaudière. Les agents et les adjoints du cinquième district avaient formé un cercle autour de la tête. On leur avait recommandé de ne toucher à rien avant le retour de leur supérieur accompagné du célèbre magistrat de Ch'ang-an. Mais ce dernier avait été plus difficile à trouver que prévu, et la nouvelle du forfait s'était répandue. Une foule inquiète et grondante avait envahi le lieu.

Ti grimpa sur le plateau d'un char à bœufs, agita les bras et harangua la foule.

— Je suis en charge du district de l'Anneau de Jade au nom de l'impératrice de Chine. (Aussitôt le silence se fit.) Cette terre est consacrée. Les preuves et les indices sont la propriété du royaume. Ordre du Code civil T'ang, chapitre III, article 14 : tous ceux qui ne quitteront pas immédiatement cet endroit seront arrêtés pour avoir entravé le cours d'une enquête du Fils du Ciel. Que ceux qui n'appartiennent pas au cinquième district partent !

Personne ne s'aviserait de contester l'exactitude de l'article cité, bien sûr ; Ti ne l'avait mentionné que pour impressionner son auditoire.

La foule se calma et recula de quelques pas. Ti descendit de son perchoir et, brandissant la lanterne, s'approcha de la tête. Le pieu était enfoncé dans un sol sablonneux tacheté de gouttes de sang violacées. Ti examina la tête.

— Tiens, tiens, fit-il. Comme on se retrouve !

Les yeux du supplicié étaient fermés. Sinon, Ti ne l'aurait peut-être pas reconnu. Son expression était la même que lorsque Ti l'avait vu, la tête encore sur les épaules, se détourner et s'éloigner dans le vestibule du ministère des Ports et de la Navigation.

C'était le premier eunuque qu'il avait rencontré lorsqu'il avait naïvement tenté d'obtenir l'autorisation de se rendre à Hainan, celui qui l'avait accueilli à la porte et s'était éclipsé, la lettre de recommandation à la main, celui qui avait précédé le grassouillet simiophile qui reprochait à Ti son comportement inamical à l'égard de ses singes chéris. L'obèse l'avait réprimandé, lui avait dénié l'autorisation de navigation et avait déclaré, sans ménagement, que si Ti cherchait à se rendre sur l'île par ses propres moyens, les prisonniers de l'île en pâtiraient.

Ti leva la lanterne; pas de doute, c'était le même visage, la même expression. Les yeux clos dans une grimace exaspérée, l'air perpétuellement scandalisé.

Etant donné les circonstances, songea Ti, je serais malvenu de te reprocher ta mauvaise humeur. Il s'adressa à l'officier.

— Veuillez noter un message pour Dame Djamal : « Les morts sont plus heureux lorsqu'ils ne sont pas confinés dans le noir. »

— Je vous demande pardon ? fit l'officier, déconcerté.

— Elle comprendra. Elle vous remettra ce dont j'ai besoin. En passant par le marché, arrêtez-vous pour recueillir une importante quantité de vin. Vous avez bien compris ?

— Parfaitement, monsieur le juge.

— J'aurais aussi besoin que vous remettiez un autre message avant de revenir... à maître Abou Zeed. Vous n'aurez pas à faire un grand détour, il habite près de chez Dame Djamal. Dites-lui que le magistrat de Ch'ang-an serait enchanté de le rencontrer dès le lever du jour devant le portail du ministère des Ports et de la Navigation. Allez-y, je vous attendrai ici.

Ti reporta son attention sur l'invité d'honneur.

— Toujours pressé, hein ? souffla-t-il en recouvrant la tête du supplicié de son mouchoir. Pressé comme un écureuil.

12

Cette fois, lorsque Ti frappa à la porte du ministère des Ports et de la Navigation, ce ne fut pas d'une main ferme mais courtoise ; il donna des coups de canne à réveiller les morts. Le médecin le regardait faire, un large sourire aux lèvres, en serrant à deux mains un lourd objet cylindrique recouvert de soie.

Fatigué, Ti changea sa canne de main. La porte étant taillée dans un bois exotique d'une rare dureté, la canne rebondissait sur le panneau comme s'il était en acier.

— Attention, maître Ti, vous allez la casser. Ce serait dommage, une si belle canne.

Les rayons dorés du soleil matinal leur réchauffaient le dos. Des gouttelettes de sueur se formaient sur la lèvre supérieure de Ti, qui reprit sa canne dans sa main droite et s'apprêtait à frapper de nouveau lorsque le guichet de la porte s'ouvrit à la volée.

— Restez où vous êtes ! piailla une voix familière. Je vais vous faire arrêter !

— Eh bien, faites, riposta Ti.

En même temps, le médecin ôta le tissu qui recouvrait le cylindre en verre et brandit la jarre afin que les yeux morts, qui s'étaient entrouverts après avoir séjourné si longtemps dans le vin, soient au niveau des deux yeux qui les épiaient par le guichet.

Il y eut un hoquet, puis le bruit d'un objet qu'on renverse et qui se brise. Sans doute un luxueux cheval en céramique, songea Ti.

— Je suis revenu, susurra le médecin en imitant une voix féminine. Vous ne me laissez pas entrer ? J'ai passé une nuit affreuse !

Ti lança un regard noir au médecin persan. Son nouvel ami exagérait.

— C'est le magistrat Ti Jen-chieh, annonça Ti de son ton le plus officiel, la bouche collée au guichet, tout en repoussant le médecin d'une main. Le magistrat de Ch'ang-an. Vous feriez mieux d'ouvrir. Il est de la plus haute importance que nous ayons une petite conversation.

— Assassin ! couina l'eunuque.

— Allons, je vous en prie. Ouvrez donc la porte.

La porte s'entrouvrit de quelques centimètres, laissant deviner les contours d'un visage adipeux dont l'expression reflétait la peur et le reproche.

— Je vous salue, maître Yen Chi, déclara gaiement le médecin.

— Vous vous connaissez ? s'étonna Ti.

— Nous sommes de vieux amis, assura le médecin.

— Pourquoi l'avez-vous amené ? se lamenta l'eunuque.

— Il m'assiste dans mon enquête.

— Autant inviter une vipère à prendre le thé !

— Maître Yen ! s'offusqua le médecin. Vous me blessez !

— Messieurs, je vous en prie, implora Ti. Maître Yen, laissez-nous entrer, s'il vous plaît.

Vous qui n'avez pas daigné me dire votre nom la dernière fois que nous nous sommes vus, ajouta-t-il pour lui-même.

L'eunuque recula et ouvrit la porte. Les cheveux en broussaille, il était encore en robe de chambre, les pieds nus. Ainsi, ils avaient réussi à le tirer du lit, nota Ti avec satisfaction.

Le médecin posa la jarre par terre, au centre du superbe tapis persan. Les bajoues de l'eunuque frémirent lorsqu'il rajusta sa robe de chambre autour de son énorme ventre. Ses yeux, soulignés de cernes noirs, trahissaient la peur. Malgré lui, Ti ressentit une bouffée de compassion. Le médecin, qui n'avait pas les mêmes scrupules, souriait à belles dents.

— Etait-ce votre... assistant ? questionna Ti.

— Ce qu'il en reste, en tout cas, intervint le médecin.

— Je vous en prie, maître Abou Zeed, laissez-le répondre.

L'eunuque acquiesça, en larmes.

— Regardez comme ils pleurent facilement, maître Ti, railla le médecin. Comme les femmes, toujours prêts à verser des larmes.

L'eunuque s'effondra, il ferma les yeux et se couvrit le visage en sanglotant.

— Il verse des larmes sur son propre sort, pas sur celui de son ami, déclara le médecin d'une voix neutre.

— Vous êtes un odieux démon sans cœur, Abou Zeed ! cracha l'eunuque.

— Maître Yen, commença Ti en retenant le médecin d'une main. Nous avons besoin de savoir qui a pu commettre ce crime. Quand avez-vous vu votre ami pour la dernière fois ?

Maître Yen poussa un profond soupir et essuya une traînée de morve.

— La nuit dernière, avoua-t-il. Il partait en carrosse pour un souper.

— Où ?

— Il n'a pas voulu me le dire.

— Tiens, tiens, fit Abou Zeed. Nous avons eu une petite scène ?

— Docteur... gronda Ti.

— Oui, nous nous sommes disputés, admit l'eunuque, à la grande surprise des deux amis. Je devais aller avec lui. Nous avons eu... un désaccord de dernière minute.

— Vous deviez l'accompagner et vous ne savez pas où il allait ? s'étonna Ti.

— Il devait rencontrer un nouvel ami, une relation d'affaires potentielle.

— Un marchand d'esclaves, sans doute, glissa Abou Zeed.

L'eunuque lui lança un regard venimeux.

— Vous pouvez parler, Persan, dit-il. Vous qui réduisez en esclavage quiconque ose vous contredire ! Vous qui vous mêlez de la vie d'autrui afin d'accroître votre importance !

— Et vous, vous marchandez la maladie et la mort pour garder vos privilèges ! rétorqua gaiement Abou Zeed.

— Espèce de pacha minus !

— Espèce de hongre adipeux !

— Magistrat, faites-le sortir ! Je ne parlerai pas en sa présence !

— Abou Zeed, implora Ti. Je vous en conjure.

— Très bien. Très bien. Je me tais. Je ne ferai pas plus de bruit qu'une humble souris. Je vais m'asseoir sur cette chaise, là-bas, et je ne dirai plus un mot.

— Excusez-moi, dit Ti à l'eunuque. Vous disiez que votre ami devait rencontrer une relation d'affaires...

— Oui, il disait qu'un miracle allait se manifester.

Ti entendit le médecin frémir d'impatience dans son dos. Il pria pour qu'il tienne sa langue.

— Un miracle ? fit-il. Que voulait-il dire, à votre avis ?

— Il assurait qu'il y aurait un profit éventuel à en tirer. C'est tout.

— Vous avez dit qu'il était parti en carrosse. Etait-ce une voiture de louage ou une voiture du ministère ?

— Un carrosse de louage. Lorsqu'il voulait se rendre quelque part, il faisait appel à divers cochers. Je peux vous donner leurs noms et vous dire où les trouver.

— Parfait. Je vous en serai reconnaissant. Dites-moi, quelle était exactement la fonction officielle de votre ami ? En quoi consistait son travail ?

— Il était mon assistant.

Le médecin ricana.

— Cela signifie donc que vous étiez son supérieur ?

— D'une certaine manière, oui.

— Vous avez été au courant, bien sûr, de la rébellion des Lettrés à Yang-chou. (Ti observa attentivement l'eunuque. La peur suintait par tous les pores de sa peau adipeuse.) Si je ne me trompe, c'est par ce ministère que de nombreux « émissaires culturels » ont reçu leur... affectation pour Hainan ?

Ti nota avec satisfaction que le médecin écoutait dans un silence religieux. L'eunuque remua longuement les lèvres avant de répondre, d'une voix haut perchée :

— Nous... avons aidé au placement des ennemis de Sa Majesté... qu'elle a épargnés dans son infinie bonté.

— Vous disiez que vous aviez davantage d'autorité que votre ami.

— Euh, oui, mais on ne peut pas dire que je sois un haut fonctionnaire. Ce n'est pas moi qui prends les décisions finales. Ils ne peuvent l'ignorer !

— Ils ? interrogea Ti.

— Les insurgés ! Ceux qui ont trahi le trône ! Ces ingrats !

— Les autres victimes des meurtres étaient des eunuques de rang inférieur, déclara Ti. Toutefois, ils ont été exécutés selon un ordre d'importance croissante. Le premier était un simple employé. Le dernier, fit Ti en montrant la jarre, était l'assistant de quelqu'un... disons, de rang intermédiaire. Il me semble entrevoir un schéma directeur.

L'eunuque porta une main tremblante à son cou gélatineux.

— J'ai moins de pouvoir que la plupart des fonctionnaires de ce ministère, dit-il d'une voix faible.

— Ce n'est pas l'impression que j'ai eue la dernière fois, contesta Ti.

— Ce n'était pas de ma faute, pleurnicha l'eunuque.

— Qu'est-ce qui n'était pas de votre faute ?

— Si certains ont été envoyés à Lo-yang... plutôt qu'à Hainan... ou exécutés sur place.

Envoyés à Lo-yang, tu parles ! songea Ti.

— Qui étaient-ils ?

— Je l'ignore. Ils faisaient partie des rebelles qui avaient essayé d'échapper à leur juste châtiment. Ils étaient venus se cacher à Canton. Ils ont voulu prendre un bateau pour un pays étranger. L'Inde, peut-être.

Une pensée désagréable traversa l'esprit de Ti.

— Ils étaient combien ?

— Je ne sais pas. Quarante. Cinquante.

— Et ils ont tous été envoyés à Lo-yang ?

— Non, pas tous.

— Combien d'entre eux ?

— Je l'ignore, gémit l'eunuque. La moitié, peut-être.

— Vingt-cinq vous paraît un chiffre correct ?

— Pourquoi ? implora l'eunuque, qui fixa Ti d'un œil pénétrant.

— Est-ce que vingt-cinq vous paraît un chiffre correct ? répéta le juge.

— Je... je ne m'en souviens pas, répondit l'eunuque en reniflant.

Ses yeux étaient injectés de sang, de grosses larmes roulaient sur ses joues, mais Ti discerna une sorte de défi dans son expression. Derrière eux, le médecin ne perdait pas un mot de la discussion.

— C'est bien ce que je pensais, soupira tristement Ti.

Vous connaissez le sort de ceux qui furent envoyés à Lo-yang, n'est-ce pas ?

— J'ai entendu dire qu'ils avaient été jugés... et exécutés.

— C'est l'inverse. Ils ont d'abord été exécutés, ensuite jugés.

Ti épia la réaction de l'eunuque. Il crut voir sa morgue s'affaisser. Mais, comme l'avait souligné Abou Zeed, la détresse que Ti lisait dans les yeux de l'eunuque était davantage due à l'inquiétude pour sa propre peau qu'à la pitié pour les vingt-cinq prisonniers.

— Donc, un groupe de quarante ou cinquante personnes cherche à fuir par la mer. En Inde, probablement, ou vers un autre pays lointain. Comment le ministère a-t-il eu vent de ce projet ?

— Euh, comme vous le savez, maître Ti, aucun bateau n'entre ou ne sort de ce port à notre insu.

— Et un groupe aussi important n'aurait pu en affréter un sans que vous l'appreniez. Même s'il avait été deux fois moins important, d'ailleurs.

L'eunuque regarda Ti sans répondre. Une audacieuse petite grimace se chargea de le faire à sa place.

— Dites-moi, maître Yen, quel fut le sort de ceux qui n'ont pas été « envoyés » à Lo-yang ?

— Je l'ignore, assura l'eunuque. Ils ont été arrêtés.

— Vous l'ignorez ?

— Ce n'était plus de mon ressort ! protesta mollement l'eunuque.

— Tiens ! Ce n'était plus de votre ressort. Dois-je en conclure que ça a été de votre ressort pendant un certain temps ?

— Concluez-en ce que vous voulez, déclara l'eunuque, qui se redressa fièrement. En attendant, il me semble que vous avez certaines responsabilités... comme retrouver ce meurtrier !

— Très bien, maître Yen, dit Ti en recouvrant d'un geste décidé la jarre transparente du voile de soie. Donnez-nous les noms des cochers à qui votre ami faisait appel, ainsi que l'endroit où les trouver.

— Accordez-moi un instant. Je vais vous les noter.

Il sortit d'un pas pressé et referma la porte derrière lui, laissant Ti et le médecin seuls dans le vestibule. Ti se tourna vers le Persan, mais Abou Zeed l'arrêta d'un geste.

— Attendez, maître Ti. Laissez-moi vérifier ma capacité de déduction. Vous avez été génial, magistrat. Voilà ce que j'ai appris : le gros castrat et ses collègues sont sans doute des traîtres de la pire espèce. Les lettrés ont sans doute été amenés à croire qu'on leur accordait une autorisation de sortie. Qui sait ? Ils ont peut-être cru avoir trouvé refuge dans ce ministère. Ensuite, certains d'entre eux — vingt-cinq, pour être précis, un pour chaque pique de la grille du temple de Lo-yang — ont été extraits du groupe et conduits à Lo-yang. Sains et saufs.

— Tout juste, docteur, acquiesça Ti avec tristesse. Vous avez remarqué, j'en suis sûr, comme il a rechigné à admettre le nombre exact. Ça confirme ce que je soupçonnais mais que j'aurais préféré ne pas savoir : les eunuques de ce ministère ont reçu, directement ou non, un ordre de l'impératrice elle-même. « Envoyez-moi vingt-cinq prisonniers, vivants et en bonne santé. » Leur sort était scellé d'avance. Un caprice conçu et réalisé par Sa Majesté.

— Et les autres — ceux qui n'ont pas été choisis pour ce rare privilège — ont été mis à mort. Peut-être pas directement par ces émasculés, qui pâlissent et gémissent à la vue du sang.

— Et peut-être pas tous. Certains ont peut-être été envoyés sur Hainan. J'en ai l'intuition. Et cela m'attriste.

— Pourquoi ? Attendez ! Laissez-moi deviner. Parce

que... cela signifierait que les survivants, que vous cherchez à aider, peuvent être impliqués dans les meurtres des eunuques. Des représailles !

Avant que Ti ne puisse répondre, l'eunuque reparut, une feuille de papier à la main.

— Les noms des cochers, dit-il d'un ton sec.

Ti prit la feuille.

— Merci, maître Yen, dit-il en empoignant la jarre.

Il s'apprêtait à partir quand le médecin le devança, souleva le voile de soie et, souriant au gros eunuque, déclara d'une voix de fausset :

— Faites un petit coucou à votre ami !

— Sortez-le ! piailla l'eunuque.

— Abou Zeed ! implora Ti. Je vous en prie !

Une fois dans la rue, l'écho de la lourde porte en bois résonna longtemps dans leurs oreilles. Abou Zeed n'arrêtait pas de rire.

— L'eunuque a raison, déclara Ti. Vous êtes un odieux démon sans cœur.

Ils montèrent dans le carrosse qui les attendait. Ti posa avec soin la jarre sur le plancher et la cala avec ses pieds lorsque le véhicule s'ébranla. Le médecin cessa soudain de rire.

— Je viens d'avoir une idée, dit-il. Il y a vingt-six piques aux grilles du temple. C'est bien ce que vous m'avez dit, n'est-ce pas ?

— En effet. Ce n'est pas par hasard qu'une pique est restée vacante. Sa Majesté désirait que je voie la place inoccupée. Elle doit savoir que je suis à Canton. Les meurtres sont peut-être commis pour mon seul bénéfice.

— Ha ! Et dire que les eunuques pensent recevoir une récompense pour s'être conformés aux désirs de Sa Majesté !

— J'ai vu comment Sa Majesté récompensait ceux qui la servent. Je crois vous avoir dit qu'il fallait du courage pour partager sa couche.

— Façon de parler, s'agissant des castrats. Mais êtes-vous en train de me dire que votre liste des suspects s'étend jusqu'à l'impératrice en personne ?

— C'est une possibilité. Autant essayer de poursuivre la lune et la terre en justice, soupira Ti. Je soupçonne aussi les eunuques. « Enquêtez du côté des vieilles tantes », m'a dit un des jeunes eunuques. Il s'agit peut-être d'une sorte de rite ésotérique, ou d'une vengeance malveillante.

Il se plongea un instant dans ses réflexions. Un autre soupçon plana tel un fantôme à la périphérie de sa conscience et continua de le hanter malgré ses efforts pour le chasser. Il décida de ne pas en parler au médecin pour l'instant. Il lui faisait certes confiance, mais Abou Zeed n'en demeurait pas moins un véritable démon.

Non, il attendrait pour se confier à lui. Ou peut-être ne le ferait-il jamais.

13

— « Quand elles se livrent à leur passion du coït, les femmes sont plus avantagées que les hommes. C'est d'ailleurs leur spécialité ; elles n'en retirent que du plaisir, alors que les hommes courent de nombreux risques en s'abandonnant sans retenue aux joies de l'amour. »

— De nombreux risques, murmura Ti d'une voix lointaine, les yeux clos, fourbu, les muscles relâchés, comme s'il manquait de sommeil ou qu'il était mort.

Par la fenêtre ouverte, une douce brise nocturne apportait le parfum du jardin et rafraîchissait son corps nu dont la sueur s'évaporait.

La seule lumière provenait d'une petite lampe que Dame Djamal avait dirigée sur les feuilles qu'elle lisait.

— « L'abus du coït est suivi d'une perte de vigueur interne. Pour y remédier, celui qui en est atteint doit oindre son membre d'un mélange de sang de bouc et de miel. Il découvrira ainsi des effets merveilleux en faisant l'amour. »

— Vous feriez bien de me préparer une cuve entière de ce mélange, souffla Ti. Je vais en avoir grand besoin.

Elle se coucha sur le flanc ; peu après, Ti entendit le glouglou du narguilé et sentit la suave fumée âcre. Il l'écouta aspirer et retenir longuement sa respiration. Bien plus longtemps qu'il n'en aurait lui-même été capable, songea-t-il. Elle exhala enfin un souffle puissant et inépuisable.

— « Sache, ô vizir, Dieu te garde, que le membre de l'homme porte plusieurs noms », poursuivit-elle.

Avant que sa main n'encercle son propre membre, Ti avait senti l'air vibrer et deviné ce qu'elle allait faire. Lorsqu'elle effleura le membre, il avait déjà commencé à se dresser pour l'accueillir.

— « Il y a *El hamama,* le pigeon ; *El heurmak,* l'indomptable ; *El ahlil,* le libérateur ; *El hammache,* l'exciteur ; *El fadelak,* l'imposteur ; *El naasse,* le dormeur ; *El zodamne,* le levier ; *El khorrate,* le volte-face. (Sa main se resserra autour du membre.) *El dekhal,* le cambrioleur ; *El hezzaz,* le farfouilleur ; *El motela,* le saccageur ; *El bekkai,* le pleurnicheur ; *El korradj,* le lâche ; *El besiss...* (elle se pencha pour lui susurrer le mot à l'oreille, et son souffle tiède lui caressa la peau et lui donna des frissons dans tout le corps)... l'impudent. »

— Parlez-moi de l'impudent.

— Un instant. (Sa main serra un peu plus fort.) « *L'indomptable...* a reçu ce nom parce que, en état d'érection, il commence à remuer la tête, cherche l'entrée de la vulve et, l'ayant trouvée, entre avec insolence, sans demander la permission. Le *levier* est ainsi appelé parce que lorsqu'il rencontre la vulve, qui refuse de le laisser entrer, il en force la porte de sa tête, telle une bête sauvage en rut. »

Elle fit une pause, serrant toujours le membre dans sa main, et se retourna sur le flanc. Il garda les yeux clos. En fait, ses paupières étaient trop lourdes. Il sentit alors de l'huile tiède couler sur lui et la main commença à monter et à descendre dans un rythme langoureux qui l'incita à rester coi.

— « Le *cambrioleur* est ainsi appelé parce que, parvenu à la porte de la vulve, lorsqu'on lui demande ce qu'il cherche, il répond qu'il veut entrer. "Impossible, lui dit la vulve, vous êtes trop gros." Le *cambrioleur* promet alors de passer seulement la tête ; il s'approche, frotte deux ou trois fois sa tête sur les lèvres de la vulve, attend qu'elles soient humides et lubrifiées, puis introduit sa tête et plonge d'un seul coup jusqu'aux testicules. »

Ti imagina la scène comme s'il voyait opérer ce « cambrioleur » depuis l'intérieur de la « maison ». La tête insolente, chauve, rose, pateline, semblable à celle d'un vieillard, d'un marchand itinérant, qui furète, entre dans les bonnes grâces du propriétaire à force de courbettes et de flatteries, profite de son avantage et se précipite, impertinent, du vestibule au boudoir. Cette vision lui arracha un éclat de rire silencieux. La main montait et descendait avec volupté, l'hilarité et l'ardeur mêlées le rendaient incapable de réagir.

— Ce que vous serrez dans la main n'est donc pas un « cambrioleur » ? demanda-t-il.

— Chut. Ne soyez pas impatient. (On entendit le froissement d'une page.) « Le *pleurnicheur* doit son nom aux larmes abondantes qu'il verse. Il se met à pleurer dès qu'il entre en action. Lorsqu'il voit un joli visage, il pleure. Lorsqu'il opère, il pleure. Il pleure même au moindre souvenir. Le *saccageur* n'est pas aussi sentimental. On l'appelle ainsi parce qu'il pénètre dans les endroits les plus incongrus, se fait accepter par les vulves les plus diverses et a l'art de discerner leurs qualités et leurs défauts. Il possède une connaissance approfondie de l'état d'humidité, de fraîcheur, de sécheresse, d'étroitesse et de chaleur des vulves, qu'il explore de façon exhaustive. Il y a ensuite le *lâche,* ainsi nommé parce que, lorsqu'il approche d'une vulve restée trop longtemps inactive et qu'il tente d'entrer, la vulve, dans le feu de la passion, lui crie d'y aller de tout cœur, mais à une condition : "Si je vous laisse entrer, vous devrez rester tant que vous n'aurez pas éjaculé trois fois. — Je ferai mieux, promet le membre, je ne partirai pas avant de vous avoir fait jouir neuf fois !" A peine entré, la chaleur intense de la vulve lui procure une joie exquise. Il va et vient, tendu vers le plaisir parfait que cause le frottement contre les lèvres de la vulve et la paroi de la matrice. Mais il n'éjacule qu'une fois et veut se retirer aussitôt, arrachant un cri de désespoir à la vulve : "Pourquoi t'en vas-tu si vite, sale menteur ?" »

— Répréhensible, intervint Ti. Indigne d'un gentilhomme. Passible de la peine capitale.

Elle le lâcha un instant. Il sentit sa virilité se dresser en l'air. Un autre nom lui vint : le solitaire abandonné. Mais la main revint, enduite de nouveau d'huile, et il oublia.

— « *El besiss* », dit-elle avant de reposer les feuilles.

Elle s'assit à califourchon sur les cuisses de Ti, le regarda de haut, la main appuyée contre son bas-ventre de sorte que dans la pénombre il put croire que son membre faisait partie de son corps à elle. Elle poursuivit sans l'aide des feuillets :

— *L'impudent* a reçu ce nom... parce que, dès qu'il se raidit, il soulève sans vergogne les vêtements de son maître, qui en rougit de honte. Il se conduit avec la même insolence avec les femmes, retourne leur robe, dénude leurs cuisses. (Elle se hissa et resta un instant en équilibre au-dessus de Ti, prête à se laisser retomber.) Son maître a beau rougir de sa conduite... (Elle l'enfourcha à peine, juste assez pour lui arracher un hoquet de plaisir.) Quant à lui, sa raideur et sa détermination à plonger dans la vulve ne font que croître.

Elle se laissa retomber de tout son poids, faisant de lui un cambrioleur, qu'il le veuille ou non.

Dame Djamal relut attentivement sa lettre plusieurs

fois et y apporta de multiples corrections avant d'être pleinement satisfaite. Elle choisit ensuite le parchemin : le plus fin, le plus riche, le plus pâle qu'on puisse trouver en ville.

Elle rédigea elle-même la version finale de la lettre, de sa propre main délicate, avec son encre violette aux nuances les plus douces, un pinceau neuf dont chaque poil était la perfection même. Elle choisit un jour où le juge Ti resterait absent plusieurs heures. Il était capital qu'il ne voie pas ce qu'elle faisait. Elle s'assura qu'elle était seule et qu'un calme absolu régnait dans la maison. Elle voulait que chaque coup de pinceau soit impeccable. Plus élégants et plus parfaits les traits de pinceau, plus de poids auraient les mots, elle le savait.

Lorsqu'elle eut terminé, elle contempla son œuvre avec une joie intense. Elle renifla le parchemin. Elle perçut une trace de son propre parfum, laissée par le contact de sa main. Point trop afin de ne pas paraître présomptueuse, mais suffisamment pour suggérer un soupçon de... parenté.

Elle cacheta la lettre. Elle n'utiliserait pas les coursiers de la poste officielle, bien sûr. Elle enverrait un de ses agents dévoués à Lo-yang. La lettre serait remise en mains propres, dans la capitale, à un ami fidèle, un Persan d'influence rien moins que modeste.

De là, elle le savait, la lettre trouverait son chemin. Elle en frissonna de plaisir.

L'impératrice balaya la table d'un revers de manche. Les tasses, la théière, les assiettes et la nourriture s'écrasèrent par terre. Les gros chats persans endormis sur leurs sièges bondirent et détalèrent, les deux carlins se terrèrent. Dame Yang, qui avait sauvé sa propre tasse du désastre, but une gorgée de thé.

— Une maladie dévaste l'empire, cria l'impératrice, l'ingratitude ! Jusqu'où croit-il pouvoir me pousser ?

— Montre-moi la lettre, dit Dame Yang en tendant la main.

L'impératrice jeta la feuille à travers la table. Sa mère la ramassa et la lut. Lorsqu'elle eut terminé, elle la reposa, épousseta quelques miettes de ses genoux, puis se baissa pour caresser un des chiens effrayés.

— Pourquoi se mêle-t-il encore de mes affaires ? vagit l'impératrice. Ne comprend-il pas qu'il doit mener une vie paisible à Ch'ang-an et ne pas me donner de raisons de me souvenir de son existence ?

— Pourquoi ne pas faire ce que cette femme demande et lui faciliter le passage pour l'île ? Il a de grandes chances de s'y faire tuer.

— Oh, non. Pas le juge Ti. Je le connais trop bien. S'agissant de lui, je ne me fie pas à la chance.

— Eh bien, règle l'affaire toi-même. Tout le monde n'a pas son ingratitude. Je suis sûre que tu as de loyaux sujets à Canton. Cette femme, par exemple... cette Dame Djamal. Il y a aussi les eunuques, bien sûr. D'après sa lettre, ils ont jusqu'à présent réussi à l'empêcher de gagner l'île. Tu peux compter sur eux pour arranger un « accident ».

— Ha ! renifla l'impératrice avec une moue de dégoût. Les eunuques ! Je ne leur ferais pas confiance pour qu'ils essuient leur propre derrière. Ils m'ont servi pour capturer et retenir les traîtres. Mais je leur avais facilité la tâche en leur offrant des promotions et de l'argent. Ils n'auraient jamais le courage d'assassiner le grand Ti.

— Quel tort peut-il te faire ?

— Quel tort ? Il pourrait fomenter une autre révolte.

— Et après ?

— Tu réagis comme si le magistrat Ti Jen-chieh n'avait aucune influence. Tu sembles oublier qu'il a failli restaurer le Conseil des Six.

— Quand bien même il aurait réussi ? dit Dame Yang en versant son thé froid sur une plante en pot, près de sa chaise.

— Il est mon égal dans bien des domaines, dit l'impératrice. J'aurais dû le faire tuer quand je le pouvais.

— Eh bien, fais-le tuer maintenant. Je ne vois pas la nécessité d'une telle colère.

— Tu ne comprends donc pas, mère ? Je veux qu'il sache qui je suis. Je croyais qu'il aurait retenu la leçon. Mais il va où il ne devrait pas ; il veut, j'en suis sûre, soulager les traîtres qui croupissent sur l'île. Ces mêmes traîtres qui ont écrit et fait circuler une proclamation qui osait affirmer que j'étais — et toi aussi, mère —, que nous étions des roturières ! Des domestiques ! Tu te rends compte !

— Encore une fois, fais-le tuer.

— C'est ce que je vais faire, dit l'impératrice, songeuse. (Une idée germait dans sa tête, une idée géniale, merveilleuse.) Mais je ne confierai pas cette tâche à n'importe qui. Je veux qu'il comprenne, juste avant sa mort, que la vingt-sixième pique des grilles du temple sera bientôt occupée.

L'impératrice posa le joli coffret, avec ses charnières en cuivre et sa finition en émail, sur la table, en face de Hsueh. Le coffret était d'une taille particulière. Le lama le contempla d'un air soupçonneux.

— Tu iras à Canton. Tu le trouveras et tu me rapporteras sa tête dans ce coffret.

— C'est loin et il y fait trop chaud.

— Tu refuses de m'accorder cette insignifiante faveur ?

— Je n'ai pas dit cela. Je pensais aux aspects pratiques. Je le tuerai et je vous informerai que la tâche a été accomplie.

— Non, je veux qu'il perche là-haut avec le reste des traîtres ! Je veux que sa vieille mère vienne essayer de déloger sa tête avec un bâton ! Et je piquerai la tête de sa mère à côté de la sienne.

— Nous pouvons toujours planter une tête sur la pique, peu importe que ce soit la sienne. Elle atteindra le même but.

— Non, je saurai ! Elle n'atteindra pas le même but.

— Parfait, consentit-il. Je vous rapporterai sa tête. (Le lama sourit, joignit ses mains et s'inclina.) Le véritable esprit de Chamunda vous habite, dit-il d'une voix révérencielle. Je sens sa présence.

Elle lui rendit son sourire. Elle appréciait énormément cette vision de la déesse exterminatrice qui déchire ses victimes en lambeaux, leur dévore les entrailles, le menton dégoulinant de sang. En fait, la déesse leur rendait un fier service en les envoyant vers leur prochaine réincarnation. Une force pure, qui accomplit ce qui doit l'être, détachée des émotions humaines invalidantes, comme le remords ou la pudeur. Le lama lui révélait chaque jour une autre partie d'elle-même.

Le lama aimait voyager déguisé en moine ordinaire. On observait bien plus de choses lorsqu'on passait inaperçu. Il était couché sur des sacs de riz, à l'arrière d'une charrette à âne. Exactement comme elle l'avait redouté.

Elle aurait voulu qu'il voyage en carrosse royal, accompagné par des gardes et des cavaliers. Il avait refusé. « Vous voulez que j'arrive à Canton à l'insu du grand magistrat, n'est-ce pas ? Vous devez donc me laisser choisir mon moyen de locomotion. » Elle avait fait la moue.

« Comment saurai-je que vous êtes arrivé ?

— Vous saurez toujours où je suis, avait-il rétorqué. Fermez les yeux, et vous me verrez. Vous verrez où je suis et ce que je fais. Vous serez avec moi.

— Mais vous allez voyager... dans des charrettes à ânes ! La route fourmille de bandits, de brigands. Vous ne serez pas en sécurité ! »

Il s'était redressé de toute sa taille.

« Croyez-vous que de simples bandits, des brigands, puissent me menacer ? C'est tout le contraire, ce sont eux qui devraient me redouter. Je serai en sécurité. Personne ne peut m'atteindre. J'ai voyagé du Tibet en Inde, puis à travers tout l'empire pour vous chercher, et vous croyez que je ne peux entreprendre un petit voyage de rien du tout ? La route de Lo-yang à Canton est pavée de roses. Vous oubliez qui je suis, ma Dame. Vous oubliez qui vous êtes ! »

Cependant, elle l'avait regardé comme une mortelle ordinaire regarde un mortel ordinaire qui s'apprête à partir pour un long voyage. La panique se lisait dans ses yeux.

« J'ai changé d'avis, avait-elle dit. Vous n'irez pas.

— Vous avez changé d'avis pour la pique vacante ?

— Non, pas pour ça. Jamais, avait répondu l'impératrice, dont le visage s'était durci.

— Dans ce cas, il faut que j'y aille. »

La charrette avançait dans le fracas des roues, l'âne progressant péniblement, le cocher fredonnant tout en caressant le dos de l'animal de son long fouet. Hsueh était à plus de cent lis de Lo-yang et il faisait déjà une chaleur étouffante. Hsueh portait un sac dans lequel se trouvaient un bol, un chapelet, de l'encens et une bourse d'orge grillée. C'était tout ce dont il avait besoin pour son voyage. Il avait aussi le coffret en émail que l'impératrice lui avait remis. C'étaient ses seuls biens terrestres.

Il était heureux d'être de nouveau sur la route. Il se sentait à l'aise. Seul, sans bagage, le soleil et le vent pour uniques compagnons, son destin se déroulait devant lui.

Il repensa au voyage qui l'avait amené à Lo-yang, et à son arrivée aux débats Païe : la ville regorgeait de clercs, de mystiques, de lettrés, de fonctionnaires. Dans les jardins publics et les maisons de thé, les discussions, les débats, les controverses allaient bon train. Et à chaque coin de rue, grouillant comme la vermine, des magiciens et des illusionnistes profitaient de la situation. Certains magiciens étaient compétents, d'autres pathétiques. Hsueh avait fait son petit numéro et, peu après, il s'était retrouvé dans une maison de thé, face à face avec le grand Ti Jen-chieh, qui avait apprécié ses tours de magie.

Ti avait confié à Hsueh avoir récemment accepté un poste de premier magistrat civil. Il était déjà président de l'office national des Sacrifices. Il avait accepté le second poste après avoir longuement hésité, avait-il dit à Hsueh le jour de leur rencontre, afin de surveiller les agissements du gouvernement et d'être le plus près possible du grand battement de cœur de l'empire. C'était son devoir, surtout depuis l'ascension de l'impératrice. Et il était seul, sa famille ayant préféré rester à Yang-chou. Seul et ravi de la compagnie de Hsueh Huai-i. Pendant quelque temps, leur association avait été des plus satisfaisantes : ils travaillaient ensemble, dînaient et buvaient souvent tous les deux le soir, leurs conversations étaient vives et animées, leurs échanges de vues stimulants.

Hsueh avait adoré collaborer avec Ti. Il se souvenait avec plaisir de l'époque où, avec le juge, il était entré subrepticement, en plein milieu de la nuit, dans les bureaux du petit caniche de l'impératrice, l'historien Shu — un odieux lèche-cul que Hsueh n'aimait pas davantage depuis qu'il le connaissait mieux — afin de réunir les preuves dont ils avaient besoin pour démontrer que le meurtre de la nièce de l'impératrice avait été longuement prémédité — bien avant son invitation au palais.

Ah, certes, son association avec Ti avait été hautement instructive et stimulante. Enivrante, à vrai dire. Une pierre significative sur le chemin de la vie de Hsueh.

L'impératrice avait elle-même conçu le coffret qu'elle lui avait confié. Le fond était formé d'une sorte de plate-forme percée de trous, surplombant une couche de cendres, de sel et de sciure de bois. Et le couvercle, qui était muni de bandes de feutre huilées et enduites de colle, s'ajustait étroitement à la partie inférieure afin d'assurer une fermeture étanche qui ne laissait filtrer aucune odeur. Le coffret était en outre muni de fermoirs dont l'impératrice était la seule à posséder la clé. Le couvercle était équipé d'une poignée en cuivre dessinée par l'impératrice elle-même. Elle avait également réalisé la décoration, subtile et complexe, et le superbe cloisonné. Le tout ressemblait à s'y méprendre au coffret à maquillage d'une élégante dame.

La main posée sur le sac dans lequel se trouvait le coffret de l'impératrice, Hsueh méditait sur la cruauté perverse du sexe faible. Ce sujet avait animé bien des discussions entre le moine et le magistrat. Aucun homme n'aurait été capable de concevoir un coffret semblable. Hsueh se souvint que Ti lui avait dit qu'il faudrait un sacré courage pour partager la couche de l'impératrice. Hsueh avait pris cela comme un défi personnel, même si le magistrat n'avait pas eu cette intention. Non un défi lancé par Ti, mais par l'univers.

Il songea à la vingt-sixième pique du temple de Loyang. C'était un avertissement, et Ti l'avait entendu. Hsueh palpa le coffret sous la toile du sac.

Loin du palais et de ses multiples responsabilités, le visage réchauffé par le soleil et fouetté par le vent, Hsueh se sentit magnanime en repensant au bon vieux temps. Le juge Ti méritait peut-être... un second avertissement.

Deux hommes élégamment vêtus marchaient côte à côte sous la lueur ondoyante des lanternes. Deux serviteurs les suivaient en silence, tenant deux longues perches en bambou sculpté au bout desquelles deux globes en papier délicatement éclairés flottaient, semblables à deux étranges lunes, au-dessus de la tête de leurs maîtres.

L'un des hommes était de taille moyenne ; l'autre, plus petit, d'aspect étranger, portait de nombreuses bagues à ses doigts menus. Le plus grand marchait avec un balancement assuré des hanches ; son compagnon faisait de petits pas de femme. Ils plaquaient de temps en temps des mouchoirs parfumés sur leur nez et échangeaient des remarques dédaigneuses avec des voix de contraltos.

Un cocher muet, qui semblait savoir où ils allaient sans le leur avoir demandé, les avait déposés sur la place du marché. Le cocher était un de ceux dont maître Yen Chi avait noté le nom sur un bout de parchemin. Les deux hommes l'avaient envoyé chercher et l'avaient attendu devant le ministère des Ports et de la Navigation à l'heure à laquelle l'eunuque assassiné était monté dans son carrosse. A l'arrivée du carrosse, ils avaient simplement mentionné le nom de maître Yen Chi, et le cocher, après les avoir jaugés d'un regard, avait, d'un claquement de langue, incité le cheval à se mettre en route.

Le marché étranger embaumait les aromates : camphre,

aloès, patchouli, santal, jasmin, clou de girofle. Des relents de violette, des relents aquatiques, des relents salés, évocateurs de l'océan : l'ambre gris, l'onycha[1].

— Saviez-vous, maître Ti, déclara le petit étranger, dont le nez d'aigle reniflait l'air, que les aromates acides sont censés nettoyer la porte de la femme des incubes pestilentiels ?

Son compagnon dressa un sourcil et plaqua son mouchoir sur son nez pour protéger sa sensibilité délicate.

— Je vous en prie, maître Zeed. Je viens juste de dîner.

Ils continuèrent leur chemin, passèrent des vêtements à la ferblanterie, aux lanternes, aux porcelaines, à la vaisselle, à la sellerie, et parvinrent dans une partie du marché où les stores colorés évoquaient des articles plus ésotériques. Ils y trouvèrent des flacons de poudres et d'essences, des rangées de totems et de fétiches, des ficelles, des rubans, des plumes et des fanions de soie aux inscriptions minuscules qui pendaient d'étoffes scintillantes.

Un petit marchand hmong ratatiné bondit dès qu'il les vit, se planta sur leur chemin et s'inclina obséquieusement en dévidant son boniment dans un chinois approximatif :

— Mes chers messieurs-dames, arrêtez. Vous connaître le beau. Vous découvrir secrets. Ah, beaux, belles, messieurs-dames ! Venez ! Pas vieux, pas laids ! Pas mourir ! Jamais !

Des lanternes éclairaient son échoppe remplie de cages de lézards vivants de toute taille. Derrière les cages, des centaines de peaux séchées ornaient la cloison. Un millier de mystérieuses jarres en terre cuite occupaient les étagères, sous les peaux séchées.

---

[1]. Coquille d'une variété de moules qu'on trouve dans certains lacs en Inde, et qui dégage une odeur musquée lorsqu'on la brûle. *(N.d.T.)*

— J'ai l'impression que nous avons trouvé le secret de la vie éternelle, maître Zeed, déclara le plus grand des deux.

— Oh, il promet seulement de nous guérir de notre laideur, répondit le plus petit tandis qu'ils gloussaient de concert.

Le plus grand fit un léger signe de la main, et son domestique écarta le marchand afin que les maîtres poursuivent leur chemin. Le marchand les suivit en les suppliant :

— Oh, mes beautés ! Pas laides ! Jamais mourir ! (Il s'arrêta lorsqu'il comprit qu'ils ne lui achèteraient rien.) Vieilles peaux ! Mourir demain ! Griller sur feu !

— Il nous veut du bien, remarqua Abou Zeed, hilare.

— Oh, je n'en doute pas, répliqua Ti. Mais au moins nous ne passons pas inaperçus. Après tout, c'est le but de notre visite, n'est-ce pas ?

Ils passèrent devant des baguettes magiques, des pièces de monnaie « bénies », des masques de plumes et des amulettes multicolores censés repousser la pestilence. Un étal retint leur attention, surtout celle du médecin. Il semblait réservé aux insectes : d'énormes bestioles séchées, aux pattes longues comme la main, aux ailes fines comme de la glace, parcourues de veines et d'une taille deux fois plus grande. Ti comprit que les insectes disposés sur les bocaux indiquaient que ceux-ci renfermaient leurs corps broyés en poudre. Le médecin paraissait fasciné.

— Du Nam-Viêt, dit-il, l'œil brillant. Ah, la bouillonnante fécondité des tropiques !

Ti renifla l'arôme de diverses poudres, grimaça et reboucha aussitôt les bocaux sous l'œil du marchand qui souriait avec force courbettes. D'après les rituels compliqués des préparations notées à l'encre rouge, noire ou bleue sur les étiquettes, chaque mixture possédait un pouvoir sur divers aspects de la maladie : la poudre marron à l'odeur nauséabonde pour les enflures, la jaune au parfum douceâtre et écœurant pour la fièvre, la poudre orange qui sentait l'excrément pour le délire, et une poudre goudronneuse pour les pierres noires qui éclatent sous la peau.

Le Nam-Viêt. Le nom était évocateur. Le marchand s'approcha de Ti et lui chuchota à l'oreille les sombres légendes de la jungle de son pays natal, où d'étranges créatures volantes erraient dans les gorges, où les fantômes rejoignaient leurs corps terrestres les nuits de pleine lune, où des dragons bariolés, des serpents volants et des insectes chatoyants parlaient aux humains à travers le bourdonnement musical de leurs ailes. Où des cascades gigantesques plongeaient de plusieurs lis dans la jungle, leurs eaux multicolores arrosant des lacs de cristal, où les appendices nasaux de créatures extraterrestres s'agitaient comme les blés dans les profondeurs des étangs. Des terres invisibles, hantées par les démons. Où l'homme et l'animal se réunissaient pour former des êtres dotés de qualités rares...

Fasciné, Ti écoutait la litanie du marchand. Abou Zeed fut obligé de le tirer de sa rêverie.

— Venez, maître Ti. Ne vous laissez pas subjuguer. Il va vous dépouiller de tout votre argent.

Ils reprirent leur chemin, quittèrent l'avenue des étals et s'engagèrent dans un vaste dédale de culs-de-sac : *Avenue des Cures*, proclamait une bannière. Les yeux du médecin pétillaient d'enthousiasme.

Plutôt qu'une avenue, c'était une étroite ruelle qui serpentait le long de maisons rapprochées aux balcons affaissés. Au-dessous étaient tendus des rideaux derrière lesquels on pratiquait les « cures ». Certains rideaux étaient ouverts. L'ensemble ressemblait à une peinture religieuse du purgatoire.

Dans les échoppes, certains suppliants étaient allongés, d'autres accroupis. Ti vit de la chair nue aux plaies boursouflées, des prières tatouées sur des bras et des jambes.

Un cri les fit sursauter. Dans la demi-pénombre, un « médecin » appliquait une lame sur l'énorme enflure d'un poitrail. Le malade laissa échapper une autre plainte aiguë, à croire qu'on le démembrait.

Ti sentit qu'Abou Zeed se retenait d'intervenir.

— De la barbarie, souffla le Persan. Même les sauvages ne se livrent pas à une médecine aussi arriérée.

— N'oubliez pas qui vous êtes censé être, docteur, lui rappela Ti. Vous ne devez pas vous troubler à la vue de la souffrance... sauf s'il s'agit de la vôtre.

Ti plaqua son mouchoir sur son nez d'un geste dédaigneux et reprit sa marche.

Ils se dirigeaient inexorablement vers les quartiers les plus pauvres. Les pauvres subissent les pires malheurs, qu'il s'agisse de pestilence, d'incendies ou d'inondations. Etant les plus vulnérables, les plus désespérés, les plus démunis, les pauvres sont toujours les premières victimes des catastrophes.

Lorsque le cocher, après avoir entendu le nom de Yen Chi, les avait déposés à l'entrée du marché, Ti en avait déduit que, quelle que fût la « relation potentielle » avec laquelle la dernière victime avait eu rendez-vous — pour une affaire où il était question de miracle —, il ne devrait pas en chercher la clé dans les quartiers tranquilles et luxueux des riches mais au cœur de la misère sordide.

Les serviteurs qui les éclairaient de leurs lanternes étaient en réalité des agents de police bien armés. Abou Zeed avait récusé leur présence en affirmant qu'il était tout à fait capable de se défendre contre n'importe quel assassin d'eunuques décidé à lui trancher la tête — Ti et le médecin portaient d'ailleurs des armes sous leurs robes —, mais Ti avait insisté pour qu'ils les accompagnent. « Nous ignorons si nous recherchons un ou plusieurs assassins, avait-il fait valoir. J'ai souvent eu la vie sauve parce que, m'étant aventuré dans les quartiers les plus dangereux d'une ville, j'avais pris la précaution de me faire suivre par un fidèle serviteur. »

Avant que Ti et Abou Zeed se fussent changés en riches eunuques aux allures de dandys, ils s'étaient enduit le corps avec l'onguent anti-puces du médecin persan, et s'étaient ensuite aspergés du parfum préféré des eunuques.

Les eunuques se parfumaient, avait dit Abou Zeed, pour masquer les relents de la pisse qui s'écoulait du petit trou qu'on leur avait laissé.

« Oh, docteur, avait rétorqué Ti, vous exagérez ! Ils se parfument par identification à une clique.

— Ha ! avait ricané Abou Zeed. Pour moi, ils puent la pisse. Je rêve de retrouver les corps qui furent séparés des têtes que vous gardez dans vos jarres, afin d'examiner leur attirail de plus près. »

Ti n'avait rien répondu. C'étaient des territoires où, comme d'habitude, son imagination refusait de l'entraîner.

Dans un moment d'inspiration, Ti avait emmailloté ses hanches de molleton avant d'enfiler sa robe luxueuse. Il s'était ensuite entraîné avec le médecin à marcher et à parler comme les eunuques. Sa longue expérience lui avait appris que le plus important dans un déguisement n'était pas toujours l'habit.

Dans l'avenue des Cures, les couleurs éclatantes de leurs robes brodées scintillaient à la lueur des lampes et des torches. La foule était de plus en plus misérable et grisâtre. Le bazar qu'ils venaient de traverser était fréquenté par un mélange de riches et de pauvres, mais il devenait évident que les deux élégants eunuques s'enfonçaient dans un quartier où les riches ne mettaient jamais les pieds. De la fumée flottait dans l'air et l'écho d'une musique étrangère parvenait aux oreilles de nos deux aventuriers. Ils avaient, semblait-il, franchi une frontière invisible. C'est parfait, songea Ti, nous sommes désormais aussi remarquables que des perroquets au milieu de moineaux.

Ils s'arrêtèrent devant une échoppe où une vieille sorcière éventrait des crapauds vivants qu'elle appliquait ensuite sur le crâne d'un malade. « Contre les maux de tête », croassait la vieille, qui ressemblait elle-même à un crapaud.

Ti sentit qu'on lui tirait sur la manche. Il se retourna, ne vit personne, baissa les yeux et aperçut une fillette. Elle avait la taille et l'âge de sa fille. Il en resta un instant abasourdi. Sans ses haillons, son visage sale et les talismans qu'elle portait autour du cou et des poignets, elle aurait pu être sa fille.

— Mes taties, dit-elle. Celui du Feu Sacré m'envoie. Il vous attend.

Celui du Feu Sacré? Ti échangea un regard avec le médecin. Etait-ce leur invitation officielle?

— Conduis-nous, petite bonne femme, dit le juge.

Elle les emmena au bout de l'avenue des Cures, au-delà des balcons, des tentures et des suppliants. L'odeur de la fumée devint plus prégnante, la musique plus audible. Des étincelles montaient d'un grand feu et s'envolaient dans le ciel. La foule devint bientôt presque impénétrable, mais en voyant deux eunuques richement vêtus conduits par une fillette et suivis par deux serviteurs brandissant des lanternes, on s'écarta pour leur laisser le passage.

Ils parvinrent devant une place qui grouillait de monde. Ti, le médecin et les gardes traversèrent la foule telle une procession royale.

Ils se frayèrent un chemin jusqu'aux premiers rangs. Au bout de la place, un grand feu qui brûlait dans un cercle de briques arrêtait la foule. Les briques formaient un mur qui arrivait à hauteur d'épaule, et des commis alimentaient le brasier de bûches et de broussailles, de sorte que la chaleur devenait intolérable pour quiconque s'approchait à moins de quarante pas. De chaque côté du feu, des braseros métalliques déversaient de la fumée que les commis dirigeaient vers la foule à l'aide de grands éventails en papier, la forçant à reculer. A l'évidence, personne n'était censé avancer. Sur un balcon, des musiciens jouaient : instruments à vent et à cordes, rythme hypnotique, étrange musique exotique venue d'Extrême-Occident.

Ti regarda avec inquiétude les étincelles voltiger ; bien que l'espace au-dessus du brasier fût dégagé, la place était entourée d'immeubles en bois qui n'attendaient que la caresse d'une flammèche. Il n'était point difficile d'imaginer la panique en cas d'incendie. Ti doutait que dans une telle situation deux riches eunuques eussent droit à des égards. Il s'assura de la présence des deux « serviteurs » et s'aperçut que la fillette s'était volatilisée. Celui qui l'avait envoyée les chercher devait à coup sûr être en train de les épier.

Comme à un signal invisible, la foule se mit à hurler et à gesticuler. Ti et le médecin furent poussés en avant au point de sentir la chaleur du feu sur leur visage. Dans la ruée, ils furent séparés des gardes. En tordant le cou, Ti aperçut les deux lanternes refluer, comme emportées par le courant.

— Tenez-moi bien, maître Ti ! souffla le médecin. (Ils empoignèrent chacun le vêtement de l'autre.) Ne lâchez surtout pas ! Une foule devient vite folle !

La bousculade les obligea à perdre les gardes de vue et à reporter leur attention sur le feu.

Vêtus de noir, allant et venant tels des spectres, des commis jetèrent dans le feu une sorte de précipité qui raviva les flammes, déclencha des murmures et provoqua un mouvement de recul proche de la panique.

Lorsque les flammes reprirent leur taille normale, une silhouette apparut au centre du brasier, visiblement insensible à la chaleur infernale. La forme humaine aux reflets d'argent leva lentement les bras.

Elle s'avança, bras tendus, implorant les dieux ou invoquant les démons. Ti fixa l'apparition. Il était trop loin pour discerner ses traits, mais il vit distinctement un sourire de béatitude éclairer son visage. Un masque, sans aucun doute, mais d'excellente facture. Sur le balcon, les musiciens entamèrent une mélodie funèbre.

La fumée arrachait des quintes de toux à la foule. Les yeux de Ti larmoyaient de sorte qu'il contemplait le feu et l'apparition à travers un prisme luisant qui faisait onduler les formes. Il regardait, fasciné, la silhouette. Obligé de plisser les yeux, il vit des rayons orange et jaunes irradier de la tête de l'apparition tel un halo. Son habituel scepticisme céda. Il eut de moins en moins conscience de la bousculade et du bruit, et bien que la foule le pressât de toutes parts, elle lui parut soudain assourdie et distante, comme s'il assistait à la scène de loin.

La silhouette s'avança vers l'assemblée. Elle se déplaçait avec des gestes gracieux et fluides, et semblait fixer Ti de son regard hypnotique. Il aurait été si facile de relâcher sa vigilance et de croire, si facile d'oublier un instant qu'il y avait une explication à tout.

Il perçut alors la voix ferme d'Abou Zeed.

— Magistrat! Magistrat! Vous m'entendez?

Que voulait-il dire? Bien sûr qu'il l'entendait! Mais ses propres pensées empêchèrent Ti de comprendre ce que lui disait le médecin.

— La fumée! La fumée! disait Abou Zeed, sa voix paraissant provenir de très loin.

La fumée? Qu'est-ce qu'il racontait? Ti eut soudain une conscience aiguë de chaque ombre, de la modification de chaque chose dans la lueur des flammes. Des images fugitives lui traversèrent l'esprit. Son ouïe aiguisée perçut chaque mot, chaque murmure émanant de la foule. Il se mit à scruter les visages autour de lui : paralysés de terreur par l'apparition, ils étaient aussi mouvants que l'eau, leurs expressions passaient de la joie à la colère, puis à la tristesse; Ti comprit tout à coup que c'était le jeu d'ombres et de lumière qui lui faisait croire que les expressions changeaient. Il éclata de rire.

Criant et gesticulant, Abou Zeed lui empoigna le bras d'une main de fer. Les gardes ! Ah, oui, les gardes. Ils se frayaient un chemin dans la foule et tentaient de rejoindre le médecin et le juge. Mais la foule les repoussait sur le côté des premiers rangs, à l'opposé de l'endroit où se trouvaient Ti et Abou Zeed. Les deux lanternes en papier prirent feu en même temps. Les réservoirs crachèrent leur contenu, l'huile ruissela le long des perches en bambou. La foule se recula, les gardes lâchèrent leurs perches et tentèrent d'éteindre les flammes bleues à coups de pied et de poing.

Un voix retentit de nulle part et de partout à la fois :

— Implorez les dieux de la lumière et des ténèbres ! Amadouez les esprits du feu par vos offrandes ! Les esprits du feu vous purifieront et vous protégeront ! Aucune pestilence ne vous atteindra ! Amadouez les esprits...

Des pièces de monnaie volèrent, miroitèrent dans la lumière, retombèrent en pluie bruyante sur les pavés devant l'apparition qui laissa retomber ses bras, recula et disparut. Les commis s'égaillèrent pour ramasser les pièces.

Le médecin agrippa Ti par les épaules et le força à détourner les yeux du feu.

— Regardez-moi, maître Ti ! ordonna-t-il en le fixant de ses yeux pénétrants. Couvrez-vous le visage. Respirez à travers votre mouchoir !

Ti obéit rêveusement. En regardant par-dessus la tête du petit médecin, il vit quelque chose qui lui coupa un instant le souffle : les épaules et la nuque encagoulée d'un homme de haute taille qui fendait la foule à contre-courant, à une vingtaine de pas.

— Abou Zeed ! s'écria Ti, le cœur battant. Regardez !

Le médecin se retourna mais, étant lui-même trop petit d'une tête, il ne vit rien. Ti le prit sous les bras et le souleva. Mais à peine avait-il lâché des yeux la haute silhouette qu'elle avait disparu. Il n'y avait plus rien à voir. Le géant s'était évanoui comme l'apparition dans les flammes. Ti jeta des coups d'œil incrédules à la ronde.

Il se souvint d'un autre jour, lorsqu'il avait vu une haute silhouette s'éloigner dans une bousculade. C'était à Lo-yang, quelques jours après que Hsueh Huai-i s'était mystérieusement évaporé à la suite d'un rendez-vous manqué ; Ti attendait un message, un signal de lui, il était dans un tel état d'excitation qu'il croyait voir le Tibétain à chaque coin de rue.

— Etes-vous devenu fou ? s'offusqua Abou Zeed. Lâchez-moi.

Penaud, Ti reposa le médecin.

Les agents les retrouvèrent et, le médecin en tête ordonnant à la foule de dégager, les quatre hommes traversèrent la place et regagnèrent l'avenue des Cures. Voyant un espace entre deux étals, ils s'y engouffrèrent, et Ti s'assit par terre sans réfléchir. Les officiers restèrent debout, haletants, tandis que la foule accourait. Le médecin se baissa pour murmurer à l'oreille de Ti :

— La fumée, magistrat. Vous n'avez pas reconnu son odeur ?

Il y avait eu tant de fumée, du feu même, des lanternes, des braseros... une odeur différente... oui, Abou Zeed avait raison. Ti se souvint de la pipe à eau, près du lit de Dame Djamal, et de l'odeur âcre et suave de la fumée.

Elle imprégnait le corps de la Persane, son haleine, ses lèvres...

Quelqu'un se glissa dans le cul-de-sac. C'était la fillette, qui tenait à deux mains un sac trop lourd pour elle.

— Celui du Feu Sacré vous remercie, dit-elle.

Ti examina le sac. Sa taille et la façon dont la fille le tenait lui firent penser... Non, impossible, même dans ce quartier. Mais lorsqu'il prit le sac, il s'aperçut que sa main tremblait. Il était... lourd. Les quatre hommes coulèrent un œil dans le sac, prêts à tout.

Des pièces de monnaie. Un véritable petit butin.

Pendant qu'ils inspectaient le sac, la fillette s'était évaporée, comme l'apparition de Hsueh Huai-i quelques instants auparavant.

Oh, ma fille adorée,

J'ai cru te voir ce soir, et mon cœur alangui en a bondi de joie. Hélas, ce n'était pas toi, mais cela m'a permis de prendre conscience de l'éloignement de ma famille et du vide que cela crée en moi.

Le brave médecin et moi, nous avons bien travaillé. Ce soir, nous sommes sortis pour attirer sur nous l'attention de celui ou de ceux qui éliminent les eunuques et sèment leurs têtes dans la ville comme autant de fleurs étranges. Nous avons servi d'appât, nous nous sommes fait conduire par le même cocher qui avait véhiculé la dernière victime à son ultime rendez-vous. Nous avons tout mis en œuvre pour être voyants, odieux, méprisables, en deux mots, des candidats idéaux pour le prochain meurtre.

On ne nous a pas assassinés, personne ne s'y est risqué. Ce fut décevant. Nous avons arrêté quelqu'un, mais là aussi ce fut décevant. Plutôt qu'un assassin, c'était un charlatan, plein de morgue et indigné par notre conduite, qui plus est. Un coquin tellement habitué à enfreindre la loi qu'il ne se considérait pas comme un criminel.

Nous avons découvert une jolie petite escroquerie pratiquée par un fournisseur de protection magique contre la pestilence, avec l'appui des hauts fonctionnaires eunuques de la ville. Le système était simple et bien huilé : en échange d'une part des bénéfices, les eunuques autorisaient cet homme à mettre en scène, sans crainte des représailles des autorités, un étonnant spectacle exploitant la superstition populaire. La ville fourmille de faux médecins et de cures miraculeuses de toutes sortes, et bien que ton père ait vu son lot de charlatans au cours de ses voyages, celui-ci était sans doute le plus rusé et le plus habile.

Quelle est la force de la nature la plus redoutable ? Le feu, dis-tu ? Exactement. Ce soir, nous avons vu un homme se tenir au milieu d'un brasier avec la même aisance que s'il était dans son élément. Lorsque cet audacieux a prétendu pouvoir intervenir auprès des dieux, les gens ont jeté des pièces comme si l'argent leur brûlait les mains.

Comment faisait-il ? Oh, il m'a suffi de faire appel à la sagesse de mon ancien partenaire, le lama Hsueh Huai-i : « Emparez-vous de leurs esprits et ils verront ce que vous voulez qu'ils voient. »

Les robes miroitantes du magicien et son masque étaient fabriqués dans cette matière fibreuse que portent les métallurgistes pour se protéger de la chaleur intense des fourneaux. Son équipement lui permit de traverser les flammes pendant un court instant. C'est la clé du mystère : il n'est resté qu'un court instant. L'astuce consistait à faire croire que ce court instant durait plusieurs minutes. Le feu lui-même a des vertus hypnotiques, bien sûr, mais si on y ajoute les effets hallucinogènes de la fumée de haschisch, qui pénètre dans les têtes et distend la notion du temps, je crois que tu comprendras...

Ce soir, ma fille adorée, j'ai de la chance d'être encore en vie et de t'écrire ces quelques mots. Car si l'assassin des eunuques s'était trouvé dans la foule, je crains que ton père n'eût été une proie facile, aussi impuissant qu'un lapin en cage...

— Oh, mère, qu'ai-je fait ?
— Tu l'as envoyé faire une course, ni plus ni moins.
— Il est parti depuis trois semaines, mère. Trois semaines ! Je suis sans nouvelles. Je ne sais s'il est encore en vie. Il n'y a eu aucun message, rien.

L'impératrice se leva d'un bond et envoya promener le gros chat persan.

— Rien ! Je ne tolère pas d'être sans nouvelles !

Elle fusilla sa mère du regard ; Dame Yang s'appliquait à tracer des idéogrammes sous le regard attentif de l'historien Shu. Ce dernier ne broncha pas, même si un œil exercé aurait vu le regard apeuré qu'il jeta vers Dame Yang. Il trouvait plus prudent de calquer son comportement sur celui de la mère de l'impératrice. Comme Dame Yang ne réagissait pas, il ne réagissait pas davantage.

— Comment peux-tu garder ton calme ! explosa Wu, abattant violemment sa main sur la table.

Dame Yang avait dû sentir venir le coup car elle souleva son pinceau juste avant que le geste intempestif de Wu ne fasse tressauter l'encrier et les pinceaux. Elle laissa passer l'orage, et reprit sa calligraphie.

— Je trouve que je m'améliore, dit-elle en admirant son œuvre. Pas vous, monsieur l'historien ?

— Votre calligraphie est superbe, ma Dame, admit prudemment Shu.

N'en dis ni trop ni trop peu, se recommanda-t-il.

— Et s'il était mort? fit l'impératrice. Et si... et s'il avait été capturé par des sauvages?

— Le lama Hsueh? Capturé par des sauvages? (Dame Yang rejeta la tête en arrière et éclata de rire.) Je plains les sauvages.

— Alors, pourquoi est-il si long? Il aurait au moins pu me prévenir de son arrivée. Il lui a sans doute fallu moins de trois semaines pour gagner Canton et il n'a pu mettre plus d'une journée pour trouver le juge Ti. Il lui suffisait de contacter la Persane qui m'a écrit. C'est d'une rare simplicité.

— Maître Hsueh a peut-être déjà rencontré cette femme, déclara Dame Yang tout en soufflant sur la feuille pour sécher l'encre. Il aura décidé de badiner un peu avant de se mettre à l'ouvrage.

Un silence pesant s'ensuivit. Shu baissa la tête et garda les yeux rivés au sol.

— Badiner? fit Wu d'une voix douce qui n'augurait rien de bon. Badiner. Sais-tu, mère, qu'il m'a dit avant de partir qu'il me suffisait de fermer les yeux pour le voir, où qu'il soit. Je serais avec lui, disait-il. Je saurais ce qu'il fait. Eh bien, voilà, je ferme les yeux et je vois... je le vois dans le boudoir d'une femme. Oui, je le vois distinctement. Il est nu... et elle aussi.

Shu se figea. Il n'osa pas intervenir dans la discussion malgré l'envie qui le démangeait. S'il avait osé, il aurait dit qu'il n'était pas surpris le moins du monde et qu'un tel homme avait besoin d'une femme quasiment tous les jours.

— Qu'est-ce que tu imaginais? lança Dame Yang. Tu croyais qu'il allait vivre dans l'abstinence?

Bien qu'impassible, Shu exultait.

— Oui! Oui, parfaitement! Je suis bien abstinente, il n'a qu'à faire comme moi!

— Tu l'as envoyé faire un long voyage. Un voyage qui n'est pas sans risques. Tu n'imagines tout de même pas qu'il va se priver de manger et de boire ?

— Manger et boire, tu parles ! (Shu osa regarder l'impératrice. Ses yeux lançaient des éclairs.) Il a besoin d'un avertissement. Il a besoin qu'on lui rappelle pourquoi il est là. Il a besoin... (Elle s'arrêta. Une idée lui était venue, une idée simple, parfaite, une pure inspiration.) Monsieur l'historien Shu, dit-elle.

— Madame ? sursauta-t-il.

Il regretta de ne pas avoir quitté la pièce quand la discussion avait commencé.

— Le jour où le lama Hsueh est arrivé au palais, il m'a raconté une petite histoire. Il avait fait attendre maître Ti tout un après-midi dans une maison de thé. Vous étiez présent, n'est-ce pas ?

— En effet, Majesté, admit Shu à contrecœur.

— Trouvez-moi le nom et l'adresse de cette maison de thé.

— Comptez sur moi, Majesté, acquiesça Shu, soulagé. Ce sera tout ?

— Pour l'instant, oui. Croyez-vous que ce soit dans vos cordes ?

— Oh oui, Majesté, dit Shu, qui se leva d'un bond. Je m'y mets sur-le-champ.

Dame Yang inclina la tête et observa sa fille d'un air amusé.

— Tu médites un mauvais coup, dit-elle. Ça se voit.

— Ce n'est pas tout à fait le terme exact, dit Wu, qui prit le pinceau de sa mère et traça un long trait pur sur le parchemin. Appelons cela une leçon.

14

Dix jours s'étaient écoulés depuis le spectacle du dompteur de feu. Ti n'avait aucun indice pour résoudre le mystère des têtes coupées et il n'y avait pas eu d'autres eunuques décapités. Il se retrouvait dans la position singulière de l'enquêteur qui souhaite que l'assassin frappe de nouveau. Pendant ces dix jours, il avait assisté avec le médecin à de nombreux phénomènes « surnaturels ». Il était important, pensaient-ils, que des témoins dotés d'un esprit rationnel observent ces phénomènes.

Fiévreux, à court de souffle, Ti se força à hâter le pas. Il avait entendu dire que des badauds s'étaient rassemblés devant le poste de police pour lire de mystérieux graffitis qui apparaissaient comme par magie dès qu'il pleuvait. En outre, un messager incohérent envoyé par l'officier de police était venu le chercher chez Dame Djamal. Ti imaginait le petit homme en train de s'acharner à déchiffrer les étranges hiéroglyphes. Le quartier misérable qu'il devait traverser pour se rendre au poste de police n'était pas fait pour arranger ses nausées, mais c'était le chemin le plus court et il voulait arriver avant qu'il se remette à pleuvoir.

Abou Zeed faisait de longues enjambées pour le suivre. Il s'inquiétait pour Ti, qui s'était plaint de ne pas se sentir bien.

— Je me demande pourquoi vous vous souciez de notre petit officier. Il est pire que le plus ignorant des paysans. On voit des graffitis partout. Et il y a toujours des milliers d'imbéciles pour les lire et en tirer des milliers de versions différentes. Hier, non loin de chez moi, j'ai vu une vieille femme qui jurait que son chien écrivait pour lui communiquer quelque chose. En persan ! Des remèdes pour soigner la maladie ? Un message d'outre-tombe ? Il ne communiquait pas en aboyant ni en grognant, mais en pissant. Une pisse miraculeuse ! Elle forçait son sale cabot à boire des seaux d'eau et elle relevait les formes que son urine laissait sur le sol chaque fois qu'il levait la patte. Je l'ai vu un jour pisser contre un mur, et avant que l'urine ne ruisselle contre la pierre, sa maîtresse a jeté une poignée de sable qui s'est accrochée à l'urine et lui a permis d'en tracer le contour. Nous vivons une époque troublée. Voilà maintenant que l'officier de police vous tire de chez vous alors que vous couvez une maladie et qu'il va pleuvoir... Vraiment, maître Ti, je suis perplexe.

Le médecin avait raison. Ti ne se sentait pas bien et chaque pas accentuait son malaise. Il avait l'impression que sa tête flottait au-dessus de son corps, tel un cerf-volant. Il était coupé en deux. Il avait du mal à se concentrer sur ce que le médecin lui disait.

— Faites-moi plaisir, Abou Zeed. C'est mon enquête, et mon instinct me trompe rarement.

Les rues étroites étaient boueuses et nauséabondes. Dans ce quartier, la pluie ne nettoyait pas, elle déversait les saletés de Canton que le soleil brûlant faisait cuire dans la glaise. Le ciel était menaçant. Des rivières de boue et de crasse allaient bientôt inonder les rues. C'était la saison des pluies et les averses tombaient avec une régularité d'horloge. Le charlatan, à supposer que ses écrits valussent la peine, était assez habile pour opérer en fonction des intempéries.

A un coin de rue, ils tombèrent sur un affreux bâtard qui reniflait le sol et tentait de déterrer quelque chose. On voyait sa peau rouge et ses côtes sous son poil blanc pelé. Ti ressentit une compassion mêlée de répugnance pour le pauvre animal qui lui rappelait un petit chien battu qu'il avait autrefois adopté. Le bâtard tourna en rond, puis enfonça son museau dans une ornière et se mit à gratter la terre visqueuse. Un éclat luisant et coloré brilla dans la boue. Un serpent jaune et rouge. Le chien bondit avec cette ultime énergie que Ti avait déjà observée chez des animaux affamés.

Avec sa canne, le médecin piqua le serpent derrière la tête, se baissa, l'attrapa délicatement entre le pouce et l'index, et le brandit. Le serpent gigota et fouetta l'air. Le petit chien recula; Ti aussi.

— Il n'est pas venimeux, affirma Abou Zeed, mais il faut que je l'examine de plus près pour en être sûr.

Ti regarda le médecin avec un mélange d'admiration et d'inquiétude. Le Persan aurait été aussi téméraire et peut-être plus prompt avec un serpent venimeux.

— Vous saviez qu'il n'était pas venimeux lorsque vous l'avez ramassé?

— J'en étais presque sûr. Je dois examiner sa tête pour en être absolument certain.

Le serpent s'enroula autour de la manche d'Abou Zeed, qui lâcha la tête; aussitôt le serpent glissa le long de son bras en agitant sa langue fourchue.

— Comme tu ressembles à ton dangereux cousin, dit le Persan en fixant les yeux noirs du serpent. Une simple morsure nous donnerait une mort fort déplaisante, n'est-ce pas? Nous serions incapables de bouger un muscle, de respirer, notre poitrine se contracterait. Ah, certes, une mort affreuse.

Abou Zeed approcha le serpent de Ti, qui recula malgré lui.

— Il est inoffensif, je vous assure. Aussi différent de son cousin que la lune du soleil. Quand on sait quel détail regarder, bien sûr. C'est comme les graffitis sur les murs, j'imagine. Toutefois, je ne sais pas comment il a atterri dans la rue.

— Il a dû s'échapper de l'étal d'un marchand.

— Probablement, acquiesça Abou Zeed. Vous voyez les petites bosses derrière les yeux, magistrat? C'est ce qui le trahit. Il aimerait qu'on ne les remarque pas, sa survie dépend entièrement de son déguisement. Exactement comme les charlatans qui sévissent en ville, fit-il remarquer tandis que le serpent, qui avait rampé le long de son bras, arrivait sur son épaule. Le pauvre n'a même pas le venin d'une abeille. Tiens, mon brave, dit-il au chien qui ne le quittait pas des yeux, voilà ton repas.

Et il attrapa le serpent.

— Non, l'arrêta Ti. Non, attendez.

Il sortit de sa poche la boulette de viande qu'il gardait pour son déjeuner — il n'avait d'ailleurs plus d'appétit — et la lança au chien qui l'avala sans la mastiquer et attendit, la queue battante, que Ti lui en jette une autre.

— Votre choix est bien précipité, remarqua Ti. Le chien affamé ou le petit serpent qui souhaite vivre, lui aussi. Moi, je choisis de ne pas choisir.

— Vous faites preuve de compassion, dit Abou Zeed qui jeta le serpent par-dessus le mur. C'est fort bien. Mais c'est parfois un défaut. Cela risque de vous freiner dans un moment crucial. Quant à moi, mon amour et mon admiration s'étendent équitablement à toutes les créatures naturelles.

— Les créatures naturelles, fit Ti, pensif. Citez-moi une créature qui ne soit pas naturelle.

— Rien de plus facile. Un eunuque.

— Ah, oui, un eunuque. J'avais oublié.

Devant le poste de police, les agents avaient interdit l'accès au mur et repoussaient la foule. Avisant Ti et le Persan, des gardes armés de hautes lances firent battre le tambour. C'étaient des personnages importants. Nerveux et luisant de sueur, le petit officier sortit les accueillir et s'inclina devant eux avec respect.

— Monsieur le magistrat, monsieur le médecin, vous arrivez juste à temps. Vous allez pouvoir juger par vous-mêmes.

Il leva les yeux vers le ciel et dressa une main boudinée pour tester l'air. Le temps s'était rafraîchi. Les premières gouttes frappèrent sa paume et éclaboussèrent les pavés tièdes.

Devant le mur miraculeux, dans une vaste ornière, l'eau de pluie avait formé une mare, empêchant quiconque d'approcher. Ti souleva ses robes et entra dans l'eau pour aller inspecter le mur pendant qu'il était encore sec.

C'était un mortier ordinaire, recouvert de chaux, la surface était lisse. Dans l'eau jusqu'aux genoux, Ti passa sa main sur le mur et ferma les yeux, concentré, à la recherche d'aspérités ou de textures différentes, mais il ne sentit rien. Pataugeant dans l'eau, il rejoignit les autres afin d'avoir une perspective d'ensemble.

Le tonnerre gronda. Des murmures parcoururent la foule. Dans cette atmosphère tendue, la chose la plus banale prenait des proportions démesurées. Le ciel s'ouvrit et une pluie tropicale se déversa en lourdes gouttes, grosses comme des pierres. Les agents du poste de police se précipitèrent pour abriter Ti, le médecin et leur officier sous de grands parapluies, mais les trois hommes étaient déjà trempés. Ti frissonna ; une douleur lancinante lui vrillait le crâne.

— Ça va arriver d'un instant à l'autre, magistrat, chuchota l'officier d'une voix pleine de révérence. On peut fixer le mur sans rien voir et... pfuit! Un peu d'eau et ça apparaît! Pfuit! Juste comme ça!

— Fascinant, officier, je vous l'accorde, déclara Ti d'un ton las mais poli, tout en coulant un œil vers le médecin pour l'inciter à rester poli, lui aussi.

Ils attendirent. Rien. L'eau assombrit la surface du mur.

C'est alors qu'ils le virent. Au début, ce n'était qu'un contour flou. Mais quelque chose apparaissait nettement, en rouge. Des signes? Des caractères? Une écriture coulante, que Ti ne put identifier.

— Tenez, magistrat, regardez! Là! Là! (L'officier exultait, il sautait presque sur place.) Je vous l'avais bien dit!

Un agent s'efforçait de le suivre avec son parapluie, mais l'officier était tellement excité qu'il en oubliait la pluie qui ruisselait sur son crâne chauve.

— Nous allons être obligés d'abandonner le poste de police. Il est hanté. Il faudra évacuer les bureaux... déménager les archives. Tout. Vous voyez? Vous voyez?

Oui, Ti voyait. A ses côtés, le médecin hochait la tête, un sourire incrédule au coin des lèvres, amusé par la naïveté de l'officier.

— Venez, maître Ti, proposa-t-il. C'est risible. Vous êtes en train de vous faire tremper pour un tour ridicule qu'un enfant serait capable de démêler.

Ti observa longuement l'écriture. Il se souvint des lettres secrètes qu'il écrivait enfant avec du jus de citron, et qui restaient invisibles tant qu'on ne les avait pas chauffées. La difficulté consistait à chauffer l'encre afin de la faire apparaître sans jamais brûler le papier.

— Le mécanisme de cette illusion est d'une simplicité enfantine, docteur, je vous l'accorde, mais je crois que nous devrions examiner l'écriture de plus près. Officier, auriez-vous l'amabilité d'aller me chercher une écritoire, un pinceau et de l'encre ? Et demandez à vos agents de m'abriter quelques instants, voulez-vous ?

Ravi que le grand juge Ti de Ch'ang-an prenne le phénomène au sérieux, l'officier lança aussitôt des ordres et faillit glisser dans la boue dans sa hâte d'accéder à sa requête.

Ti soupira. Le médecin lui toucha le front.

— Vous avez la fièvre, remarqua-t-il. Je ne vous autorise que cinq minutes.

— Je sais, mais dans le cas présent la fièvre me permettra peut-être d'être dans de bonnes dispositions.

Plus tard, dans la solitude de sa chambre, la reproduction hâtive du graffiti magique étalée devant lui, Ti s'assit à son bureau et enfouit sa tête brûlante de fièvre dans ses mains.

Il se dit que la fièvre était le résultat d'un manque de sommeil, d'une trop longue exposition sous la pluie, et des soucis. Elle céderait avec le repos, la chaleur, et le thé vert bouillant, épicé au ginseng, qu'il était en train de siroter.

Il reposa la tasse de thé amer fumant, se massa les tempes et se concentra sur l'écriture.

Une image lui vint à l'esprit, celle de prisonniers écrivant sur les murs. D'où il avait observé le mur, c'était comme s'il regardait à travers le mortier sur lequel ils écrivaient... de sorte que l'écriture devait être...

Minute ! Il réfléchissait avec une lenteur inhabituelle. Damnée fièvre ! Il but une gorgée de thé. Dame Djamal avait raison, le thé lui éclaircissait l'esprit. Il cala la feuille avec des presse-papiers et ôta la tasse du plateau en argent de Dame Djamal.

Il maintint le plateau brillant face à la feuille.

Ah ! Il ressentit la même satisfaction familière que

lorsqu'il découvrait enfin la pièce manquante d'un puzzle.

Les étranges caractères avaient été écrits à l'envers. En se reflétant sur le plateau, les graffitis prirent un sens.

C'était une écriture ésotérique, utilisée par les devins, dans l'ancienne langue de Chou. Des caractères qu'on traçait sur une carapace de tortue, les idéogrammes obscurs d'un prêtre taoïste ou d'un chaman herboriste, et qui s'écrivaient à l'envers afin de défier le monde discipliné de la loi et la logique. Ti reconnut le procédé, bien qu'avec difficulté.

Dans le reflet, les radicaux de chaque caractère étaient de grands pictogrammes : plantes, fleurs, fruits, animaux, insectes, oiseaux, serpents. Ancêtres directs des caractères abstraits de l'écriture moderne. C'était fascinant : Ti avait sous les yeux la préhistoire de sa propre écriture.

Des pictogrammes anciens, certes, mais néanmoins capables d'exprimer des subtilités et des idées complexes. Avec les sources adéquates, Ti pourrait transposer ces pictogrammes dans leurs contreparties actuelles. Les sources adéquates ? Ti pensa avec mélancolie à sa bibliothèque de Ch'ang-an. Soudain, il fit un bond, aussi excité que le gros officier lorsqu'il avait vu le miracle se produire. Ti disposait de tout ce dont il avait besoin, ici même dans la pièce. Pourquoi était-il si long à réagir ?

Le vieux lexique de plantes et d'animaux qu'Abou Zeed lui avait laissé peu après leur première rencontre. L'énorme tome — en réalité un jeu de sept volumes que le médecin avait reliés avec de la corde de marin — était un cadeau que le maître des Jardins médicinaux avait offert à Abou Zeed à son arrivée à Canton. Le Persan lisait mal le chinois, encore moins sa forme ancienne.

Ti écrivit les caractères inversés sur une autre feuille. Il rechercha les pictogrammes dans l'index, trouva les références et nota leur formule, se livra à des vérifications croisées avant de les transcrire dans leurs idéogrammes modernes à chaque fois que c'était possible.

Un caractère n'avait pas changé, aussi permanent que l'objet qu'il représentait : la lune. La lune était peut-être la clé d'une suite d'images poétiques. La lune qui se reflétait dans le cœur des amants.

La poussière du gros volume le fit éternuer. Il avait mal à la tête.

Les fragments poétiques lui paraissaient vaguement familiers. Il devait y avoir un sens caché. Le cœur battant, il devina que la solution était proche, même si elle lui échappait encore.

La lune. Le reflet. Il médita longuement. Il pensa au mur, à la pluie, à la mare...

La mare ! Il s'était tenu tout au bord de la mare. Au premier rang, à la place réservée à un personnage important. A l'endroit précis où il était sûr de voir le reflet des graffitis dans l'eau. Sans cette maudite fièvre, il l'aurait vu.

Son instinct prit le relais, devança ses pensées, le poussa à découvrir des choses qu'il aurait préféré ignorer.

Où était passé le jeune serviteur qui lui avait apporté le thé ? Ti pointa sa tête dans le couloir.

— Voulez-vous m'aider un instant, mon garçon ?

L'enfant ne parlait pas chinois mais il obéit avec plaisir aux instructions de Ti.

— J'ai un horrible pressentiment, déclara Ti, sachant parfaitement que le garçon ne pouvait le comprendre. Et si je ne me trompe pas, que le ciel et la terre me viennent en aide.

Ma fille chérie,
J'espère que ces mots ne seront pas les derniers que je

t'écris, ni à toi ni à quiconque. Bien que nous ne soyons pas du même sang, je souhaite t'avoir transmis mon don pour flairer les iniquités. Même si je dois en mourir, c'est ce don qui peut me sauver.

Hsueh Huai-i est à Canton. J'ai cru le voir l'autre soir à la cérémonie du feu sacré, mais je suis désormais persuadé qu'il s'agissait d'un fantasme, un pâle présage de la certitude qui est désormais la mienne.

Il me connaît si bien. Il sait combien j'adore les casse-tête. Il était sûr que je ne lâcherais pas celui-ci avant d'être face à face avec lui. Sans le voir, note bien. Le premier vers qui émergea des anciens pictogrammes taoïstes inversés apparus par magie sur le mur sembla d'abord d'une innocente beauté. Les mots étaient beaux. L'image était belle. Même l'écriture était belle. On n'aurait jamais cru qu'une si belle chose puisse glacer le cœur, mais c'est un tour de passe-passe que mon vieil ami a réussi.

Vois-tu, ma chérie, parmi les multiples talents de mon vieil ami, il y a la linguistique, un domaine dans lequel il me dépasse. Après avoir renversé et traduit les pictogrammes, j'obtins le vers d'un poème qui me parut vaguement familier. Je me serais retrouvé dans une impasse si mon esprit embrumé n'avait décidé de fouiller plus avant. Alors, avec l'aide d'un jeune serviteur à peine plus âgé que toi, ma fleur, j'ai dirigé le plateau en argent afin qu'il reproduise l'effet de la mare. Le garçon remplaça le mur en tenant la feuille sur laquelle j'avais copié les caractères « magiques », et tout m'apparut dans une clarté aveuglante : les mêmes caractères, reflétés la tête en bas, me donnèrent une autre série de mots — le deuxième vers du poème. Et je le reconnus.

Pendant mon association avec maître Hsueh, il y avait eu une mort particulièrement triste au palais de Lo-yang. Celle d'une jolie jeune fille, une nièce de l'impératrice, qui s'appelait Ho-lan. Nous nous étions introduits dans les bureaux de l'historien Shu au cœur de la nuit afin de découvrir les preuves que sa mort n'était pas accidentelle mais au contraire longuement préméditée. Et nous les avions trouvées. Je me contenterai de dire que la preuve décisive avait la forme d'un poème, écrit par l'historien Shu en personne, son Ode à la lune. *Les deux derniers vers étaient ceux que maître Hsueh avait écrits sur le mur, certain que je ne manquerais pas de les reconnaître.*

Un plan génial, je dois l'avouer. Il connaissait l'atmosphère de Canton — la maladie, la crédulité désespérée du peuple, les spectacles des charlatans qui promettent des cures ou des remèdes préventifs. De tels spectacles figurent, bien sûr, parmi ses nombreuses spécialités. Il avait correctement supposé que Ti Jen-chieh s'intéresserait de près à de tels spectacles, surtout à celui qui avait pour cadre l'enceinte du poste de police. Comme il a dû se frotter les mains en imaginant son plan : se mêler aux autres artistes douteux de la ville, et communiquer ainsi directement avec le juge Ti. Partager une petite plaisanterie avec moi. Je me souviens des jours qui suivirent sa disparition. J'avais attendu vainement qu'il m'envoie un signe, un message. Eh bien, ma chérie, ce message m'est enfin parvenu. Et son contenu est simple : Je suis ici.

Ah, le poème ! Tu es sans doute curieuse de connaître les vers qui ont glacé le cœur de ton pauvre vieux père. L'historien Shu n'est certes pas un grand poète, mais il s'est surpassé dans ces deux vers :

« *D'un côté la lune éternelle reflétée dans le cœur des amants / De l'autre la lune de la trahison...* »

Trempé de sueur, Ti claquait des dents. La tête lui tournait et ses yeux étaient douloureux. Bien qu'enveloppé dans de lourdes couvertures, son corps tout entier était parcouru de sueurs froides et rien ne parvenait à le réchauffer. Son état avait nettement empiré depuis la veille.

— Montrez-moi votre langue, exigea Abou Zeed. Hum, parfait. Ça fait mal ? demanda-t-il en palpant les aisselles de Ti.

— Non, pas particulièrement. Mais j'ai des courbatures dans tout le corps. J'aimerais ramper hors de ma peau tel un serpent.

— Peu importe, vous n'avez pas de ganglions. Prévenez-moi si vous avez l'impression que des ganglions se forment.

— Je vais mourir ici. Je ne reverrai jamais ma famille. Mon pauvre corps pourrira dans la terre de cette ville infernale. A moins... docteur, je vous en conjure, préservez-moi dans du vin et renvoyez-moi à Lo-yang...

— Je n'enverrai que la tête, dit gaiement Abou Zeed. Ça sera plus facile, et ça suffira. Je m'arrangerai pour qu'un sourire éclaire votre visage.

— Abou Zeed ! le gourmanda Dame Djamal, qui appliquait une compresse fraîche sur le front du juge Ti. Je vous en prie, contrôlez-vous.

Un rire fiévreux secoua Ti et l'étourdit. Il imagina sa mère ouvrant le paquet et découvrant son visage à travers la jarre en verre. Elle le gronderait. Ses réprimandes n'en finiraient pas. Elle le rangerait sur une étagère de sa chambre à coucher et le sermonnerait tous les jours.

— Ma mère m'a mis en garde contre les Persans, dit-il d'une voix rauque. (Une quinte de toux le plia en deux ; Dame Djamal lui maintint la tête.) Par tous les dieux. Je brûle. Il est là, docteur, je le sais. J'en ai la preuve.

— Qui ? demanda vivement Abou Zeed. Dites-moi ce que vous voyez.

— Non, non, pas dans la pièce, répondit Ti d'une voix faible. Je ne délire pas.

Il était dans la chambre à coucher de Dame Djamal, chez qui il s'était rendu après avoir écrit quelques mots dans son journal. Il était tombé dans un profond sommeil avant d'avoir eu le temps de lui faire part de ses découvertes et elle l'avait réveillé à l'aube en lui disant qu'il baignait dans sa sueur.

— Non, je veux dire qu'il est en ville. J'en suis sûr depuis hier soir. Avant, j'en doutais encore. J'avais cru le voir au spectacle du feu sacré... mais comme la fièvre m'avait affaibli, il m'était difficile d'ajouter foi à une vision fugitive. Désormais... j'en suis sûr.

— Nous avons tous vu des choses ce soir-là, maître Ti. Des choses qui se sont révélées illusoires.

— Je sais, je sais. C'est pour cela que j'avais un doute. Mais j'ai une preuve... il faut que je vous montre.

Il chercha ses notes de la veille afin de leur montrer ce qu'il avait découvert, mais il était trop faible, son esprit vacillait ; ils croiraient que la fièvre le faisait délirer.

— Vous devrez me croire sur parole pour l'instant, dit-il. Je sais qu'il est là.

— Qui ? demanda Dame Djamal d'un ton plein de sous-entendus.

— Mon... partenaire d'antan. Un homme que j'ai... connu à Lo-yang. Un magicien. Celui qui est devenu l'amant de l'impératrice.

— Mais c'est merveilleux ! s'exclama Dame Djamal.

Ti fit de son mieux pour lui retourner son regard lourd de sous-entendus.

— Merveilleux ? Je ne comprends pas, ma Dame.

Elle parut battre en retraite et faire un effort pour masquer sa pensée.

— Vous ne trouvez pas cela merveilleux ? Un homme avec qui vous étiez lié, il est... peut-être en ville pour vous aider.

— Aider n'est pas le mot exact, corrigea Ti.

Un soupçon le poussa à se taire. Dame Djamal prit un air grave. Elle trempa la compresse dans l'eau, l'essora et l'appliqua sur la tête du juge Ti.

— Comment s'appelle-t-il ?

Ti soupira. Il lui parut étrange de prononcer son nom. Et encore plus étrange de l'entendre de nouveau.

— Hsueh Huai-i, dit-il enfin.

Le nom résonna dans son cerveau fiévreux comme une incantation invitant des forces obscures à envahir sa vie. Si toutefois il croyait à ce genre de sornettes. Ce qui n'était pas le cas ; cependant, lorsqu'il ferma les yeux, un geste qui lui parut irrépressible, il eut l'impression qu'une trappe s'ouvrait à la base de son crâne et que des petits démons grossiers en sortaient, fous de joie d'être enfin libérés de son esprit confucianiste rationnel. Il gémit et frissonna.

— Aidez-moi à m'asseoir, dit-il. Je n'ose m'endormir.

Dame Djamal était soulagée que le magistrat ne fût pas aux portes de la mort. Lui-même n'en avait été convaincu que lorsque la fièvre était tombée et qu'il avait enfin pu dormir d'un sommeil paisible, libéré du délire. Le médecin lui avait certifié qu'il ne souffrait pas de la peste, mais d'une des nombreuses fièvres tropicales qui sévissaient à Canton. « A moins que ce ne soit la nourriture », avait-il ajouté.

Ti se réveilla, affaibli et affamé. Assise sur son lit, Dame Djamal lui présentait sous le nez un bol de thé à l'aspect bizarre.

— Pouah ! fit-il avec un mouvement de recul. Le médecin essaie-t-il de me tuer une fois pour toutes ?

— Buvez ça, ordonna-t-elle. Et vous en aurez encore.

— Buvez d'abord, exigea-t-il en plongeant son regard dans ses grands yeux noirs.

— Je ne suis pas malade !

— Eh bien, ça ne pourra pas vous faire de mal.

— Ça dépend. Dans la maladie, l'équilibre de la force de vie est rompu. Ce qui soigne le malade peut faire du mal au bien-portant.

Et elle tendit le bol d'un geste insistant.

— Laissez-le, je le boirai plus tard. J'ai encore besoin de dormir.

— Il faut boire avant, c'est plus efficace.

— Je préfère après.

— Quel entêté vous faites !

— Plus tard, dit-il en lui repoussant le bras d'un geste affectueux mais ferme.

Elle le dévisagea un instant, puis posa le bol sur la table de chevet, se leva et sortit sans un mot.

Il se rendormit. A son réveil, il eut l'impression que la journée était bien avancée. Une lumière de fin d'après-midi avait remplacé l'aube, les rayons du soleil frappaient en biais, mais dans la direction opposée.

Il entendit des murmures dans le couloir : Dame Djamal discutait avec Abou Zeed. Il se dressa sur son séant et coula un œil vers la table de nuit. Le bol de thé avait disparu. Il se reprocha ses soupçons stupides. Il craignit d'avoir blessé son hôtesse.

Dame Djamal et Abou Zeed passèrent la tête par la porte et, comme ils le virent réveillé, leurs visages s'éclairèrent de sourires radieux. Je suis vraiment stupide, se dit Ti. Une migraine lancinante lui vrillait la tête, il se sentait faible et aurait voulu se rendormir, mais s'efforça néanmoins de faire bonne figure.

— Je suis prêt pour le thé, ma Dame, annonça-t-il en la gratifiant de son plus beau sourire.

271

Une heure plus tard, il était prêt à se rendormir. Le médecin et Dame Djamal avaient mangé un plat persan épicé pendant qu'il buvait son thé amer. Le médecin le dévisagea d'un air satisfait.

— Une nuit de sommeil et vous serez rétabli, déclara-t-il.

— Il croyait que je voulais l'empoisonner, dit Dame Djamal en souriant.

— C'était la fièvre, s'excusa Ti d'une voix faible. Je vous en prie, pardonnez-moi.

Il laissa sa tête retomber sur l'oreiller et s'abandonna à l'oubli qui l'entraînait dans le sommeil tel un maelström.

Lorsqu'il se réveilla, il faisait nuit et la maison était silencieuse. Dame Djamal l'avait laissé seul; elle devait dormir dans une chambre voisine.

Il se sentait beaucoup mieux, mais sa vessie dilatée le brûlait. Il vit la lune à travers les stores. C'était une nuit magnifique. Une visite dans le jardin serait profitable pour son âme comme pour sa vessie.

Il se leva, au bord du vertige, affamé, mais loin du moribond de la veille. Il se dirigea à la lueur de la lune, ouvrit la porte et sortit dans le jardin.

Par tous les dieux, comme c'était bon. La douce brise nocturne charriait des parfums fleuris. La lumière était claire, argentée, comme dans un rêve. La tête en arrière, les yeux clos, il arrosa copieusement la terre, tel un cheval.

Lorsque le puissant jet se réduisit à un mince filet, il rouvrit les yeux. Uriner était une sensation délicieuse, proche de l'éjaculation. Il vit soudain à une vingtaine de pas quelque chose qui lui contracta les muscles et tarit le filet.

On l'observait depuis un buisson. Quelqu'un était caché dans le feuillage; sa tête, qui dépassait, immobile, regardait dans sa direction. Ti laissa retomber sa robe et se figea, aux aguets.

Il attendit longtemps que l'inconnu bouge ou lui parle. Voyant qu'il restait tapi dans le buisson, Ti s'approcha avec précaution.

— Bonsoir ! lança-t-il, sans obtenir de réponse.

Pris d'un sombre pressentiment, il hâta le pas, arriva devant le buisson et écarta les feuilles d'un geste brusque.

Au lieu du corps attendu, il vit une longue perche plantée dans le sol, la tête fichée sur la perche, à la hauteur de ses yeux. La tête lui parut... familière. Mais s'il connaissait cet homme, leur rencontre remontait à loin. Une autre époque, une autre ville.

Il examina les traits à la lueur de la lune, et laissa son esprit errer. La lueur de la lanterne. La lueur de la lune ressemblait à celle d'une lanterne, elle éclairait le visage sous le même angle. La dernière fois que Ti avait vu ce visage, il était éclairé par une lanterne... c'était celui d'un homme qui avait regardé Ti avec sympathie... dans une maison de thé. A Lo-yang. Ti était attablé, son thé refroidissait, son cœur aussi, et cet homme...

C'était le patron de la maison de thé de Lo-yang où Ti avait attendu en vain Hsueh Huai-i. Un brave homme inoffensif qui venait sans cesse lui proposer de réchauffer son thé, qui avait laissé sa taverne ouverte une heure de plus parce que Ti attendait le lama... lequel avait disparu dans une autre vie...

Ti recula d'un pas chancelant. Il sentit la fièvre revenir, lui tourner la tête et affaiblir ses muscles, amenant avec elle les démons bavards de la veille.

Il s'accroupit et essaya de rassembler ses esprits. Il n'osait pas retourner se coucher. Mais peut-être était-il en train de délirer. Il se pinça. Non, il ne rêvait pas.

Abou Zeed. Le médecin était sans doute encore chez Dame Djamal. Ti se releva, rassembla ses forces et regagna la maison en catimini.

Le médecin piaffait d'enthousiasme. Ti ne l'avait jamais vu aussi joyeux. Il avait allumé toutes les lanternes et posé la tête sur un grand plateau qu'il avait trouvé dans la cuisine de Dame Djamal. Ils avaient agi en silence, prenant garde de ne pas la réveiller. Abou Zeed se pencha sur la tête pour l'examiner.

Voyant la tête en pleine lumière, Ti n'eut aucun doute. C'était bien celle du patron de la maison de thé. Il s'assit, parcouru de frissons, dans son esprit en ébullition, les pensées faisaient des bonds que n'auraient pas reniés les puces adorées d'Abou Zeed. Le patron de la maison de thé était-il un eunuque ? Que faisait-il à Canton ? Ces deux questions revenaient sans cesse. Ti avait conscience qu'il lui manquait de nombreuses pièces du puzzle, son esprit était encore trop embrumé. Il observa le médecin avec inquiétude.

— Bon, fit ce dernier, je peux vous dire une chose. Il n'est pas mort ici. La tête a été préservée, comme celles de votre collection. Dans du vin.

— Comment... comment savez-vous qu'il n'est pas mort ici ?

— Parce que, mon cher ami, le vin dans lequel la tête baignait — elle en était saturée, d'ailleurs, de sorte qu'elle empeste — est d'une qualité qui provient des routes commerciales du Nord. Je n'en ai jamais vu dans le sud de l'empire. Ha ! Voilà que je me mets à parler comme vous ! Je fais votre travail à votre place !

— Lo-yang... Il est mort à Lo-yang, sans l'ombre d'un doute. C'est là qu'il vivait.

— Ha ! s'exclama Abou Zeed. Un mot d'amour ! (Il sortit un parchemin plié en quatre de la bouche du mort.) Tenez. Les traits grossiers de votre langue écrite ne m'ont jamais inspiré. Lisez.

Ti prit le papier humide avec dégoût et le présenta à la lumière. Il crut percevoir un faible relent du parfum de l'impératrice.

— « Ne sais-tu pas qu'il est impoli de faire attendre quelqu'un ? »

Ti eut du mal à déchiffrer les deux derniers caractères, qui semblaient désigner un nom.

— Jeune Chien, lut-il à haute voix.

Il releva la tête. Jeune Chien était l'ancien surnom de Hsueh Huai-i ; il l'avait abandonné longtemps avant de rencontrer Ti, mais lui avait confié, un soir où ils buvaient du vin ensemble, qu'on l'appelait ainsi dans son enfance.

La façon dont le nom était écrit sur le parchemin rendait le sens ambigu. Ti se demanda si la lettre était adressée au lama ou à lui-même. Dans un cas comme dans l'autre, le sous-entendu était profondément troublant.

Peu de gens connaissaient ce surnom, et il ne faisait guère de doute que l'impératrice était du nombre. L'odeur de vin et le parfum qui imprégnait le parchemin soulevèrent le cœur de Ti. Le parfum de l'impératrice. Le même que celui de Dame Djamal.

Il s'efforça de récapituler les faits. Que savait-il au juste ? Que la tête avait été plantée dans le jardin de Dame Djamal. Que soupçonnait-il ? Que Hsueh Huai-i était à Canton. Non, il en était sûr ! Ses tripes le lui disaient, son cerveau le confirmait.

Il avait vu la réaction de Dame Djamal lorsqu'il avait dit qu'il pensait que le lama était en ville. La nouvelle avait semblé la réjouir.

Pourquoi ? Est-ce qu'elle... l'attendait ? Y avait-il un quelconque... lien entre Dame Djamal et le lama tibétain ? Dame Djamal vénérait l'impératrice. Ti lui avait laissé le bénéfice du doute, préférant croire qu'elle admirait Wu Tse-tien par ignorance, qu'elle ne connaissait pas la réalité. Et si elle en savait plus qu'il ne croyait ? Si elle avait fait de l'impératrice son modèle ?

Ti fut pris des mêmes frissons glacés que la veille, il se

275

mit à claquer des dents et des pensées chaotiques surgirent dans son esprit. Il imagina Hsueh Huai-i rendant une visite discrète à Dame Djamal pour lui remettre la tête du patron de la maison de thé de Lo-yang. Il se les représenta en train de préparer une surprise pour le juge Ti. Dans quel but ? Pour l'effrayer ? Pour le rendre fou ?

Or, si le mot était pour le Jeune Chien et non pour lui... il ne pouvait provenir que de l'impératrice elle-même, qui aurait pu aisément faire transporter la tête à Canton... mais la faire mettre dans le jardin de Dame Djamal signifiait qu'elle s'attendait à ce que Hsueh Huai-i s'y trouve.

Donc, elle connaissait la Persane. Ce qui supposait que Dame Djamal et l'impératrice avaient concocté l'affaire ensemble. Et que l'impératrice savait, sans l'ombre d'un doute, que le juge Ti était à Canton...

— Docteur, j'ai l'impression de devenir fou. Je me sens de nouveau fiévreux.

Abou Zeed leva la tête et l'inquiétude se lut sur son visage. Il vint poser une main sur le front de Ti.

— En effet, vous êtes brûlant.

Ti dévisagea le médecin. Se pouvait-il qu'il soit, lui aussi... ? Non, il rejeta l'idée. S'il ne pouvait se fier au médecin, cela signifiait qu'il était tombé dans un piège dont il ne pourrait jamais s'extirper. Il décida de parier sur la loyauté du Persan.

— Je mise tout sur vous, Abou Zeed, dit-il tout haut.

— Que voulez-vous dire, magistrat ? s'étonna le médecin, soucieux.

— Peu importe. Je dois vous demander une faveur. Et, s'il vous plaît, ne me posez pas de questions.

— Volontiers, si je peux vous rendre service.

— Emmenez-moi loin d'ici. (Abou Zeed parut abasourdi.) Permettez-moi de récupérer dans vos appartements. Je ne vous en demande pas plus. Je vous en prie.

— Rien de plus facile. Cependant Dame Djamal... sera

froissée. (Il parut comprendre les craintes de Ti.) Mais elle vous pardonnera, j'en suis sûr.

— Le pardonner pour quoi ?

Ils se retournèrent de concert. En robe de chambre, Dame Djamal se tenait dans l'encadrement de la porte. Elle les dévisagea tour à tour, puis son regard se posa sur la tête décapitée. Elle s'approcha avec un empressement presque enjoué, examina la tête... et son expression changea. Ti crut discerner de la déception dans son regard.

— Ce n'est pas un eunuque, remarqua-t-elle, avant de fixer de nouveau les yeux sur Ti. Vous pardonner pour quoi ?

— Pour... avoir apporté ces objets dans votre vie, dit Ti d'une voix hésitante.

Dame Djamal affichait un calme opaque qui le déroutait.

— J'ai déjà vu pire, dit-elle. Et je ne sais pas encore si je vous pardonnerai.

Sur ces mots, elle sortit.

Ti avait honte. Il était parti de chez Dame Djamal comme un voleur, sans dire au revoir. Le médecin lui promit de tout faire pour arrondir les angles, il expliquerait à Dame Djamal que Ti viendrait la voir dès qu'il irait mieux.

Ti se sentait déjà mieux, même s'il ne comprenait toujours pas ce qui s'était passé. Tout ce qu'il savait, c'était que Hsueh Huai-i était en ville. Dépêché par l'impératrice pour un méfait quelconque, nul doute. C'était une mauvaise nouvelle, et pas seulement pour Ti, mais aussi pour les prisonniers de l'île.

Située dans le quartier persan, la petite maison du médecin était obscure et fascinante. Le lendemain de son arrivée, Ti resta seul. Le médecin était parti pour son travail — « mettre les tantes au pas », comme il disait —, et Ti, encore faible mais sur la voie de la guérison, un châle sur les épaules, explora les lieux.

Ils avaient apporté la tête du patron de la maison de thé ; elle reposait parmi l'impressionnante collection de spécimens, dans l'étude du médecin. Ti parcourut la pièce sur la pointe des pieds, subjugué. Il ne l'avait pas vue lors de ses visites précédentes. C'était le sanctuaire du médecin. Un mur entier était tapissé d'étagères sur lesquelles des centaines de crânes d'animaux étaient alignés par taille, du buffle d'eau et du tigre aux rongeurs gros comme des petits pois. Sur une étagère, des jarres en verre renfermaient des singes, des lapins, des cochons, des chiens, des chats, des furets, des grenouilles, des serpents, des poissons et plusieurs sortes de bestioles à poil et à écailles que Ti ne réussit pas à identifier, parmi lesquelles un animal que le médecin avait, semblait-il, assemblé lui-même par jeu. Pour effrayer les eunuques, peut-être. Il avait une fourrure grise et un bec de canard.

Ti découvrit aussi des morceaux humains — mains, cœurs, yeux, os —, des fœtus, avec leur cordon ombilical, le visage grave et serein, qui flottaient comme de petits Bouddhas dans un néant éternel.

Il était dans l'antre d'un homme à la curiosité insatiable, un homme qui défiait les tabous. Dans une cage, des rats vivants pointaient leur museau entre les barreaux et fixaient Ti de leurs petits yeux ronds intelligents. Vous me rappelez votre maître, songea Ti. Abou Zeed aurait pris cela comme un compliment, il en était sûr.

Au même moment, une porte claqua et on l'appela. Ti entendit ensuite des bruits de pas précipités. Penaud, il s'apprêta à sortir de la pièce. Le médecin ne lui avait pas interdit d'y entrer, mais il ne l'avait pas non plus invité à y fourrer son nez. Mais Ti ne fut pas assez prompt. Abou

Zeed surgit, avec les yeux brillants de celui qui vient de faire une découverte capitale. Il portait un paquet. Non, se dit le juge, ce n'est pas une tête. Et il espéra sincèrement qu'il ne se trompait pas.

— Ah, maître Ti, attendez de voir ce que j'ai trouvé !

Il débarrassa un coin de table, posa son paquet et le déballa. Ti n'osait pas regarder. Lorsqu'il s'y résolut, il s'aperçut que c'étaient des... carreaux. Des carreaux en céramique. Certains étaient très beaux, ornés de plantes multicolores et d'oiseaux bariolés. Celui que le médecin contemplait avec extase était gris et brun, plutôt terne, décoré d'un motif répétitif qui représentait un monstre à mille pattes.

— Cela vient d'une fabrique de Hainan, maître Ti. C'est l'œuvre de prisonniers. C'était dans la cargaison d'un navire qui est entré au port ce matin même ! Illégalement, je m'empresse de le dire, c'est pourquoi le capitaine a voulu acheter mon silence avec ce cadeau.

Ti examina l'affreuse bestiole.

— C'est l'œuvre d'un malade, dit-il, sous l'emprise de la même fièvre qui m'a cloué au lit, j'en suis sûr.

— Ah, vous vous trompez. Vous y voyez peut-être la patte du délire, mais pour moi c'est... attendez, je vais vous montrer.

Il courut chercher son cylindre optique et invita Ti à regarder.

Ti ferma un œil et colla l'autre sur le tube. Dans un petit cercle lumineux, il vit la bestiole qui était dessinée sur le carreau : un corps segmenté, de nombreuses pattes, un air maléfique et, bien que mort, tout ce qu'il y avait de réel.

— Qu'est-ce que c'est ? demanda-t-il.

— Une puce, maître Ti. Notre ennemi dévoilé !

— Quelqu'un sur cette île décore des carreaux avec... des puces ?

— Oui, vous vous rendez compte ! Il faut que je découvre qui et dans quel but.

Ti considéra le médecin d'un air perplexe. Il venait d'avoir une idée.

— Abou Zeed, dit-il, avez-vous conscience de tout ce que cela suppose ? Celui qui a dessiné ces bestioles connaît le mystère de vos cylindres optiques. Ce n'est pas un prisonnier ordinaire. C'est un savant.

— Un Persan, je parie.

— Un Persan ou un lettré exilé. Un des prisonniers que je voulais rencontrer. Si nous pouvions gagner l'île et trouver cette fabrique, nous saurions par où commencer. (Il coula un regard vers la tête décapitée qui les observait depuis l'étagère.) Depuis que Hsueh Huai-i est en ville, ces hommes courent un danger encore plus grand. Je ne sais pas à quoi joue le lama avec moi en me faisant savoir qu'il est à Canton, mais je crains pour la vie des prisonniers. Il faut aussi que je vérifie s'ils sont liés aux meurtres. Ils ont de bonnes raisons de détester les eunuques.

Ti et le médecin échangèrent un regard. Chacun devinait ce que pensait l'autre : il n'y avait pas un instant à perdre. Il était temps d'aller à Hainan.

Le plus vite possible et par n'importe quel moyen.

Le soir, Abou Zeed s'enduisit des pieds à la tête de son onguent anti-puces et s'habilla pour sortir. Il se glissa dans la chambre du magistrat et regarda dormir Ti, dont la respiration était profonde et régulière. Parfait. Depuis leur discussion au sujet des carreaux, Abou Zeed avait réfléchi toute la journée sur ce qu'il devait faire.

Il traversa la maison, passa par son étude et parvint

devant une porte munie d'un verrou. C'était une pièce dans laquelle personne d'autre que lui ne pénétrait.

Une lanterne à la main, il ouvrit la porte et entra.

C'était une pièce sans fenêtres, avec des étagères sur lesquelles des cages étaient alignées. Dans les cages se trouvaient des rats, dont la plupart étaient malades. Certains étaient déjà morts.

Abou Zeed choisit une cage, l'ouvrit, y plongea la main et en sortit par la queue un rat moribond. Le rat se débattit un peu, mais il était trop faible pour résister.

— Excuse-moi, mon ami, murmura le médecin.

Il sortit de sa poche un peigne en ivoire aux dents fines et le passa sur la fourrure du rat. Des particules rougeâtres s'accrochèrent aux dents. Le médecin remit le rat dans la cage puis, en prenant soin de ne pas les toucher, il fit tomber les particules à l'aide d'un bâtonnet dans une petite éprouvette en verre. Il boucha l'éprouvette et la rangea dans sa poche.

— Merci, mon ami, dit-il au rat.

Il sortit, verrouilla la porte derrière lui et éteignit la lanterne.

15

La façade était celle d'une maison de taille moyenne ; cela aurait pu être une résidence ordinaire si la terre nue n'avait été ratissée tout autour de l'entrée — pas de feuilles, pas de mauvaises herbes, pas de crottes.

— Austères, ces bouddhistes, marmonna le médecin. Comme c'est différent de mon pays natal, où une porcherie serait mieux décorée que cette maison !

Un jeune moine ouvrit la porte.

— Bienvenue, dit-il en examinant l'étranger. Que pouvons-nous pour vous ?

Le moine n'était pas de ce monde. Il n'avait pas reconnu les origines du visiteur à son accent.

— Un toit et un bol de soupe, mon frère ? Je suis fatigué. J'ai de quoi payer.

— Entrez, je vous en prie. C'est un honneur pour nous. La nourriture est frugale et la literie rude, mais c'est gratuit.

L'intérieur ressemblait à l'extérieur, de la terre battue soigneusement balayée. La pièce était plus vaste qu'Abou Zeed n'aurait cru, sombre et fraîche. Il entendit des bruits d'éclaboussures et des odeurs de cuisine. Un plat simple — des haricots, devina-t-il avec tristesse. Dans son pays, on mélangeait les haricots avec des ingrédients qui adoucissaient leur esprit coléreux et aiguisaient agréablement l'appétit. Abou Zeed ne sentit aucun de ces ingrédients, mais l'odeur sobre flatta néanmoins son estomac affamé.

— Vous venez de loin ?

— Oui. Et je vais encore plus loin.

— Reposez-vous tant que vous le souhaitez. Vous dormirez ici.

La pièce où le moine le fit entrer n'avait pas de porte. Le moine fut obligé de courber le dos. Le Persan resta droit. Il y avait une petite fenêtre. La seule tache de couleur provenait de la paille qui jonchait le sol près d'un mur. Un petit bol en terre cuite était posé à côté de la literie, une libellule sur le rebord. Dans la pénombre, elle paraissait noire, mais lorsqu'elle bougea Abou Zeed vit qu'elle était bleu-vert. Une vieille habitude le poussa à s'interroger sur la provenance de l'insecte, mais il chassa la question de son esprit. Les lieux étrangers engendrent les signes et les présages. Un esprit rationnel refuse ce genre de sornettes.

— Il y a un bassin si vous voulez vous rafraîchir, dit le moine, et au fond du jardin, dans le bosquet, vous trouverez une fosse pour les besoins. Le frère qui dort ici vous apportera de la paille fraîche.

Quel confort !

— Nous soupons après le coucher du soleil.

Il faut donc attendre si longtemps !

— Avez-vous un bol ? demanda le moine en désignant le sac du visiteur.

— Oui, frère, je vous remercie.

La seule chose qui ressemblait à un bassin était une étendue d'eau rectangulaire dans la cour qu'on apercevait au bout du couloir qui reliait les chambres entre elles. La maison était sans doute plus vaste que ne le suggérait la façade ; des bâtiments formaient un fer à cheval autour de la cour et des champs cultivés s'étendaient à perte de vue.

Le médecin s'approcha d'une chambre d'où lui parvenaient des bruits. Surpris, un vieux moine courtaud leva la tête d'une marmite qui chauffait sur un feu de bouses fumantes. A côté du feu, il y avait un tas de feuilles et de racines grouillant de bestioles.

— Paix, frère. Un visiteur peut-il se baigner dans ce bassin, là-bas ?

— En voyez-vous un autre ? Vous êtes persan ?

— Oui. Comment avez-vous deviné ?

— A votre physique. Que pourriez-vous être d'autre ? Ah, les Persans ! Toujours dans l'eau. Vous mangez ici ?

— S'il y a assez.

Le moine cracha.

— Il y a plus qu'assez. Allez vous baigner, Persan.

Le médecin s'assit sur le rebord du bassin. Les cloisons de bois étaient enduites de brai afin de retenir l'eau. Des carpes filaient ; calée par des pierres, une canalisation en bois qui plongeait au milieu du bassin l'alimentait en eau fraîche. Quelques plantes poussaient sur les pierres. La libellule était rouge.

Abou Zeed se demanda s'il y avait des règles concernant la baignade. Il ôta ses sandales moites de sueur et plongea ses pieds dans l'eau. Elle était tiède, mais néanmoins agréable. Une carpe orange vint l'examiner et lui mordilla les doigts de pied. Il sourit, ôta son chapeau mou, se pencha et puisa de l'eau dans ses mains. Elle sentait les algues. Il pinça les lèvres et s'aspergea le visage. Des poissons, orange, argentés, blancs, accoururent, alertés par les éclaboussures. Abou Zeed retroussa son pantalon et entra dans le bassin. Le fond pavé était glissant. Il s'agrippa au rebord pour garder l'équilibre, maintenant son large pantalon sur sa taille, et observa les poissons glisser gaiement entre ses jambes. Il les observait en savant. Certains poissons le pinçaient, mais la plupart se contentaient de l'effleurer de leur bouche ronde. Il se demanda ce qu'ils cherchaient. Il plongea ses mains dans l'eau et s'immobilisa. Les poissons lui mordillèrent les poils, ignorant ses paumes. Ils semblaient attirés par les parties du corps pourvues de poils, mains, jambes, mais ne les tiraillaient pas.

Un poisson plus gros que les autres — sous l'eau, il paraissait plus grand ; Abou Zeed le mesura, il dépassait sa main — piqua sur lui et le pinça. Une pellicule de peau se décolla, que le poisson goba avec avidité. Ah, ils se nourrissent de mes peaux mortes ! songea-t-il. Il pensa aux gens dont les pellicules maculaient les vêtements. De véritables garde-manger, se dit-il. Les poissons détachaient ses peaux mortes et les mangeaient. Pour eux, il était un véritable festin.

Satisfait de sa découverte, il reporta son attention sur la silhouette qui se reflétait sur la surface ridée de l'eau. Couvert de terre, un jeune moine l'observait sous son chapeau de paille effrangé. Il tenait à la main un long maillet en bois. Son visage immobile était inexpressif.

Ces Chinois ! songea Abou Zeed. On ne sait jamais ce qu'ils pensent.

En sandales ou pieds nus, d'autres moines le rejoignirent et échangèrent quelques mots dans un dialecte que le médecin ne connaissait pas.

— On peut se baigner ? demanda-t-il en mandarin, tout en désignant le bassin d'un signe de tête.

Un géant se tenait parmi les moines. Il était vêtu comme eux mais n'était pas maculé de terre. Il était grand et mince, il les dépassait de plus d'une tête.

Les mains sur les hanches, le géant contemplait la scène : le petit homme dans le bassin, le pantalon retroussé jusqu'à la taille, la foule qui l'observait. Il éclata d'un rire qui résonna dans le silence du monastère. D'une longue foulée, il arriva au bord du bassin.

— Baigne-toi donc, petit homme !

Il appuya sur la tête d'Abou Zeed et le poussa sous

l'eau. Les pavés glissants ne procuraient aucune prise, et ses mains, qui retenaient le pantalon, ne lui permirent pas de garder l'équilibre. Il plongea. La grosse main du géant lui maintint longuement la tête sous l'eau. Le médecin empoigna la dague, courte et aiguisée, qu'il cachait sous sa ceinture mais, avant qu'il puisse la diriger vers l'agresseur, le géant relâcha son étreinte. Abou Zeed se releva, furieux.

— Fils de pute ! cracha-t-il en farsi. Suppôt de Satan ! Ose encore me toucher et tu es un homme mort, je le jure par Ormazd !

Le rire du géant s'arrêta net.

— Par le membre sacré du Bouddha, dit-il en farsi. Un Persan ! Je ne cherchais qu'à t'aider dans ta baignade, voyageur, avant que les poissons ne se repaissent de toi. Quel drôle de personnage tu fais !

— Mais je... maudit sois-tu, le...

— Le moine t'a invité à te rafraîchir ? D'habitude, c'est avec ça qu'on le fait !

Le géant désigna un objet que le médecin n'avait pas remarqué, un grand seau en bois, usé par le temps, masqué par l'ombre du parapet.

— Euh, je...

Ignorant la menace de la dague, le moine tendit la main.

— Laisse-moi t'aider. Pardonne mon geste grossier. Je vois que tu mérites mieux.

Le médecin refusa la main tendue et sortit du bassin. Je te verrai en enfer, crapule, songea-t-il. Et je prendrai ta main plus tard, pour t'y conduire.

L'interminable prière étant terminée, le médecin fut enfin invité à apporter son bol dans la salle commune. Des haricots. Cuits avec les ordures que le cuisinier trapu avait entassées près de son chaudron, les bestioles bouillies, les carapaces encore croustillantes. Il y avait aussi des galettes de blé mal concassé et une boisson tiède nauséabonde. Le médecin observa les moines. Ils mangeaient bruyamment. Le géant s'assit par terre à côté de lui, un compagnon de table qu'il accepta avec satisfaction, sinon avec enthousiasme. C'était sa proie, nul doute. Il n'avait eu aucun mal à retrouver sa trace jusqu'au monastère le plus pauvre des environs de Canton. Ti lui avait précisé que le lama gravitait toujours autour des quartiers les plus humbles lorsqu'il voyageait en tant que simple moine. Les indications étaient simples : « Trouvez le monastère le plus pauvre, et repérez le moine le plus grand de la confrérie, ce sera lui. »

— Comment t'appelles-tu ? demanda le géant en farsi.
— Khosru, répondit Abou Zeed en chinois.
— Ah, fit Hsueh Huai-i, passant au chinois lui aussi, dans le même dialecte des lettrés, pardonne-moi d'avoir utilisé ta langue natale. Je suis Tsu Yen. Tu as un noble nom. Tu es sans doute un citadin ?

Le ton du lama était cordial.

— Je viens d'Hamadan, mentit le médecin. Ma famille descend de la lignée du seigneur Khosru Noshirwan, ce qui ne signifie plus rien de nos jours, hélas.

— Le génie persan ne disparaîtra pas simplement parce que les mahométans ont envahi la capitale, assura le moine. (Abou Zeed fut très impressionné par sa connaissance des récents conflits de son pays natal.) Qu'est-ce qui t'amène dans cette partie suffocante de la Chine ?

— Les mahométans dont tu parles. Mon patron est un marchand arabe. Il aimerait développer son commerce.

— Que vend-il ?

— C'est un homme de ressources. Il a Allah dans la bouche et le commerce dans le cœur. Il vend tout ce qui rapporte.

— Tu as une bonne commission, j'imagine, dit le moine d'un air entendu.

Le médecin s'efforçait de repousser discrètement un scarabée mort sur le rebord de son bol.

— Nous demandons pardon pour les êtres vivants que nous tuons, dit le moine, mais comme c'est inévitable... (Le médecin vit la petite carapace brune craquer sous les dents du moine ; un jus crémeux gicla.) Autant en profiter. N'ajoutons pas le gâchis au péché. D'ailleurs, certains insectes sont très goûteux.

Le médecin se demanda comment avaler sa soupe sans manger le scarabée et sans le jeter, mais son compagnon l'observait. En fait, le moine était un observateur d'une rare perspicacité.

— La boisson est faite avec du beurre rance, expliqua-t-il avec suffisance. C'est très sain.

Il leva sa coupe et inclina la tête vers le médecin pour l'inviter à boire. Le Persan jeta un regard inquiet autour de lui. La plupart des moines avaient terminé leur repas et bu leur boisson infâme ; personne ne semblait malade.

Maudit soit ce monastère, songea Abou Zeed. Il faut que je termine ce travail au plus vite.

Il vida sa coupe d'un trait et racla son bol en réprimant une violente envie de vomir. Des nuages de moustiques se rassemblaient dans la salle à manger. Les moines les ignoraient. Le dos des mains de Zeed était zébré de piqûres.

— Maudits moustiques ! ronchonna-t-il.

Les moines avaient repris leur chant.

— Nous ne tuons pas gratuitement, dit le géant. Ils exigent si peu.

Pendant qu'il parlait, un moustique bouffi se posa sur le bout de son doigt et y laissa une perle de sang avant de s'envoler.

Abou Zeed prit mentalement note : index de la main gauche, première articulation. Les insectes ne laissaient guère de trace sur ces fous, mais pour ce qu'Abou Zeed voulait faire, la petite piqûre équivalait à la grande porte de Shiraz.

— Je ferai mes prières plus tard, souffla le géant. Cela vous dit d'aller boire un bol dans ma cellule ?

Un bol de quoi ? De la pisse de singe ? s'interrogea Abou Zeed, qui accepta néanmoins avec un sourire complice.

Mais la bière n'était pas mauvaise... elle était même forte. Le médecin avait appris à l'apprécier en Chine. Ils étaient assis par terre, dans la cellule du géant, éclairés par un morceau de chiffon qui brûlait dans un bol de graisse en dégageant une fumée âcre. Le grand moine avait une chambre particulière. Etait-ce la fumée qui chassait la plupart des moustiques et ne laissait que les plus aventureux ? Etait-ce cette odeur de... citron ? Les deux hommes attaquaient leur deuxième bol de breuvage mousseux.

— Cela vous soulagera des moustiques, s'ils vous embêtent, dit le géant. Ils n'aiment pas le goût de la bière dans le sang.

C'est comme s'il lisait dans mes pensées, songea Abou Zeed.

— Alors, je bois avec deux fois plus de plaisir ! s'esclaffa le médecin.

Dans l'ombre, ses doigts trouvèrent la petite éprouvette dans les plis de sa large ceinture. D'un geste habile, il déboucha le flacon. Prudence ! Prudence, Abou. Le contenu est pour lui, pas pour toi.

Il n'eut aucun mal à forcer son accent empâté afin de montrer l'efficacité du breuvage et la convivialité qu'il procurait. Il parlait fort.

— Regardez cette main ! Les moustiques l'ont transformée en passoire ! Regardez-moi ! Alors que vous... (De sa main droite, il prit celle du moine et l'approcha de la lampe.) Pas une piqûre. Douce et lisse comme des fesses de bébé !

Il passa sa main gauche sur celle du géant, le pouce replié afin que le moine crût que le léger frottement qu'il sentait venait de son ongle et non de l'ouverture du flacon que le médecin serrait entre son médium et son annulaire, et il éparpilla les excréments de puces sur l'index où le moustique avait percé un trou minuscule.

Le moine dégagea vivement sa main. A la lueur de la lampe, Zeed surprit un regard qui n'avait rien d'humain.

— Ah ! fit le moine en éclatant de rire. Non, Persan, parce que nous ne les tuons pas, ils ne nous font aucun mal.

Il y eut des moments de méfiance joyeuse. Hsueh évoqua ses origines, flirtant parfois avec la vérité. Il remplit de nouveau les bols, sa résistance était plus grande que celle de son invité. Il parla du commerce avec une connaissance approfondie. Ils discutèrent de la peste, une maladie endémique dans la région, et le médecin se garda de révéler qu'il était très bien informé sur ce sujet. Ils parlèrent de la Perse, des changements apportés par les seigneurs arabes, de la Chine sous Wu et du bouddhisme. Zeed perçut une fièvre ardente chez son interlocuteur lorsque la conversation aborda ces derniers thèmes.

Il lutta pour conserver son contrôle malgré l'ivresse et la torpeur que causait la bière. Il lâcha un pet tonitruant, chaudement félicité par le moine : « Encore un démon, Persan ? » Et il mentit sur sa vie et sur ses expériences. Comme le moine, il flirtait parfois avec la vérité pour le frisson que cela procurait. Le concours de mensonges entre deux hommes d'expérience était particulièrement réjouissant, même si Zeed sentait parfois, par des questions masquées, que le moine cherchait à le tester. Il ne doutait pas d'avoir inoculé la maladie — pardon, mon vieil Hippocrate ! Il était sûr d'avoir transmis les germes de la « mort noire » à l'homme que lui avait décrit le juge Ti.

La discussion dériva sur les femmes — lesquelles

étaient les plus désirables, quels étaient leurs exploits amoureux personnels, les pratiques qui apportaient le plus grand plaisir et permettaient de le prolonger... Toute sincérité avait disparu, remplacée par des vantardises d'adolescents. Le médecin se dit que les premiers symptômes allaient peut-être apparaître, mais son pouvoir d'observation avait décliné et il était tout aussi moite de sueur et imbibé de bière que son compagnon. Il s'endormit à même le sol, à côté du moine.

Il se réveilla dans la cellule qu'on lui avait attribuée. Son occupant habituel était déjà parti. Zeed vit que son petit baluchon était à côté de sa litière. Il resta allongé, immobile, et fouilla la pièce des yeux en se demandant s'il s'était inoculé la peste.

Bouge, Abou Zeed, s'ordonna-t-il. Décampe au plus vite, disparais.

Le moine Hsueh Huai-i, qui se faisait parfois appeler Tsu Yen, avait une gueule de bois encore plus douloureuse. Outre le mal de tête, il avait la fièvre et était parcouru de frissons glacés. Il manqua les prières matinales. Il rata aussi le petit déjeuner, mais il n'avait pas faim.

Hsueh n'avait pas l'habitude de plier devant la maladie, encore moins devant une gueule de bois. D'ailleurs, il possédait des plantes, inconnues des ignorants du monastère, qui éclaircissaient les idées, effaçaient les douleurs et qui, pour l'amour d'Allah, avaient bon goût. Il avait l'intention de leur recommander d'en faire pousser après son départ.

Allah ! Il se demanda où était passé son compagnon de beuverie, mais en se levant il ne découvrit aucune trace du Persan et lorsqu'il sortit dans la cour il ne vit aucun visiteur dans le monastère.

Il ne put s'arrêter près du bassin; pris d'un besoin urgent, il se rua vers les latrines. Il débordait.

Il avait mal partout, à la tête, dans les muscles. La lumière lui blessait les yeux. Ses membres étaient douloureux. Ses cheveux lui faisaient mal! Il avait des douleurs à l'aine et sous les bras, dont la violence grandissait de minute en minute. Il ne souffrait pas d'une simple gueule de bois.

Serrant les fesses et luttant contre la douleur qui le pliait en deux, il se traîna jusqu'au bosquet nauséabond. Un bruit malveillant lui parvint aux oreilles, il sentit un crachin brûlant ruisseler le long de ses cuisses.

— Merde! Merde!

Il s'accroupit; la tête lui tournait, d'épais nuages défilaient devant ses yeux, il ressentit un soulagement presque détaché dans l'explosion fétide qui suivit, comme si c'était l'œuvre d'un autre et qu'il n'était qu'un simple spectateur, malade, certes...

La puanteur qu'il dégagea n'était pas seulement atroce, elle était empoisonnée... Empoisonnée...

Il changea de position. Attention! Les bords de la tranchée s'effondrent parfois, ses pieds... Le soleil était haut dans le ciel. Il distingua clairement la masse luisante, visqueuse, noir et rouge. Une acidité brûlante reflua dans sa gorge. Il toussa et une seconde décharge jaillit de ses intestins. Il était comme coupé en deux, tantôt inquiet, tantôt indifférent. Ce qui remontait de son ventre ressemblait fort aux ordures de ses entrailles : c'était noir, rouge et puant. Un instant dérouté, il finit par comprendre.

— Le chien! Fumier de Persan!

Dans le champ voisin, les moines entendirent un hurlement rauque dans une langue inconnue qui ne semblait pas humaine.

Le moine Hsueh Huai-i n'assista pas aux prières de

midi, il ne vint pas au déjeuner ni à la sieste. On ne le vit pas non plus au rassemblement du soir. Le moine Hsueh Huai-i était introuvable. Il transpirait sur une mince litière de paille, inconscient, dans une sombre hutte, à moins d'un li du monastère, assisté par un enfant effrayé, garçon ou fille, il l'ignorait et s'en moquait. Comme c'est curieux, nota le spectateur indifférent tapi en lui, Priape ne connaît pas le sexe de celui qui s'occupe de lui. Le même observateur calcula froidement le temps qu'il restait au moine.

Trois jours pour un homme ordinaire. Quatre ou cinq pour ce géant.

Un singe le regardait fixement, émissaire de la déesse singe, une salope grincheuse qui régnait sur ces régions suffocantes et venait recevoir son tribut. Mais où était donc sa bourse ? Le démon l'avait emportée. Pourquoi, dans ce cas, me fixer ainsi ? Tu as pris mon pénis. Il ne me reste que d'atroces furoncles.

Ne le fâche pas. Il fera chauffer d'autres morceaux de charbon qu'il placera sous mes bras, entre mes jambes. Petit frère moine, pourquoi ne peux-tu...

Une sueur brûlante lui piquait les yeux. Le singe disparut dans l'ombre, une faible lumière scintillait au loin. Des bruits sourds perçaient le silence. Qui criait ?

La fillette regardait la forme étendue sur la paille, d'une taille invraisemblable, trop grande pour être humaine. Un diable, forcément, un diable féroce. Elle était chargée d'un diable. Elle avait vu la pièce briller, elle avait vu son père s'en emparer, une pièce d'argent autrement plus précieuse que la petite paysanne, une fille, pouah ! Elle fixait le géant d'un regard fasciné mêlé de terreur enfantine. Les vêtements du démon étaient défaits, noués autour de lui, ils ne cachaient rien, certainement pas l'énorme pénis flasque dans son nid de furoncles d'où suintait un liquide noirâtre lorsqu'il les étreignait dans ses griffes. Les yeux plissés, la tête tournée vers elle, son regard mettrait fin à sa courte vie. Elle en avait la certitude, une certitude cependant moins douloureuse que l'effroi que lui inspirait cette forme inhumaine.

Le démon rugit. La fillette sursauta. Il vagit des paroles démoniaques que seuls devaient comprendre les démons qui habitaient à des milliers de lis.

— De l'eau !

La fillette détala. On la battrait si on la voyait quitter la hutte, mais elle sortit néanmoins et courut chercher de l'eau.

16

Un bandeau sur les yeux, allongé sur l'impératrice, le jeune homme allait et venait en ahanant.

— Moins vite, imbécile ! Qu'est-ce que tu t'imagines ? Que tu fais du cheval ?

Il s'arrêta, puis recommença à s'activer. C'était un peu mieux. Elle ferma les yeux et se concentra. Une étincelle s'alluma, batailla un instant, puis mourut, comme les précédentes. La sensation naissait, grandissait... c'était le moment où le jeune homme aurait dû savoir quoi faire, deviner son trouble, accélérer légèrement, pas trop, sentir le moment précis où il devait plonger, s'arrêter, et l'empaler tel un escrimeur qui donne le coup de grâce, pendant qu'elle serait prise de frissons et qu'une vague immense l'emporterait...

Il la labourait à coups de reins monotones, incapable de changer de rythme. L'étincelle disparut de nouveau, faible flamme soufflée par le vent.

Elle repoussa le jeune homme et s'assit.

— C'est peut-être comme cela que tu honores une chèvre. Une chèvre ou une guenon, les seules amantes que tu aies connues, j'en suis sûre. Va-t'en ! Hors de ma vue ! Tu as de la chance que je ne te fasse pas exécuter. Gardes !

— Toutes mes excuses, ma Dame, bégaya le jeune

homme, qui prit soin de garder son bandeau. Je peux apprendre si...

Deux grands gaillards entrèrent. Torse nu, imperturbable, l'impératrice ruminait.

— Sortez-le! ordonna-t-elle. Et qu'on m'envoie ma mère.

Les gardes empoignèrent le jeune homme par les bras, lui jetèrent sa robe sur les épaules, l'escortèrent à la porte et l'envoyèrent valser, nu, dans le hall.

— Oh, mère, je le vois. Je le vois, exactement comme il l'avait prédit. Il est avec elle! Je la vois! Elle a des seins lourds et de gros mamelons foncés. Il joue avec ses seins. Elle hurle comme une chatte quand elle jouit. Elle...

— Ne sois pas ridicule! coupa Dame Yang, qui se regarda dans la glace et lissa sa coiffure immaculée. Même si c'était vrai, qu'est-ce que ça change? Comment crois-tu qu'il a appris à si bien faire jouir les femmes, sinon par une longue pratique? Tu crois qu'elle le fascine plus que toi?

— Les hommes trouvent toujours les étrangères plus jolies. L'attrait de l'exotisme. Je suis sûre qu'il la trouve irrésistible. Ils doivent regarder les peintures persanes ensemble et essayer toutes les positions décrites. A cheval, sur les tapis, dans son jardin. Oui, je les vois. Exactement comme il l'avait dit. Sais-tu ce que cela signifie, mère?

— Je t'écoute.

— Il sait que je le vois. Il m'avait dit qu'il me suffirait de fermer les yeux et que je serais avec lui. Ça veut dire qu'il le fait exprès.

— Il te surestime peut-être. Il te croit au-dessus de cette médiocre jalousie. Il comptait peut-être te titiller. Et je pense qu'il a réussi. Quoique cette scène idiote ne soit certainement pas la réaction qu'il avait espérée.

— Oh, mère! Je ne supporte pas l'idée qu'il touche une autre femme. Sauf toi, bien sûr. Et où est la tête de Ti Jen-chieh? Pourquoi n'est-elle pas à sa place, sur la grille du temple? Pourquoi n'a-t-il pas fait ce que je lui demandais?

— J'imagine que la tête de Ti Jen-chieh est encore sur ses épaules. Mais... (Dame Yang dévisagea sa fille en tapotant ses longs ongles sur la table laquée.) La solution est évidente. Tu prétends voir ce que fait le lama en fermant simplement les yeux. Lorsque je ferme les miens, j'ai une vision merveilleuse... il ne s'agit pas de ce qui se passe en ce moment, mais de ce qui pourrait se passer. Nous savons que le brave juge cherche à gagner Hainan. La Persane t'a demandé d'intercéder en sa faveur. Eh bien, fais-le! Facilite son voyage, et sers-toi de cette femme! Fais-la arrêter et conduire ici. Si tes visions sont correctes, maître Hsueh s'en trouvera marri. Et, bien sûr, maître Ti n'atteindra jamais l'île. A moins qu'il n'y passe le restant de ses jours. Sans ses jambes, par exemple. Ou sans ses yeux. Comme il te plaira.

— Ah, mère! s'exclama Wu, une lueur admirative dans le regard. Tu es géniale!

Dame Yang accepta le compliment comme un dû.

— A propos, qu'est-ce qui te fait croire que Ti Jen-chieh ne couche pas avec cette femme?

Wu grimaça.

— Je connais Ti Jen-chieh. Il a deux épouses, à qui il obéit comme un bon petit chien. C'est un exemple de bienséance et de moralité. Il s'aspergerait d'eau froide avant de commettre un tel péché. Contrairement au lama Hsueh.

Le soir, on envoya un autre jeune homme dans la

chambre de l'impératrice. Il avait été choisi parce qu'il était grand et mince. Pas aussi grand que le lama, certes, mais plus que la moyenne. Il était membre de la confrérie du Nuage Blanc. Wu s'était rendu compte que la secte comprenait des hommes qui, dans la pénombre, avaient presque les mêmes caractéristiques que le lama Hsueh.

Comme le précédent, le jeune homme avait les yeux bandés. Il tremblait de peur, malgré les nombreuses coupes de vin qu'elle lui avait fait boire. C'était un bon spécimen dont elle aimait le corps mince et l'odeur.

Elle lui demanda de s'allonger sur le dos. Elle lui recouvrit la tête d'un linge afin de s'imaginer qu'il était Hsueh Huai-i, s'assit à califourchon sur ses jambes, se pencha pour l'effleurer de ses seins et prit dans sa bouche le membre encore flasque qui ne tarderait pas, lorsqu'il se dresserait, à presque égaler celui du lama. Cela faisait longtemps qu'elle n'avait pas touché un membre flasque. Le lama était toujours en érection quand elle avait envie de lui. « Il me suffit d'être en votre présence », lui répétait-il sans cesse. Et c'était vrai. Elle ressentait le membre flasque du jeune homme comme une insulte.

Elle se mit au travail, ses douces lèvres lisses glissèrent sur la peau du jeune homme, elle le caressa à petits coups de langue, le suça gentiment au début, puis avec l'avidité d'un veau qui tète sa mère. Elle le mordilla délicatement, ce qui arrachait toujours à Hsueh un grognement de plaisir, mais ne réussit qu'à effrayer davantage le jeune nigaud. Quel imbécile! Qu'est-ce qu'il s'imaginait? Qu'elle allait lui arracher le membre d'un coup de dent? Il tremblait comme un poulet, la tête sur le billot.

Elle enduisit sa main d'huile tiède et empoigna fermement l'objet récalcitrant. Le jeune homme se détendit un peu, mais à peine. Elle s'assit sur son entrejambe et se frotta d'avant en arrière. Avec Hsueh, ce genre de jeu était délicieux; il se figeait dans une immobilité parfaite pendant qu'elle atteignait un état proche de l'excitation.

Alors, au moment critique, avec un contrôle musculaire parfait, il dressait son organe comme un soldat pointe sa lance en l'air, et elle s'empalait dessus jusqu'à la racine.

Mais le membre du jeune homme resta aussi mou qu'un serpent noyé. Wu le reprit dans sa main. La vue de cette chose flasque et dégoûtante lui rappela feu son époux Kao-tsung et sa débilité odieuse, lui dont la chair obéissait jadis à sa moindre caresse et dont l'impotence avait fini par la défier. Elle lâcha la chose en grimaçant comme s'il s'agissait d'une limace.

— Tu ferais mieux de partir, dit-elle d'une voix lasse.

Le jeune homme se leva prestement et sortit avant qu'elle ait eu le temps d'appeler les gardes. Ils arrivèrent après son départ.

— Envoyez-moi l'historien Shu, ordonna-t-elle. Dites-lui d'apporter ses pinceaux et toute l'encre qu'il possède.

Sur sa litière de paille mêlée d'excréments, Hsueh Huai-i se tordait de douleur et tempêtait ; son crâne était tantôt aussi grand que la pièce, tantôt plus petit qu'une tête d'épingle.

Je suis l'amant de l'impératrice, son conseiller en chef et son gigolo. Comment peut-on me négliger aussi grossièrement, bordel ? Qui a prescrit ces sangsues ? Comment osez-vous me toucher ? Mon fouet vous conduira à la grande fosse puante du Hu-nan. Où est mon thé, où est le dragon de mon impératrice qui crache le feu, où est la brise du jardin ? Enlevez ce putain de masque de mon visage ! Je ne peux pas respirer ! Le châtiment sera bien plus terrible que vous n'imaginez...

Dame Djamal fut immensément flattée lorsqu'elle

ouvrit la missive, délivrée le matin même par un coursier de la poste impériale déguisé en marchand afin de ne pas attirer l'attention, et qu'elle vit que Wu Tse-tien avait utilisé la même couleur d'encre qu'elle-même dans le message qu'elle lui avait fait parvenir. Le parchemin aussi était identique. Et on ne pouvait se tromper sur l'écriture, une main féminine l'avait tracée. L'impératrice lui avait écrit elle-même ! Ah, quelle femme intelligente et instruite ! Dame Djamal renifla le papier délicat : le même parfum ! Un clin d'œil complice de l'impératrice ! Le cœur de Dame Djamal chavira.

Elle lut :

> *Par décret impérial, mon bon ami le magistrat Ti Jen-chieh recevra l'autorisation de se rendre à Hainan. Le ministère des Ports et de la Navigation devra fournir un vaisseau, solide, sûr, mais discret, selon les vœux du magistrat Ti, qui l'emmènera sur l'île et le ramènera une fois son travail terminé.*

Il y avait, en bas de la lettre, le sceau impérial, apposé, Dame Djamal n'en douta pas un instant, par l'impératrice en personne.

Pressant la précieuse missive contre son sein, Dame Djamal traversa le couloir et entra dans la chambre où les jarres du magistrat Ti étaient entreposées.

Comme elle le faisait souvent, elle ôta les draps qui protégeaient les jarres et dévisagea les têtes. Elle leur parla, convaincue qu'il existait une infime possibilité que les têtes l'entendissent et la vissent ; elle estimait que les vivants leur devaient au moins cette courtoisie.

— Je suis désolée que vous ayez dû mourir, vous tous. Vous n'avez rien à vous reprocher. Il existe au paradis un endroit réservé à ceux qui sont morts à tort. Comme le magistrat Ti et le brave Abou Zeed seront pendant quelque temps distraits de leur travail, je pense que vous serez bientôt rejoints par celui qui ne connaîtra jamais le paradis. Alors seulement, je serai heureuse.

Elle posa la main sur une jarre encore vide, mais déjà enveloppée dans son linceul, et qui trônait, telle une sentinelle, dans l'attente de son cadeau.

Au ministère des Ports et de la Navigation, maître Yen Chi étala sur la table la missive impériale, arrivée le matin. Il rougissait de fierté : l'impératrice lui avait écrit personnellement. Elle ne s'était pas adressée au haut-commissaire, qui avait davantage d'autorité que lui, mais à maître Yen Chi lui-même. Elle se souvenait de lui, forcément.

Cependant, ce qu'elle lui demandait sema un certain trouble dans son esprit. Dans des circonstances normales, il se serait réjoui de hâter l'exil permanent de Ti Jen-chieh sur la Côte des Perles, surtout en employant la méthode préconisée par l'impératrice.

Mais avec la poursuite des meurtres, il aurait préféré que Ti et le petit Persan haineux restassent à Canton afin d'arrêter l'assassin. Néanmoins, une lettre de l'impératrice !

Il porta machinalement une main à son cou grassouillet, un geste qu'il répétait au moins vingt fois par jour et souvent la nuit. Mais une autre vision, aussi réelle que la vision de sa propre tête empalée sur un pieu, retint son attention et l'emporta : Yen Chi recevait une promotion, avec les chaleureux remerciements de Wu Tse-tien.

En outre, il était incapable de lui désobéir, il ne le savait que trop.

— Vous êtes difficile à trouver, magistrat, dit le messager en remettant une missive à Ti. La patronne de l'auberge où vous étiez descendu a d'abord prétendu ne pas vous connaître. J'ai été obligé de la soudoyer. Et en arrivant chez Dame Djamal, j'ai découvert que vous aviez déjà déménagé.

Devant la porte de la maison du médecin, Ti clignait des yeux, aveuglé par le soleil. Pour la première fois depuis longtemps, il se sentait d'aplomb. Il prit la lettre qui portait le sceau du ministère des Ports et de la Navigation.

Zeed parut sur le seuil.

— Ha! s'exclama-t-il. Je suis peut-être incapable de lire votre écriture infernale, mais je reconnais le sceau. Lisez, magistrat, lisez!

Ti parcourut vivement la lettre, laconique mais polie, signée de maître Yen Chi.

— Eh bien? s'impatienta le médecin. Quel obstacle met-il en travers de votre route?

Ti abaissa la lettre et sourit.

— Il ne s'agit pas d'obstacle, au contraire. Il semble que maître Yen Chi ait décidé de m'avoir pour ami plutôt que pour ennemi. Je ne peux l'en blâmer. Ah, docteur, la Côte des Perles nous attend!

Moins d'une heure plus tard, Abou Zeed était prêt à partir. Ti n'avait jamais vu personne faire ses bagages aussi vite. Le médecin avait pris des dispositions pour que sa maison fût gardée pendant son absence et il avait emballé ses affaires dans un grand sac en cuir : un tube optique, des dizaines d'éprouvettes munies de bouchons, des bouteilles et des jarres remplies de liquides qui dégageaient une drôle d'odeur, des poudres, des onguents, un assortiment de fines lames bien aiguisées, des aiguilles, des petites pinces, un mortier et un pilon. Il avait fourré par-dessus quelques vêtements de rechange et une petite bourse d'argent et de bijoux. « Pour graisser les roues », avait-il dit en souriant. Il avait aussi soigneusement enveloppé les carreaux, dont celui orné du motif de la puce, et ajouté une bouteille, scellée avec de la cire pour la rendre imperméable, dans laquelle il avait glissé une carte de l'île. Une carte grossière, certes, mais c'était mieux que rien.

Ti n'eut pas de préparatifs à faire. Les affaires qu'il avait empaquetées plusieurs semaines auparavant, lorsqu'il s'était rendu, l'esprit confiant, au ministère des Ports et de la Navigation, étaient toujours dans son sac, prêtes à servir.

Au moment où les deux hommes allaient partir, un message de Dame Djamal arriva, qui leur souhaitait un excellent voyage. Il était écrit à l'encre violette et le parchemin fleurait bon son parfum.

Ti se sentit coupable. Dame Djamal était une femme influente. Il se pouvait qu'elle ait généreusement usé de son pouvoir pour lever les obstacles qui avaient empêché Ti de se rendre à Hainan. Il aurait voulu passer la voir avant de partir, mais Abou Zeed, impatient comme un terrier, lui dit qu'ils auraient tout leur temps au retour, et il le poussa dehors.

C'était un bon petit navire. Il dansait avec confiance sur les vagues de la rivière, aussi impatient de gagner la haute mer que Ti et le médecin. Ti l'avait jaugé, rassuré : robuste et fiable, mais discret. La peinture s'écaillait, mais les cordages et les gréements étaient solides. L'équipage était en majorité composé d'étrangers, le capitaine était un Cantonais plein de déférence, contrairement à ceux que Ti avait croisés dans le port. Et c'était une magnifique journée — un vent soutenu, un ciel bleu parsemé de hauts nuages cotonneux. Un temps idéal pour l'aventure.

On montra à Ti et au médecin l'endroit où ils dormiraient pendant le trajet, qui devait durer trois jours — des paillasses confortables sous la voûte du pont. Après avoir déposé leurs bagages, ils s'accoudèrent au bastingage.

— Vous avez déjà navigué en pleine mer ? demanda le médecin.

— Non, jamais.

Ti contempla l'embouchure et laissa errer son regard sur le large. Il n'avait plus ressenti d'excitation semblable depuis son enfance. Il avait hâte que le voyage commence.

— Etre en pleine mer, ne plus voir la terre, c'est une expérience que tout le monde devrait faire, déclara gaiement le médecin. Cela vous donne une idée de l'immensité du monde et de l'univers, et la notion de votre propre petitesse. C'est enivrant.

— Eh bien, j'en ai déjà la tête qui tourne. Ou les nerfs en pelote, c'est selon. Regardez comme ma main tremble.

— Vous avez peut-être peur de basculer par-dessus le bord du monde.

— Pas plus que vous, rétorqua Ti.

Les deux hommes s'esclaffèrent.

On chargeait le petit navire de vivres et de marchandises. Le capitaine arpentait le pont en abreuvant d'insultes son équipage, qui semblait les ignorer ou ne pas les comprendre. Le médecin regarda les coolies charger des sacs de riz, de thé, de tissus et d'outils. Des provisions pour les avant-postes. Il n'y avait pas que des prisonniers sur l'île, et certains fonctionnaires, disait-on, y vivaient dans un luxe relatif. Le médecin avait entendu parler de somptueuses villas, avec des jardins et des fontaines, que de hauts murs protégeaient des colonies de lépreux et des pénitenciers pour lesquels l'île était célèbre. Le médecin envisageait d'escalader ces murs s'il les trouvait, et de vérifier le bien-fondé des rumeurs.

Ti énuméra mentalement une liste de noms : les hommes avec qui il avait été en contact et qu'on avait, croyait-il, envoyés sur l'île après la révolte de Yang-chou. Il dressa une autre liste comprenant ceux qu'il croyait capables de survivre. Des hommes qu'il connaissait. La première liste n'était pas bien longue, la seconde pathétiquement brève. S'ils étaient sur l'île, il les retrouverait.

Au moment où Ti jugeait que l'attente s'éternisait, le capitaine hurla un ordre, on largua les amarres et l'équipage poussa le navire à l'aide de longues perches vers l'endroit où le courant devait lui permettre de gagner le large.

Ils se faufilèrent dans une file de bateaux qui s'éloignaient de la ville. Ti regardait droit devant, impatient. Le médecin essayait de se faire une idée du temps en observant les nuages. Il rejeta la tête en arrière et fixa le ciel à travers le gréement. Il aperçut alors un homme qui l'observait du haut du mât. Mais l'homme disparut aussitôt.

Abou Zeed continua son observation, puis baissa la tête et resta un instant immobile.

— Vos bagages, vite, dit-il soudain à Ti.
— Comment ?

Abou Zeed ramassait déjà son sac ; Ti l'imita.

— Venez, dit Abou Zeed d'une voix calme. Restez à côté de moi.

Ils traversèrent le pont et allèrent se poster près du bastingage. Le navire avançait lentement à une cinquantaine de pas du rivage. Des dizaines de radeaux et de canots dansaient autour d'eux sur les flots. Le médecin, qui observait attentivement le trafic maritime, posa une main sur le bras de Ti.

— Vous êtes prêt ? demanda-t-il.

— Je ne sais pas, répondit le juge, qui ignorait ce que le médecin avait en tête.

— Allons-y !

Avant que Ti comprenne ce qu'Abou Zeed manigançait, le médecin jeta son sac sur un radeau, escalada le bastingage et plongea par-dessus bord. Sa tête émergea peu après de l'eau brunâtre.

— Sautez ! cria-t-il.

Ti hésita une fraction de seconde avant d'obéir ; il lança son précieux sac, qui rata le radeau et coula, puis il enjamba à son tour le bastingage et plongea les pieds en avant. C'était comme dans un rêve, il coula, coula, puis remonta à la surface, toussant et suffoquant.

Le médecin récupéra le sac de Ti et le poussa vers le radeau ; l'homme qui dirigeait la petite embarcation l'arrima avec un long crochet et le remonta à bord tout en criant dans une langue étrangère. Sur le pont du navire, l'équipage gesticulait et baragouinait un charabia incompréhensible tandis que le capitaine crachait des injures.

Battant des mains et des pieds, Ti recracha l'eau sale qu'il avait avalée, ses robes flottaient autour de lui. Le médecin l'agrippa au collet et le tira vers le radeau où des mains l'empoignèrent et le hissèrent à bord sans ménagement. Le médecin sauta hors de l'eau avec l'aisance d'une loutre et monta sur le radeau par ses propres moyens.

— J'espère... bafouilla Ti en haletant, j'espère que vous avez... une explication raisonnable... ou bien... comme dirait ma mère... êtes-vous tout simplement fou ?

— Raisonnable, oui, fou, peut-être, répondit Abou Zeed avant de se retourner pour crier au capitaine du navire qu'ils venaient de quitter : Dites à maître Yen Chi qu'Abou Zeed sait reconnaître un rat quand il en voit un !

Il ouvrit son sac, y plongea la main et en ressortit assez de pièces pour faire taire les questions que le marin du radeau avait au bord des lèvres. Le marin empocha les pièces et coupa avec adresse à travers le trafic jusqu'à ce que le navire à destination de Hainan ne soit plus qu'un point à l'horizon et les cris de son capitaine inaudibles.

— Je ne sais pas s'ils comptaient nous tuer en pleine mer ou sur l'île, mais je suis sûr que nous n'aurions jamais revu Canton, déclara Abou Zeed, accroché au radeau qui tanguait dans le sillage d'une énorme jonque. Ils ont bien failli nous avoir.

Ti claquait des dents aussi fort que pendant sa fièvre, bien que ses vêtements, sous l'ardeur du soleil, séchassent déjà en fumant.

— Comment avez-vous... ? Qu'avez-vous vu ou pressenti ?

— Aucun rat ne ressemble à un rat persan. Celui-là n'a pas été assez vif à s'effacer de ma ligne de mire.

— Je ne comprends pas.

— Il était dans le gréement. Je le connais. Et il me connaît. C'est un traître. Il rattrape les esclaves persans qui essaient de s'enfuir de Hainan et les remet aux eunuques contre de l'argent. Je ne sais pas si le capitaine faisait partie du complot, mais la présence de cet individu dans son équipage m'a suffi.

Des eunuques, des rats persans, des traîtres. Ti repensa au mot de Dame Djamal resté dans son sac, sans doute désormais imbibé d'eau boueuse.

— Abou Zeed... commença-t-il.

— Je sais ce que vous avez en tête, coupa le médecin. N'y songez plus. Terminons notre travail. Nous étions en route pour Hainan. Je n'ai aucune envie de faire demi-tour.

— Moi non plus, affirma Ti. Je crois savoir qui pourra nous conduire sur l'île. Si vous ne le connaissez déjà, c'est un handicap qui sera vite surmonté.

— Je les sens. La vérole, la fièvre galopante, l'œil larmoyant. (Il renifla le vent du large en connaisseur.) La fièvre des vers. Les os brisés. La peau de serpent. L'eau noire. La mort matinale. La fièvre du cerveau. La tête de lion.

Le médecin écoutait l'énumération des maux avec le même ravissement que s'il entendait un poème exquis.

— Oui ! glapissait-il. Oui ! La peau de serpent ! Fantastique ! J'en ai entendu parler en traversant le Nam-Viêt. Un homme m'a montré des lambeaux de peau humaine qui avaient été, disait-il, abandonnés par un de ces malades, mais c'est tout ce que j'ai eu la chance de voir. Je ne sais même pas s'il n'inventait pas de toutes pièces.

— Oh non, il n'inventait pas, Persan, je vous l'assure, certifia l'homme, qui avait un œil noir et l'autre d'un blanc laiteux. J'ai vu une dépouille humaine ; on aurait pu s'en vêtir et la boutonner des pieds à la tête. L'enveloppe complète, avec son scalp et de longs cheveux flottants. (Il s'approcha d'Abou Zeed et le fixa de son œil noir luisant.) Et des seins. C'était une femme.

Le médecin dévisagea longuement le marin, puis rejeta la tête en arrière et partit d'un immense éclat de rire.

— Ah, excellent ! Excellent ! Vous n'imaginez pas combien j'aurais payé pour avoir un tel spécimen dans ma collection ! (Il empoigna le bastingage et regarda dans la direction de Hainan.) Aurai-je la chance de voir cette maladie de mes propres yeux ?

— Celle-là et des milliers d'autres ! promit le marin

avec fierté, comme s'il était lui-même l'auteur de cette armée de fléaux. Mais il y en a une qu'il vaut mieux éviter. Même un homme aussi instruit que vous ne doit pas laisser son regard errer sur elle.

— Parlez-m'en vite, que je puisse me protéger, dit le médecin d'un air grave.

Le borgne hocha la tête.

— Certains prétendent qu'il vaut même mieux ne pas en parler. Mais je considère que ces précautions ne valent que pour les faibles. Or, ni vous ni moi ne ne faisons partie de ce lot. Lui non plus, ajouta-t-il en jetant un coup d'œil vers Ti qui fixait l'horizon dans le vain espoir de calmer son estomac révolté. Toutefois, lorsque je vous en aurai parlé, il ne faudra pas trop y penser, sinon elle vous emportera. L'œil larmoyant, dit-il en dévisageant tour à tour Ti et le médecin, est aussi appelé les dix milliards de chagrins. Cela commence lorsque les souffrances de chaque être vivant deviennent les vôtres. La maladie débute par une envie irrépressible de pleurer et des larmes ordinaires coulent de vos yeux. Mais une fois que vous avez commencé à pleurer, vous ne vous arrêtez plus, tous les chagrins du monde vous envahissent, et vous pleurez toutes les larmes de votre corps. Finalement, vous pleurez des larmes rouges jusqu'à votre dernière goutte de sang.

— Si je vois un malade atteint de cette affliction, j'en serai atteint à mon tour ?

Le marin gratifia Abou Zeed d'un regard entendu.

— On prétend que la maladie s'attrape ainsi. J'ai moi-même vu un malade, j'ai eu envie de pleurer à mon tour, mais je n'ai pas permis aux larmes de couler. Dès qu'elles coulent, c'en est fini. A vous de décider si vous avez la force de contempler cette pestilence.

— Et celle qui m'afflige en ce moment ? demanda Ti.

C'était la première fois en quarante-neuf ans qu'il se retrouvait sur l'océan, et il avait découvert avec tristesse que le léger roulis, qu'il avait trouvé agréable et grisant au début, lui soulevait le cœur comme s'il avait mangé du poisson pourri. En outre, le bateau dégageait une puanteur saumâtre effroyable sous un soleil ardent qui n'arrangeait rien.

Le médecin regarda Ti d'un air réjoui.

— Des vers et des escargots, dit-il. Du crottin et des asticots, des mouches et des poils de rat, du flegme et du pus. Faites-en une pâte, ajoutez du crachat de sorcière, mélangez le tout et buvez. Voilà ma prescription.

— Vous êtes trop aimable, dit Ti, penché par-dessus bord.

Le marin renversa la tête en arrière et éclata de rire, la bouche édentée grande ouverte, exhibant ses gencives roses.

— La tête de lion, dit le médecin, pensif. Le nez devient noir, se flétrit, sèche et tombe. Ensuite, les doigts et les orteils. Ensuite, les membres tout entiers.

— C'est une chose affreuse à voir. Affreuse. Votre corps pourrit sur pied. Sur l'île, reprit le marin en pointant la tête dans la direction de Hainan, ils ramassent les morceaux à mesure qu'ils tombent. Selon leur religion, un grand médecin viendra un jour et recollera tous les morceaux, mais uniquement si on les conserve à l'abri. Ils font donc des fagots avec les bras et les jambes et conservent les petits morceaux, comme les nez et les doigts, dans des jarres. C'est peut-être vous qu'ils attendent, docteur!

— Oh non. C'est moi qui les attends. Je les ai attendus toute ma vie. J'ai vu quelques cas, mais jamais un village entier. Je me moque de voir les différentes étapes de la maladie, ce sont les extrêmes qui m'intéressent. Les premières manifestations et le stade terminal. Ils engendrent, n'est-ce pas?

— Ils adorent ça, gloussa le marin. Les enfants

naissent roses et parfaits. Mais leurs parents ne sont satisfaits que lorsque leur progéniture finit par leur ressembler. Et je tiens de source sûre, ajouta-t-il en baissant la voix, bien qu'il n'y eût personne à moins de cent lis à la ronde pour l'entendre, qu'ils croient aux vertus curatives de leur tendre chair fraîche. Les agneaux à deux pattes, si vous voyez ce que je veux dire.

— Un mets fin que vous avez goûté ? demanda le médecin.

— Jamais, ou alors à mon insu. Je me souviens d'un plat que m'a servi un jour le chef de clan d'une île du Sud-Est. La forme des os... commença-il avant d'être interrompu par un grognement de Ti. Mes excuses, magistrat.

— On prétend que c'est délicieux, dit le médecin d'un air pensif.

— Oh, ça l'était.

— Il y avait la peau ?

— Messieurs, je vous en prie ! interrompit le magistrat.

— Maître Ti, dit le médecin, nous aurons peut-être la chance de voir les lésions qui constituent les premiers signes de la maladie.

— J'en serais ravi, railla Ti, qui contemplait l'eau, accoudé au bastingage, et semblait soulagé d'avoir le ventre vide.

— Ah, le pouvoir de l'esprit ! s'émerveilla le médecin. Un phénomène remarquable ! Nous nous contentons d'évoquer ces choses et cependant tout se passe comme si le magistrat les voyait de ses propres yeux.

Ti avait deviné tout de suite que le marin borgne et Abou Zeed s'entendaient comme larrons en foire. Ils étaient encore trempés après leur baignade forcée, lorsqu'ils avaient trouvé le marin, mais l'œil noir et luisant du borgne avait aussitôt reconnu Ti.

« Parlez-lui de rats, avait soufflé Ti à l'oreille du médecin lorsqu'il lui avait présenté le borgne. Ne lui dites pas que vous les tuez, parlez-lui de votre admiration pour ces rongeurs. »

Ti avait vu juste. En moins d'une heure, le marin avait déclaré qu'aucun pouvoir au monde ne l'empêcherait d'approcher de Hainan, cette pustule, ce foyer de microbes. Il proposa de conduire Ti et le médecin non sur l'île elle-même, mais sur la péninsule, à trois jours de bateau à l'ouest de Canton, où on chargeait les lépreux à bord d'embarcations de fortune pour les emmener pour leur dernier voyage, une traversée du périlleux détroit qui séparait le continent de la Côte des Perles.

« De là, avait précisé le marin borgne, je connais un moyen de gagner l'île. »

La fillette observait le démon dont elle avait la charge. Désormais, outre ses aisselles et son aine, son cou présentait des furoncles noirs gros comme des œufs d'oie. Le géant se tordait de douleur, réduisant la paillasse grisâtre sur laquelle il gisait en poussière infestée de puces ; secoué de quintes de toux, il crachait du sang noir. Il ressemblait de plus un plus à un démon, les côtes saillantes, les articulations enflées, les os déformés, la peau tendue à craquer. Il n'avait plus rien d'humain et on aurait dit qu'il était mort depuis longtemps.

La fillette n'avait plus peur. D'un geste machinal, elle épongea le démon après avoir trempé une compresse dans l'eau sale d'une petite bassine.

Elle avait un affreux mal de tête. Elle toussa.

Elle brûlait. Elle approchait de plus en plus. Elle le sentait à des picotements dans son ventre. Elle ferma les yeux et se concentra ; elle vit Hsueh Huai-i sur son corps à la place du magicien indien maigrelet qui avait prétendu avec audace qu'il pouvait satisfaire toutes les femmes de la terre, l'impératrice comprise.

Il avait un organe gras et court, mais dur comme un tronc d'arbre. Il s'était jeté sur elle et l'avait pénétrée sans crainte ni hésitation. Et il ne manquait pas d'expérience. Il suivait ses instructions, qu'elle était toutefois déçue de devoir lui donner, et la petite flamme vacillante prenait de la force...

Une image aussi épouvantable qu'imprévue la refroidit avec la même soudaineté que lorsqu'elle se réveillait en sursaut d'un cauchemar : Hsueh Huai-i mort ou gravement blessé.

« Fermez les yeux et vous me verrez », avait-il assuré.

— Arrête ! ordonna-t-elle à l'Indien. Arrête tout de suite ou je te fais tuer. Mère ! hurla-t-elle.

Dame Yang ouvrit la porte et dévisagea sa fille d'un œil dur. L'Indien roula sur le côté et s'accroupit près du lit.

Un chagrin inconsolable froissait le minois de l'impératrice.

— Oh, mère, je viens de le voir. Quelque chose d'atroce lui est arrivé.

— Ridicule ! La dernière fois que tu l'as vu, il couchait avec la Persane. Tu es à bout de nerfs.

— Oui, c'est vrai. C'est parce que j'ai envie qu'il revienne. Qu'il ait tué ou non le juge Ti, qu'il ait couché avec un millier de putains persanes, il faut qu'il revienne !

Un tissu bruissa sous les pieds du magicien accroupi. Les deux femmes remarquèrent alors sa présence.

— Qu'on le tue ! ordonna Wu en pointant un doigt féroce sur l'Indien. Il n'a rien à faire dans mon lit pendant que mon amant risque sa vie pour moi.

17

Ti et Abou Zeed venaient d'embarquer sur un petit bateau miteux qui paraissait à peine apte à prendre la mer. Leurs compagnons de traversée étaient au nombre de six : un homme, sa femme et leur fils famélique qui ressemblait à un singe, deux vieillards et un garçon. Les passagers gardaient le silence en pensant à leur avenir sur l'île de Hainan dans une colonie de lépreux.

Ti observa Abou Zeed qui scrutait chaque passager avec avidité. Hormis des doigts et des orteils en moins, le mari et la femme ne présentaient pas d'autres signes de la maladie. Leur fils, quoique laid et décharné, n'en avait aucun. La maladie des deux vieillards était plus avancée ; l'un avait perdu son nez et la plupart de ses doigts ; l'autre n'avait plus d'orteils. Le garçon, quant à lui, n'avait que des plaques rougeâtres sur les mains et le visage. En voyant le garçon, le médecin avait poussé Ti du coude et lui avait murmuré que c'était ainsi que la maladie commençait.

Après quatre jours de voyage, pendant lesquels Ti avait à peine mangé, le marin borgne les avait débarqués sur une péninsule plantée d'une cabane délabrée et flanquée d'un quai où le petit bateau était amarré. Ils avaient attendu deux jours et deux nuits, cuits par le soleil et mangés par les moustiques, le borgne et le médecin échangeant des histoires sans fin, jusqu'à ce qu'un homme sorte de la jungle avec les six malheureux, attachés entre eux par une corde, les pieds entravés. Des prisonniers, avait aussitôt pensé Ti, qui s'était pourtant interrogé sur la présence de la femme et des enfants. Mais lorsque les six prisonniers étaient arrivés à sa hauteur, il avait compris.

C'étaient des lépreux et le perfide marin qui les accompagnait toucherait sans doute une prime en arrivant sur l'île. Il avait certainement payé quelqu'un pour les capturer, à moins qu'il ne s'en soit chargé lui-même. Le chasseur de primes était un marin à la peau aussi tannée que celle du borgne. Les deux hommes semblaient se connaître, mais leur entente n'était peut-être que le fruit d'une complicité de fait.

Le borgne avait demandé une somme d'argent à Ti et au médecin afin de la remettre au passeur. « Et taisez-vous, avait-il recommandé, laissez-moi parler. Sauf si vous avez envie de finir vos jours sur l'île. »

Le borgne et le passeur s'étaient ensuite éloignés sur la plage pour y tenir un conciliabule. De temps en temps, le passeur avait jeté des coups d'œil incrédules vers le juge et le médecin qui, ne sachant ce que le borgne racontait sur eux, n'avaient d'autre choix que de lui faire confiance. Ils ignoraient en outre s'ils devaient avoir l'air humbles ou confiants, abattus ou arrogants.

A son retour sur le quai, le borgne leur avait adressé un clin d'œil de connivence. En retrait, le propriétaire du canot les avait observés avec une crainte mêlée de déférence.

« Je reviendrai ici dans sept jours, avait dit le borgne. Je vous attendrai un ou deux jours. Si vous n'êtes pas là, j'en conclurai que vous êtes morts et je brûlerai une offrande pour vous, mais je ne reviendrai plus.

— Qu'avez-vous raconté au passeur? avait demandé Ti.

— Je lui ai dit que vous étiez des espions de l'impératrice », avait répondu le borgne en souriant, fier de sa ruse.

La traversée dura un jour et demi. A première vue, l'île semblait enchanteresse : une crête verdoyante parut à l'horizon, puis une ligne de verdure se détacha sur l'océan. Comme dans un rêve, l'approche fut d'une lenteur désespérante, la faute aux courants qui rendaient le détroit périlleux.

Le médecin ne cachait pas son enthousiasme, mais Ti ne s'en inquiéta pas outre mesure. Les malheureux lépreux ne pensaient qu'à leur avenir sinistre et le marin se croyait en présence d'émissaires de Sa Majesté. Pourquoi un espion de l'impératrice ne sauterait-il pas de joie en voyant l'île ?

Des silhouettes apparurent sur la plage dès que le bateau arriva en vue de l'île. Les îliens semblaient figés dans une attente indolente, et Ti s'aperçut bientôt que certains s'appuyaient sur des cannes ou se traînaient sur le sable.

Le canot ne toucha pas terre. Lorsque le marin jeta l'ancre près de la plage, il y avait encore un mètre de fond. Il ordonna aux lépreux de sauter, ce qu'ils firent avec difficulté car ils étaient encore attachés entre eux, puis il descendit de son canot et les mena jusqu'au rivage. Il demanda à Ti et au médecin de rester à bord.

Le marin entraîna ses prisonniers en fendant la foule des îliens, qui bougeaient à peine et parlaient peu, et disparut dans la jungle.

— Il va chercher sa prime, déclara Abou Zeed, qui scrutait la plage. (Lorsque les lépreux et le marin furent hors de sa vue, il retroussa ses robes et lança :) Allons-y vite !

— Mais il nous a dit d'attendre, protesta Ti.

— Vous comptez suivre les ordres de cet homme ?
— C'est peut-être lui qui nous ramènera sur le continent ! Abou Zeed, vous êtes trop impétueux !
— Vous n'avez pas dit ça lorsque je vous ai tiré des pattes de l'autre capitaine. Alors, vous venez ?

Il se mit à l'eau en brandissant son sac au-dessus de sa tête.

— Et les... commença Ti en désignant les gens sur la plage.
— Il faut se donner du mal pour attraper leur maladie, assura Abou Zeed. Venez. Si nous faisons vite, le marin ne nous verra pas.
— Pourquoi nous a-t-il demandé d'attendre ?
— Etant donné qu'il croit que nous sommes des envoyés de Sa Majesté, il a sans doute l'intention de nous emmener chez les officiels de l'île. Nous ne voulons pas de ça ! Nous devons agir seuls et sans entraves. Pas de visite guidée. Et il ne faut pas que l'impératrice soit au courant de nos pérégrinations.

Abou Zeed avait raison. Résigné, le cœur au bord des lèvres, Ti sauta dans l'eau, et les deux hommes se dirigèrent vers le rivage en suivant une longue diagonale. Ti s'attendait à tout moment à recevoir une flèche empoisonnée tirée par une sarbacane. La voie qu'ils empruntèrent leur permit d'aborder sur une partie déserte de la plage.

La végétation tropicale qui bordait la plage paraissait aussi inaccessible et dangereuse que le plus sombre coupe-gorge de Canton. Ti se dit qu'à peine auraient-ils pénétré sous la voûte verte, ils entendraient les mandibules de millions d'insectes voraces en train de mastiquer sans fin.

En tendant l'oreille, il perçut un bruit dans le lointain. L'origine en était humaine, mais il appartenait à la jungle au même titre que le cri des singes ou le piaillement des oiseaux, et était aussi inquiétant : des tam-tams. Le bruit venait d'une direction, puis d'une autre, plus lointaine. Ti avait l'impression d'une conversation à distance.

— Où qu'on aille, décréta Abou Zeed, il faut y aller maintenant. Je ne vois aucun intérêt à rester ici. (Il étala sur le sable la carte de l'île, qu'il avait sortie de son sac.) Il faut trouver un village côtier. Comme ils ont accès à la mer, les villageois seront certainement plus amicaux. J'ai souvent eu l'occasion de le vérifier, ils sont moins isolés, moins suspicieux. Espérons que ce sera le cas. Je crois que la fabrique de carrelage que nous cherchons se trouve à l'intérieur des terres, au sud-ouest. Nous ne la trouverons jamais tout seuls. Nous tournerons en rond et finirons par mourir si nous partons à l'aveuglette.

— Vous êtes d'un optimisme confondant, ironisa Ti, inquiet du roulement des tam-tams, dont le rythme s'était accéléré dans un brusque staccato.

Si c'était bien une conversation, les interlocuteurs étaient en train de se disputer avec véhémence.

Le buffle d'eau efflanqué que montait Ti Jen-chieh avançait au galop, ses sabots fouettaient la boue de l'étroit sentier. Accroché à la selle en bois primitive, le magistrat de Ch'ang-an était rudement secoué. C'était le deuxième jour qu'ils utilisaient ce mode de locomotion et Ti avait mal partout. Abou Zeed, qui chevauchait juste derrière lui, était couvert de la boue projetée par son buffle. La jungle formait une voûte étroite au-dessus de leur tête, de sorte qu'ils avaient l'impression d'avancer dans un tunnel de verdure où la lumière qui filtrait les éclairait comme s'ils étaient sous l'eau. Des nuées d'insectes flottaient dans les rayons du soleil et des oiseaux chantaient, piaillaient et sifflaient. Les tam-tams que Ti avait entendus en gagnant la plage résonnaient toujours, tantôt dans le lointain, tantôt très près.

Ti avait dû descendre plusieurs fois de son buffle et à chaque fois il s'était enfoncé dans la boue gluante. Abou Zeed était en extase. « Il vaut mieux suivre le chemin de boue, avait-il prévenu. La jungle recèle toutes sortes de créatures qui imitent d'autres formes de vie. Des vipères qui changent de couleur et se fondent si bien dans le décor qu'elles deviennent invisibles. On peut se baisser pour ramasser un bâton et se retrouver avec un serpent dans la main, ou un insecte géant qui vous glace d'effroi. »

Le grand magistrat Ti, un esprit rationnel s'il en fut, n'avait jamais caressé l'idée qu'une terre hantée pût exister dans ce bas monde, mais il comprenait mieux désormais comment, après plusieurs années sur cette île maudite, on pouvait être amené à y croire. Surtout après le coucher du soleil, quand de nouvelles légions de créatures émergeaient de leur sommeil pour remplir la nuit de leur vacarme.

Ah, la nuit dans la jungle ! C'était le moment où il était facile de confondre le craquement des arbres et le bruissement perpétuel des buissons avec les voix des esprits ou des farfadets. Et les animaux ! Ils criaient, gémissaient, sifflaient et caquetaient au point qu'on aurait cru qu'une déchirure s'était produite dans la voûte céleste et que les habitants de l'autre monde s'étaient précipités par la brèche. Le délire qui s'était emparé de Ti chez Dame Djamal n'était rien comparé à ce qu'il ressentait désormais. Dans la jungle, le monde tout entier délirait.

On disait que les prisonniers en exil sur Hainan devenaient rapidement fous. Ti ne doutait plus de la rumeur. Il avait déjà la nostalgie de la ville, avec ses marchés, ses commerçants, son gouvernement, ses règles, où on pouvait trouver des auberges, des rues éclairées, de la nourriture servie dans de vraies assiettes; or il n'était sur l'île que depuis deux jours.

Certes, il en allait autrement pour les indigènes. C'était leur monde, celui qu'ils avaient toujours connu. Pour eux, la société civilisée du Nord paraîtrait folle. Que penseraient-ils s'ils voyaient une ville moderne, avec ses immeubles, ses commerces, sa foule? Dans la jungle, ils étaient parfaitement adaptés. Ils allaient presque nus, le corps peinturluré pour repousser les démons, se camoufler, ravir la force de leurs ennemis ou se protéger des esprits des morts. Et la nuit, ils restaient près de leurs feux. La nuit, le paradis d'émeraude d'Abou Zeed s'évanouissait et laissait place à un noir d'encre, peuplé de milliers de bruits et des tam-tams incessants qui s'insinuaient dans les rêves de Ti et troublaient tant son sommeil qu'il se réveillait le matin, fourbu.

Les gazettes T'ang, lorsqu'elles parlaient de Hainan, racontaient n'importe quoi, et les cartes de l'île avaient dû être tracées par des aveugles. La stratégie officieuse, Ti le savait, était de séparer et d'éparpiller les exilés afin de les empêcher de communiquer entre eux. On ne construisait pas de prisons pour eux, la jungle suffisait. Les exilés ne pensaient qu'à survivre. La fièvre et l'isolement formaient un ensemble sur lequel l'impératrice avait compté lorsqu'elle avait envoyé des princes âgés et des rats de bibliothèque finir leurs jours à Hainan. Depuis qu'il était sur l'île, Ti avait la triste impression qu'il ne retrouverait jamais les lettrés et les fonctionnaires de Yang-chou. Il n'avait qu'une liste de noms et un carreau orné du dessin d'une puce. Qu'avait-il espéré?

Pour Abou Zeed, en revanche, c'était le paradis. Plus il découvrait d'insectes et d'animaux venimeux, de champignons aux couleurs éclatantes, de sangsues géantes ou de maladies invalidantes, plus il était heureux. Cela faisait deux jours qu'il prenait des notes dans son écriture cursive particulière, qu'il dessinait des croquis, nommait des plantes et des animaux, indifférent à l'inconfort, à la chaleur et aux piqûres d'insectes. Il ne semblait pas hanté par les démons. Pour lui, l'île était aussi accueillante que le jardin de Dame Djamal, où résonnaient le chant des criquets et le gazouillis des oiseaux.

Dans le premier village côtier qu'ils avaient traversé, quelques jours auparavant, Ti avait pris un carreau dans le sac du médecin et l'avait exhibé à la ronde. Apparemment, les indigènes préféraient les carreaux aux couleurs vives. En échange d'un carreau chatoyant, on leur avait procuré des buffles et un guide qui devait les conduire à la fabrique de carrelage en empruntant un labyrinthe de pistes secondaires.

La fabrique se trouvait à l'intérieur des terres. Il était préférable d'éviter l'itinéraire le plus direct, qui suivait la route postale. Les fonctionnaires de l'impératrice y grouillaient, avaient affirmé les indigènes.

Mais, en restant dans la jungle, on ne croisait que des îliens. Les fonctionnaires corrompus ne s'aventuraient jamais à l'intérieur des terres. Cela confirmait les rumeurs que Ti avait entendues sur les fonctionnaires de Hainan — ils ne faisaient rien pour les prisonniers dont ils avaient la charge, rien pour les lépreux qu'ils opprimaient sans vergogne, et rien pour empêcher le commerce d'esclaves persans. Ils préféraient les plages et la douce brise océane qui rafraîchissait leurs riches villas. Ils avaient des serviteurs indigènes pour les éventer et leur faire la cuisine, et des gardes pour les protéger. Ils disposaient de lits confortables, de tapis moelleux, et les agréables allées qui joignaient leurs somptueuses villas étaient éclairées la nuit par des rangées de lampes à huile.

Ils étaient censés envoyer sur le continent des rapports fréquents sur la situation dans l'île. Certes, les rapports existaient, mais c'était de la pure fiction, ils étaient rédigés à partir d'informations de seconde main. Une pratique tacite voulait que les fonctionnaires ne s'éloignent jamais de la côte. Il était hors de question de s'enfoncer dans la jungle et d'approcher de la Mère des montagnes Li. Les fonctionnaires nouvellement arrivés, qui avaient encore le sens de l'honneur et du devoir, ou même un goût pour l'aventure, étaient vivement dissuadés de les mettre en pratique. Les accidents et les disparitions étaient fréquents dans une nature aussi sauvage, et il y avait mille moyens de faire plier les entêtés.

Ti exhibait un joli carreau. Cinquante indigènes s'étaient rassemblés autour de lui. Il avait choisi un carreau particulièrement coloré qui représentait un étrange oiseau dont le médecin espérait voir le modèle vivant. Il avait préféré conserver celui de la puce au cas où il s'agirait d'un message destiné à des exilés.

Les indigènes s'extasièrent, se passèrent le carreau de main en main, caressèrent la surface lisse comme du verre. Un vieillard fit semblant de le voler, il le cacha sous son pagne et repoussa en riant les enfants et les femmes qui tentèrent de le lui reprendre. Puis il rendit le carreau à Ti avec une grimace de tristesse à fendre les cœurs les plus endurcis.

A la grande surprise de Ti et du médecin, il s'accroupit et frappa neuf fois le sol de son crâne. Il le fit avec une telle précision qu'il était évident qu'un arrogant seigneur s'était donné un mal fou pour lui apprendre les courbettes d'esclaves.

— Ce jeune homme se propose de nous servir de guide, déclara Abou Zeed.

Ti se retourna à temps pour voir un jeune garçon à la peau cuivrée mener deux buffles sur la place du village. Le garçon s'accroupit comme son grand-père et frappa neuf fois sa tête contre le sol. Le visage du vieillard s'illumina de fierté.

Le garçon, qui ne devait pas avoir plus de dix ans, était maigre et efflanqué. Ti eut des doutes sur ses capacités. Devait-il leur servir de guide à travers quarante lis de jungle ? Le médecin ne partageait pas son pessimisme. Il traita l'enfant en adulte.

A la fin du premier jour de voyage, leur guide avait commencé à s'impatienter. La vue des étranges visiteurs sur leur buffle ne l'amusait plus. Il faisait claquer son fouet dans l'air et montrait le soleil couchant avec inquiétude. Ti et Abou Zeed croyaient que les tam-tams étaient la cause de ses soucis, car le bruit avait tendance à croître en intensité à l'approche de la nuit. Le médecin voulut questionner le garçon ; il imita les tam-tams en frappant sur le troussequin de sa selle. L'enfant répondit en montrant le soleil. La crainte du noir est universelle. Le Persan haussa les épaules et éperonna son buffle.

— Oh, grands dieux, qu'a-t-il bien pu se passer ?

Le vieux Chinois vêtu d'un pagne crasseux regardait Ti et Abou Zeed d'un œil fixe, comme un animal, hochant la tête de droite à gauche.

— Regardez-moi ça ! Quel malheur, quel malheur !

Un jeune indigène d'une quinzaine d'années le suivait sans un mot, mais il dévisageait les étrangers avec une grimace de pitié. Il était plus propre que le vieillard, son pagne était immaculé.

— Pardonnez notre tenue, doux messire, déclara Ti, nous avons fait un long et pénible voyage.

Pourquoi dire cela ? se demanda Ti. Ils ne pouvaient avoir plus mauvaise mine que le vieillard écervelé, sale, à demi nu, les cheveux en broussaille, la barbe éparse, le corps décharné brûlé par le soleil.

— Nous étions pressés d'arriver avant la nuit, déclara

Abou Zeed. Les tam-tams sont inquiétants. Des îliens, peut-être ?

— Oh, non, grands navigateurs. Pas de simples îliens, des Persans. Ce sont les tam-tams des prisonniers persans. Ils sont très malheureux.

Les yeux d'Abou Zeed s'éclairèrent lorsqu'il entendit parler des Persans.

— Note guide paraissait redouter les tam-tams. Surtout à l'approche de la nuit. Y a-t-il... quelque danger ?

— Pas pour lui ! Il se fiche des tam-tams ! Ah, il voulait juste vous faire presser afin de rentrer plus vite dans son village ! Un carreau avec un oiseau ne vaut que deux jours. Il est certes très beau, mais pas tant que ça. Il perd de l'argent pour sa famille !

Le vieillard éclata de rire comme si c'était une blague irrésistible.

Ti fut profondément déçu. L'homme était le seul Chinois du coin. Leur mince indice — le carreau à la puce, leur seul espoir de trouver une personne éduquée capable de les renseigner sur les exilés — s'évanouissait. En outre, ils étaient plus ou moins piégés dans le village.

Après les avoir conduits à la fabrique, l'enfant n'avait pas perdu de temps. Il s'était esquivé, emmenant les deux buffles — leur unique moyen de locomotion pour regagner la côte disparaissait avec lui dans la jungle.

— C'est un petit malin. Il file vite, il connaît son intérêt. (Le vieil homme battit des bras comme s'il voulait voler.) Parti le garçon. Sur la route. Dans la jungle. Tagadi-tagada. Parti loin. Encore des carreaux à gagner !

— Ce garçon a déjà conduit ici des compatriotes ? demanda Ti. Des Hua, des gens du Nord comme nous ?

Le vieux fou était-il un Chinois Hua ?

Le vieillard émit des claquements de singe et se couvrit le visage de ses mains. Puis il se pinça les lèvres comme pour s'empêcher de divulguer des secrets.

— Ces tam-tams sont... persans? questionna Abou Zeed, pressé de revenir à un sujet qui l'intéressait. Ce sont des tam-tams persans que nous entendons?

— Oui, oui, oui. C'est comme cela que les prisonniers persans communiquent entre eux. Ils s'adressent aussi aux indigènes. Boum! Boum! Boum! Ba-da-boum! Ça va, ça vient; ça va, ça vient. Toute la journée, toute la nuit!

— Mes compatriotes sont des gens pleins de ressources, dit fièrement Abou Zeed.

— Les Chinois ne comprennent pas. Moi si! Boum. (Long silence.) Boum! Oui?

— Veut-il nous expliquer comment on dit « Oui » dans le langage du tam-tam? demanda Ti à Abou Zeed. Ou croyez-vous qu'il délire?

— Notez-le, magistrat. Notez-le. Nous sommes peut-être en train d'apprendre une nouvelle langue. Mes compatriotes réduits en esclavage ont, semble-t-il, conquis l'espace grâce à leur langage. Après tout, c'étaient autrefois des marins. Ils ont certainement développé cet admirable talent au cours de leurs voyages.

— A moins qu'ils ne l'aient inventé. J'ai remarqué que vous autres Persans étiez... pleins de ressources. Merci, doux messire, dit Ti au Chinois, mais avant de discuter davantage, nous avons un urgent besoin de nous restaurer et de nous reposer. Mes jambes ne me porteront plus bien longtemps, je le crains. Je ne sais pas pour mon camarade, qui est plus robuste que moi.

Abou Zeed se frictionna les reins en grimaçant.

— Préparez-moi un bain chaud, dit-il.

— Trois jours à dos de buffle d'eau! s'apitoya le vieillard. Quelle épreuve!

Trois jours? Le garçon les avait amenés au village en deux jours. Ah, le rusé garnement! Voilà pourquoi il pressait tant les buffles. Ti soupira. Dans sa naïveté, il avait cru l'enfant innocent. La crainte du noir n'est pas la seule chose qui soit universelle, songea-t-il, amer.

Au centre de la place en terre battue, des centaines de carreaux séchaient sur des rangées de supports en bois. De chaque côté se dressaient des pavillons ouverts bâtis sur d'énormes pilotis. Les pavillons tombaient en ruine, les nattes tressées qui leur servaient de stores pendaient en lambeaux, mais il y avait encore des tables, des bancs, des râteliers d'outils et des étagères. A l'intérieur, quelques personnes balayaient la poussière. Le vieillard conduisit Ti et Abou Zeed entre les bâtiments et les mena vers quatre huttes en rondins, à l'ombre de grands arbres et flanquées de fortifications. Seule la première hutte était en réparation. Les autres étaient percées de trous et leur toit s'effondrait.

Le vieil homme tira le rideau de la première hutte avec une fierté évidente. Ti et le médecin jetèrent un œil à l'intérieur. La propreté et le confort civilisé de la hutte les surprirent. Le sol en gazon était recouvert de petits tapis de soie et il y avait des matelas et des couvertures sur deux plates-formes surélevées. A côté des lits, se trouvaient des pichets d'eau de source. Fixées au mur entre des fenêtres protégées par des moustiquaires en soie, des étagères en laque noire exhibaient des services à thé, des assiettes et des bols en porcelaine.

Il régnait un ordre méticuleux. Tout était propre et soigné. Il y avait même des livres, des pinceaux, du papier, de l'encre et une lampe à huile sur le plus petit bureau qu'il ait été donné à Ti de voir.

La maison semblait étrangement bien préservée, comme en mémoire d'un mort. Non, pensa Ti, ce n'est certainement pas la demeure de ce vieux dément. Mais il n'avait pas l'énergie de poser des questions. Il priait pour que la conversation touche à sa fin. Il tombait de sommeil, les questions et le mystère attendraient.

— Les grands voyageurs coucheront dans la maison du magistrat du village, déclara le vieil homme en désignant les grands arbres qui bordaient la fabrique, dont les branches formaient comme des ombrelles. Je dormirai dans les arbres avec mes épouses.

— Merci infiniment.

Des épouses ? Dans les arbres ? Les épouses doivent être des guenons, songea Ti en bâillant. Il regarda le lit avec envie. Il tenait à peine debout et n'arrivait pas à garder les yeux ouverts. Il s'écroula sur le matelas et s'endormit aussitôt, bercé par la voix d'Abou Zeed qui avait encore la force de questionner le vieillard.

— Mais où dormira le magistrat du village ? Nous ne voulons pas le mettre à la porte.

— Impossible, il est mort !

— Quel malheur ! C'était à n'en pas douter un homme raffiné.

— Bof ! C'est pas malheureux du tout. Il est mort.

— Oui, vous me l'avez déjà dit.

— C'est un imbécile ! Pas malheureux. J'ai été obligé de le tuer.

— Vous l'avez tué ? Quel dommage ! Vous aviez sans doute de bonnes raisons ?

— Ah ! (Le vieillard se pinça les lèvres pour ne pas répondre.) J'avais mes raisons. Je dois tuer plein de monde.

— Aaahhh, oui, je vois.

Le frêle vieillard ne semblait pourtant pas représenter une menace, mais le médecin estima préférable de dormir chacun à tour de rôle. Comme Ti ronflait déjà, il envisageait de monter la garde le premier.

— Plein de monde ? fit-il.

— Des centaines. Que des pipelettes. Là-dedans, dit-il en se frappant sur le front. Ça chuchote sans arrêt.

327

— Ah, oui, vous entendez des voix. C'est triste.
— Oui, c'est triste. Parfois, je dois tous les tuer.
— Ça ne m'étonne pas. Et le magistrat du village revient souvent ?
— Il revient nettoyer sa maison.
— Je vois, fit Abou Zeed.
— Quel maniaque ! Il me rend fou. C'est pour ça que je dois le tuer.
— Oui, je comprends. Je peux difficilement vous en blâmer.

Abou Zeed se coucha et s'apprêta à dormir. Il avait compris. Ils n'auraient pas besoin de monter la garde.

— Vous dites que quelqu'un va bientôt arriver et répondre à nos questions sur les carreaux et les fonctionnaires que nous recherchons ? demanda Ti.

C'était le matin. Réveillé et lavé, Ti se sentit ragaillardi par la nouvelle.

— J'en suis presque sûr, magistrat, assura en souriant Abou Zeed, du même air énigmatique que le vieux Chinois avec ses secrets. J'ai appris que le magistrat chez qui nous avons dormi est bel et bien vivant et qu'il répondra à nos questions. Je crois que nous ne tarderons pas à le voir.

— Excellent ! Nous allons peut-être avoir des nouvelles des fonctionnaires exilés.

Assis sur les marches en bois de la hutte, ils sirotaient une sorte de thé chaud et amer que le jeune indigène silencieux de la veille leur avait apporté.

Dès les premières lueurs de l'aube, des dizaines d'indigènes étaient arrivés et la fabrique grouillait d'activité. Des hommes poussaient des brouettes d'argile et de boue, et transportaient du bois pour les fours. Des caisses en bois et des tas de paille attendaient pour le transport des carreaux sur le continent. A l'évidence, la petite fabrique, bien que fondée par les Chinois, était désormais aux mains des indigènes. Les seuls Chinois restant sur place étaient le vieux fou et peut-être le magistrat que Ti et Abou Zeed attendaient avec impatience.

— La fabrique était autrefois une prison, j'en suis sûr, avança Ti. Elle devait être dirigée par les seigneurs chinois. (Il contempla la forêt avec tristesse. Le soleil matinal perçait à travers les branchages.) Ils l'ont abandonnée ; ils se sont retranchés sur la côte, comme tous les autres Chinois qui ne sont pas des prisonniers. Ça n'augure rien de bon. Le tam-tam est sans doute le signe avant-coureur d'une menace qu'ils ont pressentie. La fabrique était trop loin de la côte pour leur sécurité.

— Les indigènes ont continué à la faire fonctionner, et ils fabriquent de merveilleux carreaux, très demandés par les entrepreneurs de Canton et des environs. C'est ce que j'ai appris lorsque j'ai découvert sur les quais les carreaux ornés d'une puce.

— J'aimerais savoir qui les a fabriqués et pourquoi. J'ai l'impression qu'ils ont été dessinés par un homme éduqué, donc un Chinois. Si nous trouvons ce Chinois, peut-être, mais peut-être seulement, aura-t-il des informations sur les pauvres exilés. C'est une bien maigre piste, je le sais, mais c'est la seule que nous ayons... (Ti leva les yeux.) Tiens, nous avons un visiteur, maître Abou Zeed.

— Vous avez deviné, messieurs, ils nous ont abandonnés, dit un vieillard vêtu de robes chinoises élimées mais propres et soigneusement préservées.

Il traversa la cour et se dirigea vers Ti et le médecin.

— Deux visiteurs, rectifia Abou Zeed.

Ti n'en croyait pas ses yeux. Lavé de près, les cheveux impeccablement peignés et nattés, le nouvel arrivant était coiffé d'une toque de magistrat. Il avait l'air sensé, le regard clair, le port altier. A mesure qu'il approchait, les doutes de Ti s'envolèrent : ce n'était autre que le vieux dément déguenillé de la veille. Le jeune indigène qui leur avait apporté le thé le suivait de près, vêtu lui aussi d'une robe chinoise. Ti comprit pourquoi Abou Zeed lui avait mystérieusement assuré que le magistrat du village n'était pas mort.

— Quelle agréable... surprise ! fit Ti, qui se leva pour accueillir le vieillard. Je m'appelle Ti Jen-chieh, et voici le docteur Abou Zeed.

— Je vous en prie, messieurs, pas de cérémonie. (Le vieil homme les fit rasseoir d'une main ferme. Même ses ongles étaient soignés.) Prenez le temps de boire votre thé. Je suis navré de vous avoir manqués hier soir. Nous avons rarement des visiteurs, voyez-vous.

Le jeune indigène silencieux déplia une chaise en bambou et la planta devant les marches. Le vieux magistrat s'assit et adressa un sourire aimable à Ti et au médecin. Abou Zeed rayonnait. Cela surpassait toutes les maladies tropicales, les champignons ou les animaux exotiques que le médecin avait vus depuis son arrivée sur l'île.

— Je suis ravi que le vieil homme ait pris sur lui de vous inviter chez moi. J'espère que vous avez trouvé la maison confortable. J'ai d'autres chambres, si vous préférez.

— Très confortable, merci infiniment, dit Ti avec prudence.

C'était sans doute le fonctionnaire T'ang qu'il avait espéré rencontrer. On aurait dit un tour de Hsueh Huai-i, mais sans la volonté de tromper son monde. Le magistrat considérait à l'évidence le vieillard en guenilles comme quelqu'un d'entièrement différent de lui. Comment Abou Zeed avait-il deviné ? Ah, le malin petit diable !

— Vous avez tout à fait raison, mes amis. La fabrique a été abandonnée par les autorités chinoises et pour les raisons que vous avez évoquées. Les Chinois ne se sentaient plus en sécurité. Moi qui étais là depuis des années, je suis resté pour m'en occuper. Nous faisons de notre mieux... (Abou Zeed échangea un rapide coup d'œil avec Ti.) Cela vous surprend ? Je ne voulais pas écouter votre conversation, mais j'ai une ouïe très fine. Vous n'imaginez pas combien la vie dans la jungle, loin de la cacophonie de la civilisation, aiguise les sens ou les trouble. J'espère que vous n'aurez pas à le découvrir par vous-mêmes. Mais... vous aviez des questions ?

— Plusieurs, avoua Ti.

— D'abord, l'arrêta le vieux magistrat d'une main, permettez-moi de vous parler de moi. Je vis ici depuis vingt-trois ans. Mon crime ? J'ai couvert la corruption de simples fonctionnaires qui travaillaient sous mes ordres. Je n'étais pas au courant de leurs péchés, mais sans moi ils auraient été dégradés et exécutés avec leurs familles. Je savais que je ne risquais qu'un exil définitif sur cette île. Qu'aurais-je pu faire d'autre ? Les laisser mourir ? Cela se passait sous le règne de T'ai-tsung, le beau-père de Sa Majesté. Au début, il n'y avait qu'une poignée d'exilés. Depuis l'avènement de Sa Majesté, ils arrivent par bateaux entiers. Des gardes les escortent à l'intérieur des terres, les séparent et les laissent livrés à eux-mêmes. Certains meurent, d'autres deviennent fous. Certains se lient d'amitié avec les indigènes, comme j'ai eu la chance de le faire. Et, bien sûr, j'ai cette fabrique.

» Mais je me demande pourquoi le génial médecin persan et le grand magistrat de Ch'ang-an ont choisi de visiter l'île à une époque aussi dangereuse. (Voyant l'expression de surprise de Ti, il ajouta :) Je connais votre réputation, maître Ti. Elle vous a précédé, même ici.

Le médecin se leva et entra dans la hutte.

— Depuis l'avènement de Sa Majesté, reprit le vieux magistrat, les conditions sur l'île se sont détériorées. On dirait que la corruption et la cruauté suintent de partout. Et cela a empiré depuis la rébellion des Lettrés. En punissant les rebelles, Sa Majesté a voulu montrer l'exemple à tous ceux qui ont une parcelle d'autorité et un cœur cruel.

La rébellion. Le vieillard était donc au courant. Pour la première fois depuis son arrivée sur l'île, Ti sentit une bouffée d'espoir.

Le médecin reparut avec le précieux carreau.

— Monsieur, commença-t-il, pressé de poser sa question avant que le magistrat ne se métamorphose en vieux dément, que pouvez-vous nous dire sur ce carreau ? Quelle précision dans les détails ! C'est prodigieux ! Celui qui a fait cela doit avoir accès... à des instruments de grossissement. Le magistrat Ti et moi-même, nous recherchons certains fonctionnaires T'ang et, selon notre hypothèse, ce carreau a été fabriqué par un homme éduqué. Un de ces fonctionnaires lettrés, par exemple. C'est une piste bien mince, je vous l'accorde, mais c'est tout ce que nous avons...

Pendant qu'Abou Zeed parlait, les yeux du jeune indigène s'étaient arrondis.

— Cet artisan est sous vos yeux, déclara le vieillard en désignant l'indigène. Ce n'est pas un fonctionnaire T'ang, mais il est très capable et c'est un élève talentueux. Quant à l'instrument optique, vous avez raison. Il m'appartient et je lui ai appris à s'en servir.

Ti poussa un soupir de déception. Ni le jeune indigène ni le vieux magistrat n'étaient des rebelles de Yang-chou. La piste se terminait en impasse.

— Je n'ai aucune idée des raisons qui l'ont poussé à s'enticher des puces, mais depuis que je lui ai montré comment utiliser l'instrument, c'est devenu son sujet préféré. Il éprouve sans doute une sorte de fascination pour les plus petits insectes de cette île à la nature exubérante.

L'indigène entra dans la hutte et en ressortit avec une bourse en cuir qu'il posa sur une marche avec d'infinies précautions et qu'il ouvrit avec une fierté manifeste. Il en tira un récipient en verre de Perse qu'il remit entre les mains d'Abou Zeed avant de retourner dans la hutte chercher un pichet. Il versa de l'eau dans le récipient et plaqua son doigt contre le verre. Le doigt apparut, grossi, avec une précision remarquable.

— Prodigieux! s'exclama le médecin. Exactement comme mes propres cristaux. Une véritable fenêtre sur un autre monde.

— C'est un esclave persan qui nous l'a donné. Mon garçon, ici présent, en a fait un bon usage.

Bien que doutant que le vieillard eût des informations utiles sur les hommes qu'il recherchait, Ti décida de l'interroger.

— Je cherche... plusieurs fonctionnaires T'ang qui furent exilés sur l'île après la rébellion des Lettrés. Ils ont dû débarquer directement de Canton. Ils étaient vingt-cinq. J'en connais quelques-uns, que j'aimerais rencontrer.

— Je vous l'ai dit, les exilés sont envoyés à l'intérieur des terres. Ils sont probablement perdus, ou morts. Ça m'étonnerait que vous les retrouviez. Quant à vous, vous courrez un grand danger si vous persistez dans vos recherches.

— Un grand danger? Vous disiez que les fonctionnaires de Sa Majesté s'étaient réfugiés sur la côte...

— En effet. Ils ont tous fui comme des lâches. (Le vieillard tendit l'oreille.) Mais ils ignorent le véritable danger qui les guette. Ils croient que les tam-tams ne sont qu'un passe-temps pour les indigènes, un jeu. Je ne suis pas si naïf. Les tam-tams racontent une histoire. Un soulèvement est imminent. Comme vous l'aviez deviné.

» Une révolte contre les T'ang, contre les Chinois. Un soulèvement contre les occupants. Selon toute vraisemblance, les rebelles l'emporteront. Les soldats impériaux ne peuvent défendre l'île. La nature est trop sauvage, l'île est inexplorée. Dans quelques jours, les Chinois ne seront plus en sécurité sur la côte. Ils auront de la chance s'ils réussissent à s'enfuir en emportant leurs sandales.

— Une révolte persane ? demanda Abou Zeed.

— Une révolte d'esclaves, conduite par des marins persans. Il y a aussi certains îliens et même des lépreux. Quand je vous ai dit que vous couriez un danger, c'est parce que je crains que les rebelles ne distinguent pas les fonctionnaires T'ang au service de l'impératrice de ceux qui sont ses victimes. Les prisonniers de Yang-chou, par exemple. Ou vous. Pour eux, nous ne sommes que des Chinois. Qui sait ? Ils ont peut-être décidé de me tuer, moi aussi. Mais, maître Ti, restez avec le Persan, vous aurez une chance d'être épargné. C'est un conseil que je vous donne.

Abou Zeed et Ti échangèrent un regard. Tous deux trouvaient que les événements prenaient une étrange tournure. Au fin fond du monde, tout était sens dessus dessous. Ti se demanda ce que penserait sa mère si elle apprenait que sa vie dépendait de l'amitié d'un Persan.

— Nous n'avons pas entendu parler de révolte sur le continent, remarqua-t-il.

— Certains sont au courant, assura le vieillard, énigmatique.

— Vous pensez aux eunuques ? risqua Ti.

Il ne trouverait peut-être jamais les exilés qu'il recherchait, mais il pouvait néanmoins découvrir des indices concernant les meurtres des fonctionnaires eunuques.

A la mention des eunuques, le visage du vieillard s'illumina. Ti trouva sa réaction étrange. Toutefois, il se rappela qu'il avait devant lui un homme qui pouvait abandonner ses robes à tout instant pour aller dormir dans les arbres.

— Ah, les eunuques, soupira le vieillard d'un ton presque affectueux. Oui, certainement les eunuques. Mais j'en sais plus qu'eux. Nous autres sur l'île, nous en savons davantage sur la Chine que la Chine sur nous. Ma propre position est... compliquée. J'en suis arrivé à me considérer comme un îlien. Les autorités chinoises sont mes ennemies. Je détiens beaucoup d'informations sur le soulèvement; je pourrais les transmettre aux Chinois mais j'ai décidé de n'en rien faire. On pourrait l'interpréter comme une trahison, dit-il en guettant la réaction de Ti.

— Je m'en garderais bien, répondit vivement le magistrat.

— Parfait, dit le vieillard avec un sourire chaleureux.

Ti avait du mal à se dire qu'il avait devant les yeux le même vieux fou que la veille.

— J'ai mentionné certains exilés. Vous avez peut-être entendu parler d'eux. Je dois poursuivre mes recherches, soulèvement ou pas. Ils ont plus que jamais besoin de moi. L'un d'eux est le magistrat Li Mu...

Le jeune indigène, qui semblait ignorer la conversation ou ne pas la comprendre, leva soudain les yeux de son précieux appareil d'optique.

— Le vice-consul Shan Hsin et le premier... (les yeux écarquillés, le garçon bondit sur ses pieds)... Hsin Chung.

— Li Mu! Shan Hsin! Hsin Chung! s'écria le jeune indigène.

Ti et Abou Zeed sursautèrent. C'étaient les premiers mots qu'ils entendaient sortir de sa bouche.

— Vous les connaissez? interrogea Ti, incrédule.

— Li Mu, répéta le garçon en hochant vigoureusement la tête. Shan Hsin. Hsin Chung. Oui, oui!

— Ce sont les fonctionnaires T'ang que je cherche, expliqua Ti avec prudence.

— Fonctionnaires T'ang! répéta le garçon, qui tapa du pied d'excitation. Oui, oui!

Le vieillard parla au garçon dans sa langue natale. Le

jeune lui répondit, le vieillard ajouta quelque chose, puis se tourna vers Ti et Abou Zeed.

— Les noms ne me disent rien, déclara-t-il. Mais je ne sors jamais de la fabrique. Lui si. Il prétend les connaître. Il dit qu'il peut vous conduire à leur cachette.

Ti était déjà debout. La chance lui souriait enfin.

— Le garçon connaît les sentiers forestiers comme sa poche. Il fera un excellent guide. Il dit qu'il faudra une journée et une nuit. Il y a du danger, bien sûr, mais en vous dépêchant vous pourrez passer au travers.

— Alors, nous partons, décida Ti. Je suis venu pour cela.

Il se demanda s'il était possible que des exilés soient encore en vie et, dans ce cas, s'ils avaient toute leur tête. En se rappelant l'état du vieillard, la veille, il eut peur de ce qu'il allait trouver.

18

Restés seuls, Ti et Abou Zeed se dépêchèrent de rassembler leurs maigres biens tout en discutant à voix basse de l'étrange comportement du vieillard.

— C'est l'isolement et la malaria, expliqua Abou Zeed. Les fièvres assèchent les humeurs et endommagent le cerveau. Cela bouleverse le *ch'i* essentiel jusqu'à la moelle, comme disent les Chinois. Il y a aussi l'absence d'espoir. J'ai déjà vu cela dans les prisons en Perse. Un satrape particulièrement brutal — un gouverneur militaire — d'une des provinces les plus désertiques de la Perse avait emprisonné son propre fils. Le garçon n'avait pas fait grand-chose, sans doute avait-il tenu tête à son père. C'était une infâme prison en plein cœur du désert. Il était seul en cellule. Il est devenu fou. Il entendait des voix, il se fabriquait sans doute des personnages pour se tenir compagnie, il avait même créé une jeune femme qu'il courtisait et avec qui il comptait les étoiles, la nuit, depuis la fenêtre de sa cellule. Rongé par le remords, son père me l'a amené pour que je le guérisse. Mais il était trop tard, je n'ai rien pu faire.

Ti s'escrimait pour chausser ses boues en daim qui avaient séché et rétréci.

— Il faudra peut-être que je revoie ma théorie sur les meurtres, Abou Zeed.

— J'étais en train de penser la même chose.

— L'assassin, ou les assassins... le chirurgien qui coupe aussi savamment les têtes des eunuques du ministère des Ports et de la Navigation n'est peut-être pas un rebelle de Yang-chou en mal de vengeance. Il se peut qu'il ne soit même pas chinois.

— En effet. Ce sont mes compatriotes, magistrat, les esclaves persans et leurs alliés indigènes. C'est logique. Qui d'autre détesterait les eunuques du ministère des Ports et de la Navigation autant que les marins persans ? Ils les haïssent encore plus que moi. Ça tombe sous le sens. Les eunuques qui détournent les yeux quand les navires persans, leurs équipages et leurs trésors sont capturés par des « pirates ». Les eunuques qui entretiennent des camps de prisonniers.

Oui, les Persans. Or qui restait en communication avec les Persans de l'île ? Ti repensa à la servante et à sa singulière cérémonie à l'auberge avant que les têtes aillent chez Dame Djamal. Il repensa au bateau qui devait les emmener sur l'île et qui s'était révélé un piège, au message de Dame Djamal, qui leur était parvenu juste avant leur départ...

De vieilles questions troublantes, des associations à peine ébauchées revinrent le hanter. Il ne les confia pas à Abou Zeed, il se contenta de parler en termes généraux :

— Vous avez raison, les Persans. La réponse était peut-être sous notre nez depuis le début. Mais j'étais tellement obnubilé par les têtes des rebelles de Yang-chou sur les grilles du temple de Lo-yang. Je croyais qu'il y avait un rapport. Et j'avais l'impression que ma propre tête tenait de moins en moins bien sur mes épaules. En réalité, il n'y avait sans doute aucun lien. C'était une pure coïncidence.

— Si nous mourons dans cette jungle infernale, vous pourrez vous réconforter en vous disant que vous avez peut-être résolu les meurtres de Canton.

— Vous parlez d'un réconfort ! J'emporterai la solution dans ma tombe. Ce « peut-être » ne me satisfait pas, docteur.

Le Persan serra le cordon de son sac comme s'il voulait y enfermer le sens profond du monde.

— Nous recherchons tous deux la vérité avec acharnement, n'est-ce pas ? Nous nous ressemblons sur bien des points, magistrat Ti Jen-chieh.

— Pour autant que je sache, répliqua Ti en empoignant son sac, vous êtes peut-être un agent des assassins et vous avez l'intention de me remettre ente leurs mains.

— A moins que je ne sois l'assassin lui-même, repartit Abou Zeed avec un sourire joyeux.

Peu après le départ des visiteurs et du jeune indigène, un vieillard vêtu d'un pagne crasseux grimpa sur un grand arbre et se percha sur une plate-forme où se dressait une petite hutte. Il regarda les trois hommes s'enfoncer dans la forêt. Tout en remuant les lèvres, absorbé dans une conversation avec lui-même, il continua de fixer le point où ils avaient disparu.

Il resta longtemps assis, puis, certain que les trois hommes ne reviendraient plus, il entra dans la hutte et en ressortit avec un tambour. Il s'assit sur la plate-forme, cala le tambour entre ses jambes décharnées, ferma les yeux et se lança dans une série de battements syncopés ponctués par des silences réguliers de dix battements de cœur. Il répéta l'opération dix fois, puis tendit l'oreille.

De l'est lui parvinrent des battements identiques, entrecoupés de silences d'égale durée et suivis d'une série de battements différents. Le vieillard sourit et se mit à marteler son tambour avec une énergie accrue.

Les sentiers forestiers qui s'enfonçaient dans la jungle n'étaient pas boueux, même après les pluies fréquentes.

La terre absorbait l'eau. Mais ils étaient plus difficiles à trouver et à suivre, à peine visibles pour Ti et Abou Zeed. Toutefois, le jeune indigène semblait savoir où il allait. Après une journée de marche, le sentier s'était mis à monter si imperceptiblement que Ti croyait que son essoufflement et ses jambes lourdes étaient dus au fait qu'ils s'enfonçaient à l'intérieur des terres. On ne distinguait pas de collines ni de falaises à travers les arbres.

Même Abou Zeed, plus léger et plus fringant que Ti, marchait en s'appuyant sur sa canne avec effort. Le garçon devait constamment s'arrêter pour les attendre.

Ils comprirent bientôt qu'ils étaient en train de monter. Le soir, l'horizon s'était éclairci et Ti fut surpris de se retrouver sur le toit du monde. Le sentier était bordé sur sa droite par un mur de roches, et sur sa gauche par des falaises à couper le souffle et un paysage de collines arborées. Au loin, des sommets escarpés perçaient la jungle tels des couteaux, des taches de végétation accrochées à leurs flancs d'où jaillissaient parfois des cascades argentées noyées dans la brume. Ils avaient laissé derrière eux le vacarme de la jungle, les cris des oiseaux et des singes. Sur les hauteurs, ils n'entendaient que les aigles glatir. Le lendemain, avait dit leur guide, ils descendraient dans une vallée avant d'escalader un nouveau sommet, ils étaient presque arrivés.

Ils plantèrent le camp et le garçon fit rôtir des lézards qu'il servit dans des feuilles amères et épicées en un repas passable, et Ti sentit ses muscles douloureux se détendre un peu à la chaleur du feu de camp. Comme il y avait moins d'insectes et que la nuit était calme, il arriverait peut-être à dormir. Même les tam-tams étaient trop loin pour troubler son sommeil.

Il tendit l'oreille : les tam-tams continuaient leur conversation, assourdie par la distance. Parfois en phases de deux ou trois battements auxquelles répondaient des phases de durée égale, parfois en cycles complets de questions et de réponses composés de centaines de battements ou davantage. Pendant le trajet, il avait parfois eu l'impression qu'ils allaient tomber sur les joueurs de tam-tam au prochain virage, mais ils n'avaient vu personne, ni entendu d'autres voix que les leurs. Ti s'assoupit; il rêva qu'il comprenait le langage des tam-tams et qu'il avait trouvé un moyen d'envoyer un message à sa fille, restée à Ch'ang-an.

Il se réveilla en sursaut. Abou Zeed et l'indigène ronflaient paisiblement. Ti jeta dans le feu les brindilles graisseuses qu'ils avaient utilisées pour la cuisson et les flammes crépitèrent.

Dans la pénombre, endormi et sans défense, le garçon entre les mains duquel ils avaient confié leur destin paraissait encore plus jeune. Quant à Abou Zeed, il ressemblait de plus en plus à un oiseau. Un oiseau de Hainan, aussi étrange qu'inconnu. Ti faillit éclater de rire.

Il s'assoupit de nouveau avec en tête les mots que le jeune indigène répétait sans cesse, « fonctionnaires T'ang », au point qu'ils perdaient leur sens et ne devenaient qu'une suite de syllabes incohérentes. Du charabia, eut le temps de se dire Ti avant de s'endormir.

Le jour où Ti, Abou Zeed et le jeune indigène avaient quitté la fabrique, plusieurs heures après leur départ, le vieux magistrat aperçut par sa fenêtre deux nouveaux visiteurs franchir le portail. Il les jaugea sur-le-champ : chinois, robustes, bien nourris, bien habillés... et mal élevés. Sans doute d'anciens prisonniers qui avaient bénéficié d'une grâce à cause de leurs qualités physiques et mentales. Des voyous! Au service de Sa Majesté impériale, à coup sûr.

Ils ne chevauchaient pas des buffles, ils arrivaient à pied de la route de la côte qui joignait la route postale. Ils avaient sans doute débarqué au port où on chargeait les carreaux pour le continent. Suant et soufflant, ils pénétrèrent dans l'enceinte de la fabrique, balayèrent la place du regard, s'assirent sur un banc et s'éventèrent en poussant des jurons.

Le magistrat traversa la petite place pour aller les rejoindre.

— Bienvenue, voyageurs, dit-il d'un ton aimable. Que me vaut l'honneur de votre visite ?

Ne l'ayant pas entendu approcher, ils sursautèrent et se levèrent d'un bond.

— Salut, grand-père, dit l'un, sans reconnaître, apparemment, sa toque de magistrat.

Il ne s'était pas trompé : ignorants et grossiers.

— Nous recherchons deux hommes. Nous avons d'importantes nouvelles pour l'un d'eux. Un message urgent.

— Deux hommes ? fit le magistrat.

— Un Chinois et un Persan. Le Chinois est magistrat, l'autre médecin, un petit Persan. Il faut absolument que nous les trouvions. Le Chinois a une fille qui est malade. Il faut qu'il le sache. On nous a chargés de le lui dire.

C'était une technique éculée que le vieux magistrat avait vu employer des centaines de fois. Il suffisait d'apprendre des détails de la vie privée de la personne recherchée, puis de l'attirer dans un piège en lui racontant une histoire dont elle serait obligée de tenir compte. Une fille malade, un appât astucieux.

— C'est urgent, dit l'homme, qui ôta sa botte pour se gratter le pied. Elle va peut-être mourir.

Le vieux magistrat dévisagea les deux hommes, puis son regard se perdit dans le lointain, il parut réfléchir longuement, reportant de temps en temps son attention sur les deux hommes d'un air dubitatif.

— Ils sont partis il y a plusieurs heures, finit-il par déclarer, ils ont pris cette piste, précisa-t-il en désignant l'endroit où Ti, Abou Zeed et le garçon avaient disparu dans la jungle.

— Merci, grand-père, dit l'un des deux hommes. On ne peut pas avoir un peu d'eau ?

— Mais bien sûr. (Le vieillard allait partir chercher un pichet d'eau, quand il se ravisa.) Une chose, cependant.

— Tout ce que tu voudras, grand-père.

— Epargnez le garçon.

Ils grimpèrent pendant des heures le long du sentier qui serpentait parmi les palmiers et les plantes dont les lianes gluantes leur fouettaient le visage, enveloppés par des nuées d'insectes aux piqûres féroces. Le sentier devint tellement pentu et rocailleux qu'ils durent l'escalader à quatre pattes. Aveuglé par la sueur salée qui lui brûlait les yeux, Ti s'écorchait les bras et les jambes sur les rochers perfides. Il ne discernait plus la piste. Abou Zeed avait perdu de sa superbe, Ti l'entendait haleter derrière lui.

Devant, le garçon galopait comme un singe et se retournait de temps en temps pour les encourager. Ti lui fit signe d'arrêter.

— Maître Abou Zeed, fit-il, j'ai l'impression que c'est de la pure folie, je me trompe ?

— Je ne crois pas que le garçon soit malintentionné, dit le médecin. Et je ne suis pas sûr que nous soyons à même de juger ce qui est fou ou pas sur cette île.

— Vous avez peut-être raison. C'est sans doute comme ces délicieux fruits qui vous empoisonnent si vous avez le malheur d'y goûter.

— Oui, les apparences sont parfois trompeuses. C'est une excellente philosophie.

— Fonctionnaires T'ang ! cria le garçon, prononçant les mots magiques qui, semblables à ceux qui incitent un cheval ou un âne à avancer, paraissaient redonner aux deux visiteurs la force de continuer. Fonctionnaires T'ang! répéta-t-il avec un sourire accompagné d'un geste d'encouragement.

— Fonctionnaires T'ang, répéta Ti d'un ton las en reprenant sa marche.

Ils parvinrent sur une saillie où ils tenaient à peine debout et qui dominait une profonde crevasse, large comme un tronc d'arbre centenaire. Le noir et le silence émanaient de l'espace entre les roches. Le garçon désigna la crevasse.

— Fonctionnaires T'ang? demanda Ti, qui avait du mal à reprendre son souffle. (Ravi, le garçon gesticula avec enthousiasme.) C'est impossible, docteur. Je deviens fou.

Ti se baissa pour écouter, mais n'entendit rien. Dans la crevasse, l'air était frais. Il eut l'impression d'un vaste espace. Il ramassa un caillou et le lança dans le trou. Il l'entendit tomber dans l'oubli en ricochant.

— Beaucoup. Attendre. Glissade, rocher profond, et homme, longtemps rêver. Courir, beaucoup, beaucoup hommes.

— Qui attend? demanda Abou Zeed. (La crevasse semblait à sa taille.) Qui court?

— Li Mu? demanda Ti en énonçant soigneusement les noms qui avaient attiré l'attention du garçon. Shan Hsin? Hsin Chung?

— Li Mu Shan Hsin Hsin Chung! s'écria le garçon avec allégresse.

Ti regarda Abou Zeed en soupirant. Le médecin était aussi sale que lui, ses vêtements étaient déchirés, son visage boursouflé portait les traces des piqûres d'insectes. C'était une vision risible, et Ti eut un aperçu de ce à quoi il avait dû ressembler, enfant. Toutefois, une flamme joyeuse brillait dans les yeux du médecin.

— Franchement, maître Ti, je me fiche de ce qui se cache dans ce trou, homme ou démon, j'y vais.
— Vous ne verrez rien.
— J'ai ce qu'il faut, assura le médecin. Retenez-moi.

Ti s'accrocha d'une main à un jeune arbre et empoigna les vêtements d'Abou Zeed pendant que ce dernier fouillait dans son sac. Il en sortit un bocal en verre dont le goulot était fermé par un tissu. Dans le bocal, des larves blanchâtres gigotaient.

— J'ai fait des préparatifs, déclara-t-il en suspendant le bocal autour de son cou avec une ficelle.

Ti ne comprit pas. Il se dit qu'il était coincé en haut d'une montagne, sur une île sauvage, à des milliers de lis de chez lui, avec deux fous. Il avait laissé exprès son journal à Canton dans cette éventualité. Avec un peu de chance, le journal parviendrait un jour à sa fille. Quant à ses vieux os, personne ne les retrouverait.

— Des vers luisants, expliqua Abou Zeed, comme s'il avait lu dans les pensées de Ti. Ce n'est pas une lumière très puissante, mais c'est mieux que rien.

— Ah, bien sûr, suis-je bête !

Ti s'accrochait fermement à l'arbrisseau. Son corps tout entier tremblait d'épuisement.

Le médecin gratifia le jeune indigène de son sourire le plus désarmant.

— On y va ? demanda-t-il en désignant la crevasse.

Par gestes, le garçon les pria d'enlever leurs robes déchirées. Ti et le médecin ôtèrent leurs bottes, puis leurs vêtements, qu'ils nouèrent ensuite en pagne autour de leur taille. Ils durent abandonner leurs sacs.

Le garçon posa un doigt sur ses lèvres, sans doute pour leur recommander la plus grande discrétion, et, en se contorsionnant légèrement, se faufila dans la crevasse comme si elle n'avait été dessinée que pour lui. A peine plus gros que le jeune indigène, le médecin l'imita sans difficulté, en prenant soin de plaquer sa lampe de fortune contre son flanc. Ti dut comprimer la poitrine et s'écorcher la peau pour se glisser entre les rochers. Il faillit rester coincé, mais le médecin lui agrippa le bras et le dégagea.

De l'intérieur, la crevasse ressemblait à une étroite diagonale lumineuse qui se resserrait derrière eux. Ils durent progresser de biais, le dos collé à la roche, tandis que la pente s'accentuait à mesure qu'ils descendaient. Ti s'accrochait aux moindres aspérités. Le bocal de vers luisants du médecin ne diffusait qu'une faible lueur verdâtre qui semblait amplifier la pénombre ambiante.

— Nous descendons dans notre tombe, souffla Ti au médecin, vous en êtes conscient, j'espère.

Le plafond devint si bas qu'ils durent s'asseoir et avancer à croupetons, en tordant le cou de temps en temps pour éviter de se cogner à la roche.

Leur corps trempé de sueur se rafraîchit bientôt dans l'air glacé de la grotte, mais Ti transpirait de peur, ses mains étaient moites et glissantes, et il était incapable de s'accrocher durablement à une prise. Il ne dut son salut qu'à la force de ses muscles et à des contorsions délicates, évitant maintes fois de tomber sur le médecin et le garçon, qui le précédaient.

L'indigène se dirigeait sans avoir besoin de lumière et il prit bientôt plusieurs longueurs d'avance sur le médecin. Ti s'était accoutumé à la pénombre et la lampe de vers luisants du médecin lui permettait de voir les murs scintillants qui l'entouraient. Il fut soulagé lorsque la pente s'adoucit et qu'il put ramper sur une surface aussi sableuse que le lit d'une rivière. Il faisait froid et humide. Pendant les averses tropicales, le tunnel qu'ils empruntaient se transformait sans doute en torrent d'eau de pluie.

Le garçon avait dû faire signe au médecin car ce dernier s'arrêta et incita d'une main Ti à l'imiter.

Le garçon chuchota quelque chose à Abou Zeed qui se tourna vers Ti et lui souffla :

— Li Mu.

La lampe d'Abou Zeed éclairait le visage du garçon, qui rayonnait de fierté et de plaisir. Eh bien, songea Ti, les lettrés ont peut-être besoin de cette caverne sophistiquée pour leur survie. Toutefois, il les imaginait mal ramper dans le tunnel.

Bientôt une faible lumière jaune, probablement une bougie ou une lanterne, dansa sur la roche devant lui, à un endroit où la paroi, qui s'incurvait, lui en cachait la source.

Ti sentit une piqûre sur sa cuisse. Un moustique ? Certainement pas, mais l'impression était la même. Une autre piqûre l'atteignit au bras, il voulut tuer l'insecte d'une claque mais le rata. Le médecin se donnait des tapes, lui aussi. Ti se gratta, la piqûre le démangeait. Il reçut une troisième piqûre sur le crâne, imagina des araignées, mais chassa aussitôt cette pensée avant d'être pris de panique. L'endroit était mal choisi.

Ils continuèrent leur progression en rampant ; le garçon se retournait souvent, tel un chien qui veut qu'on le suive. La petite troupe s'arrêta. Une grotte naturelle s'ouvrait devant eux ; un pas de plus et ils auraient basculé dans le vide. Le médecin était pétrifié, Ti dut ramper pour regarder par-dessus son épaule.

La lumière vacillante provenait de trois lanternes, disposées en triangle serré.

Au milieu du triangle, à moins de dix pas, un homme nu méditait, assis en lotus, tête baissée, bras écartés et paumes ouvertes. Il leur tournait le dos.

Désormais, Ti était piqué sur tout le corps, les jambes, la poitrine, les aisselles, l'aine. Les démangeaisons étaient insupportables. L'homme qu'il avait sous les yeux ne pouvait pas ne pas avoir senti leur présence, mais Ti n'osait bouger ni se gratter.

Des ombres paraissaient parcourir le dos de l'homme. Ti songea à une colline un jour de grand vent quand les nuages, en défilant, dessinent des images fugitives sur le sol. En plissant les yeux, il vit des points noirs voleter dans le faisceau des lanternes. Le dos de l'homme était constellé de piqûres rouge vif.

Quelque chose piqua Ti à la nuque. Cette fois, sa réplique fut assez prompte et il captura le minuscule coupable qu'il roula entre ses doigts et reconnut aussitôt : une puce. C'étaient donc des puces qui les avaient harcelés le long du tunnel, des puces qui les piquaient en ce moment même, des puces qui recouvraient le corps nu de l'homme, figé dans une immobilité parfaite au centre de la lumière, qui les attirait ; il leur donnait son corps en offrande !

Ti se souvint de la rumeur de Canton selon laquelle Hainan était la source de toute pestilence. Dans ce cas, ils se trouvaient au cœur même de cette source, et comme le médecin avait découvert avec raison que c'étaient les puces qui propageaient la peste, Ti, le garçon et le médecin étaient sûrement des hommes morts car ils avaient été piqués plus d'une centaine de fois.

Ti sentit Abou Zeed l'empoigner par le bras. Le médecin pensait à la même chose que lui et il s'en voulait de s'être laissé aveugler par son enthousiasme, lui qui aurait dû reconnaître une piqûre de puce avant tout le monde.

Soudain, l'homme en méditation étendit les bras. Il décroisa les jambes et se leva lentement, puis, avec des gestes tout aussi lents, se retourna et regarda dans la direction de ses « invités ».

En voyant la flamme qui brûlait dans ses yeux, Ti pensa aussitôt au singe furieux du jardin des eunuques. Le visage de l'homme était déformé, l'arête de son nez était enfoncée.

Il se mit en branle avec une démarche qui faisait penser qu'il était aveugle. Ti rejeta pourtant cette idée.

— Fonctionnaires T'ang ! cria le jeune indigène.

Les mots n'eurent pas l'effet escompté, car l'homme gronda, et le garçon recula vivement, s'affalant sur Ti et le médecin. L'homme se mit à escalader la roche, les yeux enfiévrés rivés sur les intrus.

— Partons, siffla Abou Zeed en donnant un coup de coude à Ti. Partons tout de suite.

En se contorsionnant, Ti réussit à se retourner. Il se retrouva en tête du cortège. Ils durent ramper sur le sol sableux, puis gravir le tunnel qu'ils avaient descendu sur les fesses. Derrière eux, l'homme nu, qui marmonnait des mots inintelligibles, grimpait avec agilité et les rattrapait. Le garçon récitait d'une voix implorante les noms des lettrés comme s'il s'agissait d'un mantra destiné à apaiser la colère de l'homme.

— Li Mu ! Shan Hsin ! Hsin Chung ! Fonctionnaires T'ang !

— Fonctionnaires T'ang ! répéta l'homme d'un ton railleur. Fonctionnaires T'ang !

Ti et le médecin avançaient en crabe, à petits pas, entre les deux parois rapprochées ; ils aperçurent enfin la diagonale de lumière du jour.

La peur et les puces avaient dû dilater le corps de Ti car il crut un instant qu'il ne passerait jamais par l'ouverture, mais Abou Zeed le poussa avec énergie et il émergea enfin de la crevasse. Le médecin se hissa sans difficulté sur la saillie, suivi du garçon ; ils entamèrent aussitôt la descente à reculons, se retournant pour regarder par-dessus l'épaule où ils mettaient les pieds, et jetant des regards inquiets vers leur ennemi. Ti avait oublié de reprendre son sac en sortant de la grotte, et il fut impressionné de voir Abou Zeed tenir le sien entre ses dents.

Au-dessus d'eux, l'homme nu apparut. Il cria, gesticula, leur jeta des pierres et des cailloux, puis entreprit de descendre à son tour.

Ti avait l'impression de faire un cauchemar, une lente poursuite dans la montagne, un homme qui jurait et lui lançait des regards incendiaires, le dos et les fesses exposés à sa vue, des pierres qui voltigeaient et ricochaient sur lui, le garçon terrifié qui récitait des suites de mots dénués de sens.

Haletant, Ti redoutait à chaque instant de lâcher prise et de basculer dans le vide.

— Que croyez-vous... qu'il ait l'intention de faire... s'il nous capture? demanda Abou Zeed au-dessus de lui, les dents serrées sur son sac.

— Nous labourer de ses griffes... mais je pense que c'est le garçon qui a le plus à craindre...

Agile et vif, le jeune indigène ne tarda pas à les rattraper et à les dépasser. La pente abrupte laissa bientôt place à la piste qui les avait amenés au pied de la montagne rocheuse, et ils purent avancer plus vite, de face, désormais, mais craignant de trébucher s'ils mesuraient leur avance en jetant des regards derrière eux. Le garçon était déjà loin. Le cœur battant, ils dévalèrent la pente sinueuse, puis la piste s'aplanit et ils réussirent enfin à courir, lacérés par la végétation, poursuivis par les cris des oiseaux et des singes, inquiets du remue-ménage. Bien plus rapide, le garçon avait disparu de leur vue.

L'homme nu ne les poursuivait plus. Il s'était arrêté en haut de la piste, mais ils l'entendaient hurler à pleins poumons :

— Mort aux fonctionnaires T'ang !

Devant eux leur parvint le même cri, comme en écho, mais proféré par une multitude.

— Mort aux fonctionnaires T'ang !

Ti s'arrêta net, Abou Zeed lui rentra dedans. Ensanglantés, luisants de sueur, haletants, ils se figèrent. Les voix excitées approchaient.

Cette fois, Ti fut le premier à réagir. Il agrippa Abou

Zeed par le bras et l'entraîna dans la jungle. Ils se frayèrent un chemin dans la végétation et s'accroupirent, le cœur battant aussi fort que les tam-tams.

Une douzaine d'hommes et de garçons parurent au bout du sentier et passèrent devant l'endroit où Ti et le médecin se cachaient. Ils portaient des bâtons et des matraques. Certains n'avaient que quelques doigts, d'autres plus d'orteils, d'autres encore marchaient avec des béquilles. On aurait dit une vision de l'enfer bouddhiste.

Ti et le médecin, abasourdis, échangèrent un regard. Soudain, à un signal tacite, après le passage de la petite armée d'estropiés, ils regagnèrent le sentier et détalèrent à toute allure.

Ils ne s'arrêtèrent qu'après épuisement complet, et tendirent l'oreille : on ne les poursuivait pas. Les poumons en feu, victime d'un point de côté, Ti se plia en deux. Le médecin s'accroupit pour reprendre son souffle. Il n'avait pas lâché son sac. Ti en était admiratif.

— Nous ne pouvons pas nous reposer longtemps, haleta Ti. Il faut continuer. Il faut retrouver la fabrique. C'est...

Il s'arrêta. Tous deux avaient entendu des pas approcher de la direction qu'ils comptaient emprunter.

Deux hommes pestaient en chinois.

Ti et le médecin plongèrent dans la jungle et se tapirent dans les broussailles. Deux robustes gaillards, des citadins bien nourris, complètement déplacés dans ce milieu étranger, le visage rougi par la chaleur et l'effort, parlaient à voix haute en se débattant contre les insectes.

— Il faudra les tuer. S'ils nous échappent, on est des hommes morts.

— On est déjà morts, qu'on les trouve ou pas. Qu'ils soient morts ou pas. Elle veut leurs têtes.

Ils poursuivirent leur chemin d'un pas lourd. Aucun

doute, c'étaient des agents de l'impératrice. Abou Zeed avait eu raison, à Canton, lorsqu'il avait poussé Ti à sauter du bateau. Les deux gaillards devaient les attendre sur l'île. La question de savoir si l'impératrice voulait les faire tuer sur le bateau ou sur l'île venait de trouver une réponse. Comment avaient-ils su qu'ils avaient pris ce sentier ?

Abou Zeed posa sa main sur le bras de Ti. Il tendait l'oreille, aussi alerte qu'un animal. Ti entendit, lui aussi. Les lépreux avaient fait demi-tour et revenaient sur leurs pas. A la rencontre des agents de l'impératrice. Avant que Ti puisse l'arrêter, Abou Zeed se leva et cria :

— Fonctionnaires T'ang !

Surpris, les sbires de l'impératrice s'arrêtèrent, tournèrent la tête, scrutèrent le sentier désert, puis se retournèrent à temps pour voir les lépreux arriver vers eux en clopinant, poussant des cris rauques, tels des singes, en réponse au médecin. Ils aperçurent les deux hommes. L'un des agents reçut une fléchette dans le cou. Une pierre frappa l'autre à la tête et le renversa. Les lépreux fondirent sur les deux hommes à terre et les attachèrent à l'aide de cordes.

Ti se tapit dans sa cachette. C'était le sort qui leur était réservé. Les lépreux venaient certainement du village où le chasseur de primes avait accosté, et ils avaient appris de sa bouche que ses deux passagers étaient des espions de l'impératrice ; avec le soulèvement qui gagnait l'île, les lépreux avaient quitté leur réserve pour partir à la recherche des responsables de leurs souffrances. Les deux sbires de l'impératrice avaient mérité leur sort, mais Ti doutait que la vengeance des lépreux fût assouvie.

Avant que Ti puisse réagir, le médecin, sans doute dans un accès de folie, avait jailli de sa cachette et courait vers les lépreux en agitant les bras et en hurlant en persan. Complètement pris par surprise, les lépreux virent un petit homme à demi nu, couvert de plaies, de piqûres et d'écorchures, et qui ne ressemblait en rien à un Chinois. Le médecin les rattrapa, se pencha sur les captifs, les frappa à coups de pied, leur cracha dessus, tout en dévidant un flot de jurons en persan.

Ti s'aplatit. Il comprit la stratégie audacieuse d'Abou Zeed. Elle avait des chances de sauver la vie du médecin, mais Ti craignait pour sa propre peau. Mais, comme toujours, le Persan ne lui laissa pas le temps de réfléchir. Il revint sur ses pas, plongea dans les broussailles où Ti se cachait et lui dit :

— Sortez, maître Ti, pendant qu'ils sont encore cloués de stupeur.

Ti n'eut d'autre choix que d'obéir. Il était aussi dépenaillé et échevelé que le médecin, mais avec sa peau pâle, rougie par les coups de soleil, il ressemblait à n'en pas douter à un Chinois.

— Venez saluer nos amis, l'incita Abou Zeed.

Ayant décidé qu'il n'avait plus rien à perdre, Ti sortit des fourrés et donna quelques coups de pied aux deux hommes attachés, qui gémirent et se débattirent faiblement. Passant du chinois au persan, Abou Zeed jurait et implorait :

— Que les dieux soient loués, nous vous avons trouvés, mes frères, dit-il aux lépreux.

Ti n'était pas certain que ces derniers comprissent. Il avait du mal à définir leur nationalité, mais un jeune homme demanda avec un accent chinois prononcé :

— Qui êtes-vous ?

— Des prisonniers, comme vous.

— Vous n'êtes pas des espions de l'impératrice ?

— Les voilà, les espions ! dit Abou Zeed en poussant un des captifs du bout du pied. Au village ! Conduisez-nous à votre village !

Ti faillit protester. Ils avaient projeté de retourner à la

fabrique de carrelage. Mais... les deux brutes en venaient justement ; il eut soudain des doutes sur le vieux fou de la fabrique. Oui, Abou Zeed avait raison. Le village. C'était leur meilleure chance. Peut-être la seule. Les lépreux, d'ordinaire si passifs et obéissants, s'étaient enfuis de leur colonie fermée et s'étaient mis à la recherche de Ti et d'Abou Zeed. Il devait y avoir une piste qui coupait celle où ils se trouvaient et conduisait plus ou moins directement à la léproserie. Ti se concentra. Les lépreux avaient deviné où les trouver. Comment ?

Curieux et excités, presque menaçants, les lépreux formèrent un cercle qui se referma sur Ti et le médecin. Certains criaient dans une langue inintelligible, sans doute un patois continental, estima Ti. Il saisit quelques mots au hasard : barbares, étrangers, mort.

Abou Zeed leva la main.

— Arme magique ! dit-il avant de farfouiller dans son sac d'où il sortit un verre grossissant.

Les lépreux s'agitèrent. Le médecin plaça la loupe devant le front d'un des captifs, attrapa un rayon de soleil et orienta le verre afin que la lumière se concentre en un seul point. Il y eut une odeur de chair brûlée, et l'homme hurla de douleur. Pendant que les lépreux, conquis, éclataient de rire, Abou Zeed retira vivement la loupe, ramassa une poignée de feuilles sèches, en fit un tas au-dessus duquel il maintint le verre et tira une fine volute de fumée des feuilles, puis une langue de feu orange, pâle dans la lumière du soleil, mais bien réelle et crépitante. Il leva les yeux sur les visages ahuris et rayonna de plaisir.

Il les tenait, désormais. Ils riaient et jacassaient, admiratifs et troublés. Abou Zeed montra au jeune homme comment tenir la loupe pour obtenir une flamme. Les jambes tremblantes, Ti soupira de soulagement : après tout, ses os ne pourriraient pas sur cette île. Il aurait peut-être même la chance de revoir sa fille un jour.

Les lépreux reportèrent leur attention sur les agents de l'impératrice. L'espace d'un instant, Ti envisagea d'intervenir, mais s'en abstint. Cependant, il détourna les yeux. Abou Zeed, toujours aussi curieux, regarda jusqu'au bout.

Lors du retour au village, il devint évident que les lépreux les considéraient comme leurs captifs. Ils s'arrêtaient de temps en temps pour écouter les tam-tams avec inquiétude ; ils fouillaient les fourrés. Craignaient-ils des représailles ? Ti ne croyait pas les gardes et les fonctionnaires capables de pénétrer dans la jungle, où des milliers de dangers les guettaient. Ils avaient certainement fui l'île, la laissant dans un état d'anarchie.

Ti essaya d'imaginer le parcours. La léproserie, la fabrique de carrelage et le sentier où ils avaient rencontré les lépreux formaient les trois sommets d'un triangle. Le chemin qui menait à la léproserie et le rivage se trouvaient sur un côté du triangle. Le plus court, espérait-il.

Ils avaient suivi le sentier une grande partie de la journée, Ti et Abou Zeed au milieu de la petite troupe, lorsqu'ils sentirent de la fumée. L'homme de tête brandit un moignon et la file s'arrêta derrière lui ; il tendit l'oreille et renifla.

Un hurlement, ni humain ni bestial, retentit au-dessus de leurs têtes, et une fine fléchette aux plumes colorées se planta dans le cou du garçon qui précédait Ti, à un angle qui suggérait que le tireur était caché en haut d'un arbre.

Une panique s'ensuivit ; Ti et Abou Zeed dépassèrent leur escorte et se mirent à courir avec les rares lépreux à qui il ne manquait pas des orteils ou un pied ; les fléchettes sifflaient autour d'eux, accompagnées de vociférations et de cris tels qu'on aurait cru que tous les singes de la jungle étaient en guerre.

Par une trouée dans les arbres, Ti aperçut devant lui le village de lépreux, en flammes, et au loin l'océan. Il courut à l'aveuglette entre les huttes enfumées avec la vague idée de gagner la mer au plus vite, mais sans savoir ce qu'il ferait ensuite. Il dévala la plage, vit Abou Zeed sur ses talons, fonça dans la mer et ne s'arrêta que lorsqu'il eut de l'eau jusqu'au cou. Rien ne disait qu'il fût à l'abri, mais les seules autres solutions étaient la plage ou la jungle.

— Qui... qui attaque les lépreux ? réussit à demander Ti, qui suffoquait.

— Les aborigènes, je crois. Sans doute... sans doute parce que les lépreux sont malades et... qu'ils ont l'occasion d'en débarrasser l'île.

Ils restèrent plusieurs heures dans l'eau. Le calme était revenu sur la plage et dans le village ; les combats s'étaient déplacés dans la jungle, et les lépreux encore en vie s'étaient éparpillés. On entendait encore de temps en temps un hurlement provenir des arbres. Ti et Abou Zeed s'aperçurent qu'ils n'avaient pas vu les agresseurs aborigènes, tant était grande leur adresse à se fondre dans la jungle.

— Pauvres diables, remarqua Ti. Même pendant un soulèvement, personne ne veut d'eux.

— Moi, si, dit Abou Zeed. Je les étudierais volontiers de leur naissance à leur mort. Je suis amèrement déçu de ne pas avoir eu le temps de les observer.

— Pas autant que moi d'avoir failli à retrouver les prisonniers. Mais nous reviendrons peut-être bientôt. Par la grâce de Sa Majesté, en tant qu'« émissaires culturels ».

— Si nous survivons. Si nous n'avons pas attrapé la lèpre. J'ai déjà l'impression d'être malade.

— Eh bien, docteur, songez à l'occasion extraordinaire de poursuivre vos recherches sur la maladie.

— Oui, je vais faire des découvertes que j'emporterai dans la tombe.

— Comme moi avec la solution des meurtres.

Avec le crépuscule, ils ne virent plus sur la plage que la faible lueur du village en cendres. Resté trop longtemps dans l'eau, Ti commençait à claquer des dents ; il essayait d'imaginer un plan d'action lorsqu'il entendit un cri qui lui fit croire qu'il avait été tué malgré tout et qu'il se trouvait en enfer.

On appelait son nom.

Le cri venait de la mer, à un jet de pierre. Il se retourna et vit, dans le clair-obscur, un navire approcher.

Et il distingua, debout sur le pont, la silhouette d'un unijambiste.

19

Aucun doute, c'était le bon œil du capitaine, noir, clair et luisant comme celui d'un enfant, qui observait Ti et Abou Zeed, allongés sur le pont du navire, tremblant de froid, épuisés. Rêveur et sentimental, l'œil laiteux contemplait le lever du soleil. Le capitaine se pencha et les renifla.

— Non, dit-il après réflexion, ce n'est pas la peste. Je la sens sur un homme avant même qu'il se sache contaminé. Or, je ne la sens pas sur vous. Ce que je sens, c'est... (il se pencha de nouveau et ferma les yeux)... la trahison. La grotte où vous êtes allés... j'ai entendu parler d'endroits semblables. J'ai vu des hommes en Extrême-Occident rester assis comme des pierres, entièrement nus, et laisser les moustiques ou les sangsues boire leur sang. Ils vénèrent les espèces les plus basses. A mon humble avis, les espèces les plus basses ne sont ni les parasites ni les vers. Je crois plutôt qu'elles marchent sur leurs deux jambes.

Et il se dressa sur sa jambe unique et sa réplique en bois parfaitement sculptée.

— Oui, fit Abou Zeed, un culte des puces. Eh bien, j'aurai tout vu. Mais, dites-moi, quelle est l'odeur de la trahison ?

— Elle est âcre et douceâtre, perfide et parfumée

comme une fleur. Le corps possède sa vie propre, il sait avant l'esprit qu'une trahison a été commise. Il essaie d'en avertir l'esprit, mais l'esprit est un maître arrogant, et le corps un pauvre animal stupide qui aimerait parler mais n'arrive pas à se faire entendre. Il fait donc ce qu'il peut, il envoie une odeur.

Ti médita sur la trahison. Il chercha à se souvenir si son corps avait essayé de... lui parler et, si oui, depuis quand. Allongé sur le pont, il énuméra les trahisons possibles depuis que Hsueh Huai-i s'était volatilisé à Loyang, et en conclut qu'il devait empester depuis des années.

— C'est pour ça que je suis venu vous chercher. Sinon, j'aurais été un traître. Je sais, figurez-vous, qu'il y a un enfer réservé aux traîtres. Je préfère passer l'éternité sur cette île puante qu'un seul moment dans cet enfer. Vous comprenez, c'est pour moi que je l'ai fait.

— Nous vous remercions de l'avoir fait pour vous, dit le juge Ti.

— Oui, nous vous remercions, renchérit Abou Zeed qui se renifla sous les bras. Et je crois que vous avez raison, ce n'est pas la peste. Nous avons été brûlés par le soleil, piqués par les puces, trahis, et nous avons failli mourir une centaine de fois, mais nous n'avons pas attrapé la peste. C'est dommage, en un sens, j'avais envisagé de m'inoculer la peste afin de l'étudier de plus près.

— Vous avez le pouvoir de vous inoculer la peste ? demanda Ti.

— Si je veux, oui, assura le médecin avec un sourire narquois.

— Vous êtes fou.

— Peut-être.

Ils regardèrent avec circonspection le capitaine, qui venait de fourrer une main dans son pantalon et y cherchait quelque chose. Lorsqu'il ressortit sa main, elle tenait un gros rat gris et blanc pourvu d'une queue noire. Il lui murmura quelque chose à l'oreille puis le tendit vers Ti et le médecin. Abou Zeed partit d'un rire joyeux. Ti se pétrifia.

— Il va nous le dire une bonne fois pour toutes, déclara le capitaine.

Sur sa paume, agrippant les doigts et les moignons de ses petites pattes, les yeux fureteurs, le rat pointa son museau vers Ti et Abou Zeed. Le médecin resta immobile pendant que le rat reniflait son odeur. Vint ensuite le tour de Ti. Il sentit la caresse des petites griffes sur sa poitrine et le chatouillis des moustaches. Le capitaine récupéra son rat, lui souffla de nouveau quelques mots et le remit amoureusement dans son pantalon.

— Il est d'accord avec moi, déclara-t-il.

— Vous m'aviez dit que vous ne mettriez jamais les pieds sur Hainan, dit Ti.

— C'est exact. Et j'ai tenu ma promesse.

— Mais vous êtes venu si près. Jusqu'où seriez-vous allé si vous ne nous aviez pas trouvés sur la plage ?

— Je vous ai dit que je préférais l'île à l'enfer réservé aux traîtres. Je suis venu vous chercher parce que dans un village côtier du continent où j'étais allé m'approvisionner, on m'a appris qu'un soulèvement se préparait sur l'île. Or, j'avais dit au chasseur de primes que vous étiez des espions de Sa Majesté et je vous avais envoyés sur l'île avec lui. Vos vies ne valaient pas plus que celle d'un chien aveugle. Je n'avais pas le choix. Mais ne croyez pas que je l'ai fait pour vous, leur rappela-t-il en les fixant de son œil noir avant de cracher par-dessus le bastingage pour souligner son propos. Je l'ai fait pour moi.

En crachant, il avait légèrement tourné la tête de sorte que son œil laiteux parut les observer. Ti s'aperçut qu'il les regardait avec la douceur et la tendresse d'une mère qui contemple son bébé dans son berceau.

Quatre-vingts ans avaient passé. La fillette était devenue une vieille sorcière et elle le regardait avec un sourire édenté. Il tenta de voir à travers le prisme de colle jaunâtre qui maintenait ses paupières presque closes. Au moins quatre-vingts ans. Quatre-vingt-dix ou cent, d'après l'allure de la vieille. L'impératrice était-elle morte ? Peut-être pas. Un quelconque élixir lui assurait peut-être une jeunesse éternelle et elle l'attendait. Il faut que je me lève. Il faut que je m'en aille.

Ses membres étaient faibles et d'une lourdeur incroyable. La vieille se pencha si près qu'il vit ses gencives roses et sentit son souffle tiède.

— Vite, Jeune Chien, persifla-t-elle. Vite ! Ne sais-tu pas qu'il est impoli de faire attendre quelqu'un ?

Il sursauta et se tortilla pendant que la vieille se cambrait, les mains sur les hanches, secouée d'un rire silencieux.

Le soleil était haut dans le ciel ; Ti avait dormi pendant des heures. Restauré, il était assis sous un abri, sur le pont du navire. Il s'était réveillé avec en tête une idée qui avait surgi de ses rêves.

N'ayant ni papier ni pinceau, il écrivit sur le pont à l'aide d'un doigt trempé dans le sang d'un poisson que le capitaine lui avait apporté pour son petit déjeuner.

« Li Mu », épela-t-il en écrivant les caractères de ce nom. « Shan Hsin, Hsin Chung. » Il examina le résultat. Une vieille tradition s'était perpétuée parmi les lettrés, une manière de communiquer sous le nez des ennemis connue sous le nom de « discours voilé ». N'importe quel caractère de la langue écrite pouvait avoir plusieurs sens, au moins deux ou trois. On pouvait écrire à un ami une lettre dans laquelle on parlait de son mal de dos ou des fleurs de son jardin, et s'arranger pour que les caractères, dans un contexte donné, prennent pour le correspondant un sens autre que leur sens manifeste. Ainsi, un lettré pouvait transmettre n'importe quel secret à un collègue — un rendez-vous amoureux avec une prostituée ou un plan pour une révolte.

Dans le cas présent, le contexte était le garçon, l'île, l'escalade de la montagne et la grotte.

Alors, il comprit : Li Mu, le nom d'un lettré disparu... ou une manière de décrire une chaîne de montagnes. Oui, on pouvait comprendre Li Mu comme « la mère de Li », le nom pittoresque par lequel les îliens désignaient les montagnes qui s'élevaient au milieu de leur île.

Il examina ensuite les autres noms : Shan Hsin, Hsin Chung. Dans ce même contexte, ces noms contenaient des concepts qui s'accordaient avec le nom de la chaîne de montagnes. Hsin : le cœur, l'âme. Chung : le centre. Shan : la montagne.

Ainsi, lorsque Ti avait prononcé les noms des fonctionnaires T'ang, le jeune indigène n'avait pas entendu des noms de personnes. Il avait entendu des mots qui décrivaient l'endroit où l'homme nu laissait les puces boire son sang. Et il les avait conduits à la grotte.

Mais qui avait appris ces mots chinois à ce garçon illettré ? Le vieux magistrat ? Un fonctionnaire en exil ? Ti s'efforça de visualiser le visage de l'ermite dément qui les avait poursuivis. C'était peut-être un Chinois, mais la maladie et les blessures l'avaient déformé au point qu'il aurait pu être de n'importe quelle ethnie.

Ti n'aurait sans doute jamais la réponse à cette question. Mais il savait désormais que la visite de la grotte était le fruit d'un malentendu. Si on lui avait raconté une histoire pareille, il l'aurait trouvée grotesque.

Certes, mais cela se passait sur Hainan, une île qu'on appelait la Côte des Perles. Tous ceux à qui il avait parlé de l'île ne l'avaient-ils pas averti qu'on laissait le monde rationnel derrière soi dès qu'on mettait le pied sur le sable blanc de ses plages ?

Il examina les caractères qui laissaient en séchant une trace semblable à de la rouille sur les planches du pont, et il commença à entrevoir un autre sens : « L'endroit où gisent tes os, même les corbeaux ne le trouveront pas. »

Quelque chose était coincé sous la porte du laboratoire d'Abou Zeed ; il eut beau forcer, elle refusa de s'ouvrir. Il poussa de toutes ses forces ; il y eut un raclement de verre brisé. Le médecin coula un œil derrière la porte pour voir ce qui la bloquait : un fœtus de sa collection gisait parmi les éclats de verre dans une mare de vin.

D'autres jarres étaient cassées. Des poissons, des singes, des grenouilles, des serpents, des oiseaux et des morceaux de corps humain étaient éparpillés sur le sol détrempé et sur les tables, où pendaient des chevrons qui y avaient atterri. Les étagères étaient renversées et les spécimens qu'elles abritaient gisaient en tas ; les plus petits, réduits en poudre, semblaient avoir été piétinés.

Les cages étaient ouvertes et les rats n'étaient plus là.

Ignorant le désordre, Abou Zeed entra, repoussa du pied le verre brisé, les animaux morts et les os, traversa la pièce et s'arrêta devant la porte qui aurait dû être fermée à clé. Elle était entrebâillée ; il l'ouvrit à la volée.

Les étagères étaient vides, les boîtes qui renfermaient les rats infectés et les puces avaient disparu.

Ils étaient arrivés chez le médecin, dans le quartier persan, sitôt après leur débarquement. Ti était dans sa chambre lorsqu'il entendit un rugissement de colère. Il se précipita dans le laboratoire d'Abou Zeed. Le médecin se tenait devant la porte de sa chambre secrète. Ti, qui l'avait toujours vu d'un calme impassible, même lorsque les fléchettes des aborigènes volaient autour de lui, fut effrayé par le regard halluciné du médecin.

Il contempla le chaos. On aurait dit qu'un buffle d'eau avait saccagé la pièce. Non, la destruction était trop méthodique. C'était l'œuvre d'un être malfaisant. Tout n'avait pas été détruit. Bien en évidence sur une étagère intacte, la grande jarre qui contenait la tête du patron de la maison de thé de Lo-yang trônait, telle une carte de visite.

— A croire qu'on veut me punir, déclara Abou Zeed.

Sa voix était calme, mais ses mains tremblaient. Les manches retroussées, armé d'une pelle, Ti versa dans un seau un porcelet et deux grenouilles. Abou Zeed était tellement bouleversé qu'il était incapable de prendre une décision. Ti avait donc remplacé le médecin et il essayait de sauver ce qui pouvait l'être.

— Vous punir ? Je ne comprends pas.

Ti souleva délicatement un fœtus humain du bout de sa pelle.

— Parlez-moi encore de votre ami Hsueh Huai-i, dit Abou Zeed, qui contemplait la tête du patron de la maison de thé.

Ti vida sa pelle et la posa.

— Maître Hsueh est capable de tout, commença-t-il, songeur. Ce méfait... (il balaya la pièce d'un geste)... peut paraître grossier, mais...

Il ne termina pas. Que savait-il au juste de Hsueh ? N'avait-il pas cru le connaître autrefois ? N'avait-il pas découvert qu'il ne savait rien de lui ?

— A notre retour, j'allais vous dire que vous n'aviez plus rien à craindre de Hsueh Huai-i, dit Abou Zeed, le regard perdu, mais maintenant, je n'en suis plus si sûr.

— Abou Zeed, vous me déconcertez. Qu'essayez-vous de me dire ?

— Vous vous souvenez de notre conversation sur le bateau du retour, lorsque vous m'avez demandé si j'étais capable de m'inoculer la peste ? Je vous avais dit que je le pouvais si je le voulais. Cela signifiait que je pouvais l'inoculer à n'importe qui. A ce moment-là, j'ai failli tout vous avouer.

— M'avouer quoi ?

— Que vous aviez raison, que Hsueh Huai-i était à Canton. Que j'avais trouvé son repaire.

— Vous avez vu Hsueh Huai-i ?

— Si je l'ai vu ! Nous nous sommes saoulés ensemble. J'ai déposé le sang séché d'un rat infecté sur une plaie qu'il avait à la main.

— Un rat infecté ?

— Je lui ai inoculé la peste. Je vous l'avais bien dit. C'est quelque chose que je sais faire.

Ti resta un instant sans voix. Il s'assit.

— Hsueh est mort ?

— Rares sont ceux, hommes, femmes ou enfants, qui survivraient.

— Hsueh n'est pas n'importe qui. Vous croyez donc... fit Ti en désignant la pièce ravagée.

— Je ne l'aurais pas cru possible s'il n'y avait ceci, dit Abou Zeed en montrant les étagères vides de la petite pièce qu'il fermait toujours à clé. C'est là que je faisais mes expériences, que je cultivais des bouillons de culture de peste afin d'apprendre ce que je pouvais sur la maladie. Désormais, tout a disparu, les rats, les puces, tout. Disparu. Qui sait quel usage il va en faire ? J'ai peur d'avoir déclenché un cataclysme.

— Et l'homme que vous avez payé pour qu'il garde votre maison ? demanda Ti, qui n'attendait rien de la réponse.

365

Hsueh pouvait se glisser dans une maison gardée par cent hommes. Ti échangea un regard avec le médecin. Ils pensaient tous deux à Hsueh Huai-i, un homme qui avait le don d'apparaître et de disparaître à volonté, de traverser un mur, de voir à travers la pierre, un homme qui pouvait se relever d'entre les morts.

Et s'il était mort malgré tout ? Si Abou Zeed l'avait tué en lui inoculant la peste ? Ti devrait se réjouir et remercier le médecin, qui s'était ému de son désarroi. Abou Zeed lui avait fait un cadeau. Et il avait agi avec une habileté consommée. L'impératrice apprendrait que Hsueh Huai-i était mort des suites d'une maladie. Il n'y aurait pas d'assassin, elle n'aurait personne à accuser, elle ne pourrait que s'en prendre à elle-même pour l'avoir envoyé à Canton. Et Ti ne doutait pas un instant qu'elle l'y eût envoyé.

Toutefois, il savait de quoi était capable l'impératrice quand elle était en colère. Or, sa colère serait terrible. Certes, elle se reprocherait sa mort, mais elle reporterait aussitôt le blâme sur un autre. Qui ? La cour ? Canton tout entière ? L'empire ?

Ou le magistrat Ti Jen-chieh ? Elle l'avait déjà à l'œil. En témoignait la présence de ses agents sur l'île. Elle voulait des têtes, avaient dit les deux crapules en passant devant Ti et le médecin, cachés dans les fourrés. Elle voulait des têtes, et on ne lui en avait apporté aucune. Elle était sans doute déjà furieuse après Ti Jen-chieh. Si on ajoutait la mort de Hsueh Huai-i, la vie de Ti ne valait pas mieux que celle d'un chien aveugle, comme l'avait si bien dit le capitaine borgne. Sa famille courait un grand danger, elle aussi. Ti pensa à sa fille, restée à Ch'ang-an.

Il chassa ces noires pensées et essaya de réfléchir.

— Qui d'autre aurait pu faire ça, docteur ?

— J'ai beaucoup d'ennemis, bien sûr, mais je n'en vois pas un qui aurait eu le courage nécessaire. Ou qui aurait su ce que je rangeais dans cette pièce. Ou qui aurait voulu s'en emparer.

Abou Zeed hocha la tête, désorienté. Une idée déplaisante germa dans l'esprit de Ti.

— Est-ce que... Dame Djamal connaissait le contenu de cette pièce ? demanda-t-il.

— Je crois lui en avoir parlé, oui, mais... elle ne...

— Docteur, dit le juge d'une voix ferme, nous devons envisager toutes les hypothèses. C'est la seule manière de résoudre les mystères. N'oublions pas que la tête du patron de la maison de thé a été découverte dans son jardin...

Ils furent interrompus par de violents coups frappés à la porte d'entrée.

C'était le gros officier, aussi essoufflé que d'habitude.

— Messieurs, messieurs, dit-il en entrant précipitamment. J'ai appris votre retour. Il s'est passé beaucoup de choses en votre absence, beaucoup de choses.

Il s'assit lourdement sur une chaise matelassée et s'éventa. Bien que la porte du laboratoire fût ouverte, laissant voir l'étendue des dégâts, il ne parut rien remarquer. Il poussa un profond soupir.

— Il y a eu un autre meurtre pendant votre absence.

— On a trouvé une nouvelle tête ? demanda Ti en réfrénant sa joie.

Un nouveau meurtre signifiait de nouveaux indices, et c'était justement ce qu'il attendait.

— Non. Euh, oui. On a retrouvé une tête. Mais pas la bonne. D'ailleurs, ce n'est pas la tête qui nous préoccupe. Nous ne l'avons pas, de toute façon. Ce que nous avons, c'est un corps.

— Un corps ? s'écria Ti. Un corps sans tête ?

— Oui. Enfin, non. Un corps. Et pas de tête. Euh, si, il y avait une tête. Mais même si nous l'avions, ce n'est pas elle qui nous intéresserait, c'est le corps...

— Officier, vous me déroutez ! s'exclama Ti. Je vous en prie, reprenez-vous et dites-nous avec précision ce que vous avez et ce que vous n'avez pas.

L'officier poussa un nouveau soupir.

— Nous avons un corps décapité, commença-t-il avec une lenteur prudente. On l'a retrouvé assis sur un banc, dans le joli pavillon d'un jardin public. Hier matin.

— Sans tête ?

— Sans tête. Du moins, sans sa propre tête. Il y en avait une, habilement posée sur ses épaules, coiffée d'un chapeau. Mais elle n'appartenait pas au corps. Cependant, oui, il y avait bien une tête.

— Comment savez-vous que la tête n'allait pas avec le corps ? Etait-ce... le corps d'un homme et la tête d'une femme ? Le corps d'une femme et la tête d'un homme ?

L'officier se mit à glousser. Il mit une main devant sa bouche. A l'évidence, ses nerfs étaient en train de craquer.

— Ce n'était ni le corps d'un homme ni celui d'une femme, dit-il.

Abou Zeed sursauta. Ti ne comprit pas tout de suite. Le médecin l'avait encore devancé.

— Vous voulez dire que c'était le corps d'un eunuque ? s'empressa de demander Abou Zeed. Où est-il ?

— Oh, fit l'officier, qui pouffa, écarlate, en essuyant son front en sueur, il est en lieu sûr. Il vous attend, messieurs. Oui, c'est le corps d'un eunuque.

— Un instant, l'arrêta Ti. Et la tête ?

— Ce n'est pas non plus celle d'un homme ni d'une femme.

— Celle d'un eunuque, alors.

— Non, non, non.

Le gros officier s'efforça de réfréner son fou rire. Il leva ses yeux humides sur Ti et Abou Zeed.

— C'était la tête d'un singe. Un grand singe.
— Mais vous ne l'avez pas ?
— Non, magistrat. Elle est en la possession de votre amie.
— Dame Djamal ?
— Oui. Le bruit a couru rapidement qu'un corps avec une tête de singe avait été découvert dans le jardin public. Votre amie est arrivée sur les lieux quand le corps y était encore et elle nous a dit qu'elle voulait la tête. Comme ce n'était qu'une tête de singe, et comme elle nous a affirmé qu'elle conservait les autres têtes pendant votre absence, nous l'avons laissée l'emporter. Elle semblait... très impatiente de l'avoir.

Une lanterne à la main, l'officier conduisit Ti et Abou Zeed dans les sous-sols du commissariat. Il y faisait frais et sombre. Ti fut soulagé de ne pas sentir d'odeur de putréfaction, son estomac ne l'aurait pas supporté. Dans le véhicule de la police, ils avaient traversé un marché de boucherie en plein air, et l'odeur de la viande avait suffi à l'écœurer.

— Nous l'avons transporté ici tout de suite. Nous pensions lui construire une... baignoire ou une auge, et la remplir de vin ; nous l'aurions fait si vous n'étiez pas revenus plus tôt, mais vous verrez qu'il fait assez froid dans la cave... nous avons pu lui étendre les jambes afin de l'allonger... plus ou moins...

Dans une pièce, une silhouette enveloppée dans un linceul reposait sur une sorte de plate-forme. Des pieds nus, pitoyables et vulnérables, dépassaient du drap. A l'autre bout, du côté des épaules, on remarquait un vide. L'officier pendit la lanterne à un crochet. Mal à l'aise, Ti se recula. En revanche, Abou Zeed s'avança, les yeux brillants.

— J'ai attendu ce moment toute ma vie, déclara-t-il.

Pas vous, maître Ti ? N'avez-vous pas toujours eu envie de savoir ce qu'un eunuque cachait sous ses robes ? Et vous, officier ?

— Ce n'est pas... euh... une chose qui me préoccupe.

— Je vous en prie ! Nous y pensons tous. Nous voulons tous savoir. N'est-ce pas, maître Ti ? Les eunuques connaissent notre curiosité. Cela explique leur caractère malfaisant. Eh bien, nous allons enfin savoir.

Et il enleva le drap.

Ti éprouvait de la compassion pour les cadavres, même ceux des criminels. Qu'y avait-il de plus pathétique qu'un cadavre sans défense ? Ti ignorait s'il s'agissait du cadavre d'un coupable, mais il était particulièrement pathétique et sans défense. Il avait perdu tout ce qu'un homme peut perdre : ses couilles et son « chauve », et maintenant sa tête. Une suite d'indignités et d'insultes. Mais, bien sûr, Abou Zeed avait raison. Ti s'était souvent demandé ce qu'avait un eunuque... ou ce qu'il n'avait pas.

Abou Zeed décrocha la lanterne et la brandit au-dessus du bassin du cadavre. Ce que virent les trois hommes leur parut d'abord familier car le triangle de poils bien dessiné ressemblait à celui d'une femme. Le médecin approcha la lanterne et écarta une jambe afin d'avoir une meilleure vue.

— Ha ! fit-il d'un ton qui poussa Ti à espérer que son propre corps ne serve jamais d'objet d'étude au médecin.

A la place de la douce fente d'une vulve de femme, il y avait un amas de chairs décolorées. Ti trouva la cicatrice particulièrement insultante, déformée et boursouflée, comme si le corps avait été obligé de refermer lui-même une plaie d'une nature particulièrement odieuse et douloureuse. Au centre, juste au-dessus de l'os pubien, enfoncée dans la peau, la chose dont ils avaient tous entendu parler ressortait tel un pénis minuscule : un tube.

Un petit urètre en plomb. Un tuyau par lequel le pauvre diable avait été obligé de pisser la plus grande partie de sa vie.

Et le premier pipi qui avait franchi ce tuyau de plomb s'était révélé décisif. Ti savait que pendant l'opération on bouchait l'urètre avec des plantes médicinales. Le bouchon restait deux jours, durant lesquels la vessie se remplissait inexorablement. On ôtait ensuite le bouchon. Si l'urine jaillissait, cela signifiait que le patient avait une chance de survivre. Sinon...

— Vous voyez ça ? dit Abou Zeed en tapotant l'extrémité du tuyau de plomb. Forcément, il devait le nettoyer tous les jours afin d'éviter que des matières minérales ne l'obstruent. Une toilette quotidienne, les mêmes soins que nous apportons à nos chaussures ou à nos cheveux.

Il se pencha et tira sur le petit tube comme s'il voulait l'arracher.

— Abou Zeed, je vous en prie, protesta Ti. Un peu de respect.

— Ah, vous les Chinois ! pesta le médecin. Quels délicats vous faites ! J'avais oublié. Si je l'avais tout à moi, je pratiquerais une dissection approfondie. Mais... peu importe. (Il retira sa main.) Un « pur de naissance », dit-il, en référence aux eunuques châtrés bien avant la puberté. Si nous avions la tête, elle n'aurait sans doute pas de barbe. Regardez ses membres. Déliés, à peine musclés, imberbes. Il n'est ni jeune ni vieux. A mon avis, il a entre trente et quarante ans.

Sa curiosité morbide satisfaite, Ti s'éloigna à l'autre bout de la table et souleva le drap pour examiner le cou sans tête. On l'avait coupée comme les autres, avec un instrument émoussé, après la mort de la victime.

Ti savait ce qui lui restait à faire par acquit de conscience. Il avait l'intention d'examiner la tête du singe que l'officier avait ignorée, croyant à une blague macabre.

En outre, il avait besoin de savoir pourquoi Dame Djamal l'avait emportée.

Il y avait plusieurs hypothèses, dont l'une s'imposa à son esprit. Il se souvint de la servante persane de l'auberge, de son histoire des el-ah-ray-rah, les charognards surnaturels qui se matérialisaient lorsqu'on leur offrait un appât approprié. Le bon appât était une tête tranchée posée sur un pieu. Il n'arrivait pas à s'ôter de l'idée que Dame Djamal était en train de lui présenter un tel appât.

Ti et Abou Zeed regagnèrent le quartier persan dans le véhicule inconfortable de l'officier. Abou Zeed devisait gaiement tout en notant ce qu'il venait de voir. Il avait, semblait-il, oublié que sa maison avait été cambriolée et saccagée, et que ses puces étaient tombées aux mains d'un être dangereux et sans scrupules. Ti s'émerveilla de constater que la connaissance et les découvertes nourrissaient le médecin corps et âme, chassaient son désespoir et refoulaient sa peur aussi sûrement qu'une brise soutenue dissipe la fumée d'une pièce dès qu'on ouvre la fenêtre.

Il ne pouvait en dire autant de lui. Il n'arrivait pas à chasser de son esprit l'image des parties mutilées du cadavre, mais, contrairement au médecin, cela ne lui procurait aucune joie. L'affreux souvenir couvrit d'un voile ce qu'il voyait par la portière du véhicule.

Quel était ce monde où des êtres de chair et de sang possédaient une telle capacité à souffrir ? Cela avait été un des sujets de prédilection de Ti et de Hsueh Huai-i au cours de leurs soirées arrosées, lorsqu'ils travaillaient ensemble et qu'ils poursuivaient le même but : l'arrestation des charlatans qui exploitaient l'ignorance et la superstition.

La souffrance et la façon de s'en libérer étaient au cœur de la doctrine du bouddhisme. « La véritable doctrine, avait dit Hsueh Huai-i, se garde de promettre le paradis. Elle offre un moyen de sortir du cycle des renaissances et des souffrances, inhérentes à l'existence physique. Le véritable bouddhiste regarde la douleur et la souffrance dans les yeux et concourt à leur entière suppression. » Ti considérait qu'on pouvait appliquer la même philosophie aux non-croyants dotés d'une conscience et du sens des responsabilités. Il se souvint des nombreuses fois où lui, le rationnel, l'empiriste, et Hsueh, le moine bouddhiste pratiquant, s'étaient trouvés en entière communion d'idées.

Contrairement au véritable bouddhiste, cependant, Ti professait un pessimisme relatif à propos de la concrétisation d'une telle philosophie. Inébranlables, les bouddhistes parlaient des êtres vivants sans nombre et faisaient le vœu de les amener en un lieu de non-souffrance. « Sans nombre. » Une expression d'une terrifiante efficacité ! En pensant à toutes les souffrances passées, aux souffrances actuelles et à celles, inévitables, à venir, Ti se sentit accablé.

Par la fenêtre du véhicule, il observa les êtres vivants sans nombre qui peuplaient les rues et les marchés, et ressentit une affectueuse tristesse pour eux : les animaux trahis et condamnés, en route pour l'étal du boucher, ligotés, enfermés, ou marchant docilement au bout d'une corde, les gens qui les conduisaient ou les portaient, tout aussi trahis et condamnés par la nature même qui les avait créés... une grande dame dans son carrosse, le visage maquillé, scrutant la rue derrière le rideau... deux jeunes garçons sales qui transportaient des poulets piailleurs attachés par les pattes à une longue perche... un robuste fermier, la peau tannée par le soleil, les bras nus musclés par le dur labeur... une vieille femme sénile, hagarde, bousculée par la foule comme si elle n'existait pas... un obèse à barbe noire dont le ventre tombait presque par terre, des cages avec des oiseaux multicolores suspendues à une perche qu'il portait sur l'épaule... un gentilhomme de haut rang, vêtu de luxueuses soies brodées, coiffé d'une toque de magistrat, errant sur la place du marché, le visage déformé par quelque maladie ou blessure, l'arête du nez enfoncée...

— Arrêtez! cria Ti au cocher, faisant ainsi sursauter Abou Zeed et l'officier. Abou Zeed, regardez! Vite, avant qu'il disparaisse!

Abou Zeed se pencha au-dessus de Ti et hissa son buste hors de la fenêtre. Ti se dévissa le cou.

— Par tous les dieux! s'exclama Abou Zeed. Par tous les dieux!

Et il se rua sur la portière.

— Non, l'arrêta Ti, attendez. (Il le tira en arrière.) Cette fois, c'est vous qui allez m'écouter. Il ne faut pas qu'il nous voie. (Quelque chose dans le ton véhément de Ti força le médecin à obéir.) Laissez-moi y aller le premier.

— Que se passe-t-il? s'enquit l'officier, déboussolé.

— Attendez-nous, ordonna Ti. Ne bougez pas d'ici.

L'homme aux robes luxueuses s'éloignait rapidement dans une rue adjacente. Ti descendit du véhicule et s'efforça de ne pas perdre de vue la toque aux couleurs vives tout en évitant d'attirer l'attention. Il tirait Abou Zeed par le bras comme si le médecin était un petit enfant récalcitrant.

Ils s'enfoncèrent dans la foule, mais la poursuite fut vaine, il était impossible de rattraper l'inconnu sans provoquer de tumulte. L'homme leur échappa. Ti eut envie de lui courir après en hurlant, mais c'était la dernière chose à faire. Il regagna le véhicule. Au moins, Abou Zeed pouvait corroborer ce qu'il avait vu.

— Vous avez bien vu ce que j'ai vu, n'est-ce pas, fit Ti. Je ne suis pas fou ?

— Oh si, vous êtes fou, mais pas dans ce cas précis. J'ai vu la même chose que vous. J'aurais reconnu ce visage n'importe où, beaux habits ou pas. J'aurais reconnu ses couilles et son cul si je les avais vus.

— Messieurs ! s'impatienta l'officier depuis la portière. S'il vous plaît !

Ti remonta dans la voiture en soupirant.

— Nous venons d'apercevoir un vieil ami que nous avons rencontré sur l'île de Hainan. La dernière fois que nous l'avons vu, il nous poursuivait, nu comme un ver.

Lorsque la voiture arriva dans le quartier persan, Ti demanda au cocher de s'arrêter.

— Je continuerai à pied, dit-il. Et il vaut mieux que j'y aille seul. Abou Zeed, je vous retrouverai chez vous... je l'espère.

— Comme vous voudrez, dit le médecin. Mais j'aurais aimé...

— Non, merci.

Ti parcourut les quelques centaines de mètres qui le séparaient de la maison de Dame Djamal. Il repensa à sa première visite, au plan parfumé, aux signes qu'elle avait semés sur son chemin pour l'attirer jusqu'à elle avec l'habileté d'un pêcheur qui ferre un poisson. Il avait traversé le même marché, impatient, les sens en alerte, l'esprit en retard. Le corps, avait dit le capitaine borgne, menait sa propre vie. Comme il avait raison !

Il avait suivi la même rue commerçante, acheté une pêche pour lui, un bijou pour sa fille, il avait échangé des propos sibyllins, croisé de grands yeux ronds et noirs, et chaque rencontre avait eu la singularité d'un conte arabe dans lequel un voyageur se trouve inexorablement attiré vers un jardin odorant où ses sens seront brouillés et où il sera impuissant s'il ne fait un violent effort de volonté. Et c'était précisément dans un jardin odorant que Ti avait abouti.

Des odeurs, certes, mais pas toujours agréables. Il se souvint de s'être assis avec elle dans le jardin le lendemain ; il ne s'était pas lavé, les relents de leur nuit d'amour se mêlaient à la sueur d'une course effrénée, alors qu'elle avait pris son bain, qu'elle était habillée de propre et coiffée, qu'elle sentait bon. Il n'avait pu s'empêcher de penser qu'elle avait tout prévu. On avait déménagé les têtes de l'auberge pendant qu'il était au lit avec elle. Elle savait qu'il y retournerait, qu'il s'apercevrait de leur disparition et qu'il reviendrait chez elle en courant. Elle savait qu'il n'aurait pas le temps de prendre un bain ni de se changer. Elle savait qu'il s'assiérait à côté d'elle, sur ses gardes, sa confiance évanouie, conscient de son odeur faisandée au point que les souvenirs de leur nuit d'amour obscurciraient son esprit pendant qu'ils deviseraient poliment...

Ils avaient abordé de nombreux sujets. Il avait découvert qu'elle connaissait son nom et son travail, qu'elle avait prévu son arrivée à Canton. Elle lui avait lu les lignes de la main, et sa caresse lui avait mis les nerfs à fleur de peau.

Ils avaient parlé de l'impératrice, de la peste, des eunuques, des débats Paï, de Hainan. Ils avaient échangé beaucoup de choses, dites ou non dites. En approchant, Ti se surprit à penser que, comme les el-ah-ray-rah eux-mêmes, il se précipitait vers l'appât.

Le portail du jardin n'était pas fermé et lorsque Ti entra, il perçut des froufrous et sentit son parfum. Il s'engagea dans l'allée bordée de plantes en pot. Il entendit ses pas, légers et éloquents : j'aurais préféré que vous veniez plus tard, disait chacun d'eux. Mais puisque vous êtes là, suivez-moi.

Les pas se dirigeaient vers la chambre à coucher. Il les suivit. Et il comprit qu'il s'était trompé en s'imaginant qu'elle avait cherché à l'attirer.

Lorsqu'il entra dans la chambre, elle lui tournait le dos. Les jarres, recouvertes d'un drap, étaient encore sur la table où Ti les avait laissées. Il en compta... cinq. La dernière fois, il n'y en avait que trois.

— J'aurais dû envoyer quelqu'un chercher la tête de singe, dit-elle. J'ai agi à la légère, j'aurais dû deviner que ça vous ferait revenir.

— Je veux seulement l'examiner afin de vérifier si le crime a été commis par la même personne. Ensuite, je partirai. Je n'exige rien de plus de vous, soyez-en sûre.

— Ce ne sont pas vos exigences qui m'ennuient, répondit-elle.

— Quelques instants, dit Ti, qui ne comprenait pas. C'est tout ce que je demande. Ensuite, je partirai.

Elle se retourna ; ses yeux lançaient des éclairs.

— Soyez maudit ! Je ne devrais même pas vous laisser entrer.

Ti réfléchit : leur dernier contact avait été le mot amical qu'il avait reçu avant de partir pour Hainan. Peu avant qu'Abou Zeed ne le sauve d'un guet-apens.

— Je vous présente toutes mes excuses, ma Dame. Je pensais que les choses s'étaient éclaircies entre nous. Votre dernière lettre était cordiale, elle me souhaitait un agréable voyage. C'est pour cela que j'ai osé venir aujourd'hui.

Il l'observa avec attention. D'abord la lettre, puis le « rat persan » dans les gréements du bateau.

Le regard qu'elle lui lança égalait le sien.

— Je ne vous ai pas écrit une telle lettre, affirma-t-elle.

Il était incapable de la percer à jour. Il sentait toujours lorsque ses épouses lui mentaient. Mais c'étaient des mensonges bénins — ils portaient sur des dépenses, la façon dont le fils de l'un avait entraîné celui de l'autre, des peccadilles. Le meurtre et la trahison ne faisaient pas partie des sujets de discussion. Et ce n'étaient pas des Persanes aux grands yeux noirs.

— Très bien, ma Dame. C'était votre encre violette, la lettre sentait votre parfum, elle portait votre nom, mais si vous dites que vous ne l'avez pas écrite, soit.

Une ombre passa sur le visage de la Persane.

— Je ne vous ai pas écrit une telle lettre, répéta-t-elle.

— Parlons plutôt d'une autre lettre. Celle que je reçus de maître Yen Chi et qui me donnait l'autorisation d'aller sur l'île. Lorsqu'elle arriva, de manière très inattendue, je pensai qu'il avait considéré que je lui serais plus utile en ami qu'en ennemi. Au moment de partir, en trouvant votre lettre qui me souhaitait un agréable voyage, je crus que étiez intervenue en ma faveur. Et que vous étiez quelque peu liée avec l'eunuque.

— Je suis en effet intervenue. Mais pas auprès de lui. Et, je vous le répète, je n'ai pas écrit de lettre vous souhaitant un agréable voyage.

— Vous êtes intervenue, mais pas auprès de Yen Chi. Auprès de qui, alors ?

— Vous avez raison, dit-elle, le regard toujours aussi insondable. Je connais Yen Chi. Mais il n'était pas plus disposé à me rendre service qu'à soulever ses robes en public. J'ai dû m'adresser... en haut lieu.

— Le préfet de police ?

— C'est aussi un eunuque, dit-elle avec mépris. Non, je me suis adressée en plus haut lieu.

— Vous ne voulez pas dire...

— De femme à femme, si. A l'impératrice elle-même.

— Madame, dit Ti après un silence, vous venez de me

dire ceci : vous avez écrit à l'impératrice. Sa Majesté a forcé Yen Chi à m'accorder un visa pour l'île. Vous ne m'avez pas écrit la lettre me souhaitant bon voyage que je reçus avant de partir. Et vous avez clairement indiqué qu'il existe une inimitié entre Yen Chi et vous. Puis-je vous demander si cette inimitié a un caractère personnel ? Ou est-ce à cause de ce qu'il représente ?...

— C'est très personnel, fit-elle en baissant les yeux. J'avais un jeune frère. Il fut capturé en venant à Canton et emmené sur Hainan dans une colonie d'esclaves. Je demandai à Yen Chi de m'aider à le faire libérer. C'était en son pouvoir, et je lui offris de l'argent. Il prit l'argent et m'assura qu'il interviendrait, mais il y eut chaque fois de nouvelles exigences à remplir, de nouveaux pourvois à rédiger, de nouvelles procédures administratives à entamer... Mon frère mourut sur l'île pendant que j'écrivais ma sixième lettre au ministère des Ports et de la Navigation. Depuis la mort de mon frère, poursuivit-elle en relevant les yeux, Yen Chi muselle sa mauvaise conscience en me traitant avec dédain et en m'évitant. Oui, magistrat, il y a de l'animosité entre nous.

— Mais pourquoi ne pas avoir fait appel à... une plus haute autorité à l'époque ?

— C'était il y a fort longtemps. Avant l'accession au trône de l'impératrice. Avant de connaître ses nombreux actes de clémence. Maintenant, je ne sais pas...

Elle hocha la tête puis cala son menton sur sa main d'un air songeur.

Avant que Ti ait pu lui demander ce qu'elle voulait dire, elle s'approcha de la rangée de jarres et souleva le drap de la cinquième.

Elle était vide.

— Celle-ci attend, dit-elle.

— Elle attend qui ? demanda Ti, qui devinait la réponse.

Dame Djamal soupira. Il était évident qu'elle était la proie d'un grand tumulte.

D'un geste résigné, elle souleva le drap de la jarre voisine.

Une tête de singe flottait dans le liquide, les yeux à demi ouverts, la mâchoire pendante, les crocs menaçants.

Ti éprouva deux sentiments distincts. Un sentiment de pitié, qui le surprit, et un sentiment de déjà-vu. Car, pour la deuxième fois, il connaissait la victime. Il en était sûr. Il n'oublierait pas de sitôt ces crocs, la configuration de ce crâne, ces yeux.

La dernière fois qu'il avait vu la victime, elle était perchée en haut d'un arbre et agonisait d'injures simiesques le grand magistrat de Ch'ang-an.

C'était le grand singe avec qui Ti s'était battu dans le jardin de Yen Chi. Celui dont il avait interrompu le coït à coups de bâton. Celui qui avait lancé un tas d'excréments sur Yen Chi, son maître.

Ce maître qui le vénérait. Ti dévisagea Dame Djamal.

— Oui, dit-elle simplement. Je crois connaître la prochaine victime. J'espérais que les meurtres... attendraient quelque temps avant d'être résolus.

Quelque temps ? se demanda Ti en pensant au rat persan dans les gréements, ou jamais ? Jusqu'à quel point Dame Djamal espérait-elle que la tête de Yen Chi vienne occuper la jarre vide ? Suffisamment pour trahir Ti et Abou Zeed ? Son idole, l'impératrice Wu Tse-tien, était capable d'un tel acte, à n'en pas douter. Or Ti avait devant lui une femme qui, de son propre aveu, communiquait avec l'impératrice. Elle n'avait pas nié avoir écrit une lettre à Wu Tse-tien, mais niait être l'auteur de la missive lui souhaitant bon voyage. Si elle l'avait écrite, elle avait quelque motif de refuser d'en endosser la paternité, car cela ferait peser des soupçons sur sa responsabilité dans le piège où Abou Zeed et lui-même avaient failli tomber. En outre, sur l'île, les agents de l'impératrice s'étaient vite retrouvés sur leurs traces.

Oui, mais n'était-elle pas revenue sur sa décision ? Ne lui avait-elle pas laissé voir la tête du singe ? Ne lui avait-elle pas donné des raisons de penser qu'elle avait une conscience, après tout ?

Il regretta amèrement de ne pas avoir sur lui la lettre incriminée. Il aurait aimé la confronter avec son écriture, mais elle était restée dans son sac, qu'il avait oublié en haut de la crevasse lorsqu'il avait pris la fuite, poursuivi par le mystérieux fou.

Il s'embrouillait dans les multiples complications de cette histoire. Il se souvint aussi comment son cœur avait bondi de joie à la réception de la lettre, comment il avait respiré son parfum et comment les souvenirs avaient afflué... A présent, dans son boudoir, il sentait la douce odeur de ses cheveux, son parfum, nota son hochement de tête embarrassé. Et, bien qu'il se refusât à l'admettre, il se serait, si elle l'avait invité, volontiers couché sur le grand lit moelleux et aurait tout oublié.

Mais le moment était mal venu pour cela, comme pour le reste. Et même si voir la tête de Yen Chi flotter dans la jarre qui lui était promise ne l'eût pas fâché, il savait où était son devoir.

De retour dans le véhicule de la police, en route pour le ministère des Ports et de la Navigation, Abou Zeed était de nouveau pensif, l'excitation que l'examen du corps de l'eunuque avait soulevée s'étant apparemment dissipée. Ti n'était pas non plus d'humeur causante, et l'officier, toujours nerveux et déférent, semblait perdu dans de sombres pensées.

Sept agents suivaient dans une charrette. Ti leur avait

ordonné de venir au cas où Yen Chi aurait décidé de leur créer des ennuis. Il ignorait totalement si Yen Chi était au courant de ce qui était arrivé à son protégé ; d'un point de vue logique, il semblait probable que l'assassin avait traqué le singe, sans doute en dehors de l'arboretum, et l'avait ensuite enlevé et tué ailleurs. Si le singe avait été tué dans le ministère, et la carcasse abandonnée sur place, Yen Chi, terrorisé, se serait sans doute enfui. Si la théorie de Ti était juste, le singe de Yen Chi avait simplement disparu. Les choses étant ce qu'elles étaient, l'eunuque avait dû entendre dire qu'on avait retrouvé une tête de singe sur le corps d'un eunuque, et il s'était sans doute barricadé dans le ministère.

Ti se souvint que les singes du ministère paraissaient libres d'aller et de venir. Il y avait bien des filets sur les lucarnes à claire-voie afin d'empêcher les oiseaux de s'échapper, mais il devait y avoir aussi des issues secrètes, portes battantes ou autres, réservées aux singes dotés de mains agiles et d'un cerveau développé. Aux singes ou aux humains particulièrement lestes.

Ti ne savait pas à quoi s'attendre ; Yen Chi était-il encore dans le ministère ? L'avait-il transformé en forteresse ? De toute façon, Ti voulait être accompagné des forces de l'ordre pour parer à toute éventualité, d'où la présence de l'officier et des agents. Si l'eunuque était là, il faudrait l'emmener, pour sa propre sécurité ; Ti prendrait alors sa place, revêtu, pourquoi pas, des habits de Yen Chi, afin de servir d'appât au tueur.

Bien sûr, songea Ti en regardant le paysage défiler, il se pouvait qu'il arrive trop tard et qu'il retourne chez Dame Djamal avec le cadeau qui le remettrait pour toujours dans ses bonnes grâces. Il sourit. Certains amants offrent des bijoux, des soies ou du parfum. Il lui suffisait quant à lui de remplir la jarre vacante.

Ils passèrent devant les docks. Des relents de poisson flottaient dans l'air, étrangement mêlés à une suave odeur de fleurs. Ti se rappela ce que le capitaine borgne avait dit du parfum de la trahison. Il pointa son nez et renifla, comme l'avait fait le rat au museau moustachu et aux yeux ronds comme des billes.

Il se dit que Yen Chi avait dû sentir la même odeur. Le traître trahi. Il pensa à l'eunuque, ses bajoues et son cou de crapaud tremblotant d'effroi, des larmes d'apitoiement plein les yeux, et il faillit avoir pitié de lui.

Il avait souvent pensé que les eunuques devaient toujours, d'une manière ou d'une autre, se sentir trahis chaque fois qu'ils contemplaient leur propre corps. Et depuis qu'il avait vu le cadavre dans la cave du commissariat, sa compassion s'était fortifiée.

Devant la porte du ministère des Ports et de la Navigation, Ti leva sa canne, mais avant de frapper il colla l'oreille conte le lourd panneau de bois et crut entendre un cri.

Il écouta. Rien. Il leva de nouveau sa canne, mais un cri d'angoisse pure, plus proche que le précédent, l'arrêta. Il estima qu'il venait du couloir menant au premier vestibule, où il s'était assoupi au milieu des orchidées et des meubles délicats.

— Officier, lança-t-il, allez chercher les agents !

Il tambourina sur la porte, s'arrêta et écouta. Il y eut un fracas, la chute d'un lourd objet en porcelaine, puis un autre cri.

— Ouvrez ! ordonna Ti. Ouvrez au nom de...

Au nom de quoi ? Il n'y avait pas de temps à perdre, il broda :

— De l'impératrice Wu Tse-tien et de l'office national des Sacrifices !

Il frappa de nouveau.

Deux petits poings grassouillets s'abattirent sur le panneau, à côté de la canne de Ti.

— Et au nom de l'officier en chef de Canton ! cria l'obèse.

— Il faut enfoncer la porte, officier. Que trois agents restent avec Abou Zeed et moi. Prenez les autres et faites le tour par l'arrière. Vite !

Le gros officier ainsi que quatre agents s'éloignèrent en courant, telle une horde de chiens de chasse flairant une piste.

Ti chercha des yeux un objet pour enfoncer la porte. Ça risque d'être amusant, songea-t-il.

— Tenez, fit-il en montrant une statue de pierre T'ai Hu sur son socle.

Il fallut l'aide d'Abou Zeed et des trois agents pour la soulever. L'utilisant comme bélier, ils foncèrent sur la porte en titubant sous le poids.

La pierre défonça le panneau à l'endroit où de l'autre côté devait se trouver le verrou en acier. Le heurtoir en bronze résonna, la porte branla, mais tint bon. Ils prirent leur élan et recommencèrent. Une fois, deux fois, à la troisième, le bois grinça et se fendit. A la quatrième, le verrou sauta et la porte céda.

Des ongles acérés s'enfoncèrent dans la poitrine de Ti, un singe affolé le laboura de ses pattes et grimpa sur sa tête ; d'autres singes terrifiés accoururent et s'enfuirent par la porte ouverte, bousculant les agents et Abou Zeed qui les chassaient en faisant des moulinets tout en se protégeant les yeux. Ce qui avait affolé les singes devait être plus terrible que les coups de bélier qui avaient défoncé la porte.

A l'intérieur du ministère, des singes perchés en haut des plantes en pot hurlaient comme des damnés. Des excréments, des plantes renversées, des éclats de poterie parsemaient le sol. Pourquoi les singes ne s'étaient-ils pas enfuis par l'arboretum ? La réponse s'imposa à Ti avant la fin de la question : parce qu'on en avait bloqué les issues.

Ti entra en courant, suivi des agents et du médecin. Un grand singe lui barra le chemin. Ti ne s'en laissa pas conter; il brandit sa canne, le singe détala, grimpa en haut d'une plante, les crocs menaçants, les poils hérissés, siffla entre ses dents, mais battit néanmoins en retraite.

Indifférent aux cris, Ti serra sa canne dans sa main et palpa la gaine de son couteau pour se rassurer. Il était étrangement confiant et vindicatif. La fuite dans l'île l'avait changé; il était prêt à se battre et à affronter l'ennemi qui se cachait dans le ministère, bien décidé à protéger sa petite armée et quiconque avait besoin d'aide dans le bâtiment, y compris l'odieux Yen Chi s'il n'était pas déjà trop tard.

— Bravo, maître Ti, ricana Abou Zeed, visiblement réjoui. Vous et vous, ordonna-t-il à deux agents, armez vos arbalètes et passez devant. Vous, dit-il au troisième, restez en retrait et surveillez nos arrières.

Ils venaient de s'engager dans le couloir lorsqu'un gémissement rauque les arrêta. A dix pas, la mince paroi de papier se déchira et une lourde silhouette en tenue officielle la traversa, des lambeaux de papier huilé, des échardes de bois laqué et des débris de plantes accrochés à ses robes.

Haletant comme un poisson hors de l'eau, une main plaquée contre son cou, les doigts ensanglantés, tandis que l'autre chassait des frelons invisibles, Yen Chi s'arrêta, chancelant, fixa Ti, Abou Zeed et les agents, les yeux écarquillés mais apparemment soulagé. Puis il se traîna en titubant, appuyé à la délicate rampe qui courait le long du mur, et disparut au bout du couloir qui menait à l'arboretum. Même Abou Zeed en resta pantois.

— Suivez-le, ordonna Ti.

Abou Zeed courut après l'eunuque, suivi de deux agents. Resté avec le troisième, Ti s'approcha du trou par lequel Yen Chi avait surgi. Il perçut le bruit rassurant du carreau qu'on fixe sur l'arbalète et le déclic du ressort. L'agent jeta un regard prudent par le trou avant de s'y engager.

Ti le suivit, le cœur battant. Le trou conduisait au vestibule où il avait dormi pendant des heures. La pièce était dévastée et il y régnait un silence terrifiant. Une grande plante verte était encore dans son pot. Ti entendit les feuilles bruisser.

Il posa un doigt sur ses lèvres et désigna la plante, demandant sans un mot à l'agent de viser mais de ne pas tirer avant de savoir ce qui se cachait dans les feuilles. Le juge ramassa par terre deux tessons de poterie.

Il en lança un à gauche de la plante et l'autre à droite. Les feuilles remuèrent, un visage apparut. Deux yeux les observaient.

L'agent poussa et cri et appuya sur la détente. Le ressort se détendit en raclant et libéra sa puissance.

Un grand singe tomba en battant des pattes et s'écrasa au sol, inerte.

— J'ai tué un singe, s'excusa l'agent, furieux contre lui-même. J'ai gâché un carreau sur un maudit singe.

— Peu importe, dit Ti, qui retourna le singe du bout du pied. On se demande comment il pouvait vivre avec ça, regardez.

Le cou était profondément entaillé, comme si son bourreau avait été interrompu au moment de le décapiter.

— Le pauvre bougre nous a fait peur à tous les deux, déclara Ti. Il était déjà mort, mais il ne le savait pas encore. Nous avons dû surprendre l'assassin en train de tourmenter Yen Chi, sa prochaine victime. Il devait certainement montrer sur le singe le sort qu'il réservait à l'eunuque.

Ti réfléchit : quelle force fallait-il pour immobiliser un singe terrifié et essayer de lui scier le cou ?

Le vestibule était vide. Seul Yen Chi en était sorti. Il

n'y avait pas d'autres plantes, pas de paravents ni de draperies derrière lesquels se cacher. Où l'assassin avait-il disparu ? Ti fouilla la pièce des yeux. Il vit la porte que Yen Chi avait empruntée quand il l'avait conduit à l'arboretum ; elle était verrouillée de l'intérieur.

Il remarqua alors sur le mur opposé le rouleau de parchemin calligraphié, deux fois plus grand qu'un homme...

Il posa un doigt sur ses lèvres. L'agent arma son arbalète.

Ti écarta le rouleau de parchemin. Il cachait une petite porte secrète. Où menait-elle ? Dehors ? A l'arboretum ? Une issue de secours, à l'évidence. Ce qui n'avait rien d'extraordinaire dans les bâtiments officiels et les riches demeures.

Ti actionna la poignée et entrouvrit la porte. Le couloir était sombre, mais il perçut des bruits de pas. Il referma la porte, mais ne la verrouilla pas. Il sortit son couteau, se recula et fit signe à l'agent.

Ce dernier visa.

La porte s'ouvrit à la volée. L'agent fit un bond de côté ; Ti trébucha sur un meuble et tomba à la renverse. Son couteau ricocha sur le parquet ; un objet lourd heurta le même meuble et s'affala sur Ti, lui coupant le souffle. Il entendit l'agent pester contre l'arbalète qui s'était enrayée.

Ti reçut une main et un genou dans la figure ; il se reprit, tenta de maîtriser son adversaire, le cloua finalement au sol. Une face rougeaude, des yeux larmoyants, Ti mit du temps à reconnaître le gros officier.

— Kuan Yin, Mère de la miséricorde ! Sauvez-moi, magistrat ! Sauvez-moi ! Je l'ai rencontré dans le couloir. C'était horrible ! Horrible !

Ti ramassa son couteau et se releva.

— Qu'est-ce qui était horrible ? fit-il. Expliquez-vous !

— Son visage ! Son visage !

— Qu'est-ce qu'il avait, son visage ?

— Il n'avait rien d'humain. C'était un démon !

— Un démon ? Ah, bravo, votre aide m'est décidément précieuse. Dites-moi plutôt où mène le couloir.

Encore tremblant, l'officier se redressa.

— Il mène dans un jardin derrière. Nous avons trouvé une porte cachée dans des fourrés. Mais il y a d'autres branches. C'est un maudit labyrinthe.

— Où diable sont vos agents, officier ?

— Ils étaient derrière moi dans le couloir. Il est tellement étroit qu'on a à peine la place de dégainer. Il... il venait de là, nous de l'autre côté. Nous nous sommes presque rentrés dedans. Il nous a regardés et s'est enfui dans un autre passage. Les agents ont dû lui courir après. J'ai entendu des cris de singe, je ne me suis pas retourné.

— Et vous êtes sorti par ici. Je crois savoir où sont passés vos agents et votre démon. Tenez, aidez-moi. Vite.

Il commença à empiler des objets contre la porte par laquelle l'officier avait surgi. Bientôt, tout ce qu'il y avait dans la pièce — tapis, mobilier, plantes en pot, artisanat d'art — boucha la porte.

— Ça retardera la chose, expliqua Ti.

La chose ? Ti fut surpris de s'entendre parler ainsi. Il avisa l'autre porte par laquelle Yen Chi l'avait escorté dans l'arboretum lors de sa première visite. Préférant la laisser verrouillée de l'intérieur, il enjamba le trou par lequel l'eunuque avait fait son entrée surprise. Ils s'engagèrent dans le couloir et foncèrent vers l'arboretum, bousculant au passage des singes terrifiés.

L'odeur de fauve que Ti avait perçue dans l'antichambre de l'arboretum lors de sa visite précédente le frappa cette fois dans le couloir, mêlée aux cris de panique des oiseaux et des singes.

Il régnait dans l'arboretum un véritable chaos. Des oiseaux voletaient d'arbre en arbre et se prenaient les ailes dans les filets qui protégeaient les lucarnes. Les singes restants, piégés, avaient grimpé au sommet des arbres et secouaient les branches en hurlant. Dans un grand arbre qui poussait sur des rochers escarpés, en haut de la cascade artificielle, un homme nu semblait leur répondre et sautait de branche en branche avec agilité pendant que les agents essayaient de l'atteindre avec leurs arbalètes. La base de l'arbre était inaccessible à cause des rochers et de la chute d'eau. L'homme avait dû arriver sur son perchoir en passant par les arbres.

Sous l'arbre, dans la mare, l'eunuque Yen Chi tentait en vain d'escalader les rochers visqueux de la cascade, s'y cramponnant avant de glisser et de retomber dans l'eau. Il émergeait quelques instants plus tard, suffoquant et crachant, s'agrippait aux rochers, le visage fouetté par les trombes d'eau. Abou Zeed plongea dans la mare et nagea vers l'eunuque en battant des mains et des pieds comme un petit chien. Les bords de la mare étaient abrupts et glissants.

— Aidez-le ! cria Ti aux agents.

— Nous ne savons pas nager, magistrat, gémit l'un d'eux.

Ti leva les yeux vers l'homme nu qui s'arrêta le temps de l'observer. L'arête de son nez était enfoncée, c'était le démon qu'avait vu l'officier. Ti reconnut l'homme aux puces de la grotte, celui qu'il avait aperçu quelques heures plus tôt dans la rue. Il se demanda s'il n'était pas en train de rêver.

Lorsqu'il l'avait entrevu dans la rue, l'homme devait être en route pour le ministère des Ports et de la Navigation. Ti était persuadé que l'homme aux puces était venu assassiner l'eunuque ; il l'avait piégé dans le bâtiment avec les singes, l'avait poursuivi, terrorisé, mais avait été interrompu par l'arrivée de Ti et de ses hommes. Et il donnait l'impression de vouloir en finir avec l'eunuque malgré les arbalètes braquées sur lui. Il semblait assez fou pour accomplir sa mission au péril de sa vie. Une scie émoussée pendait au bout d'une lanière nouée autour de sa taille : exactement l'arme que Ti avait imaginée en voyant les cous déchiquetés des victimes.

Après avoir rechargé leurs arbalètes, les agents tirèrent de nouvelles salves, les carreaux déchirèrent les feuillages et se logèrent dans des troncs d'arbre, des feuilles de philodendron, ou ricochèrent sur le sol ; l'homme aux puces bougeait constamment, offrant une cible mouvante, un dos nu et des fesses pendantes qui apparaissaient et disparaissaient tour à tour. Ti comprit sa tactique : il attendait que les agents aient épuisé leurs munitions.

Ti fonça vers la forêt de jasmins et de bananiers qui entourait la mare. Abou Zeed, qui avait rejoint Yen Chi sur les rochers de la cascade, s'efforçait de l'empêcher de glisser en contrebas. Il assura sa prise, s'accroupit et empoigna les bras de l'eunuque, mais le moindre mouvement risquait de les entraîner tous deux dans la partie la plus profonde de la mare. Yen Chi ne survivrait pas à un autre plongeon. Haletant, affaibli, il crachait l'eau qu'il avait avalée et se débattait faiblement. Abou Zeed, qui enlaçait l'eunuque comme un amant éploré, sentit le corps de Yen Chi trembler des pieds à la tête.

Le sang qui ruisselait du cou entaillé de l'eunuque était aussitôt lavé par les trombes d'eau de la cascade. De près, Abou Zeed s'aperçut qu'il n'y avait pas de plaie béante, mais qu'une minuscule fléchette était enfoncée dans le cou de l'eunuque. Une fléchette garnie de pointes, sans doute, et si bien enfoncée que ni l'eau ni les gestes désespérés de l'eunuque ne parvenaient à la déloger. Une méthode cruelle mais efficace destinée à s'assurer que le poison aurait le temps d'être absorbé. Un poison d'une puissance insuffisante pour tuer un homme, dosé seulement pour engourdir et rendre impotent. Exactement ce qu'il fallait pour le tourmenter et jouer avec lui avant de délivrer le coup de grâce.

Abou Zeed sentit que Yen Chi lâchait prise et sombrait dans l'inconscience. Il se faisait plus lourd. Bien qu'épuisé, le médecin trouva encore la force de le retenir.

Les arbalètes avaient épuisé leurs dernières munitions. L'homme aux puces estima la situation. Ti, qui l'observait, devina ce qu'il mijotait : il allait descendre de l'arbre, agile comme un singe, se laisser tomber dans la cascade et achever Yen Chi à coups de scie. Ses mains et ses pieds étaient déjà agrippés au tronc. Ti crut lire de l'euphorie sur le visage déformé du dément.

L'homme évalua les obstacles sur sa route, soupesa ses chances et commença à descendre lentement.

Ti se souvint que l'agent qui l'avait accompagné dans le vestibule avait encore un carreau dans son arbalète. Son arme s'était enrayée et il s'escrimait sur le mécanisme. Il parvint à décoincer le ressort, tendit la corde et cala le carreau dans la rainure.

L'homme aux puces était arrivé en haut de la cascade, juste au-dessus d'Abou Zeed et de Yen Chi. Voyant l'agent le viser, il battit en retraite et remonta sur l'arbre.

Ti le vit faire mine d'empoigner la scie afin d'obliger l'agent trop nerveux à gâcher son dernier carreau. Il pourrait ensuite descendre, frapper, remonter aussitôt dans l'arbre et s'enfuir par une lucarne, hors d'atteinte des agents cloués au sol. A moins qu'il ne fût encore plus redoutable, car décidé à tuer, qu'il se fasse prendre ou pas.

— Maître Abou Zeed, cria Ti, ne bougez surtout pas et écoutez-moi attentivement ! Vous êtes le seul à pouvoir l'atteindre, dit-il en faisant signe à l'agent d'abaisser son arbalète et d'attendre. Il reste un carreau, maître Abou Zeed. (Ti pria pour que le dément comprenne le chinois.) Vous êtes un archer d'élite, n'est-ce pas ? Vous étiez un champion en Perse, vous me l'avez maintes fois répété. (La partie était difficile, il voulait faire croire à l'homme aux puces qu'il bluffait.) Vous pouviez toucher une cible dans n'importe quelle position, reprit-il, espérant qu'Abou Zeed comprendrait son plan. Même à cheval, même suspendu au flanc d'une falaise. L'arbalète ne s'enrayera plus, je vous l'assure. Laissez l'arbalète armée, souffla-t-il à l'adresse de l'agent.

Il prit l'arme des mains de l'agent et entra dans l'eau. Il devrait traverser la mare avec une grande prudence en maintenant l'arbalète armée au-dessus de sa tête. Il s'assit sur le rebord, se laissa glisser le long de la pente, brandissant l'arbalète à bout de bras. Comme la plupart des Chinois, il savait à peine nager. Ayant dû plonger des centaines de fois dans sa carrière, il savait seulement comment garder la tête hors de l'eau sans couler. Il avança en barbotant, sur le côté, d'une main, comme un paysan qui traverse une rivière en crue.

Derrière son arbre, l'homme aux puces l'observa, puis, rassuré, commença à descendre le long de la cascade. Ti le vit du coin de l'œil. Parfait, se dit-il, il est peut-être nu et fou, mais sa raison est intacte.

Mais que pensait l'homme aux puces en voyant le magistrat porter l'arbalète au-dessus de sa tête ? Il croyait certainement que Ti bluffait. Abou Zeed, un archer ?

Ti atteignit les rochers, se hissa d'une main, l'arbalète toujours hors de l'eau. Une corde trempée gâcherait tout. Abou Zeed lâcha un des bras de Yen Chi et attrapa l'arbalète du bout des doigts. Yen Chi glissa, mais Ti se faufila et retint l'eunuque de tout son poids. Abou Zeed lâcha enfin Yen Chi, ses deux mains étaient donc libres.

Apparemment tranquillisé, l'homme aux puces redescendit de l'arbre, la scie entre les dents.

Abou Zeed cala l'arbalète dans le creux d'un rocher et suivit des yeux la descente de l'homme. Il retint son souffle, visa avec soin et attendit.

L'homme aux puces atterrit sur les rochers. Ti comprit qu'il hésitait sur l'état de l'arbalète, mais il paria, sembla-t-il, qu'elle était encore enrayée. Ti croyait lui-même qu'elle l'était. L'homme nu se retrancha de nouveau derrière l'arbre. C'était désormais à Abou Zeed de jouer, et Ti se confia entièrement à l'esprit aiguisé du médecin.

Mais Abou Zeed hochait la tête d'un air furieux.

— Cette saloperie est encore enrayée, magistrat! pesta-t-il, découragé, tandis que le poids de l'eunuque entraînait peu à peu Ti dans la mare. C'est votre faute, magistrat, grogna Abou Zeed entre ses dents. Vous avez faussé le levier. Le carreau est coincé. Autant m'en servir de gourdin! Ah, vraiment, je vous remercie!

Le médecin semblait bouillir de rage. Ti était interloqué. Il n'avait jamais vu son ami dans un tel état de nerfs.

— Toutes mes excuses, docteur, dit-il avec sincérité.

Tout était perdu. Abou Zeed allait être obligé de se battre à mains nues contre l'homme, qui était armé, lui. Ti devrait abandonner l'eunuque à la noyade pour secourir son ami.

— Vous avez gâché notre unique chance! cria Abou Zeed, rouge de colère.

L'homme aux puces fit le tour de l'arbre et commença à descendre à quatre pattes le long des rochers.

— Ma grand-mère s'en serait mieux tirée! Vous êtes un incompétent! Un idiot! Une merde de chien!

— Docteur, je...

— Imbécile! cracha Abou Zeed.

Au même moment, le médecin appuya sur la détente. Ti entendit un déclic, le raclement du métal et le claquement de la corde.

Le carreau atteignit sa cible et se ficha dans la cuisse de l'homme aux puces. Toujours à quatre pattes, il se retourna, éberlué, la bouche ouverte, et poussa un long cri de douleur et de rage. Un cri bestial. Il perdit sa prise, bascula dans le vide par-dessus Abou Zeed et l'eunuque, effleura Ti de sa scie émoussée et tomba à l'eau dans une gerbe d'éclaboussures.

— Il est mort, mère, déclara l'impératrice d'une voix d'une inquiétante platitude.

Elle se tenait tel un fantôme sur le seuil du salon de Dame Yang. L'historien Shu, le pinceau en l'air, la bouche pleine de gâteaux, sursauta, terrifié, en la voyant.

Ses cheveux pendaient en désordre, des griffures rouges marbraient ses joues et ses bras. Ses yeux noirs maquillés coulaient et sa chemise de nuit déchirée laissait voir un sein nu. Ne sachant où regarder, Shu baissa les yeux.

Dame Yang se leva, prit une étoffe sur la table et en couvrit l'impératrice.

— Qu'est-ce que tu racontes ? demanda-t-elle d'un ton sec.

L'impératrice ferma les yeux, renversa la tête en arrière et laissa échapper un affreux cri guttural.

— Il est perdu. Perdu ! Je l'ai tué ! Je veux mourir !

Elle déchira ses vêtements et tira sur ses cheveux avec des cris hystériques. Shu se leva, angoissé, renversa une chaise dans sa précipitation. Du plat de la main, Dame Yang gifla violemment sa fille.

— Arrête tout de suite, dit-elle avec calme.

L'impératrice se figea, les deux seins nus, la bouche ouverte, un long filet de morve coulant du nez. Elle dévisagea sa mère, qui soutint son regard, puis elle rougit et sa voix se brisa :

— Oh, mère, dit-elle. Que dois-je faire ? Que dois-je faire ?

— Qui t'a dit qu'il était mort ?

— Cette affreuse vieille. J'étais dans le jardin quand je l'ai vue, penchée par-dessus le mur, un sourire édenté aux lèvres.

— Quelle vieille ?

— Celle que nous avons vue. Celle qui nous a dit qu'elle vivait dans le parc comme une bête sauvage. Celle qui nous a fait rire avec ses histoires de séduction et qui nous a apporté un étrange cadeau et un gibier à faire griller sur le feu... elle paraissait tellement inoffensive que nous lui avons permis de rester...

— Pourquoi la crois-tu ?

— Ce qu'elle m'a dit n'a fait que confirmer mon rêve ! pleurnicha Wu. Et elle avait l'air d'être sûre. Oh, mère !

— Qu'a-t-elle dit au juste ?

— Qu'il était mort, seul, en prononçant mon nom.

— C'est une vieille sorcière. Elle a dit cela pour te tourmenter. Comment le saurait-elle ?

— Mère, elle connaissait mon rêve.

— Sottises !

— Je ne suis rien sans lui, mère. Rien !

— Encore des sottises. Rappelle-toi qui tu es. (Dame Yang prit le visage mouillé de larmes de sa fille entre ses mains.) Si le lama Hsueh est mort, c'est qu'il l'a voulu. Il l'a fait pour que tu sois plus forte. S'il est mort, il vivra en toi, avec toi.

Interdite, Wu médita les paroles de sa mère.

— Je vais ordonner qu'on tue la vieille, dit-elle finalement d'une voix douce.

— Excellente idée. Tu te sentiras mieux après.

Dame Yang lissa les cheveux de sa fille, dégagea les mèches qui tombaient sur ses yeux, et lui essuya le nez avec sa manche.

Elles avaient oublié la présence de l'historien Shu, qui s'était faufilé en douce jusqu'à la porte. Il s'éclipsa, se mit à courir à petits pas et, dès qu'il se crut en sécurité, il ôta la main qu'il avait plaquée sur ses lèvres pour cacher son sourire ravi.

Chez le médecin, Ti s'assit à sa table de travail et ouvrit son journal. Il avait tant de choses à raconter qu'il ne savait pas par où commencer. Il avait besoin d'écrire, non seulement pour noter des faits, aussi incroyables fussent-ils, mais parce qu'il espérait que cela l'aiderait à démêler l'écheveau de l'énigme.

Yen Chi était vivant. Ti et le médecin aussi. L'homme aux puces d'Hainan également. Par où commencer ? Pourquoi pas par la grotte et la cérémonie à laquelle ils avaient assisté ? De toute façon, quiconque lirait le journal dans cent ans se moquerait et dirait que le magistrat avait été la proie d'illusions, c'était donc un sujet aussi valable que n'importe quel autre.

Toutefois, Ti n'écrivait pas pour la postérité. Son journal était destiné à la seule personne dont il était sûr qu'elle le croirait. Il lissa les poils de son pinceau et le trempa délicatement dans l'encrier.

Ma fille adorée...

La porte de la chambre s'ouvrit à la volée, presque aussi violemment que la porte secrète du vestibule du ministère. Mais, au lieu d'un singe, d'un fou ou d'un officier effaré, Abou Zeed surgit, aussi essoufflé que s'il avait traversé la ville en courant.

— Magistrat, venez, vite, haleta-t-il.
— Ne me dites pas qu'il y a eu un autre meurtre !
— Pire.
— Pire ?
— Dame Djamal a été arrêtée.
— Quoi ?

— Par des agents de l'impératrice.
— Quelles sont les charges ?
— Trahison. Les agents sont arrivés au ministère des Ports et de la Navigation pendant que l'officier et ses hommes mettaient de l'ordre. Ils ont trouvé une lettre dans les affaires de Yen Chi. Elle portait la signature de l'impératrice.
— Que disait la lettre ?
— Elle ordonnait qu'on mette à votre disposition un moyen de transport sûr pour gagner Hainan. Une fois sur l'île, on devait vous briser les jambes et vous arracher les yeux.
— Ça ressemble bien à l'impératrice. Pourquoi Dame Djamal a-t-elle été arrêtée ?
— La lettre portait le cachet de l'impératrice, mais il semblerait qu'elle ait été écrite par Dame Djamal. C'était son encre, son papier, son parfum.
— Où est-elle ?
— Sous bonne garde, au commissariat... Elle vous réclame.
— Eh bien, allons-y, décida Ti, qui reposa son pinceau, referma son journal, rangea l'encrier, bref gagna du temps afin que le médecin ne s'aperçoive pas que ses jambes tremblaient aussi fort que pendant sa fièvre.

20

Lo-yang, début du printemps

Il marchait comme une statue, sans effort apparent, droit, sans assurance ni fierté excessives qui auraient laissé croire qu'il était imbu de sa personne. Il paraissait étrangement conscient de tout sauf de lui-même, de l'air qui s'engouffrait dans ses robes, décoiffait ses cheveux, chargé du parfum des fleurs luxuriantes que le vent poussait par les fenêtres du long couloir, de la petite foule des serviteurs qui se hâtaient dans son sillage, leurs petits pas pressés suggérant l'émoi et l'inquiétude.

Il se retourna pour leur parler lorsqu'ils passèrent devant d'exquis bibelots d'or et de cristal, exposés dans des coffrets vernis ou des alcôves, lorsqu'ils passèrent devant des fenêtres dont les stores en bambous laqués étaient légèrement agités par la brise parfumée, lorsqu'ils passèrent devant d'énormes miroirs muraux qui s'étalaient du sol brillant au plafond dont les corbeaux et les poutres dorées étaient délicatement sculptés, des miroirs qui leur renvoyaient leur image avec la perfection d'un étang par une journée sans vent, mais dont la surface argentée, vue de près, était agrémentée de dessins diaphanes qui donnaient l'impression que des mondes entiers s'y trouvaient bel et bien, plutôt que leurs reflets.

À mesure qu'ils avançaient dans le couloir, les dessins changeaient, passant des scènes martiales aux scènes pastorales, éthérées, pour aboutir aux scènes sensuelles dans lesquelles des silhouettes idéalisées s'abandonnaient à toutes sortes de plaisirs — festins, ivresse, baignades, divertissements — tout en se livrant à d'extraordinaires jeux érotiques.

Il vit les compositions du coin de l'œil, nota leur progression, mais ne s'arrêta pas. Il franchit des embranchements, des portes flanquées de serviteurs et de maîtres d'hôtel qui s'inclinaient avec respect sur son passage. Il les saluait chaleureusement, mais sans s'attarder, les appelait par leur nom, ce qui provoquait de nouvelles courbettes d'étonnement ravi.

Mais il se concentrait surtout sur ce qui l'attendait et dont il approchait à grands pas, avec la démarche gracieuse et insouciante d'un dieu.

Il perçut de nouveaux bruits, des cymbales, des instruments à cordes, puis le son inquiétant d'un gong qui résonna d'abord avec légèreté puis avec une force et une autorité accrues, et entendit par les fenêtres ouvertes, portées par la brise, les notes suraiguës de chants d'enfants. Il sourit. Son expression volontaire s'adoucit à mesure qu'il approchait du but.

Il trébucha. Il trébucha !

De l'autre bout de l'immense couloir parvint une plainte. Le couloir se terminait par une porte-soleil massive au chambranle céleste en ébène garni de dorures. C'était de là que provenait la plainte, poussée par l'impératrice Wu Tse-tien qui accourait, entraînant à sa suite un essaim de servantes et d'eunuques, affolés par la course folle, aussi gracieux qu'une bande de girafes — encombrés par leurs robes, leurs coiffures, leurs traînes, leurs mules à hauts talons, surtout. Wu conduisait la charge au pas de course, pieds nus, seule de la troupe à foncer sans retenue sur le sol glissant, même si elle perdait dans sa hâte, comme autant de feuilles d'automne, ses peignes d'ivoire, ses perles de nacre, et si ses boucles immaculées se défaisaient. Lorsqu'elle fut à portée d'oreille, elle s'écria d'une voix qui noya tous les autres bruits :

— Jeune Chien !

Il s'affaissa légèrement en entendant le surnom déplaisant. Il faillit de nouveau trébucher, son pas hésita comme si le sol menaçait de s'élever soudainement et qu'il lui fallait accélérer pour garder l'équilibre.

Elle fut bientôt près de lui, contre lui, mais se figea soudain, comme pour sauvegarder leur dignité à tous deux. Ils restèrent ainsi, face à face, leurs corps se frôlant, les bras ballants.

— Ma reine vénérée, articula-t-il d'un ton officiel, je suis votre humble serviteur, Hsueh Huai-i.

Elle répondit sur le même ton, mais d'une voix tremblante d'émotion :

— Nous nous réjouissons du retour de notre très estimé conseiller. Mais tu es malade ! ajouta-t-elle dans un murmure, inquiète.

— Je l'étais, lui souffla-t-il à l'oreille, mais je vais mieux. J'ai retrouvé toutes mes forces, vous verrez. Mes jambes viennent simplement de se souvenir de leur faiblesse passée. Il n'y a aucune raison de s'alarmer.

La suite de l'impératrice, qui l'avait enfin rattrapée, parut se détendre. L'impératrice prit la main du lama et le conduisit à un banc en tapisserie niché dans une alcôve.

— Une chaise ! ordonna-t-elle d'un ton sec. Ton bras est si maigre ! lui dit-elle à l'oreille, retenant à peine ses larmes.

— Il est solide, et plus solide de jour en jour. Ne vous inquiétez pas.

Elle l'obligea cependant à s'asseoir jusqu'à l'arrivée de

la grande chaise à porteurs couverte qu'elle utilisait dans ses sorties.

— Aidez-le ! Aidez-le à monter !

Elle grimpa à côté de lui et tira les rideaux. On les porta dans le couloir, ils franchirent la porte-soleil, traversèrent le vestibule, la salle de réception, les salles de réunion, et entrèrent dans les appartements privés de l'impératrice.

Il parlait à voix basse. Elle reconnut les vers chéris du poète Chang Heng qu'elle n'avait plus entendus depuis son enfance.

Fermons le verrou doré des doubles portes...

Hsueh se leva et alla verrouiller la porte scintillante d'or.

... et la lumière de la lampe emplit la pièce de son éclat...

Hsueh et Wu sourirent. Point besoin de lampe. L'après-midi était ensoleillé, les rideaux de soie qui se soulevaient et retombaient au rythme du vent, respiration céleste, teintaient la lumière de rose et d'or.

J'enlève mes robes, j'essuie le maquillage et la poudre, déroulons le parchemin aux images vivantes à côté de l'oreiller...

Ils sourirent de nouveau, presque avec timidité. Il ne portait ni maquillage ni poudre, et, même si Wu en avait, elle ne les essuya pas. Toutefois, il exhiba un parchemin dessiné qu'il sortit de nulle part, encore un de ses tours de magie, et le déroula sur le lit en même temps qu'il se dépouillait de sa robe.

Elle passa de la curiosité à l'inquiétude lorsqu'elle vit ses côtes, ses épaules et ses hanches saillantes. Elle baissa les yeux d'un air pudique devant sa nudité. Il l'admira, le regard brûlant. Son corps décharné rendait son membre encore plus gros, même s'il n'avait pas encore commencé de se durcir. Elle essaya de se rappeler la dernière fois où elle l'avait vu au repos...

La fille au visage ingrat sera mon professeur...

La fille au visage ingrat, ils le savaient, n'était pas l'impératrice mais le parchemin dessiné ; mais celui-ci, peint avec un soin méticuleux dans des couleurs vives, était tout sauf ingrat.

... afin que nous essayions les diverses positions...

Wu soupira malgré elle. Son haleine parfumée de miel se mêlait à l'encens au jasmin qui brûlait quelque part, peut-être de l'autre côté des fenêtres.

... celles qu'un mari banal a rarement vues, celles qu'enseigna T'ien-lao à l'empereur Jaune. Aucun plaisir n'égalera les joies de cette première nuit...

Elle fondit dans ses bras. Il entendit le faible écho d'une musique... et son souffle haletant. Elle avait la peau brûlante comme si elle avait la fièvre. La cuisse du lama était moite lorsqu'elle l'étreignit entre les siennes. Affamée, elle essaya de le prendre, mais il ne la laissa pas faire. Elle s'empara vivement de son membre et leva la tête pour dévisager le lama.

— Je vous avais bien dit que j'avais retrouvé mes forces, la taquina-t-il.

— Oh !

Elle se pencha soudain, ses cheveux brillants lui caressèrent le ventre, et elle le prit dans sa bouche. Il cilla, puis ferma les yeux, poussa un soupir d'aise et frissonna. Puis il redressa la tête, lui dégagea les cheveux de la figure afin de voir ses yeux en amande et sa bouche qui tétait le bout de son membre avec l'avidité d'un nourrisson longtemps privé du sein. Il lui prit la tête à deux mains et l'attira à lui. Son pénis libéré claqua sur son ventre, comme fâché de l'interruption.

— Attendez ! fit-il. Attendez, nous n'avons pas consulté notre professeur.

— Oh, mon amour, nous n'avons nul besoin de...

— Attendez, répéta-t-il en riant. Nous avons le temps, n'est-ce pas?

— Le temps, mon seigneur? J'attends depuis des lustres. Je suis lasse d'attendre. Mon ventre se languit de toi!

— Il sera satisfait. Il en aura son content. Venez m'embrasser. Regardez l'image.

Il l'allongea, moitié sur lui, moitié sur le lit, et lui murmura à l'oreille :

— Voici les endroits pour les baisers : le front... les yeux... les joues... la gorge... la poitrine... les seins... les lèvres... et l'intérieur de la bouche.

L'impératrice gémit.

— Lorsqu'une fille, abandonnant un peu de sa pudeur, souhaite baiser la lèvre qui entre dans sa bouche, et dans ce but avance la lèvre inférieure, mais non la lèvre supérieure... cela s'appelle « le baiser palpitant ». Lorsqu'une fille touche la lèvre de son amant du bout de sa langue et, ayant fermé les yeux, place ses mains sur celles de l'amant, cela s'appelle « le baiser caressant ». Vous voyez, comme sur cette image.

Le désir brûlant de l'impératrice fut un moment distrait.

— Quel est ce jeu? Ces mots sont...

— Chut. Lorsque les amants baissent la tête l'un vers l'autre afin de s'embrasser mutuellement, cela s'appelle « le baiser penché ».

Il lui tapota les fesses pendant qu'il parlait, son doigt erra sur le pli, mais sans entrer.

— Lorsqu'un homme baise la lèvre supérieure d'une femme et qu'elle baise en retour sa lèvre inférieure... cela s'appelle « le baiser de la lèvre supérieure ». Lorsque l'un des amants prend les deux lèvres de l'autre entre les siennes... cela s'appelle « le baiser joint ». Vous voyez? Exactement comme sur le dessin.

Il avait la voix rauque malgré la salive sucrée dont elle l'abreuvait.

— Mon incommensurable seigneur, si tu ne...
— Attendez, attendez! Poursuivons la lecture.

Il déroula le parchemin d'une main adroite tandis que l'autre se glissait dans la fente de ses fesses jusqu'à l'endroit moite et glissant. Le dessin représentait une femme dont la bouche encerclait le gland de son amant qui, mollement allongé, la regardait d'un air curieusement absent.

— Bon, vous maîtrisez déjà ce baiser. Passons à la leçon suivante.

Elle s'agita, impatiente, pressa sa toison humide contre la cuisse du lama. L'image suivante était une variation du thème précédent, la bouche de la femme baisait la base du membre viril qui semblait jaillir de ses lèvres, semblable à une tige, tandis qu'elle soutenait délicatement les testicules, les mains en coupe.

— Bien, bien, voyons la suivante... Ah, le colibri.

Sur le dessin, la femme s'agenouillait au-dessus du visage de son amant et s'écartait les lèvres pour recevoir sa langue rigide. L'homme fermait les yeux ; ceux de la femme, grands ouverts, le contemplaient.

— Oh! Oh!
— Je crois, ma douce reine, que nous devrions essayer celle-ci.

Elle se mit en place avec une hâte indigne d'une reine. La langue du lama la pénétra. Il lui agrippa les hanches et l'attira à lui afin de planter sa langue au plus profond de son intimité. Elle rejeta la tête en arrière, les yeux fermés.

— Oh! Aaahhh!

Il la souleva avec une lenteur irritante jusqu'à ce que seul le bout de sa langue soit dans l'orifice, puis l'attira à lui avec une telle douceur qu'elle ne sentit que l'ombre d'une caresse dans son vagin.

— Oh, quel démon tu fais !

Il la souleva de nouveau, enleva sa langue, puis empoigna son bassin et, d'un mouvement précis, amena le sommet de la vulve sur sa langue. Malgré ses bras amaigris, il avait gardé toute sa force. Il la cala contre sa figure, sa langue appuyée contre son clitoris érigé, et ne bougea plus. Elle fut parcourue de frissons, battit des mains dans l'air et gémit. Il la souleva juste assez pour libérer sa bouche et dire :

— Ecartez vos pétales. C'est le nectar le plus délicieux qui soit, il me fortifie.

Il lécha sa fente, fit courir sa langue de l'orifice de l'utérus à la petite protubérance boursouflée, mais avec une lenteur infinie. Les cuisses de l'impératrice tremblaient sous l'effort. Il la renversa, l'étendit sur le lit, à moitié sur lui, leurs deux visages collés. Elle haletait, son haleine avait perdu son parfum de miel, et sa salive avait un goût de sel. Le lama trouvait cela provocant au plus haut point.

Elle s'agrippa à lui, lui prit la tête à deux mains, les yeux mi-clos. Sa voix avait perdu son autorité, c'était celle d'une femme amoureuse rongée par le désir.

— Hsueh, je t'en supplie...

Sa supplique l'excita d'une manière inattendue. Il ressentit pour elle une sorte de tendresse qu'il ne connaissait pas. Il fut tenté de la prendre, mais il y avait encore du chemin à faire.

— Bientôt, bientôt. Nous devons demander à notre professeur la marche à suivre. Comme vous le voyez... commença-t-il en tournant le parchemin... il y a des baisers que nous n'avons pas essayés. Je ne vous ai pas embrassée là. Cette petite bouche mérite qu'on s'y attarde. Vous voyez ?... comme sur ce dessin.

Elle jeta un coup d'œil impatient.

— Je ne suis qu'une femme aux désirs simples...

— Eh bien, fit-il en déroulant vivement le parchemin, pour vos désirs simples. (Le dessin montrait un couple en place pour le coït.) Ah, nous allons sauter ces leçons. Passons à celle-ci. Elle s'appelle « la cavalière ». Et moi, mon amour, je serai votre cheval.

— Mon étalon.

Il hennit.

Elle le chevaucha tel un guerrier au champ de bataille. Il la contempla, admira sa peau, ses seins de vierge que de nombreuses bouches, dont la sienne, avaient pourtant tétés.

Elle approchait de l'extase. Il attendait le moment précis. Il lui saisit la taille et l'arrêta.

— Ramenez vos jambes devant vous et accroupissez-vous sur moi. Comme sur le dessin.

Elle coula un œil vers le parchemin, le souffle court, et obéit avec empressement. Ils avaient souvent joué à retarder l'orgasme. Il savait exactement quand et comment, comme s'il lisait dans son esprit, et si elle se montrait patiente, si elle le laissait faire, elle serait submergée par un raz de marée plutôt que par les cinq ou six vagues habituelles.

Mais elle voulait le faire jouir. Elle voulait sentir le poison, la maladie et la solitude jaillir de son corps en un flot brûlant. Elle voulait s'accaparer son jus.

Pas lui. Il était passé maître dans l'art de la retenue. Il déroula le parchemin jusqu'au dessin suivant, la leçon suivante. Elle se retourna, accroupie au-dessus de lui, suspendue tel un pont, chevaucha son membre, puis souleva le bassin, se recula, se frotta contre sa figure afin que sa langue la pénètre et qu'elle gobe son membre turgescent. Elle se retourna de nouveau, s'enduisit la poitrine d'huile, se pencha, emprisonna son organe entre ses seins et le fit glisser d'avant en arrière avec ferveur. Il s'assit sur le rebord du lit, elle s'assit sur lui et imprima par la seule force des bras le mouvement de va-et-vient recommandé par le dessin.

Elle se perdit dans les noms qu'il lui soufflait pendant l'exécution des leçons : le Cygne, la Charrue, la Nouvelle Lune, le Chat, l'Aile de papillon.

Ils étaient tous deux en sueur lorsque Hsueh poussa enfin un gémissement rauque, au bord de la rupture, et qu'il l'interrompit au milieu de la Mue du serpent, une figure où elle était couchée de tout son long sur lui, sur le dos, les bras tendus pour lui attraper la tête, et tordait le cou et tirait la langue pour essayer de lécher la sienne.

Il la souleva, la retourna sur le ventre, lui écarta les cuisses de ses genoux et la pénétra à fond d'un seul coup de reins, tel un guerrier rengainant son glaive, la bataille terminée. Deux autres coups de reins et ils explosèrent ensemble. Pour lui, le soulagement fut presque douloureux. Pour elle, ce fut une jouissance presque insupportable.

Elle ne voulait pas le lâcher. Les bras et les jambes tremblants de tant d'efforts inhabituels, elle s'accrocha cependant à lui et ressentit une profonde pitié pour son corps décharné dont les os affleuraient sous la peau. Il s'assoupit quelques instants ; elle colla sa bouche à la sienne afin d'inhaler son souffle.

Il dormit deux ou trois minutes. Lorsqu'il rouvrit les yeux, elle le contemplait. Il sourit.

— Désormais, je suis sûr, dit-il.

— Sûr de quoi ? J'ai l'impression d'avoir été soumise à une initiation. Un rite.

— C'est le cas, mon amour. C'était un test, pour être précis. J'ai rencontré quelqu'un au cours de mon voyage. (Il la sentit se raidir.) Un homme, un vieillard. (Elle se détendit.) Un Hindou. Un vieil Hindou couvert de puces qui me croisa lorsque je quittais Canton et qui m'appela comme s'il me connaissait. Il savait, disait-il, reconnaître un homme qui avait subi trop de privations, et son sourire ironique ne trompait pas sur le sens qu'il donnait au mot « privations ». Il tenait un rouleau de parchemin dans sa main crasseuse. Je me dis qu'il valait mieux le sauver d'une infamie, c'était peut-être un parchemin précieux.

« Je le lui échangeai contre une pièce et je repris mon chemin. Lorsque j'eus le temps de jeter un œil sur le rouleau, je crus d'abord à des illustrations du Kama-soutra. C'en était, mais après une étude approfondie et une traduction, je sus ce qu'il m'avait donné. Et je devinai, bien sûr, que le hasard n'y était pour rien. Une fois encore, j'étais l'humble instrument du destin et c'est vers vous que la route me conduisait. Ce que me donna le vieil homme était une sélection particulière d'actes sacrés, accompagnée d'instructions destinées à trouver le nouveau Maitreya. Le Maitreya de notre ère. Vous avez sans doute remarqué, dit-il en lui caressant les bras, qui tremblaient toujours, que dans toutes les positions la femme occupe le rôle du soleil et l'homme celui de la terre. Elle est active et lui passif. Nos propres écritures bouddhistes prennent leur source dans la religion mère, l'hindouisme, dans laquelle la femme domine. Grâce au vieil Hindou, je suis revenu, pour ainsi dire, à la source et j'ai eu la confirmation de ce que je soupçonnais déjà. (Il lui coula un regard rusé.) J'ai tenu à ce que nous accomplissions ces actes sacrés, dit-il en soupesant un de ses seins, dans un ordre précis, comme les textes le recommandent. Mais il fallait que je vous laisse choisir librement. Après les premières positions, vous n'avez plus eu besoin de mes instructions ni de celles du parchemin. Vous connaissiez exactement la suite. Vous avez prouvé votre rang. Désormais, je suis sûr. Vous êtes... LUI.

Il s'allongea, ferma les yeux et récita :

— « A l'ère de la Loi dégénérée, le Maitreya apparaîtra sous la forme de la déesse Veda. Une femme viendra, versée dans l'art des Dix Actes, elle prendra le monde dans une étreinte amoureuse, et elle sera roi... »

— Où est le coffret ? demanda l'impératrice.

— Je m'en suis servi pour rapporter le parchemin sacré, dit Hsueh, qui savait de quel coffret elle parlait. C'est encore mieux.

— Le magistrat Ti est donc encore en vie.

Elle s'assit, les seins nus, tandis qu'il éparpillait des pétales de rose sur son corps.

— Il vit, oui. Il nous est plus précieux vivant et terrifié que mort et inutile. Il fait partie... du plan.

Elle le dévisagea. C'était le moment tant redouté. Il soutint son regard.

— C'est peut-être aussi bien. C'est un adversaire valeureux. Nous nous reverrons peut-être.

Hsueh cacha son soulagement en s'allongeant et en soupirant comme s'il avait envie de dormir. Or il avait réellement sommeil, bien sûr.

Ils dormirent, se réveillèrent, firent de nouveau l'amour. Elle ne pouvait s'empêcher de penser que les positions sacrées destinées à trouver le Maitreya étaient exactement celles qu'il fallait pour un homme qui venait juste de se rétablir d'une maladie mortelle.

Il laissa tomber sur le ventre de l'impératrice les pétales de rose une à une. Elles se collèrent sur sa peau trempée de sueur telles des chutes de soie.

— Etes-vous prête à faire un long voyage ? demanda-t-il en effeuillant la rose.

— Je ne vous quitterai jamais.

— Oh, je viendrai avec vous. Je serai toujours à vos côtés. Votre mère aussi. Et la cour, votre famille, tout le monde.

Elle plongea ses yeux dans ceux du lama, qui avaient

leur éclat de folie habituelle, comme à chaque fois qu'une vision lui venait à l'esprit. Elle adorait ce regard, à condition que la vision la concerne ; sinon, elle le détestait. Cette fois, cela la concernait.

— Un voyage sacré. Un long voyage de plusieurs semaines... au mont T'ai. (Il la dévisagea de son regard noir.) Le lieu du sacrifice, le pic sacré, où chaque empereur de Chine déclare la légitimité de son mandat devant le ciel et la terre.

— Oui, dit-elle avec amertume. Son mandat, à *lui*.

Il l'ignora.

— C'est le devoir et le test de tout empereur digne de son trône. Mais nous avons, hélas, un problème, fit-il, taquin.

Allongée sous lui, elle le regardait avec une moue d'appréhension. Il lui caressa les cuisses, fit courir ses doigts le long de ses hanches, sur son ventre, sur ses seins. Il pinça les mamelons et les regarda durcir.

— Voici notre dilemme. Il y a deux pics, lequel doit-on vénérer ? Deux jolis jumeaux. Tous deux aussi grandioses, tous deux aussi sacrés. Mais lequel aujourd'hui ? Le ciel ?... (Il se pencha pour goûter le mamelon droit.)... Ou la terre ? fit-il en effleurant le gauche du bout de la langue.

Elle rit et lui saisit les poignets. Elle battit des paupières, elle était de nouveau excitée, même après des heures d'ébats amoureux. Non, elle n'aurait jamais pu vivre sans lui.

— Est-ce un sacrilège de vénérer les deux ? demanda-t-elle. Allons-nous nous attirer les foudres des vieux conseillers confucianistes, maître Hsueh ?

— Ils sont partout, ma mie. Peut-être même dans votre chambre à coucher. Ils espionnent, tapis dans les coins sombres. Ils nous surveillent. Est-ce que ça vous excite ?

Du bout du doigt, il traça une ligne entre ses seins et

remonta sur son cou d'une blancheur laiteuse. Sa main hésita, tremblante, puis suivit le dessin de ses lèvres. Ses doigts qui l'embrasaient étaient aussi sublimes et mystérieux que le lama lui-même, chargés de promesses, mais cachant leur but jusqu'au dernier moment.

— Ils auraient pu discuter la légitimité de votre accession à la couronne du Ciel et de la Terre, mais ils seront incapables de mettre en doute...

Il ferma les yeux et respira son parfum. Elle attendit, retenant son souffle. La vie s'offrait à elle, suppliante, à ses pieds.

— ... votre divinité.

Elle expira enfin.

— Dis-moi comment ça va se passer, lama Hsueh. Dis-le-moi tout de suite.

Hsueh devait reconnaître que l'historien Shu n'écrivait pas que des fadaises. On avait parfois l'impression que les muses lui parlaient. Quand il y puisait son inspiration, sa poésie s'en trouvait embellie. Il arrivait que la voix d'un poème n'ait rien à voir avec le petit crapaud grotesque dont le pinceau avait couché les vers par écrit. Images et mots, comparaisons et métaphores s'élevaient inexplicablement au-dessus de la pédanterie et des flagorneries habituelles de Shu, et planaient dans un autre univers. On avait parfois l'impression que l'historien avait capté les paroles des dieux.

Comme ce jour, des mois avant le voyage de Hsueh à Canton, où Shu avait publié dans une gazette un poème sur la nature, la terre et l'homme. En le lisant, Hsueh avait été forcé d'admettre que certains passages étaient réellement inspirés.

L'historien avait écrit sur les vieux clans du Nord-Est

retranchés dans leurs propriétés, protégées par de vastes domaines et des armées privées. Il les avait comparés à des araignées femelles, tapies au centre de leurs élégantes toiles de soie nimbées de rosée. Et qui déniaient dangereusement leur soutien à la nouvelle maison régnante et à son « empereur ».

Avec l'arrivée de l'ère de la Loi dégénérée du Bouddha, le Maitreya était censé naître dans le corps d'une femme. Cette réincarnation ne pouvait qu'être l'impératrice Wu. Le peuple n'aurait aucun mal à accepter ce fait établi. Le soutra du Grand Nuage avait abordé la question de la légitimité de Wu en tant que principe masculin et féminin. Mais il restait un autre obstacle, plus prosaïque, à surmonter avant que sa légitimité soit définitivement établie : son acceptation en tant qu'empereur masculin par les maisons dominantes du Nord-Est, port d'attache de l'aristocratie terrienne et de ses armées.

C'était le poème de Shu qui avait donné l'idée à Hsueh. La réponse était cachée dans les vers, comme l'araignée de l'historien, entourée de soie, tapie, prête à frapper. Le plan avait germé dans l'esprit de Hsueh alors qu'il était allongé dans un champ en friche au début du printemps.

Le lama se reposait souvent en rentrant à Lo-yang. Il se laissait soigner par le soleil, le calme et les prescriptions cachées de la nature. Au début, il avait cru que la faille par laquelle la maladie s'était introduite en lui pourrait être réparée par la tranquillité et la contemplation. En permettant à son puissant *ch'i* de circuler de nouveau. Il pensait que l'énergie de ses chakras pourrait ainsi se ressourcer et revitaliser le Bouddha en lui. C'est pourquoi il allait à pied, utilisait peu les charrettes, mesurait ses pas et respirait en rythme, se concentrant sur ses facultés de guérison.

Et, bien sûr, il pensait à la façon dont il allait se présenter devant l'impératrice avec le coffret, vide, qu'elle lui avait confié. C'était la deuxième raison qui l'avait décidé à prendre son temps et à voyager incognito. Il avait besoin de temps pour réfléchir, pour qu'elle s'interroge sur la vie loin de lui. Qu'elle le croie mort... alors il reparaîtrait. Et elle lui pardonnerait tout.

Surtout s'il lui apportait un présent.

Par un beau jour de printemps, Hsueh était encore à plusieurs centaines de lis de Lo-yang quand il s'arrêta pour se reposer.

En marchant dans l'herbe nouvelle, le lama atteignit une sorte d'épiphanie. Un moment d'illumination. Ce n'était pas sa faiblesse, conclut-il, qui avait permis à la maladie de pénétrer dans le temple de son corps. C'était un message interne.

Hsueh comprit que sa fièvre n'avait qu'un lien secondaire avec la maladie qui ravageait Canton. C'était une imitation parfaite. Le corps était capable de telles imitations. Le corps, se dit-il, perçoit certaines choses avant l'esprit, il peut ainsi créer toutes les illusions nécessaires.

Une douce brise sur son visage, le léger sifflement de l'herbe dans les oreilles, Hsueh Huai-i méditait sur la façon dont le regard de l'amant s'adoucit, dont ses joues s'empourprent et ses poils se hérissent avant même que les doigts de l'aimée ne l'effleurent. Et que dire des effets du danger immédiat. Le pouls s'accélère, les poils se dressent sur la nuque, le corps se crispe, les muscles se tendent, prêts à la fuite, et tout cela avant que l'esprit ne prenne conscience du danger.

Il en est ainsi des bruits que perçoit l'oreille pendant le sommeil. L'ouïe décide si les bruits la concernent avant que l'esprit du rêveur les remodèle en une image rassurante. Le patron de l'auberge racle innocemment une casserole, et l'hôte rêve qu'il entend l'agréable musique des clochettes des vaches de son enfance perdue. Mais qu'un cambrioleur trébuche sur la même casserole et l'hôte se réveille, prêt à se battre.

Hsueh en conclut que son corps, comme le rêveur qui entend le cambrioleur renverser des casseroles, avait reconnu le danger et créé une remarquable imitation de la peste, avec ses moindres détails, jusqu'aux furoncles purulents. Ce n'était ni le Persan ni l'horrible pestilence qui l'avait vaincu. C'eût été impensable. Son corps avait dû décider qu'une telle illusion — particulièrement convaincante — était le seul moyen de l'empêcher d'obéir aux ordres de Wu et de tuer Ti Jen-chieh.

Certes, il avait déjà décidé en allant à Canton d'accorder une ultime chance au magistrat Ti, de lui faire parvenir un avertissement. Mais la maladie — ou plutôt l'illusion de la maladie — avait rendu le meurtre impossible. Hsueh ne doutait pas que Ti Jen-chieh fût appelé à jouer un rôle capital dans l'ordre des choses, et le corps du lama, parfait instrument de prophétie, l'avait compris avant lui. Un ordre de l'impératrice était incontournable, mais son corps s'était opposé à son exécution.

Or, le corps de Hsueh décida de prendre un peu de repos dans le champ en friche.

Par la suite, Hsueh devait méditer pour la énième fois sur le caractère prédestiné de toutes choses.

Il déroula une natte et se coucha. Lorsque ses yeux furent au niveau du sol, il eut une vision décisive. A cet angle, les rayons du soleil qui filtraient ente les brins d'herbe frappèrent un buisson et lui fournirent l'éclat de lumière indispensable. Trop ou trop peu de lumière, et la délicate toile d'araignée tissée entre deux feuilles aurait été invisible. Et le drame qui s'y jouait aurait été perdu.

Une araignée bigarrée se dorait au soleil au centre d'une toile aux ramifications complexes, ses pattes artistiquement étirées le long des fils de soie. La douce brise faisait onduler la dentelle de la toile et l'araignée se balançait avec une satisfaction majestueuse, semblable à une princesse dans son hamac.

Elle était d'une beauté éblouissante. Son corps ressemblait à une porcelaine peinte en rouge, jaune et bleu. Elle était si belle que Hsueh faillit ne pas voir son invité, minuscule, insignifiant, escomptant à l'évidence ne pas se faire remarquer. Hsueh crut d'abord que c'était une coquille transparente laissée par l'araignée qui en avait sucé la chair. Puis l'invité avança, timidement mais implacablement, tel un squelette qui veut aller se prosterner devant sa reine. Le mâle qui vient déposer une requête.

Hsueh repensa à la métaphore de Shu. Les seigneurs retranchés dans leurs domaines, les clans ressemblant à la grasse araignée au centre de sa toile. Et lorsque l'invité, le mâle amoureux, pâle et faible, veut lui faire la cour, il doit agir avec tact et diplomatie. Ou se faire dévorer.

Le requérant minuscule ne fonce pas au centre de la toile, ce serait du suicide. La femelle l'envelopperait dans un cocon de soie et sucerait ses entrailles avant qu'il comprenne ce qui lui arrivait. Il reste au bord de la toile, presque invisible, attend le moment propice, et joue une mélodie sur les fils avant d'entrer. Une mélodie propre à apaiser la reine, qui se propage jusqu'à ses pattes menaçantes en vibrant sur les fils de soie. La mélodie raconte qu'il n'est pas une proie sacrificielle, qu'elle doit l'écouter, qu'il lui apporte un présent qui la rendra encore plus puissante. Un présent qu'il est seul à pouvoir lui offrir. Hsueh comprit qu'il devrait en être de même avec les seigneurs du Nord-Est...

— Qu'est-ce que la petite araignée mâle a donc à offrir ? demanda Wu.

Hsueh était accoudé sur le lit à côté d'elle. Ils étaient nus, tous les deux. Cela faisait plusieurs jours qu'ils ne prenaient plus la peine de s'habiller.

— Que désire-t-elle plus que tout ?
— De la nourriture.
— Oui, mais à part ça, madame l'impératrice ? Elle désire accroître son pouvoir, sa puissance. Ce qu'elle espère du mâle minuscule, c'est dix mille fois dix mille bébés à son image. Et lui seul peut les lui donner.
— Accroître leur puissance, fit l'impératrice, songeuse, en admirant le profil du lama. (Il lui soutirait les réponses comme on dévide le fil d'une bobine.) Les seigneurs veulent devenir plus puissants, bien sûr, mais...
— Mais ? Mais quoi ? Eh bien, nous les rendrons plus forts, ma mie. Oh, certes, pas avec dix mille bébés, mais avec une grande alliance. Nous leur offrirons la chance d'augmenter leurs forces et d'acquérir la sécurité qui leur manquait sous le règne de votre époux Kao-tsung. Ils n'auront d'autre choix que de nous laisser entrer, comme la femelle araignée avec son petit soupirant.
— Pas d'autre choix que d'accepter ma légitimité ? Comment ?

Hsueh s'allongea sur le ventre, la tête entre les mains, et la regarda d'un air taquin.

— Nous jouerons un petit air sur leur toile. Une merveilleuse mélodie de notre grand compositeur.
— Maître Shu Ching-tsung, dirent-ils ensemble avant d'éclater de rire.
— Lui et personne d'autre, ajouta Hsueh.

Il s'émerveillait de la munificence dont il faisait preuve à l'égard du petit homme dont le visage et la voix suffisaient d'habitude à provoquer chez lui un immense dégoût. Telle est la nature de la transformation, se dit-il.

Les semaines suivantes, on commença les dix mille préparatifs pour la célébration au pied du mont sacré T'ai où l'impératrice, qui devait bientôt devenir empereur, allait accomplir l'ancien sacrifice devant l'autel de la Terre en tant que seigneur de la Chine. Même si seuls les plus grands empereurs, tous des hommes, proclamaient d'habitude leur mandat en ce lieu saint, Wu Tse-tien serait prête.

Devant l'immense autel, une centaine de médecins, parmi les plus grands, se réuniraient avec les chefs et les seconds des clans les plus puissants dont les domaines constituaient la plus grande partie du nord-est de la Chine.

La maison impériale arriverait en grande pompe, dans une procession de joueurs de flûte et de tambours, de lanciers, de chaises à porteurs et d'éléphants. Là, au milieu de la foule ébahie, l'impératrice monterait à l'autel.

Mais Wu n'arriverait pas à dos d'éléphant. Elle ne descendrait pas d'une chaise magnifiquement décorée portée par vingt domestiques. Elle descendrait d'une simple charrette de paysan recouverte de toile. Elle paraîtrait humble et vulnérable, sans maquillage, après trois jours de jeûne et d'eau distillée pour seule boisson. Elle serait vêtue d'un habit diaphane, ses cheveux tressés comme ceux d'une simple paysanne, et elle se soumettrait aux tests devant les témoins les plus influents de Chine.

Comme l'avait exigé le lama Hsueh, il y aurait de la musique et des fumées incendiaires de toutes les couleurs afin de rehausser l'aspect théâtral du diagnostic des médecins. Toutefois, pendant la consultation, un silence religieux devrait régner, et seuls les dix médecins personnels de l'impératrice l'examineraient, dans une adhésion totale au livre secret de la médecine classique. Ils annonceraient alors leur découverte à l'historien et à ses scribes.

Ils écouteraient son corps, prendraient plusieurs mesures de ses pouls, examineraient la couleur et la texture de ses yeux et de sa langue, étudieraient soigneusement l'aspect de son visage et son teint. Ils noteraient enfin qu'elle n'avait plus de menstrues, examineraient son urine, dont on leur présenterait une précieuse demi-pinte dans un récipient non corrompu d'or pur et de jade. Ils sépareraient le liquide en dix parts qu'ils verseraient dans des soucoupes de porcelaine d'un blanc immaculé. Ils le humeraient pour en vérifier l'âcreté, l'acidité, la teneur en sucre. Ils étudieraient la couleur : ni trop jaune, ni trop orange ou rose, ni trop claire, nuances subtiles invisibles aux yeux des profanes.

Et, devant l'assemblée des témoins, les plus grands spécialistes de l'empire affirmeraient que la transformation prédite avait été accomplie : une entité masculine habitait miraculeusement le corps de Wu Tsetien.

Shu jeta son pinceau d'un geste rageur. Comment pouvait-il se concentrer ? Le bruit était tout simplement assourdissant.

Etaient-ils en chaleur ? Ah, comme ils dressaient leur trompe obscène avant de trompeter ! Le vacarme le faisait immanquablement sursauter.

Et l'odeur ! Suffocante, portée par le moindre souffle de vent, elle pénétrait ses cheveux, ses vêtements, s'insinuait dans sa nourriture. Il avait tellement de travail depuis quelque temps qu'il était obligé de manger dans son bureau, et l'odeur des éléphants troublait ses repas. Que pouvait-il y faire ? Sans ses livres, sans sa bibliothèque, il était démuni.

Tout cela était de la faute du lama Hsueh Huai-i. Le lama Hsueh, qui n'aurait même pas dû être en vie.

Shu se rappela comment la déception l'avait abattu quand la nouvelle s'était répandue dans les couloirs du palais et était parvenue dans la salle où il était assis avec l'impératrice. Le lama Hsueh était vivant ! Il arrivait ! Ah, comme elle avait bondi de sa chaise ! Comme elle s'était précipitée à sa rencontre ! Elle en avait complètement délaissé Shu.

Ah, quand la rumeur avait couru que Hsueh était mort ! Comme il avait frémi ! Et comme ses espoirs s'étaient désormais effondrés ! Dire qu'il avait espéré apaiser lui-même le chagrin de l'impératrice ! Oh, pas dans son lit, bien sûr, ce n'était pas son domaine, mais en tant qu'ami fidèle, en tant que muse.

Après la scène de colère et de chagrin, lorsque Shu s'était éclipsé de la pièce où l'impératrice et sa mère avaient appris la nouvelle, il s'était d'abord terré. Il avait laissé passer l'orage. Et quand l'occasion s'était présentée, un après-midi où l'impératrice semblait pensive, il s'était glissé auprès d'elle et lui avait offert un poème et prêté une oreille compatissante. Ensuite, il avait suffi de s'insinuer dans ses bonnes grâces, d'entrer dans ses appartements suivi de serviteurs chargés de ses plats préférés : des noix confites, des fruits secs, et des friandises pour ses chiens.

Il était retourné dans sa chambre tous les jours à la même heure. La tactique était lente et graduelle, mais il était décidé à regagner les faveurs de sa reine, que la mélancolie avait transfigurée. Lorsque Wu l'avait enfin remarqué, lorsqu'elle avait cherché un réconfort que sa mère lui refusait désormais, l'historien se tenait prêt à le lui apporter. Prêt à lui montrer qu'elle n'avait pas de meilleur allié que lui. Comme avant l'arrivée du lama dans sa vie.

Il s'était exercé devant son miroir à produire des regards compatissants et compréhensifs, il avait essayé toutes sortes de moues et de grimaces, il s'était si bien entraîné qu'il était prêt.

Lorsqu'il s'était assis en face d'elle pour écouter ses malheurs, il avait réagi avec toutes les nuances possibles. Lorsqu'elle avait enfin pris une des friandises qu'il lui avait apportées et qu'elle l'avait grignotée, il avait décidé que l'heure était arrivée et il lui avait expliqué son plan. Il préparait une pièce grandiose, la commémoration et la rubrique nécrologique de tous les temps racontant comment le lama Hsueh Huai-i avait été le meilleur compagnon et conseiller impérial qu'on eût pu rêver. Certes, c'était une grande perte, une tragédie, mais l'impératrice devait se rappeler ce que sa mère avait dit : « S'il est mort, c'est pour te rendre plus forte. » La pièce de Shu serait à la fois une élégie et une lamentation.

Shu gagnerait une place dans le cœur de l'impératrice en même temps qu'une place dans l'histoire.

Mais il lui avait confié qu'il n'osait pas tracer le moindre caractère de la superbe rubrique nécrologique avant d'avoir eu confirmation de l'affreuse nouvelle.

Confirmation ! Ah, comme il avait goûté le doux parfum de ce mot dans sa bouche avant de le laisser échapper de ses lèvres en présence de l'impératrice ! Grâce à l'affreuse tragédie, Shu avait senti se renouer l'ancien lien qui l'unissait à l'impératrice. Il lui était utile. Elle accueillait sa présence avec gratitude. L'historien Shu n'avait plus l'impression d'être la cuillère ébréchée reléguée au bout de la luxueuse table de banquet.

Il avait en outre découvert qu'il pouvait supporter les louanges qu'il tressait au lama Hsueh du moment qu'il le croyait réellement mort. Qui plus était, mort dans d'atroces souffrances.

Hélas, Hsueh était revenu ; son corps émacié et son air énigmatique avaient encore décuplé l'affection que lui portait l'impératrice.

Vivant, la bouche pleine de flagorneries et d'hypocrisies afin d'obtenir davantage d'admiration et d'adoration de la part de l'impératrice et de sa mère. Il avait même eu le toupet de prononcer des éloges perfides à propos du poème de Shu sur les araignées et les seigneurs féodaux. Il avait prétendu à Wu et à Dame Yang que le poème lui avait inspiré un plan grandiose. Une grande procession au mont sacré T'ai et des invitations destinées aux familles du Nord-Est. Il s'agissait, selon lui, de pénétrer sur la pointe des pieds sur leur toile, pour ainsi dire, en leur proposant des traités qui feraient d'eux des alliés encore plus puissants.

Son plan!

Qui y avait pensé le premier? Shu était scandalisé, indigné.

Au cours des dernières semaines, le lama Hsueh avait importé une centaine d'éléphants d'Annam. On les avait transportés par bateau sur la mer du Sud, puis le long du Grand Canal. Le coût pour le royaume était colossal. Et les maudits éléphants résidaient désormais dans les étables que Hsueh avait fait bâtir à l'arrière du domaine impérial. En haut de la prairie. De là, les sales bêtes pouvaient contempler les vestiges des expériences taoïstes, l'étang engorgé d'algues, le labyrinthe de sentiers et les bâtiments abandonnés, rebuts des caprices passés de l'impératrice Wu.

Les éléphants y étaient bichonnés, parés pour la grande procession, et nourris de mets purifiés. Comme si cela les rendait plus civilisés, songea Shu avec un frisson de dégoût.

Le lama avait convaincu l'impératrice que c'était l'endroit rêvé pour les étables des éléphants : les feuillages luxuriants des jardins de la Transformation Céleste et l'angle magique des rayons du soleil rappelleraient aux bêtes déracinées leurs jungles tropicales bien-aimées.

Les portes des nouvelles étables bordaient le domaine jalousement gardé de l'historien Shu Ching-tsung, mais il s'était promis de ne pas se plaindre, de ne pas donner cette satisfaction au lama. Car, il en était sûr, Hsueh n'attendait que cela.

Les semaines suivantes, l'historien Shu avait une grande œuvre à accomplir. Les lettres de l'alliance. Ces missives lui assureraient, il n'en doutait pas, une place de choix dans l'histoire politique et sociale de la Chine.

Shu ordonna à son assistant d'aller chercher les énormes volumes qui contenaient les registres des familles du Nord. Lorsque l'assistant déposa les gros livres sur son bureau, des nuages de poussière volèrent à travers la petite pièce, et l'air chargé de la puanteur des éléphants chatouilla les narines de l'historien. Shu plaqua aussitôt un mouchoir parfumé sur son nez.

Il ouvrit le premier volume à la page où se trouvait la carte des familles de la province septentrionale de Kuanchung. Son doigt traça la route qui serpentait jusqu'aux capitales jumelles de Lo-yang et de Ch'ang-an : les Pei, les Tai, les Chen, les Ching, les Hsing, les Fen, les T'aiyuan, les P'u, les Yens, les Yun, les Yi, les Lu, les Huai, les Kuo... vastes richesses, vastes territoires, vastes armées. Immense soutien pour le nouvel empereur.

Avec un traité habilement formulé, chaque famille apprendrait comment se renforcer en devenant une alliée stable de Wu. Chacune profiterait de l'expansion de l'empire, en paix avec ses voisins, de la péninsule coréenne aux grandes tribus des steppes. Shu leur expliquerait pourquoi elles avaient besoin de l'alliance, comment leurs armées rejoindraient les forces impériales afin de partager le grand privilège d'accroître les territoires de la Chine sous le règne du nouvel empereur.

Si le traité était bien tourné, les familles accepteraient l'impératrice. L'historien Shu ferait alors une offre sans précédent : il inviterait les chefs de chacune des grandes familles au sacrifice du mont T'ai. Là, devant cent médecins renommés, ils auraient la preuve du nouveau miracle.

Mais il fallait trouver les mots justes. Shu avait besoin de la sagesse de Meng-tzu, de la patience de Lao Tzu et de la diplomatie de Sun Szu. Chaque traité devait posséder la même sagesse tout en faisant référence à des passages glorieux de l'histoire de chaque famille. L'air à jouer sur la toile de l'araignée devait être pour chaque famille légèrement différent. Que de travail ! Et si peu de temps !

Shu ouvrit le dictionnaire classique. La délicate odeur sacrée des livres qui se dégagea lorsqu'il feuilleta les pages lui fit oublier l'odeur de fauve des éléphants.

L'un de ces derniers trompeta juste devant sa fenêtre.

Shu sursauta, son encrier se renversa, les pages s'éparpillèrent et des gouttes d'encre souillèrent les registres et les cartes irremplaçables.

D'abord un éléphant, puis un autre, et bientôt toute la troupe parut s'engager dans une conversation tonitruante. On aurait pu les entendre jusqu'aux jungles d'Annam et du Nam-Viêt. C'est précisément la raison qui avait poussé la nature à leur donner cette capacité : le son de leur trompe était prévu pour porter sur de grandes distances ; or, les éléphants étaient dans le jardin de Shu.

C'était le soir, une pâle lumière mauve éclairait le petit bureau de l'historien, comme souvent à cette heure. Mais les prairies et les arbres alentour, qu'il avait eu tant de plaisir à contempler dans la lumière déclinante, n'étaient plus dans sa ligne de mire. Les étables des éléphants lui bouchaient la vue.

Ses pensées se reportèrent sur Hsueh Huai-i. Ce que Shu se proposait de faire, il le ferait avec grand regret.

Il souleva le rebord de son bureau et glissa une main

dans le tiroir, fit jouer les poignées secrètes, souleva avec précaution le plateau de pinceaux, d'encriers et de pilons. Il sortit le tiroir et le posa sur une table basse, puis revint au bureau et à la cavité ainsi mise au jour.

A tâtons, il chercha les deux crans presque invisibles au fond de la cavité et poussa. La fausse paroi glissa en arrière, révélant une rangée de portes minuscules. Des casiers secrets pour ses lettres personnelles. Il les ouvrit et en sortit des étuis qui contenaient des parchemins. Il posa les rouleaux de parchemin sur la table basse, remit le tiroir, le rangea et, lorsqu'il eut fini, il rassembla les parchemins et les déroula l'un après l'autre.

C'étaient des documents officiels frappés du sceau de Shu Ching-tsung, avec un blanc pour la date : jour, mois, nom du règne, et heure... deux colonnes de caractères suivaient un en-tête identique pour chaque parchemin. Les dix rubriques nécrologiques de Hsueh Huai-i, toutes différentes.

Le premier document racontait la mort fort inopportune de maître Hsueh, survenue en chevauchant un cerf-volant qu'il avait fabriqué pendant l'ère des miracles de Lo-yang. Point n'avait été besoin de beaucoup d'imagination, mais Shu en avait tiré un plaisir exquis.

Dans le deuxième, Shu décrivait avec des détails effrayants mais incomplets la mort de Hsueh au cours d'un accident malheureux, lorsqu'il surprit des gardes du palais de l'impératrice Yu Lin. L'historien n'avait pas décidé si la mort était due à une arbalète, une hallebarde, une lance, une hache ou...

Dans le troisième, la mort était le résultat particulièrement horrible d'un accident de cheval. Toutefois, Hsueh montait rarement à cheval. Le lama ne supportait pas plus que Shu le trot ni l'odeur de l'animal.

Le quatrième document relatait la mort de Hsueh des mains d'un officiel de la cour, furieux. Shu, en personne.

Le cinquième, le poison. Des mains d'une reine furieuse. Une crise de jalousie.

Le sixième, encore le poison. Des mains d'une reine mère en colère. Toujours la jalousie.

Le septième, une noyade. Un prêtre taoïste courroucé. Peu probable depuis que l'étang était presque à sec.

Le huitième... ah, le huitième. Mort de maladie dans la fournaise lointaine de la Chine méridionale. Selon la propre vision de l'impératrice. Et d'après des rumeurs que Shu avait entendues, c'était presque la vérité.

Les deux derniers parchemins étaient particuliers. Shu les savourait amoureusement. Dans les neuvième et dixième, la mort survenait respectivement par le garrot et le démembrement. Ces supplices avaient été ordonnés par le président de l'office national des Sacrifices dans sa volonté de débarrasser l'empire des charlatans. De tous ses rêves prémonitoires, Shu avait une préférence marquée pour ces deux derniers.

Bien qu'il n'eût pas écrit plus de dix rubriques nécrologiques, Shu en avait néanmoins imaginé une onzième. L'inspiration lui était venue en observant les éléphants. Il avait imaginé Hsueh Huai-i pressé comme une grappe de raisins sous les pieds d'un éléphant, le sang s'écoulait de tous ses orifices et se répandait sur la paille et la terre, le poids énorme de la bête faisait jaillir la vie hors du Tibétain...

Shu soupira. Ses rêveries agréables le soulageaient. Mais cela avait assez duré. Un travail sérieux l'attendait.

L'historien Shu froissa les documents un à un et les jeta dans le brasier. Pendant quelques fractions de seconde, un feu de joie illumina le sombre bureau, puis des cendres noires voletèrent dans la pièce et retombèrent en pluie sur le tapis.

Shu avait une bien meilleure idée.

Oh, oui, maître Hsueh Huai-i. Je vous remercie pour

les éléphants. Comme vous m'avez rendu un grand service, je vais peut-être vous le revaloir. Il y a un nom que vous avez oublié d'inclure dans la liste des invitations.

Shu avait longuement réfléchi. Il était prêt à écrire sa première lettre d'invitation. C'était encore mieux que les dix rubriques nécrologiques combinées.

Il choisit un pinceau, en mouilla le bout et, d'une écriture serrée, commença à composer la première des nombreuses missives d'invitation.

> *A mon cher ami et collègue de lettres, le magistrat de Ch'ang-an, président de l'office national des Sacrifices, Ti Jen-chieh.*
>
> *Votre haute et noble présence est requise aux cérémonies impériales de la maison royale de Chou, au mont T'ai...*

21

— Ni puces, ni punaises, ni poux, ni rats, pas de vermine. Excellentes chambres. Ni puces, ni...

Ti ouvrit juste assez les yeux pour distinguer les doigts tachés d'encre de sa main droite qui reposait sur l'oreiller. Il avait occupé une grande partie de la nuit à écrire son journal. Il avait reposé son pinceau aux premiers chants des oiseaux, décidé à dormir quelques heures avant de reprendre son récit. La voix de l'aubergiste chantant sa réclame aux caravanes de passage l'avait réveillé, mais il n'était pas prêt à se lever. Bientôt, peut-être. Il n'avait pas peur de se rendormir. Il sentait le sommeil l'envelopper telle une vague ; s'il se laissait aller, il sombrerait aussitôt.

Canton était presque à une semaine de voyage derrière lui. Encore deux autres et il reverrait enfin sa fille. Il se prit à rêver, comme souvent, qu'elle était devenue mûre, sage et belle, et qu'elle lisait le journal de son père. Parfois, lorsqu'il se projetait dans l'avenir, il la voyait avec des mèches blanches, pensant à son père mort depuis longtemps avec un sourire attendri. Il l'imaginait aussi les cheveux encore noirs et brillants tandis qu'il somnolait dans la pièce voisine. Des deux scènes, il ne savait laquelle avait sa préférence.

Dans l'une comme dans l'autre, c'était avec attendrissement qu'elle lisait le journal de son père...

Ma fille adorée,
Père est un peu fatigué, il faut dire qu'il n'a pas eu une seule vraie nuit de sommeil depuis qu'il a quitté Ch'ang-an. Il a dormi sur les planchers de charrettes cahotantes, sur des matelas de paille et de crin grouillants de vermine, sur le sol dur de la jungle et, bien sûr, sur un matelas de plumes où se sont déroulées les nuits les plus agitées de tout son voyage.

Ma dernière nuit à Canton, je l'ai passée dans ce même lit moelleux au parfum capiteux. Et je n'ai pas fermé l'œil. Tu es une femme, désormais, je peux donc te l'avouer.

Dame Djamal m'a pardonné. Plus que pardonné, d'ailleurs. Le mystère des meurtres des eunuques de Canton a été résolu. Du moins, nous savons qui les a commis, même si nous avons du mal à en cerner le mobile. Et Abou Zeed est retourné en Perse. J'ai condamné un vieil homme à la prison à vie sur Hainan, et j'ai réussi à faire sortir de l'île trois lettrés de Yang-chou. J'ai aussi appris que la terre était ronde et qu'elle tournait, dans tous les sens du terme.

Tu relis, j'imagine, la première phrase. Tu aimerais, et c'est normal, que je te parle de la Persane. N'en souffle mot au fantôme de ta grand-mère qui, j'en suis sûr, te rend souvent visite. Il me serait plus facile de lui expliquer les motivations du meurtrier des eunuques que d'essayer de lui faire comprendre cet intermède dans ma vie.

Les odieux Persans. Les sales Persans puants. Les traîtres. Les mots résonnent encore à mes oreilles. Ce sont ces mêmes mots qui ont décidé Abou Zeed à fuir Canton en faisant le vœu de ne jamais y remettre les pieds. Dame Djamal aussi est partie, mais pour des raisons différentes. Elle m'a dit qu'elle reviendrait un jour ou l'autre, et je la crois.

Je lui ai tout avoué, mes soupçons et mes doutes, mes sombres pensées à son égard. Les liens que j'imaginais entre elle et Hsueh Huai-i, elle et l'impératrice, elle et le tueur. Elle n'a pas été surprise, elle s'en doutait déjà.

Et elle m'a dit qu'elle me comprenait. Après tout, elle m'avait caché un secret et, selon elle, je l'avais senti. Ce secret étant, bien sûr, que lorsque les meurtres commencèrent à Canton, elle avait espéré que l'une des têtes qui apparaîtraient sur un pieu serait celle de Yen Chi. Apprenant que j'étais chargé de l'enquête, elle m'avait attiré chez elle, avec des intentions diverses. Elle m'avait, affirmait-elle, dit l'exacte vérité — elle connaissait ma réputation, était au courant du rôle que j'avais joué aux débats Païe et savait que j'allais venir à Canton.

Lorsque les meurtres eurent lieu et qu'elle apprit qu'on m'avait chargé de l'enquête, elle crut que les dieux avaient exaucé ses prières. Elle imagina donc un moyen de m'avoir sous son toit. Si la tête de Yen Chi devait tomber, elle aurait alors le plaisir de la voir de ses propres yeux et de s'assurer, sans doute possible, qu'il était bien mort. Quant à moi, elle fut heureuse de découvrir, comme elle le dit, que je n'étais ni bossu, ni vérolé, ni un maigrichon atteint de strabisme. Car elle avait, figure-toi, décidé de faire tout son possible pour me garder chez elle avec les têtes.

Lorsque je lui dis que je voulais me rendre sur l'île, elle fut déchirée. L'île était certes dangereuse, mais si elle pouvait m'aider à trouver un bateau — or c'était mon vœu le plus cher — elle me rendrait service, tout en retardant l'arrestation du coupable. Comme il était devenu évident que les eunuques étaient assassinés selon un ordre croissant qui menait inexorablement à Yen Chi, son sort était une question de temps...

C'est ainsi qu'elle écrivit une lettre à l'impératrice.

Et c'est ainsi qu'elle découvrit que l'impératrice n'était pas digne de sa vénération. Ce ne fut pas à moi qu'échut le douloureux privilège de détruire ses illusions, et j'en suis fort soulagé.

Lorsque Dame Djamal fut arrêtée pour trahison, la pièce à conviction principale était une lettre que les agents saisirent chez maître Yen Chi et qui portait le sceau de l'impératrice. Toutefois, on soupçonnait Dame Djamal d'en être l'auteur. En fait, deux accusations de trahison furent retenues contre elle — contrefaçon du sceau de l'impératrice et entrave au cours de la justice. Car la lettre contenait aussi des instructions sur les sévices qu'on devait me faire subir à peine arrivé sur l'île. Ah, quelle perfide ironie d'inclure ces instructions dans l'accusation de trahison! On reconnaît bien la patte de Wu Tse-tien.

Ce n'est pas la seule ironie de cette triste histoire, car l'ennemi de Dame Djamal, dont elle rêvait de voir la tête décorer un pieu — maître Yen Chi en personne —, est celui qui, en fin de compte, tira Dame Djamal des griffes de l'impératrice et de ses sbires.

Mais patience. Je vais trop vite. Il faut que tu voies le mystère se dévoiler peu à peu et éclore à la manière des orchidées particulières qu'on trouve dans la jungle. Ou à la manière d'un champignon. Oui, la comparaison est meilleure. Eclore comme un des champignons préférés d'Abou Zeed. Mais juge par toi-même, ma chérie.

Certes, Yen Chi devait être la prochaine victime, mais en aucun cas la dernière. Selon les plans de l'assassin, il y avait plusieurs têtes d'importance croissante après celle de Yen Chi. Et la dernière ne devait pas être celle d'un eunuque.

Je crois t'avoir fait part de nos diverses théories, y compris la plus vraisemblable — les eunuques étaient assassinés par des Persans qui se vengeaient ainsi du traitement infligé aux esclaves sur l'île. C'est ce que nous aurions continué à croire si Dame Djamal n'avait, bien à contrecœur, décidé de me montrer la tête du singe et si je n'avais pas reconnu ce vieil ami, le chouchou de Yen Chi. C'est ce singe qui nous a poussés à aller au ministère des Ports et de la Navigation, où nous avons surpris l'assassin en plein travail. Sinon, aucune déduction logique ne nous aurait conduits à lui et l'affaire n'aurait jamais été résolue. Et Abou Zeed serait mort. Abou Zeed? te demandes-tu. Mort? Je vais t'expliquer.

L'homme de la grotte d'Hainan était, comme nous le soupçonnâmes en interrompant sa petite cérémonie, en train de se livrer à une sorte de culte; il laissait les puces, considérées par la majorité des mortels comme la forme de vie la plus vile, boire son sang. Il était en réalité le chef d'une secte d'adorateurs de puces, et le garçon qui nous avait amenés dans la grotte faisait partie de ses fidèles. C'était la raison pour laquelle il dessinait des puces sur les carreaux de céramique, et c'est pour cela qu'il nous conduisit au lieu du culte — il avait cru nous entendre prononcer les mots de passe sacrés, alors que nous pensions seulement énumérer les noms des lettrés en exil.

Comment l'homme aux puces allait de l'île à Canton, nous l'ignorons, mais nous savons qu'il faisait régulièrement le voyage. Nous savons aussi qu'il n'agissait pas seul. Oh, certes, c'était lui qui faisait le travail, mais quelqu'un, le cerveau, lui soufflait des encouragements et des directives. Quelqu'un qui ne mettait jamais les pieds à Canton, qui ne quittait pas l'île. Mais restons pour l'instant avec notre homme aux puces.

Nous apprîmes qu'il avait en ville une petite maison,

propre et bien rangée, où il laissait certains vêtements, sa scie et d'autres objets. Nous découvrîmes sa maison en retournant dans la rue commerçante où nous l'avions aperçu depuis le véhicule de l'officier. Ayant vu d'où il venait, nous demandâmes à divers commerçants s'ils avaient aperçu un homme à la figure défoncée et, bien sûr, certains l'avaient vu. Il avait donc laissé une trace, que nous pûmes suivre jusqu'à cette maison où il résidait lorsqu'il venait à Canton.

Nous y trouvâmes plusieurs objets qui le reliaient aux meurtres sans contestation possible. Des plans de la ville ainsi que les noms des prochaines victimes. Parmi les vêtements et les biens personnels, nous découvrîmes des objets appartenant à une victime potentielle. Des objets que nous reconnûmes et qui nous glacèrent malgré la fournaise : les récipients en verre d'Abou Zeed qui avaient contenu des rats et des puces infectés et qu'on avait volés quand sa maison avait été saccagée. Les boîtes étaient vides. Leurs occupants avaient été « libérés » et se promenaient donc dans la ville.

Je comprends mieux désormais la détermination avec laquelle l'homme aux puces avait essayé de descendre de l'arbre, dans l'arboretum, afin de porter le coup mortel au mépris de sa propre vie. Je sais seulement maintenant que ce n'était pas Yen Chi qu'il visait, mais Abou Zeed, qu'un miracle avait amené jusqu'à lui, un miracle produit par les dieux des puces eux-mêmes, devait-il croire. Et, bien que blessé et emprisonné dans les filets que les agents avaient jetés sur lui, l'homme aux puces avait essayé de sauter sur Abou Zeed. Nous avions cru que c'était parce que le médecin avait tiré le carreau qui l'avait abattu. Nous nous trompions.

Abou Zeed, l'ennemi des puces, le responsable de leur destruction massive. Et les eunuques, qui détestaient Abou Zeed, mais n'en demeuraient pas moins ses complices objectifs aux yeux de l'homme aux puces, chargés de faire respecter la loi régissant le contrôle des navires. Mort aux ennemis des puces, du plus petit employé eunuque jusqu'au médecin persan qui avait débarqué à Canton avec un programme de destruction anti-puces.

Le malheur voulut que l'officier obèse fût avec nous lorsque nous fouillâmes la maison de l'homme aux puces. Apprenant le contenu des récipients en verre, voyant qu'ils étaient désormais vides, il s'enfuit en courant. Avant que nous ne puissions intervenir, il avait annoncé la nouvelle aux passants. « Les puces du médecin persan ! La peste ! Les puces du médecin persan en liberté dans la ville ! Nous allons tous mourir ! »

Nous lui sautâmes dessus, nous le bâillonnâmes presque, mais trop tard. La nouvelle s'était propagée comme le feu dans du bois mort.

Quelques paroles mal placées, et la réputation d'Abou Zeed à Canton était salie. Le même soir, sa maison brûlait. Il échappa à la mort, mais une foule en colère l'attendait dehors, hurlant des injures. C'est l'un des plus grotesques étalages d'ignorance et d'ironie qu'il me fut donné de voir. Abou Zeed, dont le savoir et l'expérience avaient certainement sauvé d'innombrables vies grâce au contrôle de la propagation de la peste, chassé hors de la ville comme s'il était l'inventeur de la maladie. C'est à ce moment qu'il me fit part de sa décision de quitter Canton pour toujours. Et je ne le blâme pas.

J'ai aussi découvert qu'une autre de mes théories était erronée. Lorsque nous avions découvert le saccage de la maison d'Abou Zeed, le médecin avait aussitôt pensé que Hsueh Huai-i, miraculeusement guéri de la peste, avait localisé la demeure de son ennemi et s'était vengé. Je le crus aussi. Bien sûr, ce n'était pas le lama. Et lorsque le médecin m'expliqua ce qu'il avait fait, comment il avait inoculé la peste à Hsueh, j'éprouvai des sentiments partagés. Souhaitais-je réellement la mort de Hsueh ? Voulais-je réellement soumettre l'empire à la colère de l'impératrice au cas où un malheur arriverait à Hsueh ? Abou Zeed avait cru me rendre service, je le sais, mais les implications de son acte me plongèrent dans une incertitude déchirante.

D'un autre côté, je me souviens de ma peur et de ma déconfiture en apprenant qu'il était en ville. Envoyé, nul doute, par l'impératrice peu après qu'elle eut reçu la lettre de Dame Djamal. Je crois pouvoir réunir les pièces du puzzle : Dame Djamal écrivit à l'impératrice en toute naïveté, dans le seul but de faciliter ma traversée pour les raisons que j'ai déjà mentionnées. Cette lettre eut un autre effet : elle apprit à l'impératrice que j'étais là où je n'aurais pas dû être. C'est ainsi qu'elle envoya Hsueh à Canton. Et aussi la tête du patron de la maison de thé de Lo-yang, sans doute comme un avertissement dont je ne connaîtrai jamais les tenants et les aboutissants.

Il m'arrive de regretter sincèrement les conversations avec Hsueh. J'aimerais partager un jour avec lui une flasque de vin et lui demander quelle mission l'avait amené à Canton. L'interroger sur ses pensées secrètes. Sa mort présumée avait provoqué en moi une réaction ambivalente, je ne l'ignore pas. Je me demande si notre ancienne amitié signifiait quelque chose pour lui, s'il avait la même ambivalence à mon égard. Il y a d'autres questions dont je ne connaîtrai jamais les réponses, bien sûr, je suis même incapable de les deviner.

Donc : Abou Zeed a-t-il tué Hsueh ? Quelque chose me dit que non. Un certain silence de Lo-yang. Quelque chose me dit que l'impératrice est... occupée. Si quelqu'un est capable de survivre à la peste, c'est bien Hsueh Huai-i. Survivre à la peste et tenir l'impératrice dans le creux de sa main. Elle est distraite, je reconnais les signes.

Oui, un singulier silence émane de la capitale. L'impératrice n'a pas poursuivi Dame Djamal, ni Ti Jen-chieh. Et, pour autant que je sache, elle n'a pas poursuivi maître Yen Chi.

Ah, maître Yen Chi! Comme j'aimerais que tu aies vu, ma chérie, son obséquieuse gratitude, son odieuse servilité, après que nous lui eûmes sauvé la vie. Ti Jen-chieh et Abou Zeed, soudain ses meilleurs camarades, ses amis les plus chers! Son triple menton tremblant, ses yeux baignés de larmes! « Si je peux quoi que ce soit pour vous, je vous en prie, dites-le-moi! Je suis votre serviteur! »

En le quittant, je ne pensais pas qu'il y eût une seule chose au monde que Yen Chi pût faire pour moi.

Mais l'arrestation de Dame Djamal me fit changer d'avis.

Mon témoignage n'aurait pu l'innocenter, je le savais. Et si je ne me trompais pas, si la lettre qu'elle avait prétendument contrefaite avait en réalité été écrite par l'impératrice, son contenu éclairait les sentiments funestes que Wu Tse-tien entretenait à mon égard. Non, prouver l'innocence de Dame Djamal n'apporterait rien, sinon une satisfaction personnelle.

Toutefois, pour des raisons hautement personnelles, j'avais besoin de le faire. Je me mis donc au travail. Il me fallait d'autres lettres. Celle que Yen Chi avait reçue de l'impératrice, écrite, selon lui, avec de l'encre violette sur un papier qui dégageait le même parfum que celui de Dame Djamal, et celle que j'avais reçue juste avant de partir pour l'île.

Bien sûr, la lettre de Yen Chi était entre les mains de la police. Je savais toutefois qu'il avait d'autres lettres, plus anciennes, datant de l'époque où l'impératrice faisait parvenir ses souhaits aux eunuques du ministère des Ports et de la Navigation concernant les prisonniers de la révolte de Yang-chou. Ces lettres étaient authentiques, je le savais, et leur sceau était celui de l'impératrice. Je n'eus aucune difficulté à obtenir ces lettres de Yen Chi. Depuis que nous lui avions sauvé la vie, sa conduite faisait plaisir à voir. Quel contraste avec notre première rencontre! Avec lui, la reconnaissance est la clé qui ouvre la voie à une coopération sans réserve.

Le véritable problème était d'avoir accès à la lettre que la police avait saisie chez Yen Chi, celle demandant qu'il favorise mon voyage sur l'île.

Ce ne fut pas simple. Il m'aurait fallu l'assistance d'un homme comme Hsueh Huai-i. Le lama n'étant pas disponible, et ne pouvant moi-même exiger de voir cette lettre, j'eus recours à la complicité de Yen Chi. Oui, ma fille, le monde marche la tête en bas dans les régions tropicales; on est parfois obligé de se pincer pour s'assurer qu'on ne rêve ou qu'on ne délire pas.

Finalement, les problèmes s'aplanirent. Sous mes directives, il se rendit à la police et déclara qu'il avait une information à confier, susceptible de renforcer l'accusation de trahison à l'encontre de Dame Djamal. Je trouvai une bonne raison pour que la lettre soit étalée sous ses yeux, un sens ésotérique contenu dans certains mots.

Je lui demandai de cacher une boulette d'argile meuble dans sa main potelée. Il lui suffirait ainsi de se pencher sur la lettre, de faire mine de la lire, et de poser négligemment sa main sur le sceau un bref instant afin d'obtenir une empreinte. Je lui dis de s'excuser ensuite auprès des agents d'avoir abusé de leur temps; le sens caché qu'il pensait découvrir n'y était pas, etc. Je comptais sur l'ignorance et le manque d'esprit d'observation des agents de l'impératrice, et je ne me trompais pas.

Ma chère fille, Yen Chi, ce geignard grassouillet, fit merveille, je dois le reconnaître. Il était nerveux, bien sûr, lorsqu'il se mit en route, mais il s'était entraîné toute sa vie à pratiquer la duplicité, un art qu'il maîtrisait remarquablement. En outre, il adorait se sentir important. Je pus ainsi comparer l'empreinte du sceau avec celui d'une lettre que nous savions avec certitude être de l'impératrice. Chaque sceau possède de minuscules encoches et indentations caractéristiques et, avec l'aide des tubes optiques d'Abou Zeed, j'eus la preuve absolue que la lettre reçue par Yen Chi et lui ordonnant d'autoriser Ti Jen-chieh à se rendre sur Hainan était une lettre authentique de l'impératrice.

Mon cœur bondit de joie. Je venais de prouver l'innocence de l'adorable Dame Djamal.

J'obtins aussi une autre information tout aussi précieuse. Les agents de l'impératrice détenaient deux lettres prétendument forgées par Dame Djamal — la seconde avait été saisie chez elle lors de son arrestation. C'était une lettre de l'impératrice lui confirmant que sa requête avait abouti. Et, comme celle qui était adressée à Yen Chi, celle-ci était écrite à l'encre violette sur un papier parfumé.

Je découvris ainsi ce que l'impératrice avait accompli d'un simple trait de pinceau — premièrement, elle avait subtilement établi un lien de confiance et de parenté entre elle-même et Dame Djamal, cette dernière ayant également rédigé la lettre à l'impératrice à l'encre violette sur un papier portant le même parfum. Deuxièmement, elle avait refermé un piège sur Dame Djamal, une preuve destinée à l'accuser plus tard de contrefaçon. « Regardez, dirait-elle, cette femme a signé de mon nom, avec son encre violette, sur son propre papier parfumé. Elle est coupable, les preuves sont là. » Je fus fort attristé de penser que Dame Djamal, naïve et confiante, s'était adressée à une femme qu'elle admirait, et avait aussitôt été prise dans les rets d'une intrigue diabolique.

Passons à la dernière lettre. Oh, oui, ma fille, j'ai négligé de mentionner qu'en fouillant la maison de l'homme aux puces, nous découvrîmes d'autres objets intéressants — parmi lesquels le sac de ton père, qu'il avait été forcé d'abandonner au bord de la crevasse qui donnait dans la grotte de puces, sur la montagne de Hainan. Je dois le remercier d'avoir pensé à me le rapporter.

La lettre me souhaitant bon voyage s'y trouvait, trempée mais lisible. Il ne s'agissait plus de prouver que Dame Djamal ne l'avait pas écrite, mais de vérifier de mes propres yeux qu'elle émanait de l'impératrice elle-même. Ou plutôt, d'un petit scribe falsificateur, l'historien Shu Ching-tsung.

J'étalai côte à côte la lettre de bon voyage et celle de l'impératrice que Yen Chi m'avait remise. Avec la loupe d'Abou Zeed, j'examinai les caractères avec soin, passant d'une lettre à l'autre. Je recherchai les détails des traits de pinceau, les minuscules enjolivements, les espaces caractéristiques et les bavures. Aucun doute possible, la lettre signée « Dame Djamal » et celle qui ordonnait que les rebelles de Yang-chou soient rassemblés et envoyés sur l'île, à l'exception de vingt-cinq d'entre eux, avaient été écrites de la même main.

Yen Chi parut embarrassé par la lumière que la lettre sur les rebelles de Yang-chou jetait sur lui. Oui, il avait fait ce qu'on lui avait demandé. Quel choix avait-il ? Les lettres émanaient directement de l'impératrice. « J'ai suivi les ordres, gémit-il. Je n'ai fait que suivre les ordres. »

Je me contentai de le regarder sans rien dire. Mon dégoût était réel, mais en me taisant j'atteignais un but : je savais que sa honte renforcerait sa reconnaissance à mon égard. Je lui forgeai un sens du devoir en acier. Or, j'avais désespérément besoin de lui. La vie de Dame Djamal en dépendait. Cet obèse, ce fourbe, ce traître, était l'un des rares hauts fonctionnaires de Canton qui avaient le pouvoir de la sauver.

L'impératrice avait fait parvenir des ordres : Dame Djamal devait être exilée à vie sur Hainan. On devait la remettre entre les mains de maître Yen Chi, du ministère des Ports et de la Navigation, qui affréterait un bateau pour l'île.

« Allez-vous obéir à ces ordres, cette fois encore ? » demandai-je à l'eunuque en le fixant d'un œil sévère. Son menton tremblota, ses yeux fouillèrent la pièce à la recherche d'une planche de salut.

« Souvenez-vous de votre proposition », lui dis-je.

Il s'en souvint. Et, je dois lui reconnaître ce mérite, il tint parole.

Comme il était impossible d'avertir Dame Djamal que Hainan n'était pas sa destination, lorsqu'elle fut conduite sous bonne garde au ministère des Ports et de la Navigation, elle était hagarde, furieuse et affolée. Elle ne versa pas de larmes, cependant. Elle est trop digne pour cela. Lorsqu'elle me vit, elle ne sut à quoi s'en tenir. A l'évidence, elle me croyait capable de trahison comme je l'en avais crue capable moi-même.

Yen Chi s'arrangea pour qu'elle embarque sur un navire à destination de la Perse. Mais le lendemain seulement. C'est pourquoi ton père en est venu à passer une dernière nuit dans le lit douillet de Dame Djamal, une nuit qu'il n'est pas près d'oublier. Encore une fois, pas un mot au fantôme de grand-mère. Que cela reste entre nous.

Quelle femme ! Mon Dieu, quelle femme !

Ah, oui, tu te demandes sans doute ce qu'il advint du vieil homme que je condamnai à passer le reste de sa vie sur l'île.

Comme Yen Chi continuait de m'implorer, je décidai de profiter pleinement de la situation. J'avais lamen-

tablement échoué dans ma mission initiale, le sort des pauvres lettrés d'Hainan n'avait pas été modifié. Je ne les avais pas vus, je n'avais rien appris sur eux et ne les avais aidés d'aucune façon. Tout ce que je savais reposait sur ce que m'avait dit le vieux magistrat fou de la fabrique de carrelage : on avait séparé les lettrés et on les avait envoyés au cœur de l'île.

Il m'apparut qu'entre Yen Chi et le vieux fou je pouvais encore retrouver certains des lettrés. J'avais déjà des doutes au sujet du vieillard. Je le soupçonnais fortement d'avoir envoyé les sbires de l'impératrice à nos trousses. Il devait savoir où son protégé nous conduisait. J'en déduisis qu'il croyait que nous allions mourir en chemin et que, pour s'en assurer, il avait montré aux deux crapules la route que nous avions empruntée. C'était en tout cas ma théorie.

Oui, mais pourquoi ? Pourquoi voulait-il notre mort ? Je me rappelai alors qu'il connaissait mon nom, qu'il m'appelait « le grand magistrat de Ch'ang-an ». Certes, il était fou et c'était en soi une raison suffisante, mais il se pouvait aussi qu'une partie de son esprit fonctionnât avec une logique rationnelle, ce qui est fréquent chez les fous. En lui prêtant une telle logique, quelle raison avait-il de souhaiter notre mort ? Peut-être avait-il cru que nous voulions nous mêler de ses affaires. Ou peut-être était-il au courant des meurtres de Canton. Il paraissait connaître tout ce qui s'y passait, alors pourquoi pas les meurtres ?

Je réfléchis à ce que je venais de voir. Il est parfois nécessaire de réexaminer les choses qu'on croit avoir comprises.

Je repensai à l'homme aux puces aperçu dans la rue, vêtu en gentilhomme, en route pour le ministère des Ports et de la Navigation. Il portait une toque de magistrat. Où se l'était-il procurée ? Et où était passée cette toque ? Pas chez lui, apparemment. Il l'avait donc laissée quelque part en arrivant au ministère.

Je me demandai alors ce que j'aurais fait à sa place si j'avais été un assassin doté d'une agilité de singe, sur le point de pénétrer dans l'arboretum par une lucarne.

Je me serais débarrassé de mes vêtements le plus près possible de l'endroit où je comptais me rendre.

Je retournai donc au ministère. J'emmenai avec moi un jeune garçon, un Persan, le fils d'un serviteur de Dame Djamal, léger et agile comme un singe. Je l'envoyai sur le toit de l'arboretum, où un vieil empoté comme moi n'aurait jamais pu grimper. Il escalada un grand arbre, sauta sur le toit, et le tour était joué.

Je l'observai avec anxiété, faillis me dévisser le cou, et le perdis de vue. J'entendis soudain un cri. Quelques minutes plus tard, il redescendait avec un paquet de vêtements : ceux-là mêmes que j'avais vus sur le dos de l'homme aux puces le jour où il avait presque assassiné Yen Chi.

J'étendis les vêtements par terre. De près, je m'aperçus qu'ils étaient vieux et râpés, aussi vieux que le magistrat de la fabrique. J'examinai la toque. C'était une toque de magistrat, superbement brodée. Je devinai où l'homme aux puces avait obtenu son costume. En prenant la toque, je sentis une protubérance dans la doublure. Un morceau de papier caché sous la soie. Je le sortis avec soin.

C'était une lettre qui m'était adressée. De la part du vieux magistrat fou de l'île.

Après m'avoir salué par mon nom, il disait que si je lisais un jour sa lettre, cela signifierait que, ayant survécu à l'île et aux sbires de l'impératrice, et ayant capturé l'homme aux puces, je méritais de connaître la vérité. « Vous avez attrapé l'homme aux puces, disait-il, mais vous n'avez pas pris le véritable assassin, car il est *loin, très loin. Il vit sur Hainan. Il porte un pagne, dort dans un arbre et ne quitte jamais l'île. C'est un homme amer. Son but était de se venger des eunuques et de les punir d'avoir maltraité les prisonniers. L'homme qui vénère les puces lui a servi d'instrument, il lui a chuchoté à l'oreille le projet des eunuques de tuer toutes les puces de l'empire. Il lui a remis des cartes, des instructions, ainsi que les noms des eunuques à supprimer. La plupart étaient exempts de blâme, mais le but était de faire régner la terreur. Le véritable meurtrier n'avait rien contre Abou Zeed, mais il savait que l'homme aux puces le tenait pour principal responsable, Abou Zeed figurait donc sur la liste pour le motiver. »*

La lettre se terminait par des excuses et l'espoir de revoir un jour le grand magistrat de Ch'ang-an.

Là, ma fille chérie, je me trouvai devant un dilemme. Je ne pouvais pas laisser le vieux magistrat fou impuni, mais j'étais d'avis qu'il méritait la clémence. Je n'avais nulle envie de le condamner à mort.

Pendant ce temps, Yen Chi avait fait jouer son influence pour découvrir trois des lettrés exilés sur l'île et les rapatrier sur le continent. Yen Chi prenait de gros risques en faisant cela, mais il le fit.

Quelle punition infligeai-je au vieux fou ? Je demandai aux agents de Yen Chi de s'arrêter à la fabrique en revenant de l'intérieur des terres avec les lettrés de Yang-chou et de confisquer la dernière toque élimée du magistrat. Il perdit son grade et apprit par la même occasion qu'il devrait finir ses jours sur l'île en tant que prisonnier de droit commun. Ce fut tout ce que j'eus le cœur de faire. Car c'était l'isolement et la folie qui l'avaient poussé à commettre ses forfaits, son cœur n'était pas souillé par le mal. Qui sait ce que nous aurions fait dans les mêmes circonstances ? On m'assura qu'il pleura lorsqu'on lui confisqua sa toque. Cela suffit.

Je rentre à Ch'ang-an avec une sagesse accrue et l'esprit plus ouvert. J'ai vu de mes propres yeux ce que peuvent provoquer la peur et le fanatisme. J'ai aussi vu ce qu'un œil aiguisé et un esprit rationnel peuvent accomplir — stopper la pestilence et éteindre les incendies allumés par la foudre des superstitions.

En outre, Abou Zeed m'a fait un cadeau magnifique avant son départ. J'ai l'intention de le donner au Grand Thérapeute de Ch'ang-an. C'est un compendium de remèdes et de traitements préventifs encore inconnu en dehors du monde arabe. Il m'a aussi invité à venir en Perse où, affirma-t-il, je ne serais pas traité en étranger.

Quant à Dame Djamal... je ne la reverrai sans doute jamais. Mais elle restera dans mon âme et dans mon cœur comme une sorte d'antithèse de l'impératrice Wu.

L'impératrice que, je le sens au plus profond de moi, je retrouverai un jour.

— Ni puces, ni punaises, ni poux, ni rats...

La voix de l'aubergiste résonnait dans la rue. Il y avait encore beaucoup à écrire, mais cela attendrait. Jamais depuis des mois Ti n'avait aussi bien dormi.

Il roula sur le lit défoncé et sombra de nouveau dans un sommeil peuplé de rêves.

"À la tête de la Grande Révolte"

La femme sacrée
Michel de Grèce

1857. Alors que la reine Victoria règne en Angleterre, la révolte des cipayes éclate en Inde. Entraînée presque malgré elle dans la tourmente des événements, Lakshmi, la jeune reine de l'État de Jansi, devient une des figures emblématiques de la révolte. Le cœur partagé entre son amour pour un Anglais et son devoir de souveraine, elle va, malgré tout, lutter avec acharnement contre l'occupant.

(Pocket n° 2644)

Il y a toujours un Pocket à découvrir

"Sauver l'Empire du milieu"

L'Impératrice des mensonges
Eleanor Cooney et Dan Altieri

Dans la Chine impériale du VIIe siècle, la dysnatie Tang, prodigieusement riche, est rongée par la corruption. Quand Wu, l'impératrice perfide, prend en mains les rênes du pouvoir, le pays sombre peu à peu dans le gouffre du désespoir. Au sommet de son règne, Wu décide de s'associer avec le chef d'une bande de nains meurtriers, dont les crimes rituels sèment la terreur dans tout le pays. Heureusement, le juge Ti est là, qui veille. Armé de sa seule perspicacité, il se charge de traquer les conspirateurs.

(Pocket n° 10026)

Il y a toujours un Pocket à découvrir

Achevé d'imprimer sur les presses de

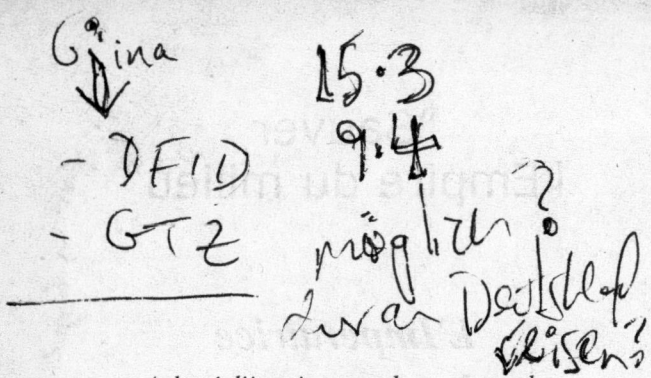

BUSSIÈRE
GROUPE CPI
à Saint-Amand-Montrond (Cher)
en juin 2002

POCKET - 12, avenue d'Italie - 75627 Paris Cedex 13
Tél. : 01-44-16-05-00

— N° d'imp. : 22952. —
Dépôt légal : juin 2002.

Imprimé en France